Die scheidungsbedingte Auseinandersetzung und Teilung des gemeinschaftlichen Vermögens unter Ehegatten nach dem gesetzlichen Güterstand des polnischen Rechts

Europäische Hochschulschriften

Publications Universitaires Européennes
European University Studies

Reihe II
Rechtswissenschaft

Série II Series II
Droit
Law

Bd./Vol. 5258

PETER LANG
Frankfurt am Main · Berlin · Bern · Bruxelles · New York · Oxford · Wien

Malwina Barbara Rudat

Die scheidungsbedingte Auseinandersetzung und Teilung des gemeinschaftlichen Vermögens unter Ehegatten nach dem gesetzlichen Güterstand des polnischen Rechts

PETER LANG
Internationaler Verlag der Wissenschaften

Bibliografische Information der Deutschen Nationalbibliothek
Die Deutsche Nationalbibliothek verzeichnet diese Publikation in der Deutschen Nationalbibliografie; detaillierte bibliografische Daten sind im Internet über http://dnb.d-nb.de abrufbar.

Zugl.: Frankfurt (Oder), Europa-Univ., Diss., 2010

Gedruckt auf alterungsbeständigem,
säurefreiem Papier.

D 521
ISSN 0531-7312
ISBN 978-3-631-62015-1

www.peterlang.de

Für Hauke
Danke für die Liebe und Unterstützung.

Danksagung

Danken möchte ich an erster Stelle meinem Betreuer *Herrn Professor Dr. Roland Wittmann*. Er hat mir nicht nur bei der Themenwahl für die Doktorarbeit geholfen und das Erstgutachten erstellt, sondern mir auch während der ganzen Zeit mit seinen hervorragenden Kenntnissen des polnischen Zivilrechts fachlich zur Seite gestanden. Weiterhin möchte ich mich auch bei *Professor Dr. Dieter Martiny* für die Zweitkorrektur der Arbeit bedanken.

Die Erstellung dieser Arbeit wäre aber auch ohne die Hilfe vieler mir nahe stehender Personen nicht möglich gewesen: danken möchte ich daher zunächst der Vorsitzenden Richterin am Bezirksgericht Warschau Frau *Anna Szymacha-Zwolińska*, die mir geholfen hat, den nötigen Kontakt und Zugang zu den mit der scheidungsbedingten Vermögensauseinandersetzung unter Ehegatten befassten Richtern am Amtsgericht Warschau für den Stadtteil Żoliborz zu knüpfen. Mein Dank gebührt weiter meiner Großtante und meinem Großonkel – *Teresa* und *Włodzimierz Gajewski* -, die mich stets bei meinen Forschungsaufenthalten in Warschau aufgenommen und liebevoll versorgt haben. Meinen Eltern – *Krystyna Sachs-Franczak* und *Stanisław Franczak* – möchte ich für die finanzielle Unterstützung nicht nur dieser Arbeit, sondern meiner gesamten Ausbildung danken. Auch möchte ich ihnen danken, daß sie die polnische Sprache in unserer Familie so aufrecht erhalten haben, daß ich überhaupt in der Lage war, diese Arbeit zu schreiben. Schließlich gebührt der größte Dank meinem Mann *Hauke*. Er hat mir die ganze Zeit den Rücken frei gehalten und ohne seine Unterstützung, konstruktive Kritik und Geduld hätte ich so Manches in den letzten Jahren einfach nicht geschafft. Daher möchte ich ihm auch diese Arbeit widmen.

Malwina Barbara Rudat

Troisdorf im Juni 2011

Inhaltsverzeichnis

Literaturverzeichnis

Bamberger, Heinz Georg
Roth, Herbert
Beck'scher Online Kommentar
München, Stand: 01. Mai 2009, Edition 13
[zitiert: *Bearbeiter* in Bamberger/Roth, §/Art. Rn]

Bergmann, Alexander
Ferid, Murad
Henrich, Dieter
Internationales Ehe- und Kindschaftsrecht mit Staatsangehörigkeitsrecht
Loseblattsammlung, Frankfurt am Main, Berlin
Länderteil Schweiz, Stand: 01. Juni 2001, Bearbeiter: Cieslar, Eve
[zitiert: *Bearbeiter* in Bergmann/Ferid/Henrich, Länderteil, S.]

Breyer, Stefan
Z zagadnień ustawowego ustroju majątkowego małżeńskiego
(Aus den Anmerkungen zum gesetzlichen Güterstand)
in: NP 1951, Nr.6, S.24 (Teil I) und in NP 1951, Nr.7-8, S.25 (Teil II)
[zitiert: *Breyer*, Z zagadnień ustawowego ustroju majątkowego małżeńskiego (Aus den Anmerkungen zum gesetzlichen Güterstand), NP 1951, Nr.6, S.24,...(Teil I) oder NP 1951, Nr.7-8, S.25, ...(Teil II)]

Breyer, Stefan
Gross, Stanisław
Kodeks rodzinny i opiekuńczy
(Familien- und Vormundschaftsgesetzbuch)
2. Auflage, Warschau 1975
[zitiert: *Breyer*, *Gross*, Art. FVGB S.]

Ciepła, Helena
Podział majątku dorobkowego małżonków w skład którego wchodzi spółdzielcze prawo do lokalu mieszkalnego bądz ekspektatywa uzyskania takiego prawa

(Die Teilung des gemeinschaftlich errungenen Vermögens, in dessen Bestand sich ein genossenschaftliches Wohnrecht oder die Anwartschaft auf ein solches Recht befindet
in: PS 1992, Nr.7-8, S.31
[zitiert: *Ciepła*, Podział majątku dorobkowego małżonków w skład którego wchodzi spółdzielcze prawo do lokalu mieszkalnego bądz ekspektatywa uzyskania takiego prawa (Die Teilung des gemeinschaftlich errungenen Vermögens, in dessen Bestand sich ein genossenschaftliches Wohnrecht oder die Anwartschaft auf ein solches Recht befindet, PS 1992, Nr.7-8, S.31,...]

Kodeks rodzinny i opiekuńczy, wzory pism procesowych w sprawach rodzinnych i opiekuńczych z objaśnieniami
(Das Familien- und Vormundschaftsgesetzbuch, Muster in Familien- und Vormundschaftssachen mit Erläuterungen)
Stand: 15. Mai 2001, Warschau 2001
[zitiert: *Ciepła*, S.]

Ciepła, Helena und andere
Kodeks cywilny
(Zivilgesetzbuch)
Kommentar, Erster Teil, Art.1-352, Warschau 2005
[zitiert: *Bearbeiter* in Ciepła und andere, Art. plZGB Rn]

Dmowski, Stanisław
Rudnicki, Stanisław
Kommentarz do kodeksu cywilnego – część ogólna
(Kommentar zum Zivilgesetzbuch – Allgemeiner Teil)
Erstes Buch, 7. Auflage, Warschau 2006, Stand: 06. Mai 2006
[zitiert: *Dmowski/Rudnicki*, Art. plZGB Anm.]

Dobrzański, Bronisław
Glosse zu Bezirksgericht (*Sąd Wojewódzki*) vom 16. Juli 1970, II CR 541/70, veröffentlicht in OSPiKA 1972, Nr.3, Pos.52, S.128
in: OSPiKA 1972, Nr. 3, Pos.52, ab S.130
[zitiert: *Dobrzański*, Glosse zu Bezirksgericht (*Sąd Wojewódzki*) vom 16. Juli 1970, II CR 541/70, OSPiKA 1972, Nr.3, Pos.52 (S.130,…)]

Dobrzański, Bronisław
Ignatowicz, Jerzy
Kodeks rodzinny i opiekuńczy
(Familien- und Vormundschaftsgesetzbuch)
Art.26 bis Art.54, Bearbeiter *Breyer, Stefan* und *Gross, Stanisław*
Kommentar, 2. Auflage, Warschau 1975
[zitiert: *Breyer, Gross*, Art. FVGB, S.]

Dyoniak, Andrzej
Ustawowy ustrój majątkowy małżeński
(Der gesetzliche Güterstand)
Habilitationsschrift, Breslau – Warschau – Krakau – Danzig – Lodz 1985
[zitiert: *Dyoniak*, S.]

Pojęcie majątku w prawie cywilnym
(Der Begriff des Vermögens im Zivilrecht)
in: PiP 1985, Nr.11-12, S.119
[zitiert: *Dyoniak*, Pojęcie majątku w prawie cywilnym (Der Begriff des Vermögens im Zivilrecht), PiP 1985, Nr.11-12, S.119,...]
Przynależność do majątków małżonków udziału w spółce z ograniczoną odpowiedzialnością i akcji
(Die Zugehörigkeit von Anteilen an einer Gesellschaft mit beschränkter Haftung und von Aktien zum Vermögen der Ehegatten)
in: RPEiS 1991, Nr.3, S.25
[zitiert: *Dyoniak*, Przynależność do majątków małżonków udziału w spółce z ograniczoną odpowiedzialnością i akcji (Die Zugehörigkeit von Anteilen an einer Gesellschaft mit beschränkter Haftung und von Aktien zum Vermögen der Ehegatten), RPEiS 1991, Nr.3, S.25,...]

Odpowiedzialność za długi przy prowadzeniu działalności gospodarczej
(Haftung für Schulden bei der wirtschaftlichen Betätigung)
in: Rejent 1995, Nr.6, S.28
[zitiert: *Dyoniak*, Odpowiedzialność za długi przy prowadzeniu działalności gospodarczej (Haftung für Schulden bei der wirtschaftlichen Betätigung), Rejent 1995, Nr.6, S.28,...]

Dziczek, Roman
Spółdzielnie mieszkaniowe
(Genossenschaften)

Kommentar, 3. Auflage, Warschau 2006
[zitiert: *Dziczek*, Art. plGenG Anm.]

Ereciński, Tadeusz
Gudowski, Jacek
Komentarz do kodeksu postępowania cywilnego – postępowanie rozpoznawcze
(Kommentar zum Zivilprozeßrecht – Erkenntnisverfahren)
Erster Teil, Band II, 5. Auflage, Warschau 2004
[zitiert: *Bearbeiter* in Ereciński, Art. plZPO Anm.]

Gajda, Janusz
Kodeks rodzinny i opiekuńczy
(Das Familien- und Vormundschaftsgesetzbuch)
Kommentar, 2. Auflage, Warschau 2000
[zitiert: *Gajda*, Art. FVGB Rn]

Gniewek, Edward
Kodeks cywilny – własność i inne prawa rzeczowe
(Zivilgesetzbuch – Eigentum und andere Sachenrechte)
Kommentar, Zweites Buch, Zakamycze 2001
[zitiert: *Gniewek* 2001, Art. plZGB Anm.]

Glosse zu OG vom 21. Juni 2001, III CZP 16/01, veröffentlicht in OSP 2002, Nr.2, Pos.17 (S.73f.)
in: OSP 2002, Nr.2, Pos.17, ab S.75
[zitiert: *Gniewek*, Glosse zu OG vom 21. Juni 2001, III CZP 16/01, OSP 2002, Nr.2, Pos.17, (S.75,...)]

Kodeks cywilny
(Zivilgesetzbuch)
Kommentar, 2. Auflage, Warschau 2006
[zitiert: *Bearbeiter* in Gniewek, Art. plZGB Rn]

Gromek, Krystyna
Kodeks rodzinny i opiekuńczy
1. Auflage, Warschau 2004
[*Gromek*, Art. FVGB Anm.]

Gross, Stanisław
Stosunki majątkowe między małżonkami
(Die Vermögensverhältnisse zwischen Ehegatten)
in: NP 1966, Nr.11, S.1373
[zitiert: *Gross*, Stosunki majątkowe między małżonkami (Die Vermögensverhältnisse zwischen Ehegatten), NP 1966, Nr.11, S.1373, ...]

Grudziński, Maurycy
Ignatowicz, Jerzy
Kodeks rodzinny
(Familiengesetzbuch)
Kommentar, Warschau 1955
[*Bearbeiter* in Grudziński/Ignatowicz, Art. FGB 1950, Anm.]

Grünbuch zu den Kollisionsnormen im Güterrecht unter Besonderer Berücksichtigung der gerichtlichen Zuständigkeit und der Anerkennung
KOM (2006) 400, Brüssel, den 17. Juli 2006
[zitiert: KOM (2006) 400, S.]

Grzybowski, Stefan
Glosse zu OG vom 12. Januar 1978, III CZP 86/77, veröffentlicht in OSPiKA 1979, Nr.7-8, Pos.135, S.328
in: OSPiKA 1979, Nr.7-8, Pos.135, ab S.329
[zitiert: *Grzybowski*, Glosse zu OG vom 12. Januar 1978, III CZP 86/77 in OSPiKA 1979, Nr.7-8, Pos.135, S.329,…]

Prawo rodzinne
(Familienrecht)
Warschau 1980
[zitiert: *Grzybowski*, S.]

Gurgul, Stanisław
Upadłość a majątkowe stosunki małżonków
(Die Insolvenz und die vermögensrechtlichen Verhältnisse von Ehegatten)
in: MoP 2005, S. 279
[zitiert: *Gurgul*, Upadłość a majątkowe stosunki małżonków (Die Insolvenz und die vermögensrechtlichen Verhältnisse von Ehegatten), S.279,...]

Gwiazdomorski, Jan
Przegląd orzecznictwa z zakresu prawa małżeńskiego
(Überblick über die Rechtsprechung aus dem Bereich des Eherechts)
Anmerkung zu OSN 1959, Nr.2, Pos.59
in: PiP 1964, Nr.2, S.257
[zitiert: *Gwiazdomorski*, Przegląd orzecznictwa z zakresu prawa małżeńskiego (Überblick über die Rechtsprechung aus dem Bereich des Eherechts), PiP 1964, Nr.2, S.257]

Haak, Henryk
Prawo rodzinne – wzory pism z prawa materialnego i procesowego
(Familienrecht – Muster aus dem materiellen und dem prozessualen Recht)
Band III, 2. Auflage, Warschau 2005
[zitiert: *Haak*, Muster, S.]

Henrich, Dieter
Schwab, Dieter
Eheliche Gemeinschaft, Partnerschaft und Vermögen im europäischen Vergleich, Beiträge zum europäischen Familienrecht
Band VI, Bielefeld 1999
[zitiert: *Bearbeiter* in Henrich/Schwab, S.]

Henrich, Dieter
Vermögensregelungen im europäischen Vergleich
in: FamRZ 2000, S.6
[zitiert: *Henrich*, FamRZ 2000, S.6,...]

Die Zukunft des Güterrechts in Europa
in: FamRZ 2002, S.1521
[zitiert: *Henrich*, FamRZ 2002, S.1521,...]

Eherecht – Trennung, Scheidung, Folgen
4. Auflage, München 2003
[zitiert: *Henrich*, Art. EGBGB Rn]

Ignaczewski, Jacek
Małżeńskie prawo majątkowe
(Eheliches Vermögensrecht)

Warschau 2008
[zitiert: *Ignaczewski*, S.]

Ignatowicz, Jerzy
Stefaniuk, Krzysztof
Prawo rzeczowe
(Sachenrecht)
2. Auflage, Warschau 2006
[zitiert: *Ignatowicz/Stefaniuk*, S.]

Ignatowicz, Jerzy
Nazar, Mirosław
Prawo rodzinne
(Familienrecht)
Warschau 2005
[zitiert: *Ignatowicz/Nazar*, S.]

Jędrejek, Grzegorz
Problem dopuszczalności powstania spółki cywilnej między małżonkami
(Die Problematik der Zulässigkeit einer Gesellschaft des Zivilrechts zwischen Ehegatten)
in: Studia Prawnicze 1998, Nr.3, S.93
[zitiert: *Jędrejek,* Problem dopuszczalności powstania spółki cywilnej między małżonkami (Die Problematik der Zulässigkeit einer Gesellschaft des Zivilrechts zwischen Ehegatten), Studia Prawnicze 1998, Nr.3, S.93,...]

Jędrejek, Grzegorz
Pogonowski, Piotr
Działalność gospodarcza małżonków
(Wirtschaftliche Betätigung von Ehegatten)
Warschau 2002
[zitiert: *Jędrejek/Pogonowski*, S.]

Jędrzejewska, Anna
Działalność gospodarcza a konieczność reformy zasad odpowiedzialności małżonków majątkiem wspólnym

(Wirtschaftliche Betätigung und die Notwendigkeit der Reform der Regeln zur Haftung der Ehegatten mit dem gemeinschaftlichen Vermögen)
in: PS 1995, Nr.4, S.19
[zitiert: *Jędrzejewska*, Działalność gospodarcza a konieczność reformy zasad odpowiedzialności małżonków majątkiem wspólnym (Wirtschaftliche Betätigung und die Notwendigkeit der Reform der Regeln zur Haftung der Ehegatten mit dem gemeinschaftlichen Vermögen), PS 1995, Nr.4, S.19, ...]

Jodłowski, Jerzy und andere
Postępowanie cywilne
(Zivilprozeßrecht)
2. Auflage, Warschau 2000
[zitiert: *Jodłowski*, S.]

Karnicka-Kawczyńska, Agata
Kawczyński, Jarosław
Podział majątku dorobkowego małżonków
(Die Teilung des gemeinschaftlichen Vermögens)
in: MoP 2000, S.423
[zitiert: *Karnicka-Kawczyńska, Kawczyński*, Podział majątku dorobkowego małżonków (Die Teilung des gemeinschaftlichen Vermögens der Ehegatten), MoP 2000, S.423,...]

Współwłasność jako szczególna forma własności
(Miteigentum als besondere Form des Eigentums)
Warschau 2004
[zitiert: *Karnicka-Kawczyńska, Kawczyński*, S.]

Kitłowski, Edmund
Glosse zu OG vom 08. Januar 1969, I CZ 138/68, veröffentlicht in OSN 1969, Nr.9, Pos.165
in: PiP 1970, Nr. 6, S.1053
[zitiert: *Kitłowski*, Glosse zu OG vom 08. Januar 1969, I CZ 138/68 in PiP 1970, Nr. 6, S.1053,...]

Kozioł, Agata
Ustroje majątkowe małżeńskie po nowelizacji Kodeksu rodzinnego i opiekuńczego

(Die ehelichen Güterstände nach der Novellierung des Familien- und Vormundschaftsgesetzbuches)
in: MoP 2005, S.740, S.789
[zitiert: *Kozioł*, Ustroje majątkowe małżeńskie po nowelizacji Kodeksu rodzinnego i opiekuńczego (Die ehelichen Güterstände nach der Novellierung des Familien- und Vormundschaftsgesetzbuches), MoP 2005, S.740, S.789,...]

Krzemiński, Zdisław
Glosse zu OG vom 07. März 1979, III CRN 10/79, veröffentlicht in OSNCP 1979, Nr.10, Pos.197
in: OSPiKA 1980, Nr. 4, Pos.81
[zitiert: *Krzemiński*, Glosse zu OSNCP 1979, Nr.10, Pos.197 in OSPiKA 1980, Nr. 4, Pos.81, (S...)]

Langenfeld, Gerrit
Handbuch der Eheverträge und Scheidungsvereinbarungen
5. Auflage, München 2005
[zitiert: *Langenfeld*, Rn]

Lech-Chełmińska, Magdalena
Przybyła, Violetta
Kodeks rodzinny i opiekuńczy – komentarz
(Das Familien- und Vormundschaftsgesetzbuch – Kommentar)
3. Auflage, Stand: 2. März 2006, Warschau 2006
[zitiert: *Lech-Chełmińska/Przybyła* Art. FVGB Anm.]

Lutkiewicz-Rucińska, Anita
Odpowiedzialność majątkiem wspólnym za zobowiązania cywilnoprawne
(Die Haftung des gemeinschaftlichen Vermögens für zivilrechtliche Verbindlichkeiten)
Bromberg – Danzig 2003
[zitiert: *Lutkiewicz-Rucińska*, S.]

Machnij, Marek
Likwidacja spółki cywilnej - wybrane zagadnienia majątkowe
(Die Liquidation der Gesellschaft des Zivilrechts – ausgesuchte vermögensrechtliche Fragen)

in: MoP 1999, S.914
[zitiert: *Machnij*, Likwidacja spółki cywilnej – wybrane zagadnienia majątkowe (Die Liquidation der Gesellschaft des Zivilrechts – ausgesuchte vermögensrechtliche Fragen), MoP 1999, S.914,...]

Mainczyk, Lorenz
Das Ehegüterrecht Polens
Dissertation, Köln 1966
[zitiert: *Mainczyk*, S.]

Marowski, Jerzy
Wspólny majątek małżonków
(Gemeinschaftliches Vermögen der Ehegatten)
in: PiP 1954, Nr.5, S.801
[zitiert: *Marowski*, Wspólny majątek małżonków (Gemeinschaftliches Vermögen der Ehegatten), PiP 1954, Nr.5, S.801,...]

Martiny, Dieter
Die Entwicklung des europäischen internationalen Familienrechts – ein juristischer Hürdenlauf
in: FPR 2008, S.187
[zitiert: *Martiny*, Die Entwicklung des europäischen internationalen Familienrechts – ein juristischer Hürdenlauf, FPR 2008, S.187, ...]

Das Grünbuch zum internationalen Ehegüterrecht – erste Regelungsvorschläge
in: FPR 2008, S.206
[zitiert: *Martiny*, Das Grünbuch zum internationalen Ehegüterrecht – erste Regelungsvorschläge, FPR 2008, S.206, ...]

Mądrzak, Henryk
Postępowanie cywilne
(Der Zivilprozeß)
2. Auflage, Warschau 1999
[zitiert: *Mądrzak*, Rn]

Münchener Kommentar zum Bürgerlichen Gesetzbuch
Band V Schuldrecht, Besonderer Teil III, §§ 705-853,
Partnerschaftsgesellschaftsgesetz, Produkthaftungsgesetz
5. Auflage, München 2009

Band VI Sachenrecht
4. Auflage, München 2004

Band VII Familienrecht §§1297-1588 BGB, VAHRG, VAÜG, HausratsV
4. Auflage, München 2000

Band XI Internationales Wirtschaftsrecht, Einführungsgesetz zum Bürgerlichen
Gesetzbuch, Art.50-245
4. Auflage, München 2006
[zitiert: MüKo-*Bearbeiter*, § Rn]

Nazar, Mirosław
Glosse zu OG vom 06. Mai 1983, III CZP 15/83, veröffentlicht in OSNCAP
1983, Nr.11, Pos.176
in: NP 1985, Nr.3, S.80
[zitiert: *Nazar*, Glosse zu OG vom 06. Mai 1983, III CZP 15/83 in NP 1985,
Nr.3, S.80]

Glosse zu OG vom 09. Oktober 1985, III CZP 53/85, veröffentlicht in OSNCAP
1986, Nr.9, Pos.136
in: NP 1988, Nr.7-8, S.136
[zitiert: *Nazar*, Glosse zu OG vom 09. Oktober 1985, III CZP 53/85, NP 1988,
Nr.7-8, S.136,...]

Problemy nowelizacji prawa rodzinnego
(Die Probleme der Novellierung des Familienrechts)
in: Rejent 2005, Nr.9, S.81
[zitiert: *Nazar*, Problemy nowelizacji prawa rodzinnego (Die Probleme der
Novellierung des Familienrechts), Rejent 2005, Nr.9, S.81,...]

Niedośpiał, Michał
Glosse zu OG vom 06. Januar 2000, I CKN 320/98, veröffentlicht in OSNC
2000, Nr.7-8, Pos.133
in: PiP 2001, Nr.2, S.110

[zitiert: *Niedośpiał*, Glosse zu OSNC 2000, Nr.7-8, Pos.133 in PiP 2001, Nr.2, S.110,...]

Ohanowicz, Alfred
Glosse zu OG vom 18. Januar 1961, 4 CR 957/60, veröffentlicht in PiP 1962, Nr.8-9, S.463
in: PiP 1962, Nr.8-9, S.465
[zitiert: *Ohanowicz*, Glosse zu OG vom 18. Januar 1961, 4 CR 957/60, PiP 1962, Nr.8-9, S.465, ...]

Oleszko, Aleksander
Glosse zu OG vom 10. Juli 1976, III CRN 126/76, veröffentlicht in OSPiKA 1978, Nr.4, Pos.74, S.175
in: OSPiKA 1978, Nr.4, Pos.74, ab S.176
[zitiert: *Oleszko*, Glosse zu OG vom 10. Juli 1976, III CRN 126/76, OSPiKA 1978, Nr.4, Pos.74 (S.176,...)]

Palandt, Otto
Bürgerliches Gesetzbuch
67. Auflage, München 2008
[zitiert: Palandt-*Bearbeiter*, § Rn]

Piasecki, Kazimierz (Herausgeber)
Kodeks rodzinny i opiekuńczy – komentarz
(Familien- und Vormundschaftsgesetzbuch – Kommentar)
3. Auflage, Warschau 2006, Stand: 15. November 2005
[zitiert: *Bearbeiter* in Piasecki, Art. FVGB Anm.]

Piątowski, Józef St.
System prawa rodzinnego i opiekuńczego, część I
(System des Familien- und Vormundschaftsrechtes), Teil I,
Breslau – Warschau – Krakau – Danzig – Lodz 1985
[*Piątowski*, S.]

Przegląd orzecznictwa Sądu Najwyższego z zakresu kodeksu rodzinnego i opiekuńczego

(Überblick über die Entscheidungen des Obersten Gerichts im Bereich des Familien- und Vormundschaftsrechts
in: NP 1978, Nr.11-12, S.1690
[*Piątowski*, Przegląd orzecznictwa Sądu Najwyższego z zakresu kodeksu rodzinnego i opiekuńczego (Überblick über die Entscheidungen des Obersten Gerichts im Bereich des Familien- und Vormundschaftsrechts, NP 1978, Nr.11-12, S.1690,...]

Glosse zu OG vom 03. Oktober 1969, III CZP 71/69, veröffentlicht in OSNCP 1970, Nr.6, Pos.99
in: OSPiKA 1970, Nr.9, Pos.189
[zitiert: *Piątowski,* Glosse zu OSNCP 1970, Nr.6, Pos.99, OSPiKA 1970, Nr.9, Pos.189, (S.)]

Glosse zu OG vom 12. Februar 1970, I CR 444/69, veröffentlicht in OSNCP 1970, Nr.11, Pos.203
in: OSPiKA 1971, Nr.7-8, Pos.142
[zitiert: *Piątowski,* Glosse zu OSNCP 1970, Nr.11, Pos.203, OSPiKA 1971, Nr.7-8, Pos.142, (S.)]

Pietrzykowski, Krzysztof
Rezension zu Gwiazdomorski, Prawo spadkowe (Erbrecht), Warschau 1959
in: NP 1959, Nr.12, S.1497
[zitiert: *Pietrzykowski*, NP 1959, Nr.12, S.1497,...]

Kodeks rodzinny i opiekuńczy z komentarzem
(Das Familien- und Vormundschaftsgesetzbuch mit Kommentar)
Warschau 1993
[*Pietrzykowski* 1993, Art. FVGB S.]

Kodeks rodzinny i opiekuńczy
(Familien- und Vormundschaftsgesetzbuch)
Kommentar, Warschau 2003
[zitiert: *Pietrzykowski* 2003, Art. FVGB Rn]

Kodeks cywilny
(Zivilgesetzbuch)
Kommentar, Band I, Art.1-449, 4. Auflage, Warschau 2005
[zitiert: *Pietrzykowski*, Art. plZGB Anm.]

Spółdzielnie mieszkaniowe
(Wohnungsgenossenschaften)
3. Auflage, Warschau 2006
[zitiert: *Pietrzykowski*, Art. plGenG Rn]

Polnische Wirtschaftsgesetze
7. Auflage, Warschau 2005
[Grundlage für die Übersetzungen der einschlägigen Artikel im plZGB]

Potrzobowski, Karol
Glosse zu OG vom 07. März 1979, III CRN 10/79, veröffentlicht in OSNCP 1979, Nr.10, Pos.197
in: Palestra 1980, Nr.6, S.106
[zitiert: *Potrzobowski*, Glosse zu OSNCP 1979, Nr.10, Pos.197 in Palestra 1980, Nr.6, S.106, ...]

Rudnicki, Stanisław
Komentarz do kodeksu cywilnego,
Księga druga: własność i inne prawa rzeczowe
(Kommentar zum Zivilgesetzbuch – Zweites Buch: Eigentum und andere Sachenrechte)
7. Auflage, Warschau 2006, Stand: 1. April 2006
[zitiert: *Rudnicki*, Art. plZGB Anm.]

Glosse zu OG vom 14. Januar 1998, II CKN 177/97, veröffentlicht in OSP 1998, Nr.10, Pos.168, S.477
in: OSP 1998, Nr.10, Pos.168, ab S.478
[zitiert: *Rudnicki*, Glosse OG vom 14. Januar 1998, II CKN 177/97, OSP 1998, Nr.10, Pos.168, (S.478,...)]

Rządowy projekt ustawy o zmianie kodeksu rodzinnego i opiekuńczego
(Regierungsprojekt zum Änderungsgesetz in Bezug auf das Familien- und Vormundschaftsgesetzbuch)
in: KPP 2003, Nr.3, S.685
[zitiert: Regierungsprojekt KPP 2003, S.685,...]

Rzonca, Stefan K.
Glosse zu OG vom 19. Dezember 1973, III CZP 65/73, veröffentlicht in OSPiKA 1975, Nr. 7-8, Pos.165, S.308
in: OSPiKA 1975, Nr. 7-8, Pos.165, ab S.309
[zitiert: *Rzonca*, Glosse zu OG vom 19. Dezember 1973, III CZP 65/73, OSPiKA 1975, Nr. 7-8, Pos.165 (S.309,…)]

Schotten, Günther
Schmellenkamp, Cornelia
Der Vorrang des Gesellschaftsrechts vor dem Güterrecht
in: DNotZ 2007, S.729
[zitiert: Schotten/Schmellenkamp, Der Vorrang des Gesellschaftsrechts vor dem Güterrecht, DNotZ 2007, S.729, ...]

Schriever, Eva
Richter, Eike
Familiäres aus Brüssel: Grenzenlose Scheidungen VI
in: AnwBl. 2006
[zitiert: *Schriever/Richter*, AnwBl.2006]

Schröder, Rudolf
Bergschneider, Ludwig
Familienvermögensrecht, Bielefeld 2003
[zitiert: *Bearbeiter* in Schröder/Bergschneider, Familienvermögensrecht, Rn]

Skowrońska-Bocian, Elżbieta
Rozliczenia majątkowe małżonków w stosunkach wzajemnych i wobec osób trzecich
(Vermögensrechtliche Auseinandersetzung der Ehegatten untereinander und im Verhältnis zu Dritten)
1. Auflage, Warschau 2000
[zitiert: *Skowrońska-Bocian*, 1. Auflage, 2000, S.]

Rozliczenia majątkowe małżonków w stosunkach wzajemnych i wobec osób trzecich
(Vermögensrechtliche Auseinandersetzung der Ehegatten untereinander und im Verhältnis zu Dritten)

4. Auflage, Warschau 2006
(zitiert: *Skowrońska-Bocian*, S.)

Kommentarz do kodeksu cywilnego – spadki
(Kommentar zum Zivilgesetzbuch – Erbrecht)
Viertes Buch, 7. Auflage, Warschau 2006, Stand 06. Mai 2006
(zitiert: *Skowrońska-Bocian*, Art. plZGB Anm.)

Smyczyński, Tadeusz
Glosse zu OG vom 24. Juli 1997, III CZP 26/97, veröffentlicht in OSP 1998, Nr.7-8, Pos.136
in: OSP 1998, Nr.7-8, Pos.136, ab S.380
[zitiert: *Smyczyński*, Glosse zu OG vom 24. Juli 1997, III CZP 26/97, OSP 1998, Nr.7-8, Pos.136, (S.380,...)]

Kierunki reformy kodeksu rodzinnego i opiekuńczego
(Die Richtung der Reformen des Familien- und Vormundschaftsgesetzbuches)
in: KPP 1999, Nr.2, S.299
[zitiert: *Smyczyński*, Kierunki reformy kodeksu rodzinnego i opiekuńczego (Die Richtung der Reformen des Familien- und Vormundschaftsgesetzbuches), KPP 1999, Nr.2, S.299,...]

Glosse zu OG vom 06. Januar 2000, I CKN 320/98, veröffentlicht in OSNC 2000, Nr.7-8, Pos.133
in: OSP 2001, Nr.9, Pos.136, ab S.467
[zitiert: *Smyczyński*, Glosse zu OSNC 2000, Nr.7-8, Pos.133 in OSP 2001, Nr.9, Pos.136, S.467,...]

Prawo rodzinne i opiekuńcze – analiza i wykładnia
(Familien- und Vormundschaftsrecht – Analyse und Auslegung)
Warschau 2001
[*Smyczyński*, S.]

Reforma małżeńskiego prawa majątkowego
(Die Reform des ehelichen Vermögensrechts)
in: MoP 2004, S.827
[zitiert: *Smyczyński*, Reforma małżeńskiego prawa majątkowego (Die Reform des ehelichen Vermögensrechts), MoP 2004, S.827, ...]

Sokołowski, Tomasz
Glosse zu OG vom 09. Oktober 1985, III CZP 53/85, veröffentlicht in OSNCAP 1986, Nr.9, Pos.136
in: NP 1988, Nr.10-12, S.225
[zitiert: *Sokołowski*, Glosse zu OG vom 09. Oktober 1985, III CZP 53/85 in NP 1988, Nr.10-12, S.225,…]
Glosse zu OG vom 26. März 1993, III CZP 154/92, veröffentlicht in OSNCP 1993, Nr.7-8, Pos.137
in: Palestra 1995, Nr.7-8, S.215
[zitiert: *Sokołowski*, Glosse zu OG vom 26. März 1993, III CZP 154/92, Palestra 1995, Nr.7-8, S.215,…]

Struktura wspólnej sytuacji prawnomajątkowej małżonków
(Die Strukturen der vermögensrechtlichen Situation der Ehegatten)
in: Rejent 1995, Nr.2, S.354
[zitiert: *Sokołowski*, Struktura wspólnej sytuacji prawnomajątkowej małżonków (Die Strukturen der vermögensrechtlichen Situation der Ehegatten), Rejent 1995, Nr.2, S.30, …]

Uwagi o projektowanej regulacji stosunków majątkowych między małżonkami
(Anmerkungen zum Projekt der Regelung der vermögensrechtlichen Verhältnisse zwischen Ehegatten)
in: KPP 2001, Nr.1, S.139
[zitiert: *Sokołowski*, Uwagi o projektowanej regulacji stosunków majątkowych między małżonkami (Anmerkungen zum Projekt der Regelung der vermögensrechtlichen Verhältnisse zwischen Ehegatten), KPP 2001, Nr.1, S.139, ...]

Sorysz, Mariusz
Małżonek dłużnika w postępowaniu egzekucyjnym w świetle nowelizacji k.p.c. z 2004 r.
(Der Ehegatte des Schuldners im Vollstreckungsverfahren im Lichte der Novellierung der Zivilprozeßordnung)
in: MoP 2005, S.692
[zitiert: *Sorysz*, Małżonek dłużnika w postępowaniu egzekucyjnym w świetle nowelizacji k.p.c. z 2004 r. (Der Ehegatte des Schuldners im Vollstreckungsverfahren im Lichte der Novellierung der Zivilprozeßordnung), MoP 2005, S.692,...]

Staudinger, Julius von
Kommentar zum Bürgerlichen Gesetzbuche und den Nebengesetzen
Buch 2, Schuldrecht, §§ 741-764
Berlin, New York 2008

Buch 4, Familienrecht, §§ 1363-1563 (Eheliches Güterrecht)
Berlin, New York 2007
Buch 5, Erbrecht, §§ 1967-2063 (Rechtstellung des Erben)
Berlin, New York 2002

Einführungsgesetz zum Bürgerlichen Gesetzbuche, Art.13-17b EGBGB
(Internationales Eherecht)
Berlin, New York 2004
[zitiert: Staudinger-*Bearbeiter*, § Rn]

Band IV, Familienrecht
9. Auflage, München – Berlin – Leipzig 1926
[zitiert: Staudinger-*Bearbeiter* 1926, § Anm.]

Stecki, Leopold
Podział majątku wspólnego
(Die Teilung des gemeinschaftlichen Vermögens)
in: NP 1967, Nr.10, S.1293
[zitiert: *Stecki*, Podział majątku wspólnego (Die Teilung des gemeinschaftlichen Vermögens), NP 1967, Nr.10, S.1293,...]

Zwrot wydatków i nakładów na tle stosunków małżeńskich majątkowych
(Die Erstattung der Ausgaben und Aufwendungen vor dem Hintergrund der ehelichen vermögensrechtlichen Beziehungen)
in: NP 1967, Nr. 12, S.1621
[zitiert: *Stecki*, Zwrot wydatków i nakładów na tle stosunków małżeńskich majątkowych (Die Erstattung der Ausgaben und Aufwendungen vor dem Hintergrund der ehelichen vermögensrechtlichen Beziehungen), NP 1967, Nr. 12, S.1621,...]

Ustanie ustawowej wspólności majątkowej małżeńskiej
(Die Beendigung der gesetzlichen Gemeinschaft)
Posen 1968
[zitiert: *Stecki*, S.]

Udziały małżonków w majątku wspólnym
(Die Anteile der Ehegatten am gemeinschaftlichen Vermögen)
in: PiP 1968, Nr.8-9, S.353
[zitiert: *Stecki*, Udziały małżonków w majątku wspólnym (Die Anteile der Ehegatten am gemeinschaftlichen Vermögen), PiP 1968, Nr.8-9, S.353,...]

Glosse zu OG vom 08. Januar 1969, I CZ 138/68, veröffentlicht in OSN 1969, Nr.9, Pos.165
in: OSPiKA 1970, Nr. 3, Pos.61, ab S.120
[zitiert: *Stecki*, Glosse zu OG vom 08. Januar 1969, I CZ 138/68, OSPiKA 1970, Nr. 3, Pos.61 (S.120,…)]

Glosse zu OG vom 02. März 1972, III CZP 100/71, veröffentlicht auch in OSNCP 1972, Nr.7-8, Pos.129
in: OSPiKA 1973, Nr.7-8, Pos.149
[zitiert: *Stecki*, Glosse zu OG vom 02. März 1972, III CZP 100/71 in OSPiKA 1973, Nr.7-8, Pos.149, (S.313,…)]

Glosse OG vom 19. Dezember 1973, III CZP 65/73, veröffentlicht in OSNCP 1974, Nr.10, Pos.164
in: PiP 1976, Nr.1-2, S.253
[zitiert: *Stecki*, Glosse zu OSNCP 1974, Nr.10, Pos.164 in PiP 1976, Nr.1-2, S.253,…]

Glosse zu OG vom 25. Januar 1977, III CRN 324/76, veröffentlicht in OSPiKA 1978, Nr.3, Pos.51
in: OSPiKA 1978, Nr.3, Pos.51, ab S.128
zitiert: *Stecki*, Glosse zu OG vom 25. Januar 1977, III CRN 324/76 in OSPiKA 1978, Nr.3, Pos.51, (S.128,…)]

Glosse zu OG vom 12. Januar 1978, III CZP 86/77, veröffentlicht in OSNCP 1978, Nr.10, Pos.171
in: PiP 1979, Nr.6, S.170
[zitiert: *Stecki*, Glosse zu OSNCP 1978, Nr.10, Pos.171 in PiP 1979, Nr.6, S.170,…]

Glosse zu OG vom 12. Februar 1970, I CR 444/69, veröffentlicht in OSNCP 1970, Nr.11, Pos.203
in: NP 1971, Nr.10, S.1549
[zitiert: *Stecki*, Glosse zu OSNCP 1970, Nr.11, Pos.203, NP 1971, Nr.10, S.1549, …]

Strzebińczyk, Jerzy
Nowelizacja przepisów kodeksu rodzinnego i opiekuńczego w zakresie małżeńskiego prawa majątkowego
(Die Novellierung der Vorschriften des Familien- und Vormundschaftsgesetzbuches im Bereich des ehelichen Vermögensrechts)
in: Rejent 2004, Nr.8, S.143 (Teil I) und Nr.9, S.88 (Teil II)
[zitiert: *Strzebińczyk*, Nowelizacja przepisów kodeksu rodzinnego i opiekuńczego w zakresie małżeńskiego prawa majątkowego (Die Novellierung der Vorschriften des Familien- und Vormundschaftsgesetzbuches im Bereich des ehelichen Vermögensrechts), Rejent 2004, Nr.8/Nr.9, S.143/S.88,...]

Sychowicz, Marek
Problematyka Art. 618 kpc
(Die Problematik des Art.618 plZPO)
in: NP 1972, Nr.1, S.44
(zitiert: *Sychowicz*, Problematyka Art. 618 kpc (Die Problematik des Art.618 plZPO), NP 1972, Nr.1, S.44,...)

Sylwestrak, Anna
Skutki prawne separacji małżonków
(Die Rechtsfolgen der Separation von Ehegatten)
Warschau 2007
[zitiert: *Sylwestrak*, S.]

Szer, Seweryn
Rozdzielność majątkowa czy wspólność dorobku?
(Gütertrennung oder Errungenschaftsgemeinschaft?)
in: DPP 1946, Nr.3-4, S.60
[zitiert: *Szer*, Rozdzielność majątkowa czy wspólność dorobku? (Gütertrennung oder Errungenschaftsgemeinschaft?), DPP 1946, Nr.3-4, S.60,...]

Glosse zu OG vom 29. März 1957, 2 CR 330/55, veröffentlicht in OSPiKA 1958, Nr.12, Pos.301
in: OSPiKA 1958, Nr.12, Pos.301, ab S.716
[zitiert: *Szer*, Glosse zu OG vom 29. März 1957, 2 CR 330/55 in OSPiKA 1958, Nr.12, Pos.301, S.716,...]

Szpunar, Adam
Glosse zu OG vom 28. September 1979, III CZP 15/79, abgedruckt in OSPiKA 1980, Nr.10, Pos.176, S.417
in: OSPiKA 1980, Nr.10, Pos.176, S.418
[zitiert: *Szpunar*, Glosse zu OG vom 28. September 1979, III CZP 15/79 in OSPiKA 1980, Nr.10, Pos.176, S.418,...]

Sztyk, Romuald
Małżeńskie ustroje majątkowe w praktyce notarialnej
(Die ehelichen Güterstände in der Notarpraxis)
in: Rejent 2004, Nr.6, S.158
[*Sztyk*, Małżeńskie ustroje majątkowe w praktyce notarialnej (Die ehelichen Güterstände in der Notarpraxis), Rejent 2004, Nr.6, S.158,...]

Tezy Społeczno-Polityczne
(Gesellschaftlich-Politische Thesen)
Projekt majątkowego prawa małżeńskiego
(Das Projekt des ehelichen Vermögensrechts)
in: DPP 1946, Nr.1, S.38
[zitiert: *Tezy Społeczno-Polityczne* (Gesellschaftlich-Politische Thesen), Projekt majątkowego prawa małżeńskiego (Das Projekt des ehelichen Vermögensrechts), DPP 1946, Nr.1, S.38,...]

Wever, Reinhardt
Vermögensauseinandersetzung der Ehegatten außerhalb des Güterrechts
3. Auflage, Bielefeld 2002
[zitiert: *Wever*, S.]

Wiącek, Józef
Glosse zu OG vom 06. Juni 1975, III CRN 134/75, veröffentlicht in OSNCP 1976, Nr.6, Pos.136
in: NP 1978, Nr.1, S.145
[zitiert: *Wiącek*, Glosse zu OG vom 06. Juni 1975, III CRN 134/75 in NP 1978, Nr.1, S.145,...]

Winiarz, Jan
Prawo rodzinne
(Familienrecht)

5. Auflage, Warschau 1987
[*Winiarz* 1987, S.]

Winiarz, Jan
Gajda, Janusz
Prawo rodzinne
(Familienrecht)
Warschau 1999
[zitiert: *Winiarz/Gajda*, S.]

Wolter, Aleksander
Majątek wspólny i majątki odrębne małżonków pod rządem wspólności ustawowej
(Das gemeinschaftliche Vermögen und die gesonderten Vermögen der Ehegatten in der gesetzlichen Gemeinschaft)
in: NP 1965, Nr.2, S.103
[zitiert: *Wolter,* Majątek wspólny i majątki odrębne małżonków pod rządem wspólności ustawowej (Das gemeinschaftliche Vermögen und die gesonderten Vermögen der Ehegatten in der gesetzlichen Gemeinschaft), NP 1965, Nr.2, S.103,...]

Glosse zu OG vom 10. September 1962, I CO 9/62, veröffentlicht in OSNCP 1964, Nr.1, Pos.1
in: OSPiKA 1964, Nr.3, Pos.54, ab S.123
[zitiert: *Wolter*, Glosse zu OSNCP 1964, Nr.1, Pos.1, OSPiKA 1964, Nr.3, Pos.54, S.123,...]

Zedler, Feliks
Dochodzenie roszczeń majątkowych od małżonków
(Die Verfolgung von Vermögensansprüchen gegenüber Ehegatten)
Warschau 1976
[*Zedler*, S.]

Zieliński, Andrzej
Postępowanie o podział majątku wspólnego po ustaniu wspólności majątkowej małżeńskiej
(Das Verfahren bei der Teilung des gemeinschaftlichen Vermögens nach Beendigung der ehelichen gesetzlichen Gemeinschaft)

Warschau 1992
[zitiert: *Zieliński*, S.]

Zöller, Richard
Zivilprozeßordnung – Kommentar
Köln, 27. Auflage, 2009
[zitiert: Zöller-*Bearbeiter* § Rn]

Abkürzungsverzeichnis

a.a.O.	am angegebenen Ort
a.F..	alte Fassung
Anm	Anmerkung
AnwBl.	Anwaltsblatt
Art..	Artikel
Bd.	Band
BezG.	Bezirksgericht
BGB	Bürgerliches Gesetzbuch
BGBl.	Bundesgesetzblatt
chZGB	schweizerisches Zivilgesetzbuch
DNotZ	Deutsche Notar-Zeitschrift
DPP	Demokratyczny Przegląd Prawniczy (Demokratische Juristische Rundschau)
DTZ	Deutsch-Deutsche Rechts-Zeitschrift
Dz. U.	Dziennik Ustaw (Polnisches Gesetzblatt)
EGBGB	Einführungsgesetzbuch zum Bürgerlichen Gesetzbuch
ErbRD	Erbrechtsdekret 1946
FamRZ	Zeitschrift für das gesamte Familienrecht
ff.	fortfolgend
FGB	Familiengesetzbuch 1950
Fn	Fußnote
FPR	Familie Partnerschaft Recht
FVGB	Familien- und Vormundschaftsgesetzbuch 1964
HGG	Gesetzbuch über Handelsgesellschaften
KPP	Kwartalnik Prawa Prywatnego (Quartalschrift des Zivilrechts)
m.w.N.	mit weiteren Nachweisen
MoP	Monitor Prawniczy (Rechtsmonitor)
NP	Nowe Prawo (Neues Recht)
Nr.	Nummer
OG	Oberstes Gericht
OSN	Orzecznictwo Sądu Najwyższego (Entscheidungen des Obersten Gerichts)
OSNC	Orzecznictwo Sądu Najwyższego Izba Cywilna (Entscheidungen des Obersten Gerichts Zivilkammer, seit 1995)
OSNCP	Orzecznictwo Sądu Najwyższego Izba Cywilna oraz Izba Administrcyjna, Pracy i Ubezpieczeń Społecznych (Entscheidungen des Obersten Gerichts Zivilkammer und Kammer für Verwaltung, Arbeit und Versicherung)

OSP	Orzecznictwo Sądów Polskich (Entscheidungen polnischer Gerichte)
OSPiKA	Orzecznictwo Sądów Polskich i Komisji Arbitrażowych (Entscheidungen polnischer Gerichte und Schiedsgerichtskommissionen)
PiP	Państwo i Prawo (Staat und Gesellschaft)
plGenG	polnisches Genossenschaftsgesetzbuch
plZGB	polnisches Zivilgesetzbuch
plZPO	polnische Zivilprozeßordnung
Pos.	Position
PS	Przegląd Sądowy (Gerichtsrundschau)
RPEiS	Ruch Prawniczy, Ekonomiczny i Socjologiczny (Zeitschrift für Recht, Wirtschaft und Soziologie)
Rn	Randnummer
SachRD	Sachenrechtsdekret 1946
S.	Seite
SN	Sąd Najwyższy (Oberstes Gericht)
Vgl.	Vergleiche

Einleitung

Zwischen Ehegatten entwickeln sich in einer Ehe vermögensrechtliche Verbindungen mit vielen Facetten. Verschiebungen von Vermögenswerten, Vermischungen des beiderseitigen Vermögens und gemeinsame Wertschöpfungen in größerem oder kleinerem Umfang sind in einer auf Dauer angelegten Verbindung wie der Ehe unvermeidbar, erfordert eine solche doch neben den Voraussetzungen im persönlichen Bereich auch eine gut funktionierende wirtschaftliche Basis, um das Zusammenleben zweier Menschen dauerhaft erfolgreich zu gestalten. Dies wird besonders in gütergemeinschaftlichen Güterständen, in denen nach dem Willen des Gesetzgebers fortlaufend gemeinschaftliches Vermögen der Ehegatten entsteht, offensichtlich[1]. Aber auch in Gütertrennungssystemen häufen Ehegatten im Laufe einer Ehe zahlreiche gemeinschaftliche Vermögenswerte an, obwohl der Gesetzgeber das während der Ehe erworbene Vermögen der Ehegatten eigentlich getrennt wissen will. Die gemeinschaftliche wirtschaftliche Wertschöpfung der Ehegatten ist regelmäßig ein für die Ehe typischer Vorgang, bei dem gesetzliche Vorgaben zur Behandlung des gemeinsam erworbenen Vermögens im Bewußtsein der Ehegatten selten eine Rolle spielen. Erst wenn die Ehe aufgelöst wird und sich für die Ehegatten die Frage stellt, ob und wie ihre auf Dauer entstandenen vermögensrechtlichen Beziehungen zu entflechten sind, kommen die gesetzlichen Bestimmungen nicht nur als Wegweiser, sondern in manch einem Fall einseitiger Wertschöpfung sogar als Rettungsanker für einen Ehegatten ins Spiel.

In erster Linie beantwortet das Ehegüterrecht die Frage, ob und inwiefern ein Vermögensausgleich nach Beendigung der Ehe zwischen den Ehegatten statt zu finden hat. Aber auch außerhalb des Güterrechtes kommen für die Auseinandersetzung und Teilung der gemeinschaftlichen Vermögenswerte andere Ausgleichsansprüche in Betracht, die der Gesetzgeber für besondere wirtschaftliche Ausgestaltungen in einer Ehe im Laufe der Zeit entwickelt hat. Im deutschen Recht sind in diesem Zusammenhang etwa die Abwicklung einer Ehegatteninnengesellschaft wegen der Mitarbeit eines Ehegatten im Geschäftsbetrieb des anderen Ehegatten oder die Abwicklung ehebedingter Zuwendungen zu nennen[2]. Diese erfordern jedoch eine besondere vermögensrechtliche Konstellation der gemeinsamen wirtschaftlichen Wertschöpfung durch die Ehegatten. In manchen Fällen regelt auch ein Ehevertrag die vermögensrechtliche Situation der Ehegatten, so etwa wenn besondere Vermögenswerte vorhanden sind. Liegen der vermögensrechtlichen Ausgestaltung der Ehe aber keine besonderen Umstände zugrunde, so bleiben stets der gesetzliche Güterstand und die Regelung seiner

---

1 *Wever*, Die Vermögensauseinandersetzung der Ehegatten außerhalb des Güterrechts, 3. Auflage, Bielefeld 2002, Rn 1.

2 Dazu ausführlich *Wever*, a.a.O. (Fn 1), Rn 318ff. und Rn 431ff.

Auseinandersetzung die ersten Anknüpfungspunkte für die Frage, inwiefern und warum ein Vermögensausgleich nach Beendigung der Ehe gerechtfertigt ist.
Die Frage, ob und wie ein solcher Vermögensausgleich nach Beendigung der Ehe im gesetzlichen Güterstand stattfinden muß, beantwortet der Gesetzgeber von Rechtsordnung zu Rechtsordnung unterschiedlich. Gütergemeinschaftssysteme stehen dabei neben Gütertrennungssystemen, die Errechnung des Zugewinns neben einer richterlichen Verteilung nach Billigkeitsgrundsätzen. Gemeinsam ist allen von den verschiedenen nationalen Gesetzgebern zur Verfügung gestellten Auseinandersetzungsinstrumentarien bei der Entflechtung des gemeinschaftlichen Vermögens jedenfalls, dass diese regelmäßig nur eine Hilfestellung bei der Auflösung der ehelichen Verbundenheit im Vermögensbereich zur Verfügung stellen können, ist doch die gemeinsame vermögensrechtliche Wertschöpfung der Ehegatten während der Ehe auch maßgeblich von der persönlichen Verbindung zwischen den Ehegatten geprägt gewesen. Die Abwicklung dieser besonderen Vermögensbeziehung verbietet somit eine rein juristisch-ökonomische Betrachtungsweise. Einmal mehr zeigt damit auch die güterrechtliche Auseinandersetzung der Ehegatten, dass das Familienrecht für die Regelung der zwischenmenschlichen Beziehungen stets „nur“ eine wegweisende denn eine abschließende Funktion haben kann. Die Lebensverhältnisse, auf welche die gesetzlichen Vorschriften treffen, sind nie einheitlich.

Ziel der vorliegenden Arbeit ist die Untersuchung der Frage, wie das polnische Recht die güterrechtliche Auseinandersetzung der Ehegatten nach der Beendigung der Ehe und des gesetzlichen Güterstandes regelt. Der praktische Nutzen einer solchen Untersuchung ist in den insgesamt wachsenden Familienbeziehungen mit internationalem Element zu sehen. Ehen mit Auslandberührung sind weit verbreitet. Neben Erbrechtsfällen weisen Familienrechtsfälle statistisch gesehen die häufigste Auslandsberührung auf[3]. Durch die zunehmende Mobilität in der Europäischen Union (EU) als einem Raum ohne Binnengrenzen kommt es immer häufiger dazu, dass EU-Bürger aus verschiedenen Mitgliedstaaten Ehen miteinander eingehen und diese Ehepaare sich zudem anschließend in einem Mitgliedsstaat niederlassen, dessen Staatsangehörigkeit sie nicht besitzen. Häufig geht mit einer solchen Verbindung auch der Erwerb von Immobilien einher, die in unterschiedlichen EU-Mitgliedstaaten gelegen sein können. Kommt es dann zum Bruch zwischen den Eheleuten, sind die vermögensrechtlichen Folgen einer solchen Trennung vom jeweils anwendbaren Güterrecht zu erfassen. So kommt es nach einer jüngeren Meldung der EU jedes Jahr schätzungsweise zu

3 Staudinger-*Mankowski*, Vorbem zu Art.13-17b EGBGB, Rn 2; laut einer Pressemitteilung des BMJ vom 13.1.2010 hatte im Jahre bei 11 % der Eheschließungen ein Ehepartner die deutsche, der andere Ehepartner eine ausländische Staatsangehörigkeit, veröffentlicht unter: http://rsw.beck.de/rsw/shop/default.asp?docid=296514&docClass=NEWS&site=njw&from=njw.root.

170.000 grenzüberschreitenden Scheidungsverfahren, rund 16 % aller Scheidungen betreffen binationale Ehen[4].
Vor dem Hintergrund dieser internationalen Migrationsbewegung innerhalb Europas wird ein beträchtlicher Anteil von Ehen auch unter Beteiligung polnischer Partner geschlossen. Gemäß den Angaben des Statistischen Bundesamtes lebten am 31. Dezember 2007 in Deutschland 384.808 Polen[5]. Nach einer älteren Pressemitteilung des Statistischen Bundesamtes stammten 2002 die mit deutschen Männern verheirateten ausländischen Ehefrauen am häufigsten aus Polen (11 % von 766.000 deutsch-ausländischen Ehegatten)[6]. Aufgrund des Beitritts Polens zur EU und der damit verbundenen Freiheiten ist zu erwarten, dass sich diese Zahlen zum jetzigen Zeitpunkt erhöht haben und auch weiter stetig erhöhen werden.

Angesichts der insgesamt steigenden Scheidungsraten hat gleichzeitig auch die Problematik der vermögensrechtlichen Auseinandersetzung nach der Scheidung einer binationalen Ehe zunehmend an Bedeutung gewonnen. Nach dem Beitritt Polens zur EU hat bereits in vielen Bereichen die Rechtsangleichung und Rechtsvereinheitlichung durch die Umsetzung europäischer Richtlinien stattgefunden und findet weiter statt. Derzeit gibt es allerdings (noch) keine Gemeinschaftsnormen über das in Scheidungs- und Scheidungsfolgesachen anzuwendende Recht[7]. Das (materielle) Familienrecht wird von Europa bislang wenig beeinflußt und bleibt daher vornehmlich dem nationalen Gesetzgeber vorbehalten. Die güterrechtliche Materie gehört damit noch zu den Kernbereichen der mitgliedstaatlichen Regelungshoheit. Mit Blick auf die Migrationsbewegung in Europa bereitet der europäische Gesetzgeber allerdings den Erlaß einer EG-Verordnung zum internationalen Ehegüterrecht vor. Ziel dieser Verordnung ist es, neben dem Kollisions- auch das Zuständigkeits- und Anerkennungsrecht zu vereinheitlichen und so den Ehegatten einer binationalen Ehe zu erleichtern, das

4 *Beck Online Ticker* unter www.beck.de vom 17. Juli 2006; siehe auch *Schriever/Richter*, Familiäres aus Brüssel: Grenzenlose Scheidungen VI, AnwBl. Oktober 2006; vgl. auch im „Grünbuch zu den Kollisionsnormen im Güterrecht unter besonderer Berücksichtigung der gerichtlichen Zuständigkeit und der gegenseitigen Anerkennung", KOM (2006) 400, vom 17. Juli 2006, S.4.

5 Statistisches Bundesamt, http://www.destatis.de/jetspeed/portal/cms/Sites/destatis/Internet/DE/Content/Statistiken/Bevoelkerung/AuslaendischeBevoelkerung/Tabellen/Content 50/TOP10,templateId=renderPrint.psml

6 Pressemitteilung des Statistischen Bundesamtes vom 08. Juli 2002; www.destatis.de/presse/deutsch/pm2002/p2370023.htm.

7 „Grünbuch zu den Kollisionsnormen im Güterrecht unter besonderer Berücksichtigung der gerichtlichen Zuständigkeit und der gegenseitigen Anerkennung", KOM (2006) 400, S.4; zum Grünbuch und den Schwierigkeiten einer einheitlichen europäischen Kollisionsregelung im Bereich des Güterrechtes siehe *Martiny*, Das Grünbuch zum Internationalen Ehegüterrecht – Erste Regelungsvorschläge, FPR 2008, S.206ff.

auf ihre Scheidung und die Scheidungsfolgen anzuwendende Recht einfacher und schneller zu bestimmen[8]. Die Europäische Kommission veröffentlichte in diesem Zusammenhang zwar im Juli 2006 ein Grünbuch[9], mit dem die Öffentlichkeit darüber konsultiert werden soll, welche Probleme durch die Geltung der verschiedenen Güterstände entstehen und wie diese zu lösen wären[10]. Eine inhaltliche Vereinheitlichung des materiellen Eherechts auf europäischer Ebene steht unter anderem wegen der häufig unterschiedlich gewachsenen Rechtstraditionen indes (jedenfalls gegenwärtig) noch in weiter Ferne[11].

Nach der Beendigung einer binationalen Ehe treten insbesondere praktische und rechtliche Schwierigkeiten bei der Aufteilung des gemeinschaftlichen Eigentums auf, wenn die Ehegatten unterschiedlicher Nationalität sind, in unterschiedlichen Mitgliedstaaten leben oder Eigentum in einem anderen Mitgliedstaat besitzen. Wegen Art.15 Abs.1 EGBGB gilt regelmäßig der Grundsatz der Unwandelbarkeit des Güterstandes. Dieser besagt, dass das einmal wirksam gegründete Güterrechtsstatut bestehen bleibt, auch wenn die Staatsangehörigkeit der Ehegatten wechselt oder die Ehegatten ihren Wohnsitz oder gewöhnlichen Aufenthalt verlegen[12]. In Deutschland eingebürgerte Polen, die bei ihrer Heirat in Polen wohnten, behalten folglich polnisches Güterrechtsstatut[13]. Denkbar ist weiter, dass in die Bundesrepublik übergesiedelte polnische Staatsangehörige für ihre Ehe weiterhin das polnische Recht als das anwendbare gewählt haben (Art.15 Abs.2 Nr.1 EGBGB) oder hier lebende Ehegatten, gleich welcher Staatsangehörigkeit, Eigentümer eines in Polen gelegenen Grundstücks sind (Art.15 Abs.2 Nr.3 EGBGB). Deutsche Gerichte können somit im Rahmen des internationalen Familienrechts gehalten werden, sich mit dem polnischen Güterrecht befassen

---

8 *Mörsdorf-Schulte* in Bamberger/Roth, Art.15 EGBGB Rn 11; Zöller-*Geimer*, Anh II, Art.1 EG-VO Ehesachen Rn 5.

9 „Grünbuch zu den Kollisionsnormen im Güterrecht unter besonderer Berücksichtigung der gerichtlichen Zuständigkeit und der gegenseitigen Anerkennung", KOM (2006) 400 vom 17. Juli 2006.

10 Vgl. zum Grünbuch auch die kurze Anmerkung von *Schriever/Richter*, Familiäres aus Brüssel: Grenzenlose Scheidungen VI, AnwBl. Oktober 2006; ausführlich *Martiny*, Das Grünbuch zum Internationalen Ehegüterrecht – Erste Regelungsvorschläge, FPR 2008, S.206ff.

11 KOM (2006) 400, S.4; zum gegenwärtigen Stand der Entwicklungen im Bereich des internationalen Familienrechts *Martiny*, Die Entwicklung des europäischen internationalen Familienrechts – ein juristischer Hürdenlauf, FPR 2008, S.187, 192; zum neuen deutsch-französischen Wahlgüterstand, der sich an der Zugewinngemeinschaft orientiert, vgl. die Pressemitteilung des BMJ vom 13.1.2010, veröffentlicht unter http://rsw.beck.de/rsw/shop/default.asp?docid=296514&docClass=NEWS&site=njw&from=njw.root.

12 *Langenfeld*, Handbuch der Eheverträge und Scheidungsvereinbarungen, 5. Auflage, München 2005, Rn 814.

13 *Langenfeld*, a.a.O., Rn 814 am Beispiel von italienischen Ehepaaren.

und gegebenenfalls auf dessen Grundlage auch eine vermögensrechtliche Auseinandersetzung unter Ehegatten durchführen zu müssen, wenn das Internationale Privatrecht in einem konkreten Sachverhalt das polnische Güterrecht für anwendbar erklärt.

Gesetzlicher Güterstand ist im polnischen Güterrecht eine Gütergemeinschaft in der Form einer sogenannten Errungenschaftsgemeinschaft, die sich auf eine nach der Eheschließung erworbene Errungenschaft der Ehegatten, das gemeinschaftlichen Vermögen, erstreckt. Das materiellrechtliche Schicksal dieses gemeinschaftlichen Vermögens der Ehegatten nach Beendigung des gesetzlichen Güterstandes durch die Scheidung ist im polnischen Familien- und Vormundschaftsgesetzbuch vom 25. Februar 1964 (FVGB)[14] in den Artikeln (Art.) 43, 45 und 46 FVGB geregelt. Während Art.43 FVGB mit Bestimmungen zur Anteilsgröße am gemeinschaftlichen Vermögen nach Beendigung des gesetzlichen Güterstandes und Art.45 FVGB mit der Regelung etwaiger Werterstattungsansprüche für nach Beendigung der Ehe zwischen den Ehegatten rückabzuwickelnde Vermögensverschiebungen ausdrücklich Fragestellungen der vermögensrechtlichen Auseinandersetzung zwischen den Ehegatten betreffen, enthält Art.46 FVGB für alle nicht in Art.43 FVGB und Art.45 FVGB geregelten Angelegenheiten der Auseinandersetzung des gemeinschaftlichen Vermögens und dessen Teilung einen Verweis auf die Vorschriften zur Nachlaßgemeinschaft und zur Nachlaßteilung im polnischen Zivilgesetzbuch (plZGB)[15], geregelt in den Art.1035 plZGB bis Art.1046 plZGB. In verfahrensrechtlicher Hinsicht befassen sich die Art.566 und 567 der polnischen Zivilprozeßordnung (plZPO)[16] mit der Auseinandersetzung und Teilung des gemeinschaftlichen Vermögens nach der Scheidung. Spiegelbildlich zu Art.46 FVGB verweist Art.567 § 3 plZPO dann für die Teilung des gemeinschaftlichen Vermögens und die Ansprüche aus den Art.43 und 45 FVGB verfahrensrechtlich ebenfalls auf die Nachlaßteilung in den Art.680 bis 689 plZPO. Große Bereiche der vermögensrechtlichen Auseinandersetzung der Ehegatten und der Teilung des gemeinschaftlichen Vermögens nach Beendigung des gesetzlichen Güterstandes durch die Scheidung werden mithin sowohl materiell- als auch verfahrensrechtlich im Wege des Rückgriffs auf die Vorschriften über die Nachlaßgemeinschaft und die Teilung des Nachlasses geregelt.

---

14 Familien- und Vormundschaftsgesetzbuch (*Kodeks rodzinny i opiekuńczy*), in der geltenden Fassung vom 25. Februar 1964, zuletzt geändert durch Änderungsgesetz vom 06. November 2008 [Polnisches Gesetzblatt (*Dziennik Ustaw*) 2008, abgekürzt Dz.U. Nr.220, Pos.1431].

15 Zivilgesetzbuch (*Kodeks cywilny*), in der Fassung vom 23. April 1964, zuletzt geändert durch Änderungsgesetz vom 23. Oktober 2008, Dz.U.2008, Nr.228, Pos.1506.

16 Zivilprozeßordnung (*Kodeks postępowania cywilnego*), in der Fassung vom 17. November 1964, zuletzt geändert durch Änderungsgesetz vom 15. März 2007, Dz.U. 2007, Nr.112, Pos.766.

Aber auch Nachlaßgemeinschaft, Nachlaßauseinandersetzung und Nachlaßteilung sind im polnischen Recht nicht abschließend in den erbrechtlichen Vorschriften geregelt. Vielmehr verweist der polnische Gesetzgeber materiellrechtlich in Art.1035 plZGB für die Behandlung der Nachlaßgemeinschaft und die Nachlaßteilung weiter auf die Vorschriften über das Miteigentum nach Bruchteilen. Diese sind in den Art.195 plZGB bis Art.221 plZGB niedergelegt. Verfahrensrechtlich enthält Art.688 plZPO für die Nachlaßteilung einen entsprechenden Verweis auf die Aufhebung des Miteigentums nach Maßgabe der Art.617 plZPO bis Art.625 plZPO. Wegen der materiell- und verfahrensrechtlichen Verweisungen auf die Nachlaßgemeinschaft und die Nachlaßteilung im Güterrecht gelten somit sowohl auf materieller als auch auf verfahrensrechtlicher Ebene bei der vermögensrechtlichen Auseinandersetzung der Ehegatten und einer Teilung des gemeinschaftlichen Vermögens neben den nachlaßrechtlichen Vorschriften auch die Vorschriften zum Miteigentum nach Bruchteilen und dessen Aufhebung entsprechend.

Die dargestellte Verweisungsmethodik des polnischen Gesetzgebers macht die Materie der vermögensrechtlichen Auseinandersetzung zwischen den Ehegatten und der anschließenden Teilung des gemeinschaftlichen Vermögens zu einem komplexen Unterfangen. Denn es sind in dem familienrechtlichen Zusammenhang Regelungsmechanismen entsprechend anzuwenden, die für andere Institute einer gemeinsamen vermögensrechtlichen Wertbildung entwickelt worden sind. Bei der Anwendung der Regelungen über die Nachlaßgemeinschaft und die Nachlaßteilung sowie der Regelungen für das Miteigentum nach Bruchteilen werden für eine gerechte Auflösung der vermögensrechtlichen Verflechtungen zwischen den Ehegatten daher auch die familien- und eherechtlichen Besonderheiten zu beachten sein. Diese aber machen eine vermögensrechtliche Auseinandersetzung und Teilung des gemeinschaftlichen Vermögens in der Praxis gerade zu einem diffizilen Vorhaben.

Zu der Verweisungsmethodik bei der Auseinandersetzung und Teilung des gemeinschaftlichen Vermögens und der hierdurch bedingten entsprechenden Anwendung von Vorschriften für andere Rechtsinstitute gesellt sich zudem ein weiterer – besonders aus der Sicht von Gläubigern der Ehegatten wichtiger – Problemkreis: die Haftung der gemeinschaftlichen Vermögenswerte ist für den Zeitraum nach Beendigung des gesetzlichen Güterstandes bis zur endgültigen Teilung des gemeinschaftlichen Vermögens seit der Abschaffung des Art.44 FVGB im Jahre 1975 nicht ausdrücklich geregelt. Es fehlt eine Haftungsregelung vergleichbar den §§ 1471-1482 Bürgerliches Gesetzbuch (BGB)[17] bei der Ausein-

17 Bürgerliches Gesetzbuch in der Fassung der Bekanntmachung vom 2. Januar 2002 (BGBl. I S. 42, 2909; 2003 I S. 738), zuletzt geändert durch Artikel 1 des Gesetzes vom 4. Juli 2008 (BGBl. I S. 1188).

andersetzung einer Gütergemeinschaft bzw. den §§ 1546, 1442, 1475 BGB a.F.[18] bei der Auseinandersetzung der im Zuge des Gleichberechtigungsgesetztes 1958 in Deutschland abgeschafften Errungenschaftsgemeinschaft. Danach sind bzw. waren stets als einer der ersten Schritte bei der vermögensrechtlichen Auseinandersetzung die Gesamtgutsverbindlichkeiten durch die Ehegatten zu berichtigen, um nur einen Aspekt der Problematik zu nennen.

Die vermögensrechtliche Auseinandersetzung der Ehegatten und die Teilung des gemeinschaftlichen Vermögens nach Beendigung des gesetzlichen Güterstandes bergen im polnischen Recht folglich viele Fragestellungen. Interessant ist dabei insbesondere, ob und wie die angedeuteten Problematiken bei Fehlen einer ausdrücklichen Regelung durch die richterliche Rechtsfortbildung gelöst werden. Da ein erheblicher Teil der vermögensrechtlichen Auseinandersetzung und der Teilung des gemeinschaftlichen Vermögens im polnischen Güterrecht nur fragmentarisch geregelt ist, bedarf es zur praktischen Umsetzung des geltenden Rechts der richterlichen Rechtsfortbildung in einem erheblichen Umfang. Dieses wird in Polen erstinstanzlich durch die sogenannten Rayongerichte (*Sądy Rejonowe*) (im Folgenden weiter Amtsgericht oder AG) vorgenommen, die mit den deutschen Amtsgerichten vergleichbar sind. Die erstinstanzliche Zuständigkeit der Amtsgerichte hat gemäß Art.357 § 1 plZPO zur Folge, dass die Beschlußgründe nur auf Antrag der Parteien schriftlich niedergelegt werden. Diese können somit der Nachprüfung im Wesentlichen entzogen sein, wenn die Parteien bzw. ihr Anwalt einen entsprechenden Antrag nicht stellen, weil sie die Erforderlichkeit einer Begründung des Teilungsbeschlusses nicht erkennen.

Aber auch die Urteile des polnischen Obersten Gerichtes (*Sąd Najwyższy*) (OG) fallen meist kürzer aus als entsprechende Entscheidungen des Bundesgerichtshofes. Vor allem die Sachverhaltsdarstellung ist in allen Instanzen oft sehr knapp, so dass eine inhaltliche und rechtliche Würdigung der Entscheidung ohne Einsicht in die Akte schwer fällt. Es war daher für die Verfasserin zum besseren Verständnis der vermögensrechtlichen Auseinandersetzung und Teilung des gemeinschaftlichen Vermögens unter Ehegatten nach polnischem Recht nützlich und erforderlich, durch Akteneinsicht in entsprechende Verfahren bei einem polnischen Amtsgericht und auch mittels persönlicher Gespräche mit mit der Teilungsauseinandersetzung unter Ehegatten befaßten polnischen Richtern, die einschlägigen Vorschriften näher zu ergründen. Mein besonderer Dank an dieser Stelle gilt der I. Zivilabteilung des Amtsgerichts der Hauptstadt Warschau für den Stadtteil Żoliborz, dessen Angehörige mir allesamt mit einer großen Herz-

18 Bürgerliches Gesetzbuch in der Fassung bis zum Inkrafttreten des Gesetzes über die Gleichberechtigung von Mann und Frau auf dem Gebiete des bürgerlichen Rechts (Gleichberechtigungsgesetz) vom 18. Juni 1957, BGBl. Teil I, 1957 Nr.26, S.609-640 am 01. Juli 1958.

lichkeit und Hilfsbereitschaft begegnet sind. Insbesondere möchte in meinen Dank zunächst an die Vorsitzende der Abteilung richten, Richterin Agnieszka SidorLeszczyńska, die mir die Erlaubnis zur Einsicht in entsprechende Akten sowohl in abgeschlossenen als auch in laufenden Verfahren erteilt hat. Ferner möchte ich besonders Richterin Agnieszka Wlekły danken, die trotz der großen Verfahrensbelastung der Richter die Zeit gefunden hat, einige meiner Fragen zu beantworten. Mein Dank gilt in diesem Zusammenhang auch Richter Marcin Polakowski, den ich mehrfach in einer umfangreichen Sache zu Art.43 FVGB begleiten durfte. Schließlich bedanke ich mich bei der Leiterin des Sekretariats, die mir freundlicherweise stets die Akten herausgesucht hat, sowie allen sonstigen Sekretariatsangehörigen, die sich nicht darüber beschwert haben, dass ich die Akten an ihren Schreibtischen einsah.

Zu Beginn der vorliegenden Arbeit wird die Geschichte des polnischen Güterrechtes unter besonderer Berücksichtigung der vermögensrechtlichen Auseinandersetzung und Teilung des gemeinschaftlichen Vermögens seit dem Zweiten Weltkrieg behandelt. So ist das eheliche Güterrecht regelmäßig einem ständigen Wandel durch sich ändernde gesellschafts- und sozialpolitische Anschauungen ausgesetzt. Dieser Wandel wurde in Polen in den letzten 63 Jahren durch die umfangreichen politischen Veränderungen auf eine nachhaltige Art und Weise vollzogen und hat sich durch die Reformierung des FVGB mitunter auch in der Regelung der vermögensrechtlichen Auseinandersetzung der Ehegatten und Teilung des gemeinschaftlichen Vermögens nach der Beendigung des gesetzlichen Güterstandes durch die Scheidung niedergeschlagen. Im Anschluß an den rechtsgeschichtlichen Teil erfolgt nach einem kurzen Überblick über sonstige Beendigungsgründe neben der Scheidung die Darstellung der Rechtsfolgen der Beendigung des gesetzlichen Güterstandes für die vermögensrechtlichen Verhältnisse zwischen den Ehegatten. Dabei gilt es, die rechtliche Situation des gemeinschaftlichen Vermögens zwischen Beendigung und Auseinandersetzung zu vergegenwärtigen. Der zweite Teil behandelt dann die Darstellung und Analyse der vermögensrechtlichen Auseinandersetzung nach Beendigung des gesetzlichen Güterstandes und die Darstellung der Teilung des gemeinschaftlichen Vermögens. Die Arbeit befaßt sich vornehmlich mit der Teilungsauseinandersetzung nach Beendigung des gesetzlichen Güterstandes durch die Scheidung. Der Großteil der polnischen Ehen basiert auf dem gesetzlichen Güterstand. Wahlgüterstände sind aus Mangel an bedeutendem Vermögen in der breiten Bevölkerung (*noch*) selten. Insbesondere haben schließlich auch die 2005 eingeführten Wahlgüterstände in der gerichtlichen Praxis bisher wenig Bedeutung erlangt. Die Scheidung ist ferner neben dem Tod eines Ehegatten die häufigste Ursache der Beendigung des gesetzlichen Güterstandes. Ein weiterer potentieller Vermögensausgleich außerhalb des Güterrechts bleibt ebenfalls unberücksichtigt.

Erster Teil
Das Polnische Güterrecht (*Prawo Małżeńskie Majątkowe*)[19]

Das polnische FVGB ist am 25. Februar 1964[20] in Kraft getreten und ist bis zum heutigen Datum vierzehn Mal geändert worden[21]. Die vermögensrechtlichen Beziehungen der Ehegatten sind im dritten Abschnitt des ersten Titels des FVGB geregelt. Dieser erste Titel mit der Überschrift „Die Ehe“ (*małżeństwo*) besteht insgesamt aus fünf Abschnitten[22]. Die ersten beiden Abschnitte befassen sich mit der „Eheschließung“ (*zawarcie małżeństwa*) und den „Rechten und Pflichten der Ehegatten“ (*prawa i obowiązki małżonków*) in der Ehe. Der Abschnitt Vier befaßt sich mit der Beendigung der Ehe (*ustanie małżeństwa*)[23], während in Abschnitt Fünf schließlich die 1999 eingeführte Separation (*separacja*)[24] behandelt wird. Der für die güterrechtlichen Wirkungen der Ehe zentrale dritte Abschnitt trägt seit der letzten Reform des Güterrechts im Jahre 2004 den Titel „Die Güterstände“ (*małżeńskie ustroje majątkowe*)[25]. Er besteht wiederum aus drei Unterabschnitten: erstens den Regelungen über den gesetzlichen Güterstand (*ustawowy ustrój majątkowy*[26], zweitens den vertraglichen Güterständen (*umowne ustroje majątkowe*)[27] und drittens dem zwingenden Güterstand (*przymusowy ustrój majątkowy*) [28]. Der Unterabschnitt mit den vertraglichen Güterständen ist wiederum unterteilt in vier Teilunterabschnitte mit den Überschriften „Allgemeine Vorschriften“ (*przepisy ogólne*), „Die Gütergemeinschaft“ (*wspólność majątkowa*), „Die Gütertrennung“ (*rozdzielność majątkowa*) und schließlich „Die Gütertrennung mit Zugewinnausgleich“ (*rozdzielność majątkowa z wyrównaniem dorobku*).

---

19 Umfassend zu der Entwicklung des polnischen Güterrechts die deutsche Dissertation von *Mainczyk*, Das Ehegüterrecht Polens, Köln 1966.

20 Dz.U. 1964 Nr.9, Pos.59.

21 Dz. U. 1975, Nr.45, Pos.234; 1986, Nr.36, Pos.180; 1990, Nr.34, Pos.198; 1995, Nr.83, Pos.417; 1998, N.117, Pos.757 1999, Nr.52, Pos.532; 2000, Nr.122, Pos.1322; 2001, Nr.128, Pos.1403; 2003, Nr.83, 772; 2003 Nr.130, Pos.1188; 2004, Nr.162, Pos.1691; 2007, Nr.121, Pos.831; Nr.134, Pos.947; Nr.192, Pos.1378; Stand vom 10. Februar 2008.

22 Art.1-616 FVGB.

23 Art.55-61 FVGB.

24 Art.611-616 FVGB; eingeführt durch Gesetz vom 21. Mai 1999, Dz.U. 1999, Nr.52, Pos.532.

25 Art.47-515 FVGB; eingeführt am 20. Januar 2005 durch Gesetz vom 17. Juni 2004, Dz.U. 2004, Nr.162, Pos.1691.

26 Art.31-46 FVGB.

27 Art.47-51 FVGB.

28 Art.52-54 FVGB.

A. Das Verhältnis des Familien- und Vormundschaftsgesetzbuches (*Kodeks Rodzinny i Opiekuńczy*) zum Zivilgesetzbuch (*Kodeks Cywilny*)

Das FVGB hat keinen Allgemeinen Teil wie dies sonst regelmäßig für zivilrechtliche Kodifizierungen in kontinentaleuropäischen Systemen üblich ist. Die Vorschriften in Art.38, 46 und 163 § 1 FVGB sowie der inzwischen gestrichene Art.42 FVGB a.F. verweisen allerdings ausdrücklich auf bestimmte Rechtsinstitute des plZGB[29]. Das Fehlen eines Allgemeinen Teils im FVGB und die Verweise auf einige Rechtsinstitute des plZGB sind auf die historisch bedingte vom sonstigen Zivilrecht losgelöste Normierung des Familienrechts im polnischen Recht zurückzuführen[30].

Die Unterbringung des Familienrechts in einem vom sonstigen Zivilrecht unabhängigen Gesetzbuch rührt rechtshistorisch von dem sowjetischen Einfluß in der polnischen Gesetzgebung während der Ausarbeitung eines Zivilgesetzbuches nach dem Zweiten Weltkrieg her. In Anlehnung an die sowjetische Rechtslehre wurde zu dieser Zeit anders als in westeuropäischen Rechtssystemen das Familienrecht nicht als Bestandteil des Zivilrechts, sondern vielmehr als ein selbständiger, vom Zivilrecht getrennt zu behandelnder Rechtszweig, angesehen[31]. Dem lag die Vorstellung zugrunde, dass in Ehe und Familie die Vermögensbeziehungen der Ehegatten keine dominierende Rolle spielen sollen. Vielmehr habe sich das Familienrecht vornehmlich mit den persönlichen Rechten der Ehe und Familie zu befassen[32]. Daher müsse das Familienrecht auch vom Zivilrecht, das nach dem sowjetischen Rechtsverständnis in erster Linie nur vermögensrechtliche Beziehungen regle, unabhängig sein[33].
Die vom sonstigen Zivilrecht getrennte Kodifizierung des Familiengesetzbuches führte in Rechtsprechung und Literatur immer wieder zu Rechtsstreitigkeiten

29 Art.38 FVGB verweist bei Verfügungen eines Ehegatten ohne Zustimmung des anderen Ehegatten auf die Vorschriften zum gutgläubigen Erwerb; der 2004 gestrichene Art.42 FVGB a.F. verweist für die Behandlung des gemeinschaftlichen Vermögens nach Beendigung der gesetzlichen Gemeinschaft auf die Vorschriften zum Bruchteilseigentum; Art.46 FVGB verweist für nicht geregelte Fragen der Auseinandersetzung und Teilung des gemeinschaftlichen Vermögens auf die Vorschriften zur Nachlaßgemeinschaft und Nachlaßteilung; Art.163 § 1 FVGB verweist für einen Aufwendungsersatzanspruch des Vormunds auf die Vorschriften über den Auftrag.

30 *Piątowski*, System prawa rodzinnego i opiekuńczego, część I (System des Familien- und Vormundschafts-rechtes), Teil I, 1985, S.17.

31 Siehe zum Beispiel auch die Ausführungen zum kroatischen Recht von *Hrabar* in Henrich/Schwab, Eheliche Gemeinschaft, Partnerschaft und Vermögen im europäischen Vergleich, Beiträge zum europäischen Familienrecht, Bd.6, Bielefeld 1999, S. 143, 146.

32 *Piątowski*, a.a.O., S. 18/19.

33 Vgl. hierzu ausführlicher *Smyczyński*, Kierunki reformy kodeksu rodzinnego in opiekuńczego (Die Richtung der Reformen des Familien- und Vormundschaftsgesetzbuches), KPP 1999, Nr.2, S. 299.

über das Verhältnis zwischen Zivil- und Familienrecht, da das Familiengesetzbuch in einigen Fällen explizit auf Rechtsinstitute des Zivilgesetzbuches verweist. Im Zuge der letzten großen Familienrechtsreform im Jahre 2004 ist diese Diskussion – auch innerhalb der Kodifizierungskommission des Änderungsgesetzes – und die Debatte über die Einbindung des Familienrechts in das Zivilgesetzbuch getreu dem Muster der westeuropäischen Kontinentalsysteme für eine kurze Zeit neu entbrannt[34]. Die Idee von einer Kodifizierung des Familienrechts als einem Teil des restlichen Zivilrechtes ist von ihren Verfechtern aber letztlich nicht durchgesetzt worden[35]. In Bezug auf das Verhältnis zwischen Zivil- und Familienrecht besteht heute dennoch Einigkeit, dass das Familienrecht keinen selbständigen Rechtszweig, sondern vielmehr neben dem Sachen-, Schuld und Erbrecht einen Bestandteil des Zivilrechts darstelle, wenn auch in einem separaten Gesetzbuch kodifiziert[36]. Diese Auffassung ist systematisch durch die Verweisungen auf das plZGB aus dem FVGB gerechtfertigt.

Die Strukturen des polnischen Güterrechts und die knapp gehaltene Regelung vermögensrechtlicher Beziehungen im FVGB sind rechtsmethodisch unter anderem auf die sozialistischen Weltanschauungen der sowjetischen Rechtstradition bei der Kodifizierung des FVGB zurückzuführen, in welcher dem Vermögen der Ehegatten in der Ehe oder der Auseinandersetzung und Teilung dieses Vermögens nach Beendigung der Ehe wenig Bedeutung beigemessen worden ist[37]. Dennoch wird in der Literatur die Auffassung vertreten, dass das polnische Familienrecht und dessen richterliche Anwendung und Auslegung bis auf wenige Ausnahmen weitgehend dem Einfluß der sozialistischen Ideologie entzogen ge-

---

34 Vgl. zu der Diskussion etwa den umfassenden Beitrag von *Nazar*, Problemy nowelizacji prawa rodzinnego (Die Probleme der Novellierung des Familienrechts), Rejent 2005, Nr.9, S.81, 104ff.

35 *Nazar* vertritt die Auffassung, dass aus „soziotechnischer" Sicht das Familienrecht einen besonderen Zweig des Zivilrechts darstelle und dies deshalb in einem gesonderten Gesetzbuch zum Ausdruck kommen müsse. In diesem Zusammenhang sei auch zu beachten, dass das Familienrecht bei der Entstehung der westeuropäischen Zivilgesetzbücher mit vermögensrechtlichen Regelungen „vollgesaugt" gewesen sei, seine Kodifizierung im Rahmen des Zivilgesetzbuches daher gerechtfertigt gewesen sei, vgl. S.106/107; anders *Piątowski* im Jahre 1985, a.a.O. (Fn 30), S.21, der unterstreicht, dass auch das Familienrecht etwa bei den Güterständen vermögensrechtliche Beziehungen behandle.

36 *Piątowski*, a.a.O., S.16 mwN; vgl. auch *Smyczyński*, Kierunki reformy kodeksu rodzinnego in opiekuńczego (Die Richtung der Reformen des Familien- und Vormundschaftsgesetzbuches), KPP 1999, Nr.2, S. 299, 300, 301, auch *Nazar*, Problemy nowelizacji prawa rodzinnego (Die Probleme der Novellierung des Familienrechts), Rejent 2005, Nr.9, S.81, 105; so auch das OG in einer Grundsatzentscheidung vom 14. Januar 1953, PiP 1953, Nr.12, S.899.

37 So schon *Breyer* 1951, Z zagadnień ustawowego ustroju majątkowego małżeńskiego (Aus den Fragen zum gesetzlichen Güterstand in der Ehe), NP 1951, Nr.6, S.24 (Teil I).

wesen sei. Der Grund hierfür sei in dem in Polen unbestrittenen und immer noch bestehenden Einfluß der katholischen Kirche als Bastion zum Schutz der Ehe und Familie zu sehen[38]. Diese Auffassung läßt sich zwar nicht ohne weiteres auf die Regelung der vermögensrechtlichen Auseinandersetzung zwischen den Ehegatten und der Teilung des gemeinschaftlichen Vermögens nach einer Scheidung übertragen, denn gerade eine Scheidung ist nicht mit fundamentalen katholischen Werten zu vereinbaren. Gleichwohl waren Scheidungen bis zu den politischen Umstrukturierungen in den Jahren 1989/1990 eher eine Ausnahme in der polnischen Bevölkerung. Ferner besaßen die Menschen nur wenig wirtschaftlich signifikantes Vermögen. Somit waren auch die Auseinandersetzungs- und Teilungsverfahren insgesamt seltener und weniger umfangreich als dies heute der Fall ist. Für eine umfassende Einflußnahme durch ideologisierte Rechtsprechung in solchen Verfahren war somit wenig Raum. Insofern kann die Auffassung, dass das polnische Güterrecht in weiten Teilen von einer sozialistischen Ideologisierung durch den Rechtsanwender verschont geblieben sei, durchaus Geltung beanspruchen.

B. Die rechtsgeschichtliche Entwicklung des heutigen Güterrechts

Bis zu den Dekreten von 1945/1946 zur Vereinheitlichung des polnischen Zivilrechtes gab es in Polen aufgrund der drei Teilungen zwischen 1772 und 1795 kein einheitliches Zivilrecht und damit auch kein einheitliches Güterrecht. Auch in dem nach dem Ersten Weltkrieg am 11. November 1918 wiedererrichteten polnischen Staat wurde zunächst das Recht der Teilungsmächte übernommen. Dies hatte zur Folge, dass in den ehemals preußischen Gebieten das Allgemeine Preußische Landrecht (ALPR) bzw. seit 1900 das BGB, in den zu Österreich-Ungarn gehörenden Gebieten das österreichische bürgerliche Gesetzbuch (ABGB) und in den östlichen Landesteilen russisches Recht galt. Überdies hatte Napoleon im Herzogtum Warschau, dem späteren Königreich Polen (Kongreßpolen), 1807 den Code civil (Cc) eingeführt[39].

Zwar berief der Sejm mit dem Ziel der Erarbeitung von einheitlichen polnischen Gesetzen auf dem Gebiete des Zivil- und Strafrechts schon 1919 eine erste Kodifizierungskommission ein[40], jedoch ist die Kodifizierung eines einheitlichen Ehegüterrechtes vor Ausbruch des Zweiten Weltkrieges über ein Projektstadium nicht hinausgelangt[41]. Angesichts dieser fortdauernden Rechtszersplitterung galt

38 *Smyczyński*, Kierunki reformy kodeksu rodzinnego in opiekuńczego (Die Richtung der Reformen des Familien- und Vormundschaftsgesetzbuches), KPP 1999, Nr.2, S. 299.

39 *Mainczyk*, a.a.O. (Fn 18), S.1.

40 Zwischen den beiden Weltkriegen gelang dieser Kommission u.a. die Schaffung eines einheitlichen Straf-, Obligationen- und Handelsgesetzbuches.

41 *Winiarz*, Prawo rodzinne (Familienrecht), 5. Auflage, Warschau 1987, S. 18.

daher in den verschiedenen Landesteilen auch unterschiedliches Güterrecht. Die geltenden gesetzlichen Güterstände variierten zwischen Gütertrennung und Gütergemeinschaft, jeweils maßgeblich beeinflußt durch das geltende Glaubensbekenntnis des jeweiligen Landesteils. Eine Vereinheitlichung des gesamten Privatrechts, einschließlich des Familienrechts, ist erst durch die sogenannten Vereinheitlichungsdekrete von 1945/46 erzielt worden, die dann 1950 durch ein Gesetz über die allgemeinen Vorschriften des Zivilrechts und das erste Familiengesetzbuch (FGB) ersetzt worden sind[42].

I. Das erste vereinheitlichte Güterrecht von 1946

Das erste vereinheitlichte polnische Ehegüterrecht im Dekret vom 29. Mai 1946[43] (*prawo małżeńskie majątkowe*) (im Folgenden Dekret 1946) trat am 01. Oktober 1946 in Kraft. Durch das Einführungsgesetz zum Dekret 1946 vom 29. Mai 1946[44] wurde die bisher geltenden Vorschriften des Cc, ALPR und ABGB auf dem Gebiet des ehelichen Güterrechtes aufgehoben[45].

1. Entscheidung des polnischen Nachkriegsgesetzgebers für einen gesetzlichen Güterstand (*ustawowy ustrój majątkowy małżeński*) in der Form einer Gütertrennung (*rozdzielność majątkowa*)

Bei der Erarbeitung der Nachkriegsdekrete nutzte die hierfür zuständige Kommission in vielen Bereichen die Projektarbeiten der Kodifizierungskommissionen vor dem Zweiten Weltkrieg. Die im Vorfeld des Inkrafttretens des Ehegüterrechts-Dekretes von 1946 geführte Diskussion über die Wahl einer Gütertrennung oder einer gütergemeinschaftlichen Regelung zum gesetzlichen Güterstand wurde dennoch zugunsten einer Form der Gütertrennung entschieden, obwohl das Vorkriegsprojekt ursprünglich die Einführung einer gütergemeinschaftlichen Regelung in der Form einer Errungenschaftsgemeinschaft als gesetzlichen Güterstand favorisierte[46]. Eine gütergemeinschaftliche Regelung wurde insbesondere von den Frauenbewegungen wegen der unmittelbaren Beteiligung an dem

42 Es handelte sich um die Dekrete Eherecht (*prawo małżeńskie*) vom 25. September 1945, Dz. U. Nr.48, Pos.270; Familienrecht (*prawo rodzinne*) vom 22. Januar 1946, Dz.U. Nr.6, Pos.52, Vormundschaftsrecht (*prawo opiekuńcze*) vom 14. Mai 1946, Dz. U. Nr.20, Pos.135 sowie das Dekret Eheliches Güterrecht (*prawo małżeńskie majątkowe*) vom 29. Mai 1946, Dz. U. Nr.31, Pos.196.

43 Dz.U. 1946, Nr.31 Pos.196.

44 Dz.U. 1946, Nr.31, Pos.197.

45 Vgl. Art.I, Art.II 2), Art.III 1), Art.IV 1) des Einführungsgesetzes.

46 *Szer*, Rozdzielność majątkowa czy wspólność dorobku? (Gütertrennung oder Gütergemeinschaft?), DPP 1946, Nr.3-4, S.60, 61; *Piątowski*, a.a.O. (Fn 30), S.306; *Marowski*, Wspólny majątek małżonków (Gemeinschaftliches Vermögen der Ehegatten), PiP 1954, Nr.5, S.801, 811ff.

Vermögen des arbeitenden Mannes bevorzugt[47]. Im Vordergrund der Entscheidung für eine Gütertrennung standen dann schließlich praktische und pragmatische Argumente. Aus praktischen Erwägungen war die Einführung einer Gütertrennung zum damaligen Zeitpunkt deshalb sinnvoll, weil die Gütertrennung bereits als Güterstand auf den Gebieten des neuen polnischen Staates dominierte[48]. Die Einführung einer Gütertrennung hatte somit für die meisten Landesteile keine erhebliche Umstellung zur Folge[49]. Darüber hinaus wurde die Gütergemeinschaft als ein konservativer Güterstand der wohlhabenden Klassen angesehen, der mit dem neuen Gerechtigkeitsdenken und den sich wandelnden „modernen" gesellschaftlichen Verhältnissen nach dem Zweiten Weltkrieg nicht mehr als vereinbar angesehen wurde[50]. Für die Schöpfer des neuen Güterrechts stand damals im Vordergrund, einen wenig komplexen Güterstand für die arbeitenden Schichten zu schaffen, in welchem das erarbeitete Vermögen auch sofort dem tatsächlichen Erwerber zugeordnet werden konnte und welcher auch keiner umständlichen Verwaltungs- oder Auseinandersetzungsregelung bedurfte. Eine umfassende Regelung der Verwaltung und Auseinandersetzung ist aber gerade bei einer gütergemeinschaftlichen Regelung wegen der gesellschaftsrechtsähnlichen Verbindung der Ehegatten im vermögensrechtlichen Bereich charakteristisch[51]. In Kongreßpolen und dem Königreich Warschau, in denen vor dem Zweiten Weltkrieg aufgrund des Code Napoléon die französische Fahrnisgemeinschaft[52] galt, wurde die gütergemeinschaftliche Struktur der Fahrnisgemeinschaft gerade auch deshalb kritisiert[53]. Ein weiteres Argument gegen die Einführung einer gütergemeinschaftlichen Regelung als gesetzlicher Güterstand

47 *Mainczyk*, a.a.O. (Fn 18), S.22; auch *Szer*, Rozdzielność majątkowa czy wspólność dorobku? (Gütertrennung oder Gütergemeinschaft?), DPP 1946, Nr.3-4, S.60, 62, 63.

48 Dies waren die Landesteile, in denen deutsches oder österreichisches Zivilrecht anwendbar war.

49 Ausführlich *Szer*, Rozdzielność majątkowa czy wspólność dorobku? (Gütertrennung oder Gütergemeinschaft?), DPP 1946, Nr.3-4, S.60, 61-62; siehe auch *Tezy Społeczno-Polityczne* (Gesellschaftlich-Politische Thesen), Projekt majątkowego prawa małżeńskiego (Das Projekt des ehelichen Vermögensrechts), DPP 1946, Nr.1, S.38, 39, auch *Piątowski*, a.a.O. (Fn 30), S.305ff.

50 *Szer*, Rozdzielność majątkowa czy wspólność dorobku? (Gütertrennung oder Gütergemeinschaft?), DPP 1946, Nr.3-4, S.60, 62; auch *Tezy Społeczno-Polityczne* (Gesellschaftlich-Politische Thesen), Projekt majątkowego prawa małżeńskiego (Das Projekt des ehelichen Vermögensrechts), DPP 1946, Nr.1, S.40 (These 2).

51 *Szer*, Rozdzielność majątkowa czy wspólność dorobku? (Gütertrennung oder Gütergemeinschaft?), DPP 1946, Nr.3-4, S.60, 61, 62; vgl. auch die Aufzählung der Argumente für eine Gütertrennung in *Tezy Społeczno-Polityczne* (Gesellschaftlich-Politische Thesen), Projekt majątkowego prawa małżeńskiego (Das Projekt des ehelichen Vermögensrechts), DPP 1946, Nr.1, S.38, 40.

52 Eine Form der Gütergemeinschaft.

53 *Szer*, Rozdzielność majątkowa czy wspólność dorobku? (Gütertrennung oder Gütergemeinschaft?), DPP 1946, Nr.3-4, S.60, 61.

war zudem, dass die Auseinandersetzung einer Gütergemeinschaft analog der Liquidation einer Gesellschaft regelmäßig erhebliche Schwierigkeiten bereitet, die auch der Gesetzgeber jedenfalls nicht bis ins Detail durch ein noch so kasuistisches Normgefüge beseitigen kann. Es sei wie eine „Quadratur des Kreises", die Liquidation einer ehelichen Gütergemeinschaft über einen bloßen Rahmen hinaus hinreichend regeln zu wollen, wo bereits nach wenigen Ehejahren infolge des gemeinschaftlichen Erwerbes durch die Ehegatten und der typischen Vermögensverschiebungen in einer Ehe eine klare Zuordnung dieses Vermögens im Falle der Beendigung der Vermögensgemeinschaft nicht mehr möglich sei[54]. Gesetzlicher Güterstand wurde somit in Art.15 des Dekretes 1946 eine Form der Gütertrennung.

2. Gütergemeinschaftlicher Einschlag der gesetzlichen Gütertrennung für den Fall der Beendigung des Güterstandes

Die gesetzliche Trennung der ehelichen Güter war allerdings nicht durchgehend und betraf nur die vermögensrechtlichen Beziehungen der Ehegatten während der bestehenden Ehe[55]. Ausdrücklich als Gütertrennung wurde vom Dekretgesetzgeber gemäß Art.55 Dekret 1946[56] auch nur der sogenannte zwingende Güterstand (*ustrój przymusowy*), der im Falle der Entmündigung oder der Insolvenz eines Ehegatten zum Güterstand zwischen den Ehegatten erklärt wurde, benannt. Der gesetzliche Güterstand wurde demgegenüber in sämtlichen einschlägigen Vorschriften stets nur als gesetzlicher Güterstand (*ustawowy ustrój majątkowy małżeński*) bezeichnet.

Die Besonderheit dieses Güterstandes bestand zunächst darin, dass in der Ehe von Anfang an gemäß Art.15 § 1 Dekret 1946[57] zwei Vermögensmassen unterschieden wurden: das persönliche Vermögen (*majątek osobisty*) eines Ehegatten und die jeweilige Errungenschaft (*dorobek*) des Ehegatten. Beide Ehegatten behielten ihr persönliches und ihr Errungenschaftsvermögen. Jeder Ehegatte erwarb während der Ehe nur für sich. Die Eheschließung als solche hatte somit nur

---

54 *Szer*, Rozdzielność majątkowa czy wspólność dorobku? (Gütertrennung oder Gütergemeinschaft?), DPP 1946, Nr.3-4, S.60, 63/64: es handelte sich dabei um ein Zitat des damaligen Dekans der juristischen Fakultät an der Jagiellonen-Universität in Krakau.

55 Ähnlich *Szer*, Rozdzielność majątkowa czy wspólność dorobku? (Gütertrennung oder Gütergemeinschaft?), DPP 1946, Nr.3-4, S.60.

56 Art.55. Die Ehegatten unterliegen dem Güterstand der Gütertrennung, wenn ein Ehegatte entmündigt oder gegen einen Ehegatten das Insolvenzverfahren eröffnet wird; in diesen Fällen gilt der Güterstand der Gütertrennung von dem Zeitpunkt des Antrags auf Entmündigung oder des Antrags auf das Insolvenzverfahren.

57 Art.15 § 1. Jeder Ehegatte behält sein persönliches und sein errungenes Vermögen; jeder Ehegatte kann sein Vermögen verwalten und darüber verfügen, soweit das vorliegende Recht nichts anderes bestimmt.

derart Einfluß auf die Vermögenszuordnung, dass rechtlich zwischen zwei Sondervermögen unterschieden wurde. Die Ehegatten verwalteten ihr Vermögen, das errungene und das persönliche, selbst und konnten während der Ehe grundsätzlich frei und ohne Zustimmung des anderen Ehegatten über ihre jeweilige Vermögensmasse verfügen[58]. Etwas anderes galt nur, soweit das Gesetz diese Verfügungsfreiheit ausdrücklich einschränkte[59]. Das Gesetz sah eine solche Einschränkung gemäß Art.20 § 1 Dekret 1946[60] bei Verfügungen über Immobilien[61] oder über Erwerbsgeschäfte[62] vor. Verfügungen über Immobilien oder Erwerbsbetriebe standen unter einem schriftlichen Zustimmungsvorbehalt des anderen Ehegatten, es sei denn, die Immobilie oder die Erwerbsbetriebe sind durch Erbe, Vermächtnis oder Schenkung erworben worden, Art.20 § 2 Dekret 1946[63]. Die Zustimmung des anderen Ehegatten konnte gemäß Art.20 § 3 Dekret 1946[64] auch gerichtlich erlangt werden. Das Veräußerungs- und Belastungsverbot für solche zustimmungspflichtigen Rechtsgeschäfte in Art.20 § 1 Dekret 1946 wurde allerdings durch die Vorschrift in Art.21 Dekret 1946[65] wieder eingeschränkt. Die ohne Zustimmung vorgenommenen Rechtsgeschäfte waren nur schwebend unwirksam. Sie wurden wirksam, wenn der andere Ehegatte die Nichtigkeitserklärung des Rechtsgeschäftes nicht innerhalb von drei Monaten nach Kenntniserlangung über das Rechtsgeschäft und spätestens ein Jahr nach Ablauf des Rechtsgeschäftes verlangte. Gemäß Art.21 § 2 Dekret 1946[66] genoß der Erwerber ferner Gutglaubensschutz, wenn er glauben durfte, dass die Zustimmung des anderen Ehegatten zu dem Rechtsgeschäft nicht erforderlich oder von dem anderen Ehegatten erteilt worden war. Eine Nichtigerklärung des Rechtsgeschäftes

---

58 „...*zarządzać i rozporządzać*".

59 „...*o ile prawo niniejsze nie stanowi inaczej*".

60 Art.20 § 1. Ein Ehegatte darf ohne Zustimmung des anderen Ehegatten, die zur Wirksamkeit der Schriftform bedarf, weder Immobilien noch Erwerbsgeschäfte veräußern oder belasten, wenn die Immobilie oder das Erwerbsgeschäft während der Dauer des gesetzlichen Güterstandes erworben worden sind.

61 *Nieruchomości.*

62 *Przedsiębiorstwa zarobkowe.*

63 Art.20 § 2. Die vorstehende Vorschrift findet auf Immobilien und Erwerbsbetriebe keine Anwendung, die durch Erbe, Vermächtnis oder Schenkung erworben worden sind.

64 Art.20 § 3. Verweigert ein Ehegatte seine Zustimmung oder kann der Ehegatte seinen Willen nicht erklären, so kann das Gericht dem anderen Ehegatten die Vornahme des Rechtsgeschäfts gestatten, wenn das Wohl der Familie dem nicht widerspricht.

65 Art.21 § 1. Wurde ein Rechtsgeschäft, zu welchem die Zustimmung des anderen Ehegatten erforderlich ist oder ohne gerichtliche Zustimmung vorgenommen, so kann dieser Ehegatte innerhalb von drei Monaten nach Kenntnis von diesem Rechtsgeschäft und spätestens nach Ablauf eines Jahres nach diesem Rechtsgeschäft, die Nichtigerklärung des Rechtsgeschäfts verlangen.

66 Art.21 § 2. Die Nichtigerklärung eines Rechtsgeschäftes kann nicht verlangt werden, wenn der Erwerber in dem guten Glauben war, dass die Zustimmung nicht erforderlich war oder ordnungsgemäß erteilt worden ist.

war dann nicht mehr möglich. Folglich waren der grundsätzlichen Verfügungsfreiheit eines Ehegatten über seine Vermögensmasse durch den Zustimmungsvorbehalt in Art.20 § 1 Dekret 1946 keine absoluten Schranken gesetzt. Es handelte sich vielmehr „nur“ um ein relatives Verfügungsverbot.

Die Unterscheidung des Gesetzgebers zwischen persönlichem Vermögen und Errungenschaft kam gemäß Art.15 § 2 Dekret 1946[67] erst bei der Beendigung des gesetzlichen Güterstandes wirklich zum Tragen. Für den Fall der Beendigung des gesetzlichen Güterstandes wurden die Errungenschaften beider Ehegatten nämlich als eine gemeinschaftliche Vermögensmasse betrachtet. Diese Vermögensmasse sollte gemeinschaftliches Eigentum (*wspólna własność*) der Ehegatten nach Beendigung des gesetzlichen Güterstandes sein. Gemäß Art.15 § 3 Dekret 1946[68] durften die Ehegatten über den künftigen Anteil an dieser (gemeinschaftlichen) Errungenschaft nicht (mehr) verfügen und diesen nicht belasten, solange der gesetzliche Güterstand andauerte.

Der Gedanke hinter der Unterscheidung zwischen dem persönlichen Vermögen und der Errungenschaft bei der Gestaltung des gesetzlichen Güterstandes nach dem Dekret 1946 war, dass ein Ehegatte nur an der Errungenschaft des anderen Ehegatten beteiligt werden sollte, nicht aber an einer Wertsteigerung des persönlichen Vermögens. Auch wenn bei diesem Konzept der nachehelichen Beteiligung an der Errungenschaft des jeweils anderen Ehegatten die Bezeichnung „Errungenschaft“ (*dorobek*) verwendet wird, ein Begriff, der für die Errungenschaftsgemeinschaft typisch ist, liegt letzterer typischerweise ein gütergemeinschaftliches Konzept zugrunde. Die Verwendung des Begriffes „Errungenschaft“ gleichsam für gütergemeinschaftliche Regelungen und Formen der Gütertrennung ist nicht ungewöhnlich. Der gesetzliche Güterstand nach dem Dekret 1946 kann insoweit mit dem schweizerischen Güterstand der *Errungenschafts*beteiligung verglichen werden, welchem konzeptionell ebenso eine Gütertrennung während der Ehe zugrunde liegt[69]. Das Grundkonzept der vermögensmäßigen Trennung der Ehegatten während der Ehe und des gegenseitigen Beteiligungsanspruchs an der Errungenschaft bei Auflösung des Güterstandes ist auch

67 Art.15 § 2. Die Errungenschaft beider Ehegatten, die nach Beendigung des gesetzlichen Güterstandes vorhanden ist, ist gemeinsames Eigentum der Ehegatten zu gleichen Teilen.

68 Art.15 § 3. Über den künftigen Anteil an der Errungenschaft kann nicht verfügt werden und dieser kann auch nicht belastet werden, solange der gesetzliche Güterstand andauert.

69 Vgl. für den gesetzlichen Güterstand der Schweiz Art.181 chZGB; dazu näher *Henrich*, Vermögensregelungen im europäischen Vergleich, FamRZ 2000, S.6, 9; auch zum schweizerischen Güterstand der Errungenschaftsbeteiligung *Hausheer*, Eheliche Gemeinschaft, Partnerschaft und Vermögen im europäischen Vergleich, in Henrich/Schwab, a.a.O. (Fn 31), S. 223ff.

der im deutschen Recht geltenden Zugewinngemeinschaft verwandt[70]. Die Errungenschaft ist insofern nichts anderes als der Zugewinn während der Ehe, der nach Beendigung der Ehe zu teilen ist, um den Gedanken einer gemeinsamen Wertschöpfungsgemeinschaft zwischen den Ehegatten während der Ehe zu verwirklichen. Insofern hat auch die grundsätzliche Gütertrennung während der Ehe nach dem Dekret 1946 einen gütergemeinschaftlichen Einschlag für den Fall der Auflösung des gesetzlichen Güterstandes. Ein wesentlicher Unterschied dieser nachehelichen Beteiligung der Ehegatten an der Gesamterrungenschaft nach dem gesetzlichen Güterstand des Dekretes 1946 zu der Zugewinngemeinschaft im deutschen Recht dürfte gleichwohl darin zu sehen sein, dass die Ehegatten an der Gesamterrungenschaft in Form des gemeinschaftlichen Eigentums dinglich beteiligt sein sollten, während der Zugewinnausgleich nur ein schuldrechtlicher Anspruch ist.

3. Vermögensteilung der Ehegatten (*podział majątku małżonków*) bei der Auflösung des gesetzlichen Güterstandes

Der gesetzliche Güterstand des Dekretes 1946 endete durch die Auflösung der Ehe, durch Vereinbarung eines vertraglichen Güterstandes[71] sowie durch den Eintritt des zwingenden Güterstandes[72]. In den Art.22 bis 29 Dekret 1946 waren die vermögensrechtliche Auseinandersetzung unter den Ehegatten nach Beendigung des gesetzlichen Güterstandes und die Teilung der Errungenschaft geregelt. Gemäß Art.22 Dekret 1946[73] war zunächst das persönliche Vermögen, auf Verlangen der Ehegatten auch unter Berücksichtigung von Verschiebungen zwischen persönlichem und Errungenschaftsvermögen, zu ermitteln. Wurde also im Auseinandersetzungsverfahren die Zugehörigkeit eines Gegenstandes zum persönlichen Vermögen nachgewiesen, weil er nur zum persönlichen Gebrauch eines Ehegatten diente, so blieb zu prüfen, ob dieser Gegenstand nicht ganz oder teilweise mit Mitteln der Errungenschaft, etwa aus dem gesparten Arbeitsein-

70 *Cieslar* in Bergmann/Ferid/Henrich, Internationales Ehe- und Kindschaftsrecht, Länderteil Schweiz, Stand 1.6.2001, 146. Lieferung, S.33.

71 Im Gegensatz zum späteren FGB von 1950 räumte das Ehegüterrechtsdekret von 1946 den Eheleuten eine weitgehende Vertragsfreiheit ein. Die Ehegatten konnten zwischen Gütertrennung (Art.37), allgemeiner Gütergemeinschaft (Art.38ff) und der Errungenschaftsgemeinschaft (Art.53ff) wählen.

72 Zwangsgüterstand (*ustrój przymusowy*) gemäß Art.55 Dekret 1946.

73 Art.22. Zum Zeitpunkt der Beendigung des gesetzlichen Güterstandes wird das persönliche Vermögen eines jeden Ehegatten ermittelt, auf Antrag der Interessierten unter Berücksichtigung einer Erstattung derjenigen Vermögenswerte, die dem persönliche Vermögen zu Lasten des anderen Vermögens oder zu Lasten des Vermögens des anderen Ehegatten zufallen sowie der Erstattung derjenigen Vermögenswerte, die dem persönlichen Vermögen zu Lasten dieser Vermögen zufallen. Die Höhe der Erstattung wird anhand des Marktwertes am Tage der Auseinandersetzung berechnet.

kommen – das gemäß Art.17 § 2 Nr.1) Dekret 1946 zur Errungenschaft gehörte – erworben worden war. In diesem Fall hatte die Vermögensmasse Errungenschaft eine Ersatzforderung gegen die Vermögensmasse persönliches Vermögen des Ehegatten. Nur im Falle der Beendigung des gesetzlichen Güterstandes durch den Tod eines Ehegatten, war es dem überlebenden Ehegatten gemäß Art.24 Dekret 1946[74] verwehrt, seine Erstattungsforderungen gegen die Erben des verstorbenen Ehegatten gerichtlich geltend zu machen. Voraussetzung war allerdings, dass die Erstattungsforderung aus dem Vermögen des Verstorbenen mangels ausreichender Masse nicht getilgt werden konnte.

Das persönliche Vermögen eines Ehegatten umfaßte gemäß Art.16 Dekret 1946[75] das gesamte voreheliche, durch Erbfolge, Vermächtnis, Schenkung oder Los erworbene Vermögen, den im Wege der Surrogation erworbenen Ersatz für das persönliche Vermögen, den Wertzuwachs des persönlichen Vermögens sowie persönliche Gebrauchsgegenstände wie Kleidung etc. und zur Berufsausübung benötigte Gegenstände und schließlich unübertragbare höchstpersönliche Rechte. Alles andere Vermögen wurde als Errungenschaftsvermögen (*majątek dorobkowy*) angesehen, Art.17 § 1 Dekret 1946[76]. Zum Errungenschaftsvermögen gehörten gemäß Art.17 § 2 Dekret 1946[77] insbesondere das Einkommen (*dochód*) aus dem persönlichen Vermögen und dem Errungenschaftsvermögen während der Dauer des gesetzlichen Güterstandes, Einkommen aus selbständiger Arbeit und Bemühung des Ehegatten sowie im Austausch gegen Errungenschaftsvermögen erworbenes Vermögen. Im Zweifel galt eine gesetzliche Vermutung für die Zugehörigkeit zum Errungenschaftsvermögen, Art.18 Dekret 1946[78]. Der Errungenschaft wurden gemäß Art.23 Dekret 1946[79] auch gemein-

---

74 Wenn die zu erstattende Verbindlichkeit, die dem überlebenden Ehegatten aus dem Vermögen des verstorbenen Ehegatten zufällt, nicht vollständig aus diesem Vermögen getilgt werden kann, so kann der überlebende Ehegatte diese Forderung nicht gerichtlich geltend machen.

75 Art.16. Das persönliche Vermögen des Ehegatten ist: 1) das Vermögen, das der Ehegatte im Zeitpunkt der Entstehung des gesetzlichen Güterstandes bereits besaß; 2) durch Erbe, Vermächtnis und Schenkung erworbenes Vermögen; 3) im Austausch gegen bisheriges persönliches Vermögen erworbene Vermögenswerte; 4) die Wertsteigerung des persönlichen Vermögens; 5) Gegenstände des persönlichen Bedarfs wie Kleidung, Unterwäsche und Gegenstände zur Arbeitsausübung; 6) unveräußerliche Rechte sowie streng mit der Person des Ehegatten verbundene Rechte wie Urheber- und Erfindungsrechte und Ansprüche wegen Personen- und moralischen Schäden.

76 Art.17 § 1. Vermögen, das nicht persönliches Vermögen ist, ist Errungenschaftsvermögen.

77 Art.17 § 2. Insbesondere ist Errungenschaftsvermögen 1) Einkommen aus dem persönlichen Vermögen und aus dem Errungenschaftsvermögen eines Ehegatten; 2) Einkommen in der Zeit aus selbständiger Arbeit und Bemühung des Ehegatten; 3) im Austausch gegen Errungenschaftsvermögen erworbenes Vermögen.

78 Art.18. Im Falle von Zweifeln wird Vermögen als Errungenschaftsvermögen angesehen.

same Schenkungen der Ehegatten und die gemeinsame Ausstattung des ehelichen Kindes zugerechnet. Schulden, die einen Ehegatten zum Zeitpunkt der Beendigung des gesetzlichen Güterstandes belasteten, wurden gemäß Art.25 Dekret 1946[80] vornehmlich dem persönlichen Vermögen eines Ehegatten zugeordnet, sofern diese vor Entstehung des gesetzlichen Güterstandes entstanden waren oder auf Ansprüchen wegen unerlaubter Handlung beruhten.

Das nach der Aussonderung des persönlichen Vermögens übrig gebliebene Vermögen stellte das Errungenschaftsvermögen eines Ehegatten dar, Art.26 § 1 Dekret 1946[81]. Aus den beiden Errungenschaftsvermögen beider Ehegatten wurde nach Abzug der Verbindlichkeiten (*obciążeń*) dann eine gemeinschaftliche Vermögensmasse (*masa wspólna*) gebildet. Diese Vermögensmasse war gemäß Art.26 § 2 Dekret 1946[82] hälftig zwischen den Ehegatten bei der Teilungsauseinandersetzung zu teilen[83]. Grundsätzlich gleichgültig war somit, wie oder durch wen der Vermögenszuwachs in der Gesamterrungenschaft erfolgt war. Nur einem Ehegatten, der sich einer Straftat gegen das Leben des anderen Ehegatten schuldig gemacht hatte, konnte gemäß Art.27 § 1 Dekret 1946[84] sein Anteil an der Gesamterrungenschaft vollständig oder zum Teil aberkannt werden, wenn dieser Ehegatte sich an der Entstehung der Gesamterrungenschaft nicht oder nicht hinreichend beteiligt hatte. Entsprechendes galt gemäß Art.27 § 2 Dekret 1946[85], wenn einen Ehegatten das vollständige Verschulden an der Scheidung traf. Hatte ein Ehegatte einen Teil seiner Errungenschaft verheim-

---

79 Art.23. Gemeinsame Schenkungen oder die gemeinsame Ausstattung des Kindes durch die Ehegatten werden, sofern nichts anderes bestimmt worden ist, in gleichen Teilen dem Errungenschaftsvermögen eines Ehegatten zugerechnet, und was die Werterhöhung anbelangt – ihrem persönlichen Vermögen im Verhältnis zur Höhe dieses Vermögens.

80 Art.25. Schulden, die im Zeitpunkt der Beendigung des gesetzlichen Güterstandes einen Ehegatten belasten, werden vornehmlich seinem persönlichem Vermögen zugerechnet, wenn diese vor Entstehung dieses Güterstandes entstanden sind oder auf Ansprüchen wegen unerlaubter Handlung beruhen.

81 Art.26 § 1. Das Vermögen eines Ehegatten, welches nach Aussonderung des persönlichen Vermögens entstanden ist, stellt das Errungenschaftsvermögen dieses Ehegatten dar.

82 Art.26 § 2. Aus den Errungenschaftsvermögen beider Ehegatten wird, jeweils nach Abzug der Belastungen, eine gemeinschaftliche Masse gebildet, welche zwischen den Ehegatten oder den Erben hälftig zu teilen ist.

83 „...*podzielona po połowie*".

84 Art.27 § 1. Wenn ein Ehegatte der Straftat gegen das Leben des anderen Ehegatten für schuldig befunden wird, kann diesem Ehegatten der Anteil an der Errungenschaft als Ganzes oder teilweise aberkannt werden, wenn der Ehegatte sich nicht oder nicht hinreichend an der Mehrung der Errungenschaft beteiligt hat.

85 Art.27 § 2. Die vorstehende Vorschrift findet auch in dem Fall des ausschließlichen Verschuldens der Scheidung Anwendung.

licht, so wurde sein Anteil an der Gesamterrungenschaft um diesen Teil gemäß Art.28 Dekret 1946[86] entsprechend gemindert. Art.29 Dekret 1946 schließlich enthielt eine Regelung für den Fall, dass ein Ehegatte auf seinen Anteil an der Errungenschaft des anderen Ehegatten gänzlich verzichtete. Gemäß Art.29 § 1 Dekret 1946[87] konnte in diesem Fall der andere Ehegatte trotz des Behaltendürfens seiner gesamten Errungenschaft die Hälfte der reinen Errungenschaft des verzichtenden Ehegatten verlangen. Auf den durch den Verzicht erlangten Vorteil durch einen Ehegatten fanden die Vorschriften aus dem Erbrecht zur Minderung von Vermächtnis und Schenkung entsprechende Anwendung, Art.29 § 2 Dekret 1946[88]. Schließlich ordnete Art. 29 § 3 Dekret 1946[89] für einen wirksamen Verzicht an dem Anteil an der Errungenschaft ein Schriftformerfordernis an.

Die Gesamterrungenschaft wie sie sich am Ende des gesetzlichen Güterstandes als Nettoerlös errechnet, galt nach dem Dekret 1946 somit als durch die eheliche Gemeinschaft erworben und war nach Auflösung der Ehe zwischen den Ehegatten hälftig zu teilen. Diesem Auseinandersetzungs- und Teilungsverfahren nach dem Dekret 1946 lag damit ein ähnlicher Grundgedanke wie beim Zugewinnausgleich zugrunde[90]. Beim Zugewinnausgleich soll eine gemeinsame Wertschöpfung der Ehegatten während der Ehe am Ende ausgeglichen werden, ohne dass unterschiedliche Mitverursachungsquoten der beiden Ehegatten dieser Wertschöpfung zugrunde zu legen wären[91]. Auch nach dem Dekret 1946 wurde grundsätzlich nicht danach unterschieden, welchen Beitrag ein Ehegatte letztlich zum Umfang der Gesamterrungenschaft geleistet hat. Obwohl im gesetzlichen Güterstand des Dekretes 1946 während der Ehe zwei rechtlich getrennte Vermögensmassen der beiden Ehegatten bestanden, erkannte der Gesetzgeber für den Fall der Beendigung der Ehe an, dass die Ehe auch eine Wirtschaftsgemeinschaft der Ehegatten ist. Eine solche erfordert nach ihrer Auflösung daher auch die Teilung desjenigen Vermögens, das gerade in Bezug auf diese Gemeinschaft

86 Art.28. Der Ehegatte, der einen Teil der Errungenschaft verheimlicht hat, verliert sein Recht auf seinen Anteil in Höhe des verheimlichten Teils.

87 Art.29 § 1. Wenn ein Ehegatte, vor der Feststellung der Errungenschaft, auf den Anteil, der aus der Errungenschaft des anderen Ehegatten resultiert, verzichtet, so kann der Letztere trotz Aufrechterhaltung seiner Errungenschaft den hälftigen Nettoanteil aus der Errungenschaft des Ehegatten verlangen, der den Verzicht erklärt hat.

88 Art.29 § 2. Auf den auf diese Weise erlangten Vorteil durch einen Ehegatten finden die Vorschriften des Erbrechts über die Minderung des Vermächtnisses und der Schenkung entsprechende Anwendung.

89 Art.29 § 3. Der Verzicht auf den Anteil an der Errungenschaft sollte zur Wirksamkeit schriftlich erfolgen.

90 Ähnlich *Piątowski*, a.a.O. (Fn 30), S.307.

91 Zum Zugewinnausgleich *Schröder* in Schröder/Bergschneider, Familienvermögensrecht, 2003, Rn 4.179.

von den Ehegatten während der Ehe erworben worden ist. Eine wesentliche Schwierigkeit des Auseinandersetzungsverfahrens nach dem Dekret 1946 dürfte allerdings stets die beweisrechtliche Abgrenzung des persönlichen Vermögens von dem errungenen Vermögen gewesen sein. Die Entscheidung des polnischen Nachkriegsgesetzgebers von 1946 für einen gesetzlichen Güterstand der Gütertrennung mit einer Errungenschaftsbeteiligung bei Auflösung der Ehe sollte nur wenige Jahre Bestand haben.

II. Das erste polnische Familiengesetzbuch (*Kodeks Rodzinny*) von 1950

In vielerlei Hinsicht basierend auf konservativer Weltanschauung, namentlich beispielsweise der Diskriminierung des unehelichen Kindes, wurden die Vereinheitlichungsdekrete schnell als nicht den Werten einer sozialistisch geprägten Gesellschaft gerecht werdend erachtet[92]. In den Jahren 1947/1948 wurde nach der Vereinheitlichung des Rechts auf dem polnischen Staatsgebiet daher vom Justizministerium die Überarbeitung der Dekrete beschlossen. Zwischenzeitlich war auch die Unifizierung des Zivilrechts auf dem polnischen Staatsgebiet abgeschlossen. Es sollte daher ein einheitliches Zivilgesetzbuch bestehend aus fünf Büchern, einem Allgemeinen Teil, dem Familien-, Erb-, Obligationen- und dem Sachenrecht, erarbeitet werden[93]. Ein erster Entwurf dieses einheitlichen Zivilgesetzbuches übernahm zunächst mit geringfügigen Änderungen im Güterrecht den gesetzlichen Güterstand des Dekretes von 1946, also die Gütertrennung[94]. Für die Auseinandersetzung nach Beendigung des gesetzlichen Güterstandes sah der Entwurf allerdings einen Wegfall der Naturalteilung der Errungenschaft vor. Vielmehr sollten die Ehegatten bei ungleichen Errungenschaften einen schuldrechtlichen Geldanspruch in Höhe der Hälfte des Wertunterschiedes erhalten[95].

Anfang der 50er Jahre setzte jedoch auch eine starke Anlehnung des polnischen Rechts an das sowjetische Recht ein. Diese mündete dann letztlich unter anderem in der vom sonstigen Zivilrecht getrennten Kodifizierung des Familienrechts, so dass der vorerwähnte Entwurf eines einheitlichen Zivilgesetzbuches nie in Kraft getreten ist. In einem Gesetz über die Allgemeinen Vorschriften des Zivilrechts wurden statt dessen große Teile des Zivilrechts ohne das Familien-

---

92 *Piątowski*, a.a.O. (Fn 30), S.9.
93 *Mainczyk*, a.a.O. (Fn 18), S.35.
94 Siehe mit Nachweis *Mainczyk*, a.a.O., S.35/36 und Fußnote 3 auf Seite 35.
95 *Mainczyk*, a.a.O. (Fn 18), S.36.

recht niedergelegt[96]. Das Familienrecht trat dann getrennt vom sonstigen Zivilrecht in dem polnischen Familiengesetzbuch (FGB) vom 27. Juni 1950 am 01. Oktober 1950 in Kraft[97]. Den Entwurf eines eigenständigen Familienrechts hatte zuvor eine gemischt polnisch-tschechoslowakische Kommission zur Zusammenarbeit in Rechtsangelegenheiten am Muster des sowjetischen Familienrechts erarbeitet[98]. Das FGB zählte insgesamt nur 93 Artikel und hob das Dekret 1946 zur Regelung des Ehegüterrechtes auf[99]. Das eheliche Güterrecht war in den Art. 21 FGB bis Art.28 FGB geregelt.

1. Bestimmung der gesetzlichen Gemeinschaft (*wspólność ustawowa*) zum gesetzlichen Güterstand

Gesetzlicher Güterstand wurde in dem ersten polnischen FGB gemäß Art.21 § 1 FGB[100] die gesetzlichen Gemeinschaft (*wspólność ustawowa*), die auch heute noch unter der identischen Bezeichnung gemäß Art.31 FVGB gesetzlicher Güterstand in Polen ist. Gemäß den Überleitungsvorschriften galt der neue gesetzliche Güterstand unmittelbar mit Inkrafttreten der neuen Regelungen für alle bestehenden Ehen[101]. Der Terminus *dorobek* aus Art.17 § 1 Dekret 1946 (*majątek dorobkowy*) zur Bezeichnung für die nach der Eheschließung durch die Ehegatten erworbene Errungenschaft wurde im Wortlaut des Art.21 § 1 FGB erhalten. Die Zusammensetzung dieser Errungenschaft im FGB 1950 war indes eine völlig andere geworden als dies nach dem Dekret 1946 der Fall gewesen ist. Im Gegensatz zu der bislang gemäß dem Dekret 1946 geltenden Gütertrennung wurde nunmehr bei der während der Ehe erwirtschafteten Errungenschaft nicht mehr zwischen zwei unterschiedlichen Vermögensmassen unterschieden[102]. Vielmehr wurden die nach der Eheschließung erworbenen Vermögensgegenstände (*przedmioty majątkowe*) der Ehegatten rechtlich zu einer einheitlichen, gemeinschaftlichen Vermögensmasse zusammengefaßt. Als Vermögensgegen-

---

96 Am 30. September 1950 ist lediglich ein Gesetz vom 18. Juli 1950 über die Allgemeinen Vorschriften des Zivilrechts (*przepisy ogólne prawa cywilnego*) in Kraft getreten, Dz.U. 1950, Nr.34, Pos.311 und Pos.312.

97 Dz. U. 1950, Nr.34, Pos.308.

98 Eingehend hierzu *Piątowski*, a.a.O. (Fn 30), S.10ff; auch *Mainczyk*, a.a.O., S.37ff.

99 Art.I § 2, Nr.3) des Einführungsgesetzes zum FGB (*przepisy wprowadzające kodeks rodzinny*) vom 27. Juni 1950, Dz.U. 1950, Nr.34, Pos.309.

100 Art.21 § 1.Vermögensgegenstände, die einer der Ehegatten während der Dauer der Ehe erwirbt und die seine Errungenschaft darstellen, sind gemeinschaftliches Vermögen beider Ehegatten (gesetzliche Gemeinschaft).

101 OSNC 1952, Nr.2, Pos.46 (Art. XVIII der Überleitungsvorschriften).

102 Exemplarisch OSNC 1952, Nr.2, Pos.46: in den Leitsätzen grenzt das OG die Gesamthand von der Eigentümergemeinschaft nach Bruchteilen ab und stellt fest, dass bei dem geltenden Güterstand Anteile der Ehegatten an dem gemeinschaftlichen Vermögen erst mit Beendigung der gesetzlichen Gemeinschaft entstehen.

stände, die von dieser gesetzlichen Gemeinschaft erfaßt werden und der Errungenschaft zugerechnet werden sollten, wurden alle Sachen und Rechte angesehen, die wirtschaftlich einer Wertbestimmung zugänglich sind[103].

Der Begriff *dorobek* in Art.21 § 1 FGB war zu einem Zentralbegriff des ehelichen Güterrechtes geworden. Es handelte sich nunmehr um das entscheidende Zuordnungskriterium zur Bestimmung des gemeinschaftlichen Vermögens (*majątek wspólny*) der Ehegatten. Nur wenn ein Vermögensgegenstand, der von einem oder beiden Ehegatten gemeinsam nach der Eheschließung erworben worden war und von dem Begriff *dorobek* erfaßt wurde, konnte er dem gemeinschaftlichen Vermögen als eheliche Errungenschaft zugeordnet werden. Der Gesetzgeber des FGB 1950 hat es gleichwohl unterlassen, den Begriff *dorobek* in den gesetzlichen Bestimmungen näher zu beschreiben. Eine Legaldefinition des Begriffes *dorobek* fehlte im FGB. Dies führte dementsprechend in Rechtsprechung und Literatur zu einem uneinheitlichen Begriffsverständnis[104]. Die überwiegende Lehre und Rechtsprechung verstanden unter dem Begriff *dorobek* eine dauerhafte Vermögensmehrung der Ehegatten nach der Eheschließung, bei der die Vermögenswerte nach Deckung der laufenden Ausgaben den Ehegatten verbleiben und nicht zum alsbaldigen Verbrauch bestimmt sind[105]. Welche konkreten Vermögenswerte auf der Grundlage des Art.21 § 1 FGB dem gemeinschaftlichen Vermögen zugerechnet werden konnten, war jedoch auch innerhalb der herrschenden Meinung umstritten[106]. Unklar war insbesondere, ob das Arbeitseinkommen eines Ehegatten dem gemeinschaftlichen Vermögen zugeordnet werden kann[107].
Die gewöhnliche Verwaltung der Errungenschaft war gemäß Art.22, 1 Halbsatz FGB[108] jedem Ehegatten selbständig gestattet. Nur bei Geschäften, die über das Maß der gewöhnlichen Verwaltung hinausgingen, war die Zustimmung des an-

103 *Breyer*, Z zagadnień ustawowego ustroju majątkowego małżeńskiego (Aus den Fragen zum gesetzlichen Güterstand in der Ehe), NP 1951, Nr.6, S.24, 25.

104 Vgl. ausführlich zu den einzelnen definitorischen Ansätzen *Mainczyk*, a.a.O. (Fn 18), S.43-46.

105 *Breyer*, Z zagadnień ustawowego ustroju majątkowego małżeńskiego (Aus den Fragen zum gesetzlichen Güterstand in der Ehe), NP 1951, Nr.6, S.24, 25, 26 (Teil I); *Marowski*, Wspólny majątek małżonków (Gemeinschaftliches Vermögen der Ehegatten), PiP 1954, Nr.5, S.801, 812, 813; OG in PiP 1957, Nr.7-8, S.272, 273.

106 *Mainczyk*, a.a.O. (Fn 18), S.45/46.

107 Vgl. etwa *Marowski*, Wspólny majątek małżonków (Gemeinschaftliches Vermögen der Ehegatten), PiP 1954, Nr.5, S.801, 813, der das Arbeitseinkommen nicht zum gemeinschaftlichen Vermögen der Ehegatten zählte.

108 Art.22. Jeder der Ehegatten kann selbständig das Vermögen, das von der gesetzlichen Gemeinschaft umfaßt wird, verwalten; zur Ausübung von Geschäften, die über den Rahmen der gewöhnlichen Verwaltung hinausgehen, bedarf es der Zustimmung des anderen Ehegatten.

deren Ehegatten gemäß Art.22, 2.Halbsatz FGB erforderlich[109]. Das gemeinschaftliche Vermögen haftete grundsätzlich für alle nach der Eheschließung entstandenen Verbindlichkeiten. Der Gläubiger konnte gemäß Art.23 § 1 FGB[110] Befriedigung auch dann aus dem gemeinschaftlichen Vermögen verlangen, wenn nur ein Ehegatte Schuldner der Verbindlichkeit war. Nur wenn die Verbindlichkeit vor der Eheschließung entstanden war oder Vermögen eines Ehegatten betraf, welches nicht von der gesetzlichen Gemeinschaft erfaßt wurde, konnte ein Gläubiger gemäß Art.23 § 2 FGB[111] auch nur aus dieser sonstigen Vermögensmasse Befriedigung verlangen. Maßgeblich war insofern der Zeitpunkt der Entstehung der Verbindlichkeit[112].

Die Reichweite eines sonstigen persönlichen Vermögens des Ehegatten in Abgrenzung zu dem gemeinschaftlichen Vermögen wurde nach Maßgabe des Art.21 § 2 FGB[113] bestimmt. Im Unterschied zur Bezeichnung des gemeinschaftlichen Vermögens als *majątek wspólny* der Ehegatten sah das FGB allerdings keinen gesetzlichen Rechtsterminus für die Bezeichnung eines persönlichen Vermögens des Ehegatten vor. Der Gesetzeswortlaut sprach vielmehr von einem Vermögen, welches nicht von der gesetzlichen Gemeinschaft erfaßt wurde[114]. Konkret wurden Gegenstände, die durch Erbe, Vermächtnis oder Schenkung erlangt worden sind, sowie Gegenstände des persönlichen Gebrauchs und zur Berufsausübung notwendige Gegenstände gemäß Art.21 § 2 FGB nicht von der gesetzlichen Gemeinschaft der Ehegatten erfaßt[115]. Aus dem Umkehrschluß in dem Wortlaut des Art.21 § 1 FGB[116] wurde zudem gefolgert, dass Vermögenswerte, die von den Ehegatten vor der Eheschließung erworben worden waren, ebenfalls nicht dem gemeinschaftlichen Vermögen zugeordnet werden können[117]. Weitere Bestimmungen zur Abgrenzung eines persönlichen Vermögens

---

109 Ausführlich zur Verwaltung mit dem gemeinschaftlichen Vermögen *Breyer*, Z zagadnień ustawowego ustroju majątkowego małżeńskiego (Aus den Fragen zum gesetzlichen Güterstand in der Ehe), NP 1951, Nr.7-8, S.25ff (Teil II).

110 Art.23 § 1. Aus dem Vermögen, das der gesetzlichen Gemeinschaft unterfällt, kann auch der Gläubiger Befriedigung verlangen, dessen Schuldner nur ein Ehegatte ist.

111 Art.23 § 2. Ist die Verbindlichkeit des Schuldners allerdings vor der Eheschließung entstanden oder betrifft sie das ihm gehörende, nicht von der gesetzlichen Gemeinschaft erfaßte Vermögen, so kann der Gläubiger nur aus dem persönlichen Vermögen sowie dessen Einkommen und anderen Einnahmen, die jener persönlich erlangt, Befriedigung verlangen.

112 Anders wurden nur Unterhaltsverpflichtungen behandelt, siehe *Mainczyk*, a.a.O., S.56.

113 Art.21 § 2. Die gesetzliche Gemeinschaft erfaßt nicht die Gegenstände, die durch Erbe, Vermächtnis oder Schenkung erworben werden sowie persönliche Gebrauchsgegenstände und Gegenstände, die zur Ausübung des Berufes notwendig sind.

114 *„...przedmioty nie są objęte wspólnościa ustawową"*.

115 OG in PiP 1956, Nr.7, S.210, 211; OSNCP 1963, Nr.11, Pos.249, (S.53).

116 *„...w czasie trwania małżeństwa"*.

117 *Mainczyk*, a.a.O. (Fn 18), S.42.

von dem gemeinschaftlichen Vermögen der Ehegatten enthielt das FGB nicht. Die gesetzliche Bestimmung in Art.21 § 2 FGB wurde daher als unzureichend für die vollständige Bestimmung eines persönlichen Vermögens angesehen[118]. Deshalb wurden auch ohne ausdrückliche gesetzliche Grundlage noch andere Vermögenswerte zum persönlichen Vermögen eines Ehegatten bestimmt. So wurden etwa Vermögensgegenstände, die mit Mitteln des persönlichen Vermögens erworben worden waren, als Surrogate auch dem persönlichen Vermögen eines Ehegatten zugeordnet[119]. Ferner wurden auch Rechte, die eine enge Verbindung zu der berechtigten Person haben, als persönliches Vermögen eines Ehegatten angesehen[120].

2. Die gesamthänderisch Bindung der Errungenschaft in der gesetzlichen Gemeinschaft

Ehegatten können an einer Errungenschaft in der Form eines gemeinschaftlichen Vermögens, welches sie nach der Eheschließung erwerben, regelmäßig entweder gesamthänderisch oder zu Bruchteilen beteiligt werden[121]. Das FGB enthielt allerdings keine Bestimmungen, die eindeutig Rückschluß auf die Beteiligung der Ehegatten an dem gemeinschaftlichen Vermögen in der gesetzlichen Gemeinschaft und damit die Rechtsnatur des gemeinschaftlichen Vermögens geben konnten.

Einigkeit bestand jedoch in Schrifttum und Rechtsprechung, dass die gesetzliche Gemeinschaft anders als der gesetzliche Güterstand im Ehegüterrecht nach dem Dekret 1946 nunmehr nach dem FGB ein Gesamthandsverhältnis war. Das gemeinschaftliche Vermögen wurde einvernehmlich als ein „verbundenes Miteigentum“ (*współwłasność łączna*) bezeichnet und entspricht der Gesamthandsgemeinschaft nach dem deutschen Zivilrechtsverständnis[122]. Die Bezeichnung

118 *Mainczyk*, a.a.O., S.47.

119 OG in PiP 1956, Nr.7, S.210, 211 (Leitsatz); OSNCP 1963, Nr.11, Pos.249; vgl. auch ausführlich zur Surrogation von Vermögenswerten zum persönlichen Vermögen eines Ehegatten *Ohanowicz*, Glosse zu OG vom 18. Oktober 1961, 4 CR 957/60 in PiP 1962, Nr.8-9, S.465ff. (im Anschluß an die Entscheidung des OG auf S.463).

120 OG in OSPiKA 1958, Nr.12, Pos.301 für den Nießbrauch (*prawo użytkowania*).

121 Staudinger-*Mankowski*, Art.15 EGBGB Rn 247.

122 *Breyer*, Z zagadnień ustawowego ustroju majątkowego małżeńskiego (Aus den Fragen zum gesetzlichen Güterstand in der Ehe), NP 1951, Nr.6, S.24, 28 (Teil I); OSNC 1952, Nr.2, Pos.46 (Leitsatz I); auch erster Leitsatz zu OSN 1959, Nr. 1, Pos.20, worin die gesetzliche Gemeinschaft explizit als Gesamthand (*współwłasność łączna*) bezeichnet wird; so auch OSNCP 1964, Nr.1, Pos.2, in dieser Entscheidung wird der Begriff Gemeinschaft zur ungeteilten Hand (*wspólność do niepodzielnej ręki*) verwendet; vgl. auch *Mainczyk*, a.a.O. (Fn 18), S.48.

współwłasność łączna ist im polnischen Zivilrecht der geläufigste Terminus für die Bezeichnung eines gesamthänderisch gebundenen Vermögens und wird auch entsprechend im plZGB verwendet[123].

Als vorrangige Zielbestimmung des gemeinschaftlich gebundenen Vermögens der Ehegatten in der gesetzlichen Gemeinschaft wurde die Befriedigung der Bedürfnisse der Familie angesehen[124]. Das gemeinschaftliche Vermögen wurde dabei als ein selbständiges Sondervermögen (*masa majątkowa wyodrębniona*) der Ehegatten betrachtet, welches keine eigene Rechtspersönlichkeit habe[125]. Die Ehegatten besaßen nach der Rechtsprechung des OG bis zur Beendigung der gesetzlichen Gemeinschaft keine Anteile an dem während der Ehe errungenen gemeinschaftlichen Vermögen oder an einzelnen Bestandteilen dieses Vermögens[126]. Ihre Anteile an dem gemeinschaftlichen Vermögen entstanden erst mit Beendigung der gesetzlichen Gemeinschaft[127]. Zur Begründung der These, dass der gesetzlichen Ausgestaltung des gemeinschaftlichen Vermögens im FGB eine Gesamthand zugrunde liege, wurde insbesondere Art.25 FGB[128] herangezogen. Danach wurde das gemeinschaftliche Vermögen erst von dem Zeitpunkt der Beendigung der gesetzlichen Gemeinschaft wie Miteigentum nach Bruchteilen behandelt, an dem beide Ehegatten gleich große Anteile besaßen. Bis zur Beendigung des gesetzlichen Güterstandes war somit die Errungenschaft der Ehegatten ohne Anteile. Erst durch die Beendigung der gesetzlichen Gemeinschaft entstanden Anteile der Ehegatten an dem gemeinschaftlichen Vermögen ähnlich wie bei dem Miteigentum nach Bruchteilen. Im Umkehrschluß wurde also aus der Bestimmung in Art.25 FGB gefolgert, dass bis zur Beendigung der gesetzlichen Gemeinschaft das gemeinschaftliche Vermögen anteilslos war.

Auch wenn dies gesetzlich nicht ausdrücklich bestimmt war, wurde zudem aus der Rechtsnatur des gemeinschaftlichen Vermögens in der Form einer Gesamt-

---

123 Vgl. dazu polnische Fassung des Art.196 § 1 plZGB. Miteigentum ist entweder Miteigentum nach Bruchteilen oder Gesamthandsmiteigentum; andere Begrifflichkeit siehe bei OSNCP 1964, Nr.1, Pos.2.

124 *Breyer*, Z zagadnień ustawowego ustroju majątkowego małżeńskiego (Aus den Fragen zum gesetzlichen Güterstand in der Ehe), NP 1951, Nr.6, S.24, 28 (Teil I).

125 *Breyer*, Z zagadnień ustawowego ustroju majątkowego małżeńskiego (Aus den Fragen zum gesetzlichen Güterstand in der Ehe), NP 1951, Nr.6, S.24, 28 (Teil I) „... *nie posiadająca osobowości*".

126 Leitsatz I zu OSNC 1952, Nr.2, Pos.46 „...*uprawnienia małżonków zarówno co do tej wspólności, jak i co do poszczególnych przedmiotów nie są oznaczone udziałem*".

127 OSNC 1952, Nr.2, Pos.46, (S.199).

128 Art.25 § 1. Vom Zeitpunkt der Beendigung der gesetzlichen Gemeinschaft an finden für das Vermögen, welches von ihr erfaßt war, die Vorschriften zum Miteigentum entsprechende Anwendung. § 2. Beide Ehegatten haben gleiche Anteile an dem Vermögen, das von der gesetzlichen Gemeinschaft erfaßt war.

hand geschlossen, dass die Ehegatten über ihre bei Beendigung der gesetzlichen Gemeinschaft zu entstehenden Anteile am gemeinschaftlichen Vermögen oder an einzelnen Bestandteilen dieses gemeinschaftlichen Vermögens während des Bestehens der gesetzlichen Gemeinschaft weder verfügen noch sich zu einer Verfügung darüber verpflichten konnten[129]. Von diesem Verfügungsverbot waren nur Verfügungen von Todes wegen ausgenommen[130]. Zur Begründung des Verfügungsverbotes während der Dauer der gesetzlichen Gemeinschaft konnten die Art.23 § 1 FGB und Art.26 Satz 1 FGB[131] angeführt werden. Gemäß Art.23 § 1 FGB durfte der Gläubiger eines Ehegatten auch aus dem gemeinschaftlichen Vermögen beider Ehegatten Befriedigung verlangen. Ferner war eine Teilung des gemeinschaftlichen Vermögens (*podział majątku*) während der Dauer der gesetzlichen Gemeinschaft durch die Ehegatten nicht möglich[132]. Eine solche war gemäß dem Wortlaut in Art.26 FGB erst nach der Beendigung der gesetzlichen Gemeinschaft zulässig. Dies folgte aus der systematischen Stellung des Art.26 FGB. Dieser normierte die gegenseitige Werterstattung bei der Teilung des gemeinschaftlichen Vermögens[133] und war nach den Vorschriften Art.24, 25 FGB angesiedelt, die die Beendigung der gesetzlichen Gemeinschaft und anschließende Behandlung des gemeinschaftlichen Vermögens zum Inhalt hatten[134].

Ein Verfügungsverbot war somit zur Sicherung der Rechte in Art.23 FGB und Art.26 FGB unabdingbar und damit auch ohne ausdrückliche gesetzliche Regelung gut begründbar.

Die Bezeichnung des gesetzlichen Güterstandes im FGB als gesetzliche Gemeinschaft (*wspólność ustawowa*) indiziert bereits, dass es sich bei diesem ge-

---

129 *Breyer*, Z zagadnień ustawowego ustroju majątkowego małżeńskiego (Aus den Fragen zum gesetzlichen Güterstand in der Ehe), NP 1951, Nr.6, S.24, 28, 29 (Teil I).

130 *Breyer*, Z zagadnień ustawowego ustroju majątkowego małżeńskiego (Aus den Fragen zum gesetzlichen Güterstand in der Ehe), NP 1951, Nr.6, S.24, 28 (Teil I).

131 Art.26 FGB. Bei der Teilung des Vermögens, welches von der gesetzlichen Gemeinschaft umfaßt war, soll jeder Ehegatte die Ausgaben und Aufwendungen aus diesem Vermögen auf das Vermögen, das nicht von der gesetzlichen Gemeinschaft umfaßt war, zurück erstatten. Der Ehegatte kann Erstattung der Ausgaben und Aufwendungen verlangen, die er aus seinem und nicht von der gesetzlichen Gemeinschaft umfaßten Vermögen zugunsten des gemeinschaftlichen Vermögens getätigt hat.

132 *Breyer*, Z zagadnień ustawowego ustroju majątkowego małżeńskiego (Aus den Fragen zum gesetzlichen Güterstand in der Ehe), NP 1951, Nr.6, S.24, 29 (Teil I).

133 „*...przy podziale majątku*".

134 Art.24 FGB behandelte die Gründe, die zur Auflösung der gesetzlichen Gemeinschaft trotz Fortbestands der Ehe führten: Art.24 § 1. Aus wichtigen Gründen kann jeder Ehegatte die Aufhebung der gesetzlichen Gemeinschaft verlangen. § 2. Im Falle der Entmündigung eines Ehegatten endet die gesetzliche Gemeinschaft kraft Gesetzes.

setzlichen Güterstand um eine der unterschiedlichen Formen der gütergemeinschaftlichen Regelung der vermögensrechtlichen Verhältnisse nach der Eheschließung handeln muß. Die gemeinschaftliche Errungenschaft der Ehegatten wird auf den Erwerb von Vermögensgegenständen nach der Eheschließung beschränkt, während das in die Ehe eingebrachte Vermögen neben anderen konkret bezeichneten Vermögenswerten in der Zuständigkeit des jeweiligen Vermögensinhabers verbleibt[135]. Die erstmals im Zuge der Kodifizierung des FGB eingeführte polnische gesetzliche Gemeinschaft kann ihrem Wesen nach folglich als eine nach der Eheschließung entstehende Gütergemeinschaft (*wspólność majątkowa*) eingestuft werden. In ihren Grundlagen entspricht sie der Errungenschaftsgemeinschaft, wie sie im deutschen Güterrecht bis zum Inkrafttreten des Gleichberechtigungsgesetzes 1957 als Wahlgüterstand gemäß §§1519 ff. BGB a.F. zu finden war[136]. Hinter der Entscheidung eines Gesetzgebers zu einem solchen Güterstandsmodell verbirgt sich regelmäßig ein bestimmter Leitgedanke. Dieser besteht darin, dass die „Lebensgemeinschaft, in welche die Ehegatten durch die Ehe getreten sind, sich auch in vermögensrechtlicher Beziehung dadurch bestätigen soll, dass alles, was sie mit ihren physischen, geistigen und Vermögenskräften erwerben, gemeinsam wird, gemeinsam aber auch die ehelichen Lasten getragen werden. Bleibt nach der Auflösung der Ehe ein Überschuß, so gehört derselbe beiden Ehegatten gemeinsam, und zwar, da es sich nicht um eine Erwerbs-, sondern um eine sittliche Lebensgemeinschaft handelt, jedem Ehegatten zu gleichen Teilen, ohne dass [grundsätzlich] weiter untersucht wird, ob von dem einen mehr, von dem anderen weniger zu dem Erwerbe beigetragen ist“[137].

3. Die rechtspolitische Grundlage einer Errungenschaftsgemeinschaft

Der Güterstand der Errungenschaftsgemeinschaft blickt bereits auf eine lange Tradition zurück und ist auch heute in den meisten Ländern Europas gesetzlicher Güterstand, wobei die konkrete rechtliche Ausgestaltung der Verwaltung des gemeinschaftlichen Vermögens, der Schuldenhaftung und der vermögens-

135 *Schwab* in Henrich/Schwab, Einführung zum Thema, a.a.O. (Fn 31), S.1, 8.

136 Bei der Errungenschaftsgemeinschaft ist das Vermögen regelmäßig gesamthänderisch gebunden, konkrete Anteile entstehen erst mit der Beendigung; vgl. für die polnische Errungenschaftsgemeinschaft bereits OSN 1952, Nr.2, Pos.46; auch erster Leitsatz zu OSN 1959, Nr. 1, Pos.20, worin die gesetzliche Gemeinschaft explizit als „Gemeinschaft zur ungeteilten Hand“ bezeichnet wird; so auch OSNCP 1964, Nr.1, Pos.2 „*...wspólność do niepodzielnej ręki*“.

137 *Schwab* in Henrich/Schwab mit Verweis auf die Motive zum BGB, Bd.4, a.a.O. (Fn 31), 151f., S.1, 8.

rechtlichen Auseinandersetzung der Ehegatten variieren[138]. In der Form der *comunidad de gananciales* ist die Errungenschaftsgemeinschaft etwa gesetzlicher Güterstand in Spanien, ebenso in Frankreich die *communauté d'acquêts* und in Italien als *comunione dei beni* sowie in nahezu allen ehemals sozialistischen Ländern, das heißt, in Polen, in den baltischen Staaten, in Tschechien, in der Slowakei, in Ungarn sowie in den Nachfolgestaaten Jugoslawiens bis hin zu Rumänien und Bulgarien[139]. Die Errungenschaftsgemeinschaft war schließlich in Form der *Eigentums- und Vermögensgemeinschaft* (§ 13 FGB) auch gesetzlicher Güterstand der DDR[140]. Sie gilt daher noch immer für die vor dem 02. Oktober 1990 geschlossenen Ehen, in denen die Ehegatten von dem gemäß Art. 234 § 4 II EGBGB vorgesehenen Optionsrecht für die Fortgeltung des Güterstandes der Eigentums- und Vermögensgemeinschaft des FGB Gebrauch gemacht haben. Die vermögensrechtliche Auseinandersetzung erfolgt dann nach den Ausgleichsregeln der §§ 39 ff. FGB[141]. Die DDR-Errungenschaftsgemeinschaft entspricht in ihrer Ausgestaltung weitgehend dem polnischen Güterstand der gesetzlichen Gemeinschaft.

In Deutschland war die Errungenschaftsgemeinschaft bis zum Inkrafttreten des BGB weit verbreitet[142]. Sie konnte sich zwar im Jahre 1896 – bei Erlaß des BGB – nicht gegen den in Norddeutschland dominierenden Güterstand der Verwaltung und Nutznießung des Mannes am eingebrachten Gut der Frau, also an ihrem ganzen Vermögen mit Ausnahme des Vorbehaltsgutes[143], durchsetzen, blieb aber als gesetzlich geregelter Wahlgüterstand (§§ 1519-1548 BGB a.F.) bis zum Inkrafttreten des Gleichberechtigungsgesetzes von 1957 erhalten, zudem noch in der Sonderform der vom französischen Recht stammenden Fahrnisgemeinschaft, bei der außer der Errungenschaft alle Mobilien in das Gesamtgut fallen (§§1549-1557 BGB a.F.)[144]. Die Begründer des BGB entschieden sich gegen die Errungenschaftsgemeinschaft als Modell für den gesetzlichen Güterstand wegen der Komplikationen eines solchen Güterstandes in den Außenbeziehungen und den Problemen einer genauen Trennung der notwendig entstehenden Gütermassen[145]. Heute wird die Errungenschaftsgemeinschaft zwar nicht mehr im BGB als Wahlgüterstand erwähnt, sie kann jedoch immerhin als eine Variante

---

138 Vgl. zu den Ländern, in denen die Errungenschaftsgemeinschaft gesetzlicher Güterstand ist, Staudinger-*Mankowski*, Art.15 EGBGB Rn 247-249.

139 *Henrich*, Die Zukunft des Güterrechts in Europa, FamRZ 2002, S.1521, 1524.

140 Vgl. ausführlich *Thurn* in Bamberger/Roth, Art.234 § 4 EGBGB Rn 4ff.

141 Vgl. hierzu etwa *Wever*, a.a.O. (Fn 1), Rn 227 sowie die Verweise in Fußnote 402; auch BezG Erfurt DTZ 1994, 114.

142 Zu der Verbreitung der Errungenschaftsgemeinschaft Staudinger-*Thiele*, Vorbemerkungen zu §§ 1415ff. BGB, Rn 3.

143 Ein gemeinschaftliches Vermögen der Ehegatten gab es nicht.

144 *Schwab* in Henrich/Schwab, a.a.O. (Fn 31), S.1, 8, 9.

145 *Schwab* in Henrich/Schwab, a.a.O., S.1, 8.

der Gütergemeinschaft durch Ehevertrag vereinbart werden[146]. Ferner taucht sie in Deutschland in § 20 des heute immer noch geltenden Bremischen Höfegesetzes von 1899 auf.

Das Modell der Errungenschaftsgemeinschaft als Grundlage für den gesetzlichen Güterstand wurde in den meisten Ländern gewählt, weil die Errungenschaftsgemeinschaft rechtspolitisch als die am besten geeignete Rechtsform erachtet wird, um der verheirateten Frau, die außerhalb der Familie keiner Berufstätigkeit nachgeht, wirksamen Schutz zu gewähren. Das hiermit verfolgte Ziel bestehe im Wesentlichen darin, der nicht berufstätigen Ehefrau eine dingliche Beteiligung am Vermögenszuwachs zu sichern und auf diese Weise – jedenfalls mittelbar – die Arbeit im Haushalt aufzuwerten[147]. Die dingliche Beteiligung am Vermögen wird für den Fall der Trennung bei einer solchen Konstellation in der Ehe insofern als ein Vorteil gegenüber einem bloß schuldrechtlichen Anspruch des Ehegatten angesehen, wie dies etwa beim deutschen Zugewinnausgleich der Fall ist.

Auch bei der Einführung der Errungenschaftsgemeinschaft in Polen als gesetzlicher Güterstand in der Form der gesetzlichen Gemeinschaft wurden ähnliche rechtspolitische Argumente angeführt. Zwar wurde seitens Literatur und Rechtsprechung bei Einführung der polnischen Errungenschaftsgemeinschaft in Gestalt der *wspólność ustawowa* angesichts der politisch bedingten Umstrukturierungen der 50er Jahre auch betont, dass diese mit einem ähnlichen Güterstand einer bürgerlichen Rechtsordnung nicht zu vergleichen sei. Die polnische Errungenschaftsgemeinschaft beruhe vielmehr auf anderen ideologischen Voraussetzungen[148]. Während in der kapitalistischen Ehe die Vermögensinteressen überwögen, dienten güterrechtliche Vorschriften in sozialistischen Ländern in erster Linie der Festigung der persönlichen Beziehungen der Familie. Diese sollten ein starkes wirtschaftliches Band zwischen den Ehegatten schaffen, in denen zudem auch die Gleichberechtigung der Frau zum Ausdruck komme[149]. So sei die Frau

---

146 *Schwab* in Henrich/Schwab, a.a.O., S.1, 9; vgl. auch zu entsprechenden Formulierungsvorschlägen in Eheverträgen *Langenfeld*, a.a.O. (Fn 11), Rn 577.

147 Siehe z.B. *Patti*, Länderteil Italien in Henrich/Schwab, a.a.O. (Fn 31), S. 125, 129, 130.

148 Vgl. *Marowski*, Wspólny majątek małżonków (Gemeinschaftliches Vermögen der Ehegatten), PiP 1954, Nr.5, S.801, 802/803; *Marowski* etwa lehnte einen Vergleich der gesetzlichen Gemeinschaft mit der deutschen Errungenschaftsgemeinschaft entschieden ab, S.806ff; diese sei nach seiner Auffassung wegen des alleinigen Verwaltungsrechtes des Mannes Ausfluß einer patriarchalischen Ungleichbehandlung zwischen Mann und Frau, während die polnische Errungenschaftsgemeinschaft auf der sowjetischen Ideologie von der Klassengleichheit und geschlechtlichen Gleichberechtigung basiere.

149 *Mainczyk*, a.a.O. (Fn 18), S.38, *Marowski*, Wspólny majątek małżonków (Gemeinschaftliches Vermögen der Ehegatten), PiP 1954, Nr.5, S.801, 807; auch OSNCP 1964, Nr.1, Pos.2.

aber bei einer gütergemeinschaftlichen Regelung der Vermögensverhältnisse nach der Eheschließung vor der Ausbeutung durch den Mann auch dann geschützt, wenn sie sich der Haushaltsführung und Kindererziehung widme. Diese Leitgedanken des Ehegüterrechtes seien dann auch für die Auslegung der einzelnen Vorschriften des FGB maßgebend[150].

4. Die Regelung der Teilungsauseinandersetzung im FGB

Die gesetzliche Gemeinschaft endete (*ustanie wspólności ustawowej*) mit der Auflösung der Ehe durch den Tod (*śmierć*), durch Scheidung (*rozwód*) nach Maßgabe der Art.29ff. FGB oder Nichtigerklärung der Ehe sowie durch Aufhebung der gesetzlichen Gemeinschaft (*zniesiene wspólności ustawowej*) aus wichtigen Gründen (*z ważnych powodów*) gemäß Art.24 § 1 FGB und der Entmündigung (*ubezwłasnowolnienie*) eines Ehegatten gemäß Art.24 § 2 FGB. Mit Fragen der vermögensrechtlichen Auseinandersetzung und Teilung der Errungenschaft zwischen den Ehegatten oder ihren Erben nach Beendigung der gesetzlichen Gemeinschaft befaßten sich im FGB ausschließlich die beiden Art.25 FGB und 26 FGB.

Art.25 § 1 FGB [151] bestimmte, dass von dem Zeitpunkt der Beendigung der gesetzlichen Gemeinschaft an die Vorschriften über die Miteigentümer nach Bruchteilen – geregelt in Art.78 bis Art.99 des Sachenrechtsdekretes[152] (SachRD) – entsprechend zur Anwendung gelangen sollten[153]. Analog Art.79 Satz 1 SachRD[154] konnten die Ehegatten nunmehr nach Beendigung der gesetzlichen Gemeinschaft grundsätzlich über ihre Anteile an der Vermögensmasse verfügen. Art.79 Satz 1 SachRD wurde jedoch nach Maßgabe des Art.58 Erbrechtsdekretes (ErbRD)[155], der nach herrschender Auffassung nach Beendigung

150 *Mainczyk*, a.a.O., S.38; exemplarisch etwa die spätere Entscheidung des OG in OSNCP 1977, Nr.2, Pos.31, wo vom OG betont wird, dass die Errungenschaftsgemeinschaft wie kein anderer Güterstand geeignet sei, die Gleichberechtigung der Ehegatten in vermögensrechtlicher Hinsicht zu gewährleisten, während die Gütertrennung erst bei einem Zerwürfnis zwischen den Ehegatten, das zur Aufhebung des gesetzlichen Güterstandes führt, geeignet sei, den wirtschaftlich Schwächeren zu schützen. .

151 Art.25 § 1. Vom Zeitpunkt der Beendigung der gesetzlichen Gemeinschaft an, finden für das Vermögen, welches von ihr erfaßt war, die Vorschriften zum Miteigentum entsprechende Anwendung.

152 Sachenrechtsdekret (*prawo rzeczowe*) vom 11. Oktober 1946, Dz.U. 1946, Nr.57, Pos.319.

153 „*...stosuje się odpowiednio przepisy o współwłasności*".

154 Art.79 Satz 1. Der Eigentümer kann ohne Zustimmung der übrigen Miteigentümer über seinen Anteil verfügen; er kann sich jedoch verpflichten, dass er die vorerwähnten Verfügungen nicht ausführt.

155 Art.58. Hat ein Erbe über seinen Anteil an einem zum Nachlaß gehörenden Gegenstand verfügt, so ist eine solche Verfügung insoweit unwirksam, als sie die aus den Vorschrif-

der gesetzlichen Gemeinschaft ebenfalls analog zur Anwendung gelangte, ausgeschlossen. Dies war dann der Fall, wenn die Verfügung geeignet war, den anderen Ehegatten in seinen Rechten bei der Auseinandersetzung und der Teilung der Errungenschaft zu beeinträchtigen[156]. Im Gegensatz zur Gesetzeslage im FVGB seit 1964 enthielt das FGB noch keinen expliziten Verweis auf die Vorschriften zur Nachlaßteilung in Art.57 bis Art.59 des ErbRD von 1946, den Vorgängerregelungen zu den heutigen Vorschriften für die Nachlaßteilung. Gleichwohl wurde auch damals schon aus dem Verweis auf die Verfahrensvorschriften zur Nachlaßteilung in Art.17 des Dekretes der nichtstreitigen Gerichtsbarkeit in familien- und betreuungsrechtlichen Angelegenheiten (NVerfFam)[157] für die Teilungsauseinandersetzung zwischen Ehegatten auch die materiellrechtliche Geltung der nachlaßrechtlichen Teilungsvorschriften gefolgert. Dies ist dann mit Inkrafttreten des FVGB im Jahre 1964 in Art.46 FVGB auch ausdrücklich normiert worden[158]. Begründet wurde diese entsprechende Anwendung der nachlaßrechtlichen Vorschriften bei der Auseinandersetzung und Teilung des gemeinschaftlichen Vermögens mit der rechtsmethodischen Ähnlichkeit der Erbmasse mit der Errungenschaft während der Ehe[159].

Jeder Ehegatte hatte bei der Teilung der ehelichen Errungenschaft gemäß Art.26 FGB[160] einen Anspruch auf die Erstattung der Ausgaben (*wydatki*) und Aufwen-

---

ten über die Nachlaßteilung sich ergebenden Rechte der übrigen Erben beeinträchtigt; Erbrechtsdekret (*prawo spadkowe*) vom 08. Oktober 1946, Dz.U 1946, Nr.60, Pos.328.

156 *Mainczyk*, a.a.O. (Fn 18), S.61; der Meinungsstreit zur Einschränkung der Verfügungsbefugnis ist auch heute noch aktuell und wird unter dem Punkt D III 1. (Die Beschränkung der Verfügungsbefugnis entsprechend Art.1036 plZGB) von der Verfasserin näher erörtert.

157 Dz.U. 1950 Nr.34, Pos.310; Art.17 § 1. Die Vorschriften zum nachlaßrechtlichen Teilungsverfahren finden im Teilungsverfahren über das gemeinschaftliche Vermögen nach Beendigung der gesetzlichen Gemeinschaft entsprechende Anwendung. § 2. In diesem Verfahren entscheidet das Gericht auch, welche Gegenstände zum gemeinschaftlichen Vermögen gehören.

158 OSN 1963, Nr.6, Pos.133: in dieser Entscheidung ging es eigentlich um die Frage, ob verfahrensrechtlich in der Teilungsauseinandersetzung eine Verfahrensvorschrift zur Nachlaßteilung Anwendung finden kann, wonach die Möglichkeit der Zuweisung des gesamtes Vermögens bei Unteilbarkeit in Natur einem von mehreren Beteiligten besteht, wohingegen der für die Bruchteilsgemeinschaft grundsätzlich anwendbare Art.45 der nichtstreitigen Gerichtsbarkeit für das Sachenrecht in einem solchen Fall die öffentliche Versteigerung und spätere Teilung des Erlöses vorsah; vgl. dazu auch die Anmerkung von *Gwiazdomorksi*, Przegląd orzecznictwa z zakresu prawa małżeńskiego (Überblick über die Rechtsprechung aus dem Bereich des Eherechts), PiP 1964, Nr.2, S. 257, 266, 267.

159 OSNCP 1964, Nr.1, Pos.2.

160 Art.26. Bei der Teilung des Vermögens, welches von der gesetzlichen Gemeinschaft umfaßt war, soll jeder Ehegatte die Ausgaben und Aufwendungen aus diesem Vermögen auf das Vermögen, das nicht von der gesetzlichen Gemeinschaft umfaßt war, zu-

dungen (*nakłady*) aus dem gemeinschaftlichen Vermögen zugunsten des Vermögens, welches während der Ehe nicht von der gesetzlichen Gemeinschaft umfaßt worden ist. Dies galt gemäß Art.26 Satz 2 FGB entsprechend für Ausgaben und Aufwendungen aus dem eigenen Vermögen zugunsten des gemeinschaftlichen Vermögens. Während der Erstattungsanspruch zugunsten der ehelichen Errungenschaft in Satz 1 des Art.26 FGB allerdings als eine Soll-Vorschrift ausgestaltet war[161], stand die Rückforderung eines Ehegatten von Ausgaben und Aufwendungen aus seinem eigenen Vermögen[162] zugunsten der Errungenschaft in seinem Ermessen[163]. Bevor die Vermögensmasse Errungenschaft also unter den Auseinandersetzungsberechtigten geteilt werden konnte, war zunächst gemäß Art.26 FGB die zu teilende Masse unter rechnerischer Berücksichtigung der Ausgaben und Aufwendungen aus dem gemeinschaftlichen Vermögen zugunsten der persönlichen Vermögensmasse eines Ehegatten und umgekehrt festzustellen[164]. Vermögenswerte, über die widerrechtlich seitens eines Ehegatten während der Ehe verfügt worden war, wurden ebenfalls in der Auseinandersetzung berücksichtigt. Für die Errungenschaftsmasse schädigende Verfügungen zum Nachteil der Familie oder des anderen Ehegatten erhielt ein Ehegatte einen entsprechenden Werterstattungsanspruch analog Art.26 FGB, der grundsätzlich die Hälfte des Werts des veräußerten Vermögensgegenstandes betrug[165].

Gemäß Art.25 § 2 FGB[166] besaßen die Ehegatten nach Beendigung der gesetzlichen Gemeinschaft jeweils einen gleich großen Anteil an dem Vermögen[167], welches während der Ehe von der gesetzlichen Gemeinschaft erfaßt wurde[168] und nach Beendigung der gesetzlichen Gemeinschaft zu teilen war. Der Teilungsauseinandersetzung unterlag dabei grundsätzlich das gesamte gemeinschaftlich während der Ehe errungene Vermögen[169]. Einzelne Bestandteile des gemeinschaftlichen Vermögens konnten jedoch nach Vereinbarung ungeteilt bleiben[170]. Die Errungenschaft konnte schließlich insgesamt auch an Dritte ver-

---

rück erstatten. Der Ehegatte kann Erstattung der Ausgaben und Aufwendungen verlangen, die er aus seinem und nicht von der gesetzlichen Gemeinschaft umfaßten Vermögen zugunsten des gemeinschaftlichen Vermögens getätigt hat.

161 „...*powinien zwrócić*".

162 „...*wydatki i nakłady jakie poczynił z swego majątku*".

163 „...*może żądać zwrotu*".

164 OSN 1959, Nr.2, Pos.59 (S.99).

165 Leitsatz 6 und Ausführungen auf S.99 des OG in OSN 1959, Nr.2, Pos.59.

166 Art.25 § 2. Beide Ehegatten haben gleich große Anteile an dem Vermögen, welches von der gesetzlichen Gemeinschaft erfaßt war.

167 „...*mają równe udziały w majątku*".

168 „...*który był objęty wspólnością ustawową*".

169 Leitsatz 2 des OG in OSN 1959, Nr.2, Pos.59.

170 OSN 1959, Nr.2, Pos.59; vgl. auch die Bemerkungen zu diesem Urteil von *Gwiazdomorksi*, Przegląd orzecznictwa z zakresu prawa małżeńskiego (Überblick über die Rechtsprechung aus dem Bereich des Eherechts), PiP 1964, Nr.2, S.257, 267.

kauft oder von einem Ehegatten übernommen werden, wenn eine Teilung aus gesellschaftlich-wirtschaftlichen Gründen unerwünscht erschien[171]. Die Teilungsauseinandersetzung des gemeinschaftlichen Vermögens konnte entweder im Wege einer vertraglichen Vereinbarung zwischen den Ehegatten oder durch das Gericht im nichtstreitigen Verfahren erfolgen. Auf die gerichtliche Teilungsauseinandersetzung fanden die Vorschriften über die Nachlaßteilung entsprechende Anwendung, Art.17 § 1 NVerfFam.

Da der Wortlaut des Art.21 FGB in den §§ 1 und 2 offen formuliert war und demnach einen großzügigen Auslegungsspielraum zuließ, bestimmte die Rechtsprechung maßgeblich den Umfang und Inhalt des zu teilenden Vermögens in zahlreichen Einzelfällen[172]. Zum teilbaren Vermögen im Sinne des Art.21 § 1 FGB zählten dabei unter anderem auch Forderungen (*wierzytelności*), die sich im Besitz eines oder beider Ehegatten im Zeitpunkt der Teilungsauseinandersetzung befanden[173]. Demgegenüber wurden etwa Gegenstände des persönlichen Bedarfs nicht dem gemeinschaftlichen Vermögen zugerechnet, und zwar auch dann nicht, wenn diese mit Mitteln, die dem gemeinschaftlichen Vermögen zugeordnet werden, erworben worden sind[174]. Auch Rechte wie der Nießbrauch (*prawo użytkowania*), die kraft ihrer Rechtsnatur typischerweise eng mit der Person des Anspruchsberechtigten verbunden sind, gehörten nicht zur teilbaren Vermögensmasse[175]. Genauso unterlagen auch mit Mitteln des persönlichen Vermögens erworbene Surrogate nicht der Teilung[176].

Das dargestellte Modell der Auseinandersetzung und Teilung des gemeinschaftlichen Vermögens unter Ehegatten nach dem FGB war der Grundstein für die auch heute noch geltenden Grundsätze der güterrechtlichen Vermögensauseinandersetzung im FVGB. Die Regelung der Auseinandersetzung und Teilung des gemeinschaftlichen Vermögens nach der Beendigung der gesetzlichen Gemeinschaft in den Art.25, 26 FGB und die dazugehörige Rechtsprechung entsprechen in den Grundzügen den heute geltenden Bestimmungen zur Teilungsauseinandersetzung nach der Scheidung in den Art.43, Art.45 und Art.46 FVGB. Das FGB von 1950 zählte nur 93 Artikel. Es wurde daher schon bei seinem Inkraft-

171 *Mainczyk*, a.a.O. (Fn 18), S.63.

172 Umfassend zum Inhalt der Errungenschaft auch *Marowski*, Wspólny majątek małżonków (Gemeinschaftliches Vermögen der Ehegatten), PiP 1954, Nr.5, S.801, 818ff.

173 *Breyer*, Z zagadnień ustawowego ustroju majątkowego małżeńskiego (Aus den Fragen zum gesetzlichen Güterstand in der Ehe), NP 1951, Nr.6, S.24, 25 (Teil I).

174 Leitsatz zu OSNCP 1963, Nr.11, Pos.249.

175 OSPiKA 1958, Nr.12, Pos.301.

176 OG vom 18. Oktober 1961, 4 CR 957/60 in PiP 1962, N.8-9, S.463 mit anschließender Glosse von *Ohanowicz*; ähnlich schon OG vom 04. November 1954, I CO 19/54 in PiP 1956, Nr.7, S.211.

treten als „lakonisch“ und wegen der zahlreichen Lücken nicht als den Bedürfnissen eines umfassenden Familiengesetzbuches gerecht werdend erachtet[177]. Offenbar vor dem Hintergrund, dass dem Vermögen nach den politischen Wandlungen in Polen in den 50er Jahren nur eine geringe Rolle zukam, hat sich der Gesetzgeber bei der Gestaltung des FGB nicht näher mit der Ausarbeitung eines umfassenderen Regelwerks zur Behandlung des ehelichen Vermögens nach Beendigung der gesetzlichen Gemeinschaft zwischen den Ehegatten auseinandergesetzt, das der Komplexität der Vermögensbeziehungen in einer Gesamthand Rechnung tragen kann. Daher genügten die grundlegendsten Normierungen, um die vermögensrechtliche Situation der Ehegatten hinreichend zu gestalten[178]. Einige Lücken in den gesetzlichen Bestimmungen konnten zwar durch entsprechende Richtlinienurteile (*wytyczne*) des OG geschlossen werden. In Literatur und Rechtsprechung scheint man sich indes insgesamt einig gewesen zu sein, dass eine neue Kodifikation des Familiengesetzbuches erforderlich werden würde. Denn zu diesem Zweck wurde bereits im August 1956 wieder eine neue Kodifizierungskommission durch das polnische Justizministerium eingesetzt[179].

III. Das Familien- und Vormundschaftsgesetzbuch (*Kodeks Rodzinny i Opiekuńczy*) von 1964

Im Zuge der Überarbeitung des Zivilrechts wurde eine Kodifikationskommission im Oktober 1956 einberufen, in die später auch die Reformierung des Familienrechts unter dem FGB einbezogen werden sollte[180]. 1960 präsentierte diese Kommission einen ersten Entwurf zum Zivilgesetzbuch, der 5 Bücher umfaßte, darunter auch das Familienrecht. Die Eingliederung des Familienrechts in das Zivilgesetzbuch war jedoch nach wie vor heftig umstritten[181]. Letztlich entschied sich der Gesetzgeber im Einklang mit der sowjetischen Rechtstradition erneut für die separate Kodifizierung des Familienrechts losgelöst vom sonstigen Zivilrecht[182]. Regelungsgegenstand und Systematik des FVGB[183] basierten weitgehend auf dem FGB. Ziel der Kodifizierungskommission war es in erster Linie, dem Gesetzestext von 1950 eine bessere „Lesbarkeit“ zu verschaffen und

177 *Piątowski*, a.a.O. (Fn 30), S.11, 308.

178 *Wolter*, Majątek wspólny i majątki odrębne małżonków pod rządem wspólności ustawowej (Das gemeinschaftliche Vermögen und die gesonderten Vermögen der Ehegatten in der gesetzlichen Gemeinschaft), NP 1965, Nr.2, S.103.

179 *Piątowski*, a.a.O. (Fn 30), S.11/12.

180 Ausführlich siehe *Mainczyk*, a.a.O. (Fn 18), S.66f.

181 Mit weiteren Nachweisen siehe *Piątowski*, a.a.O., S.12/13.

182 Vgl. zu der Diskussion der Einverleibung des Familienrechts in das Zivilgesetzbuch im Zuge der Juni-Reform 2004, *Nazar*, Problemy nowelizacji prawa rodzinnego (Probleme der Novellierung des Familienrechts), Rejent 2005, Nr.9, S.81, 104-110.

183 Familien- und Vormundschaftsgesetzbuch (*Kodeks rodzinny i opiekuńczy*) vom 25. Februar 1964, Dz.U 1964, Nr.9, Pos.59.

die vorhandenen Regelungen zu ergänzen, um die teils „übertriebene" Kürze des Gesetzestextes zu beseitigen[184]. Die sparsamen Vorschriften des FGB – insbesondere dabei die Bestimmungen zur Zusammensetzung der einzelnen Vermögensmassen während der Dauer der gesetzlichen Gemeinschaft in Art.21 FGB[185] – wurden im FVGB umfassender formuliert und im Einklang mit den Vorgaben durch bisherige Rechtsprechung zum FGB auch ergänzt[186].

1. Die Zusammensetzung der Vermögensmassen Errungenschaft und gesondertes Vermögen (*majątek odrębny*) nach dem FVGB

Gesetzlicher Güterstand im FVGB blieb die gesetzliche Gemeinschaft in der Form einer Errungenschaftsgemeinschaft. Die Zusammensetzung der Vermögensmassen für den Güterstand der gesetzlichen Gemeinschaft wurde in den Art.31 FVGB a.F.[187] bis Art.34 FVGB a.F. geregelt. Während die Art.31, 32 FVGB a.F. nahezu alle nachehelich erworbenen Vermögenswerte der gemeinschaftlichen Vermögensmasse als Errungenschaft zuwiesen, legte nunmehr Art.33 FVGB[188] in einem 10-Punkte Katalog den Umfang des gesonderten Ver-

184 So teils wörtlich *Wolter*, Majątek wspólny i majątki odrębne małżonków pod rządem wspólności ustawowej (Das gemeinschaftliche Vermögen und die gesonderten Vermögen der Ehegatten in der gesetzlichen Gemeinschaft), NP 1965, Nr.2, S.103.

185 *Wolter* spricht von einer „Rekordlänge" des neuen Art.33 FVGB, der die Zusammensetzung des gesonderten Vermögens festlegt, Majątek wspólny i majątki odrębne małżonków pod rządem wspólności ustawowej (Das gemeinschaftliche Vermögen und die gesonderten Vermögen der Ehegatten in der gesetzlichen Gemeinschaft), NP 1965, Nr.2, 103,104.

186 Beispiele siehe bei *Piątowski*, a.a.O., S.14.

187 Fassung des FVGB bis zum Inkrafttreten der Änderungsgesetzes zur Reformierung des Familienrechts vom 17. Juni 2004, Dz.U. 2004, Nr.162, Pos.1691, in Kraft getreten am 20. Januar 2005.

188 Art.33. Gesondertes Vermögen jedes Ehegatten sind: 1) Vermögensgegenstände, die vor dem Entstehen der gesetzlichen Gemeinschaft erworben worden sind; 2) Vermögensgegenstände, die durch Erbe, Vermächtnis oder Schenkung erworben worden sind, es sei denn, der Erblasser oder Schenker hat etwas anderes bestimmt; 3) Vermögensgegenstände, die im Austausch gegen Gegenstände aus den beiden vorerwähnten Punkten erworben worden sind; 4) Vermögensgegenstände, die ausschließlich zur Befriedigung der persönlichen Bedürfnisse eines Ehegatten dienen; 5) Vermögensgegenstände, die zur Ausübung des Berufes dienen, wenn diese mit Mitteln des gesonderten Vermögens des Ehegatten erworben worden sind, der den Beruf ausübt; dies gilt allerdings nicht für Gegenstände, die zum Führen eines landwirtschaftlichen Betriebs oder eines Unternehmens dienen; 6) unveräußerliche Rechte; 7) Gegenstände, die aufgrund von Schadensersatzansprüchen wegen Körper- oder Gesundheitsbeschädigung oder Wiedergutmachungsansprüchen für erlittenes Unrecht erworben werden; dies gilt allerdings nicht für Rentenansprüche, die dem geschädigten Ehegatten aufgrund einer vollständigen oder teilweisen Arbeitsunfähigkeit oder eines vermehrten Bedarfs oder der Verminderung der Erfolgsaussichten für die Zukunft zustehen; 8) Forderungen auf Arbeitseinkommen

mögens (*majątek odrębny*) eines jeden Ehegatten fest. Art.31 FVGB a.F.[189] bestimmte zunächst, dass mit der Eheschließung in Ansehung der ehelichen Errungenschaft kraft Gesetzes[190] eine Vermögensgemeinschaft (*wspólność majątkowa*) zwischen den Ehegatten entsteht. Vermögensgegenstände (*przedmioty majątkowe*), die während der Ehe nicht von dieser gesetzlichen Gemeinschaft erfaßt werden[191], sollen gesondertes Vermögen jedes Ehegatten sein. Art.32 FVGB a.F. setzte sich dann mit dem nicht näher im FGB von 1950 erläuterten Terminus *dorobek* zur Bezeichnung der ehelichen Errungenschaft auseinander. Gemäß Art.32 § 1 FVGB a.F.[192] sollten grundsätzlich alle Vermögenswerte, die von beiden Ehegatten oder auch nur einem Ehegatten[193] während der Dauer der gesetzlichen Gemeinschaft erworben worden sind[194], von dem Begriff *dorobek* erfaßt werden. Gemäß Art.32 § 2 FVGB a.F.[195] wurden insbesondere 1) das von einem Ehegatten bezogene Arbeitseinkommen oder Einkommen für andere persönliche Dienstleistungen[196] sowie 2) Einkommen aus dem gemeinschaftlichen als auch aus dem gesonderten Vermögen eines Ehegatten[197] der Errungenschaft zugerechnet. Gemäß Art.34 FVGB a.F.[198] schließlich wurde der Hausrat (*przedmioty zwykłego urządzenia domowego*) ebenfalls von der gesetzlichen Gemeinschaft erfaßt.

---

oder andere persönlich erbrachte Dienstleistungen durch den Ehegatten; 9) Vermögensgegenstände, die von einem Ehegatten als Belohnung für persönliche Erfolge erworben werden; 10) Urheber-, Erfinder-, Gebrauchsmuster- oder Verbesserungsrechte.

189 Art.31. Zum Zeitpunkt der Eheschließung entsteht zwischen den Ehegatten kraft Gesetzes eine Vermögensgemeinschaft, die ihre Errungenschaft umfaßt (Gesetzliche Gemeinschaft). Vermögensgegenstände, die nicht von der Gemeinschaft erfaßt werden, sind gesondertes Vermögen jedes Ehegatten.

190 „*...z mocy ustawy obejmująca ich dorobek*".

191 „*...nie objęte wspólnością*".

192 Art.32 § 1. Errungenschaft sind alle Vermögensgegenstände, die während der Dauer der gesetzlichen Gemeinschaft von beiden Ehegatten oder einem Ehegatten erworben werden.

193 „*...przez oboje małżonków lub przez jednego z nich*".

194 „*...przedmioty majątkowe nabyte w czasie trwania wspólności ustawowej*".

195 Art.32 § 2. Errungenschaft sind insbesondere: 1) bezogenes Arbeitseinkommen oder Einkommen für andere persönliche Dienstleistungen eines der Ehegatten; 2) Einkommen aus dem gemeinschaftlichen sowie aus dem gesonderten Vermögen jedes Ehegatten.

196 „*...pobrane wynagrodzenie za pracę oraz za inne usługi świadczone osobiście przez któregokolwiek z małżonków.*"

197 „*...dochody z majątku wspólnego, jak również z odrębnego majątku każdego z małżonków*".

198 Art.34. Gegenstände des gewöhnlichen Hausrats, die von beiden Ehegatten genutzt werden, werden auch dann von der gesetzlichen Gemeinschaft erfaßt, wenn diese durch Erbe, Vermächtnis oder Schenkung erworben worden sind, es sei denn, Erblasser oder Schenker haben etwas anderes bestimmt.

Mit den Regelungen zur Zusammensetzung der Vermögensmassen hat der Gesetzgeber des FVGB einige bislang ungeklärte und streitige Fragen während der Geltung des FGB – wie etwa die Zugehörigkeit von bezogenem Arbeitseinkommen zur Errungenschaft – geregelt. Er stellte ferner klar, dass grundsätzlich sämtliche von den Ehegatten nach der Eheschließung erworbenen Vermögensgegenstände sowohl ungeachtet des Willens der Ehegatten als auch ungeachtet des zugrundeliegenden Erwerbsvorganges von der gesetzlichen Gemeinschaft als Errungenschaft erfaßt werden sollen. Eine nähere Bestimmung des bereits im FGB gebrauchten Begriffes „Vermögensgegenstände" (*przedmioty majątkowe*) erfolgte im FVGB indes nicht. Lediglich Vermögenswerte, die in den abschließend formulierten Ausnahmekatalog des Art.33 FVGB a.F. fielen, sollten nicht der Errungenschaft zugerechnet werden, sondern gesondertes Vermögen eines jeden Ehegatten darstellen.

2. Die Regelung der Auseinandersetzung und Teilung der Errungenschaft (*podział majątku*) im FVGB

Auch die Auseinandersetzung und Teilung der Errungenschaft nach Auflösung der gesetzlichen Gemeinschaft wurden im FVGB nicht grundlegend modifiziert, sondern nur durch bereits unter dem FGB geltende und gewohnheitsrechtlich anerkannte Grundsätze stellenweise ausgebaut und ergänzt. Die Regelung in Art.25 § 1 FGB wurde in Art.42 FVGB a.F. niedergelegt[199]. Danach waren nach Beendigung der gesetzlichen Gemeinschaft[200] auf das gemeinschaftliche Vermögen der Ehegatten[201] die Vorschriften über die Miteigentümergemeinschaft nach Bruchteilen[202] entsprechend anzuwenden[203]. Bei der Anwendung der Vorschriften über das Miteigentum nach Bruchteilen sollten allerdings auch noch die nachstehenden güterrechtlichen Vorschriften zu berücksichtigen sein[204]. Es handelte sich dabei um die Art.43 bis Art.46 FVGB a.F., die Aspekte der vermögensrechtlichen Auseinandersetzung und Teilung der Errungenschaft behandelten und auch heute nach dem geltenden Gesetzestext in modifizierter Form weiterhin behandeln.

Art.25 § 2 FGB, wonach beide Ehegatten gleich große Anteile an der gemeinschaftlichen Vermögensmasse nach Beendigung der gesetzlichen Gemeinschaft

---

199 Art.42. Mit dem Zeitpunkt der Beendigung der gesetzlichen Gemeinschaft finden auf das von der gesetzlichen Gemeinschaft umfaßte Vermögen die Vorschriften über das Miteigentum nach Bruchteilen unter Berücksichtigung der nachstehenden Vorschriften Anwendung.

200 „...*od chwili ustania wspólności ustawowej*".

201 „...*do majątku, który był nią objęty*".

202 „...*przepisy o współwłasności w częściach ułamkowych*".

203 „...*stosuje się odpowiednio*".

204 „...*z zachowaniem przepisów poniższych*".

zustehen, wurde nahezu wörtlich in Art.43 § 1 FVGB[205] übernommen und gilt heute im FVGB unverändert weiter. In Art.43 § 2 FVGB a.F.[206] wurde darüber hinaus eingeführt, dass jeder Ehegatte[207] bei Vorliegen wichtiger Gründe[208] die Festsetzung der Anteilsgröße an der Errungenschaft unter Berücksichtigung des (konkreten) Beitrages, den ein Ehegatte zur Entstehung des gemeinschaftlichen Vermögens leistete[209], verlangen kann[210]. Diese Ergänzung in Art.43 § 2 FVGB a.F. resultierte aus einer Diskussion zu Art.27 FGB[211]. Danach konnte eine Abweichung vom grundsätzlichen Halbteilungsgrundsatz im Sinne des Art.43 § 1 FVGB nur bei Verschulden der Scheidung oder bösgläubiger Eingehung der Ehe erfolgen, sofern sich der schuldige oder bösgläubige Ehegatte nicht oder nur geringfügig an der Mehrung des gemeinschaftlichen Vermögens beteiligt hatte. Diese Ausnahmeregelung wurde als nicht allen faktischen Gegebenheiten, die eine Abweichung vom grundsätzlichen Halbteilungsgrundsatz zuließen, gerecht werdend erachtet. Dementsprechend wurde in Art.43 § 2 FVGB a.F. die offene Formulierung „wichtige Gründe" (*ważne powody*) gewählt, um auch andere Begebenheiten, die eine Abweichung von dem Halbteilungsgrundsatz im Einzelfall rechtfertigen, zu erfassen. Die Beurteilung des Vorliegens eines wichtigen Grundes wurde somit in die Hände der Gerichte gelegt[212]. Bei der Bewertung, inwiefern sich ein Ehegatte an der Entstehung des gemeinschaftlichen Vermögens beteiligt hat, sollen gemäß dem auch heute unverändert geltenden Wortlaut

205 Art.43 § 1. Beide Ehegatten haben gleich große Anteile an dem gemeinschaftlichen Vermögen.

206 Art.43 § 2. Allerdings kann jeder Ehegatte aus wichtigen Gründen verlangen, dass eine Bestimmung der Anteile an dem gemeinschaftlichen Vermögen nach dem Grad erfolgt, nach welchem sich jeder von ihnen an der Entstehung dieses Vermögens beteiligt hat. Erben des Ehegatten können ein solches Verlangen nur vorbringen, wenn ihr Erblasser einen Antrag auf Nichtigerklärung oder Scheidung der Ehe gestellt hat.

207 „...*każdy z małżonków*".

208 „...*z ważnych powodów*".

209 „...*ażeby ustalenie udziałów w majątku wspólnym nastąpiło z uwzględnieniem stopnia, w którym każdy z nich przyczynił się do powstania tego majątku*".

210 „...*może żądać*".

211 Art.27 FGB § 1. Der Ehegatte, den das Verschulden an der Scheidung trifft, kann auf Verlangen des anderen Ehegatten ganz oder teilweise seines Anteils am gemeinschaftlichen Vermögen entledigt werden, wenn dieser sich nicht oder nur geringfügig an der Entstehung des gemeinschaftlichen Vermögens beteiligt hat. Bei beiderseitigem Verschulden kann das Gericht die Anteile am gemeinschaftlichen Vermögen auf Antrag eines Ehegatten abhängig von der Stufe der Beteiligung an der Entstehung des gemeinschaftlichen Vermögens bestimmen. § 2. Bei der Bewertung, inwiefern sich jeder Ehegatte an der Entstehung des gemeinschaftlichen Vermögens beteiligt hat, werden auch die Aufwendungen der persönlichen Arbeit bei der Kindererziehung und im gemeinsamen Betrieb berücksichtigt. § 3. Die vorstehenden Vorschriften finden bei der Nichtigerklärung der Ehe entsprechende Anwendung, wenn ihre Eingehung von beiden oder einem Ehegatten bösgläubig erfolgte.

212 *Piątowski*, a.a.O. (Fn 30), S.311 mwN.

des Art.43 § 3 FVGB die Aufwendungen eines Ehegatten durch persönliche Arbeit im Haushalt und bei der Kindererziehung berücksichtigt und bei der Bestimmung des Anteilswertes entsprechend gegenüber den sonstigen Vermögenswerten in der Errungenschaft aufgewertet werden.

Die Werterstattung für Ausgaben und Aufwendungen aus dem gemeinschaftlichen Vermögen zugunsten des gesonderten Vermögens der Ehegatten und umgekehrt nach Maßgabe des Art.26 FGB wurde in Art.45 § 1 FVGB a.F.[213] normiert. Art.45 § 1 FVGB a.F. wurde zunächst sprachlich den neuen Begrifflichkeiten des FVGB angepaßt, um die umständlichen Formulierung in Art.26 FGB in Ermangelung einer konkreten Bezeichnung für die persönliche Vermögensmasse eines Ehegatten zu verbessern. Daher wurden in den Normtext die Begriffe „gemeinschaftliches Vermögen“ (*majątek wspólny*) und „gesondertes Vermögen“ (*majątek odrębny*) aufgenommen. Die grundsätzlich bei der Teilungsauseinandersetzung zu leistende Werterstattung für Ausgaben und Aufwendungen während der Ehe aus den unterschiedlichen Vermögensmassen[214] konnte nun infolge der Ergänzung des Wortlauts in Satz 2, Halbsatz 2 im § 1 des Art.45 FVGB a.F. im Einzelfall auch vor der eigentlichen Teilungsauseinandersetzung erfolgen[215], wenn dies aus Gründen des Familienwohls geboten war[216]. Weiterhin ist der Werterstattungsanspruch in Art.45 § 2 FVGB a.F.[217] dahingehend ergänzt worden, dass die Vorschriften in Art.45 § 1 FVGB a.F. entsprechende Anwendung finden sollten[218], wenn eine Verbindlichkeit eines Ehegatten aus dem gemeinschaftlichen Vermögen getilgt worden ist[219]. Dieser Anspruch befindet sich heute unverändert in Art.45 § 3 FVGB.

---

213 Art.45 § 1. Jeder Ehegatte sollte die Ausgaben und Aufwendungen aus dem gemeinschaftlichen Vermögen zugunsten des gesonderten Vermögens zurück erstatten. Jeder Ehegatte kann die Erstattung der Ausgaben und Aufwendungen, die er aus dem gesonderten Vermögen zu Gunsten des gemeinschaftlichen Vermögens getätigt hat, verlangen. Die Rückerstattung erfolgt bei der Teilung des gemeinschaftlichen Vermögens; das Gericht kann jedoch eine frühere Rückerstattung anordnen, wenn dies mit Rücksicht auf das Wohl der Familie geboten ist.

214 „*...zwrotu dokonywa się przy podziale majątku wspólnego...*”.

215 „*...jednakże sąd może nakazać wcześniejszy zwrot...*”.

216 „*...jeżeli wymaga tego dobro rodziny*”.

217 Art.45 § 2. Die vorstehenden Vorschriften finden entsprechende Anwendung, wenn die Schuld eines Ehegatten aus dem gemeinschaftlichen Vermögen getilgt worden ist.

218 „*...przepisy powyższe stosuje się odpowiednio w wypadku...*”.

219 „*...gdy dług jednego z małżonków został zaspokojony z majątku wspólnego*”.

Zum Schutz der Gläubiger wurde in Art.44 FVGB a.F.[220] die grundsätzliche Aufrechterhaltung der Haftung des Art.41 FVGB a.F. mit dem gemeinschaftlichen Vermögen eingeführt[221]. Art.44 FVGB a.F. ist spiegelbildlich zu Art.41 §1 FVGB a.F.[222] geschaffen worden. Während Art.41 FVGB a.F. die Haftung der Ehegatten während der Dauer der gesetzlichen Gemeinschaft regelte, befaßte sich Art.44 FVGB a.F. mit der Haftung des gemeinschaftlichen Vermögens der Ehegatten in dem Zeitraum nach der Beendigung der gesetzlichen Gemeinschaft bis zur endgültigen Teilung der Errungenschaft[223]. Danach haftete nach Beendigung der gesetzlichen Gemeinschaft gemäß Art.44 FVGB a.F. auch der Ehegatte mit seinem gesamten Vermögen[224], der nicht gleichzeitig persönlicher Schuldner des Gläubigers ist, jedoch während der Dauer des gesetzlichen Güterstandes wegen der gesamthänderischen Bindung der Errungenschaft mit dem gemeinschaftlichen Vermögen haftete[225]. Die Haftung des Ehegatten, der nicht gleichzeitig persönlicher Schuldner ist, war nach Beendigung der gesetzlichen Gemeinschaft allerdings begrenzt durch die Anteilsgröße dieses Ehegatten am gemeinschaftlichen Vermögen[226]. Damit entsprach die Regelung des Art.44 FVGB a.F. der Haftung des Erben gemäß Art.1031 § 2 plZGB[227]. Aus der Sicht eines Gläubigers änderte sich die potentielle Haftungsmasse folglich durch die Beendigung der gesetzlichen Gemeinschaft nicht grundlegend, wenn die Beendigung der gesetzlichen Gemeinschaft vor der Befriedigung von Verbindlichkeiten gegen die Gesamthand der Ehegatten erfolgte. Der Ehegatte, der nicht gleichzeitig persönlicher Schuldner ist, haftete nach Beendigung der gesetzlichen Gemeinschaft nun mit seinem „gesamten Vermögen“ (*z całego swego majątku*), also

---

220 Art.44. Ein Ehegatte, der während der Dauer der gesetzlichen Gemeinschaft nur mit dem gemeinschaftlichen Vermögen für Verbindlichkeiten haftete, haftet nach Beendigung der Gemeinschaft mit seinem gesamten Vermögen, jedoch nur bis zur Höhe des ihm zufallenden Anteils am gemeinschaftlichen Vermögen.

221 Art.41 FVGB war und ist – seit der Reform von 2004 in modifizierter Form – eine zentrale Haftungsnorm; Art.41 FVGB behandelt die Haftung der Ehegatten mit dem gemeinschaftlichen Vermögen während des Bestehens der gesetzlichen Gemeinschaft.

222 Art.41 § 1. Befriedigung aus dem gemeinschaftlichen Vermögen kann auch der Gläubiger verlangen, dessen Schuldner nur einer der Ehegatten ist.

223 *Breyer, Gross*, Kodeks rodzinny i opiekuńczy (Familien- und Vormundschaftsgesetzbuch), 2. Auflage, Warschau 1975, Art.44 FVGB S.226.

224 „*...ponosi po ustaniu wspólności odpowiedzialność z całego swego majątku*".

225 „*...małżonek, który w czasie trwania wspólności ustawowej był odpowiedzialny za zobowiązania tylko z majątku wspólnego...*"; zu den Änderungen vgl. *Piątowski*, a.a.O. (Fn 30), S.312/313.

226 „*...jednakże tylko do wartości przypadającego mu udziału w majątku wspólnym*".

227 Art.1031 § 2. Hat der Erbe die Erbschaft unter dem Vorbehalt der Inventarerrichtung angenommen, so haftet er für die Nachlaßverbindlichkeiten nur bis zu dem im Inventar festgestellten Guthabenwert des Nachlasses. Die vorstehende Haftungsbeschränkung entfällt, wenn der Erbe arglistig zum Nachlaß gehörende Gegenstände nicht inventarisiert oder wenn er nicht vorhandene Schulden inventarisiert hat.

sowohl mit dem gesonderten als auch seinem Anteil an dem gemeinschaftlichen Vermögen, wertmäßig gleichwohl begrenzt bis zur Anteilshöhe am gemeinschaftlichen Vermögen. Der Gläubiger wurde somit vor den Folgen der Beendigung der Gesamthand geschützt und konnte nach Maßgabe des Art.44 FVGB a.F. nach Beendigung der gesetzlichen Gemeinschaft genauso auf das gemeinschaftliche Vermögen zugreifen wie vor der Auflösung der gesamthänderischen Bindung, obwohl durch die Beendigung der gesetzlichen Gemeinschaft im Verhältnis der Ehegatten zu dem gemeinschaftlichen Vermögen eine grundlegende Umwandlung der Rechtsverhältnisse durch Beendigung der Gemeinschaft stattgefunden hat. Art.44 FVGB a.F. hatte schließlich keine Auswirkungen auf die sachenrechtliche Haftung (*odpowiedzialność rzeczowa*) der Ehegatten während der Dauer der gesetzlichen Gemeinschaft. Die Haftung der Ehegatten aus einer Hypothek etwa blieb trotz Beendigung der gesetzlichen Gemeinschaft aufrecht erhalten[228].

Vor dem Hintergrund der Annahme einer rechtsmethodischen Verwandtschaft zwischen dem gemeinschaftlichen Vermögen und dem Nachlaß sowie der Ähnlichkeit der Teilungsauseinandersetzung der beiden Vermögensmassen, wurde in Art.46 FVGB a.F.[229] schließlich ein Verweis auf die Vorschriften zur Nachlaßteilung normiert. In Angelegenheiten, die durch die vorstehenden Artikel – also die Art.42 bis Art.45 FVGB – nicht geregelt worden sind[230] sowie der Teilung des gemeinschaftlichen Vermögens[231] sollten nunmehr die Vorschriften über die Teilung des Nachlasses entsprechende Anwendung finden[232]. Wie bereits erwähnt war die entsprechende Anwendung der nachlaßrechtlichen Vorschriften schon während der Geltung des FGB gewohnheitsrechtlich anerkannt und wurde im FVGB von 1964 lediglich normiert[233]. Damit war aus der Sicht des polnischen Gesetzgebers das rechtliche Schicksal des gemeinschaftlichen Vermögens nach Beendigung der gesetzlichen Gemeinschaft mit dem des Nachlasses zu vergleichen. Diese Annahme ist auch nach dem gegenwärtig geltenden Recht aktuell. Der Wortlaut Art.46 FVGB ist bis heute nur marginal geändert bzw. angepaßt worden.

Anders als im FGB befaßten sich im FVGB a.F. folglich bei seinem Inkrafttreten nunmehr fünf Artikel – Art. 42 bis Art.46 FVGB a.F. – mit der Auseinandersetzung und Teilung des gemeinschaftlichen Vermögens zwischen den Ehegat-

---

228 *Breyer, Gross*, Art.46 FVGB S.227.

229 Art.46. In durch die vorstehenden Artikel nicht geregelten Angelegenheiten, der Teilung des gemeinschaftlichen Vermögens, das von der gesetzlichen Gemeinschaft umfaßt war, finden die Vorschriften über die Teilung des Nachlasses entsprechende Anwendung.

230 „*...w sprawach nie unormowanych w artykułach poprzedzających...*".

231 „*...do podziału majątku, który był objęty wspólnością ustawową...*".

232 „*...przepisy o dziale spadku stosuje się odpowiednio*".

233 *Breyer, Gross*, Art.46 FVGB S.230.

ten nach Beendigung der zwischen ihnen während der Ehe geltenden gesetzlichen Gemeinschaft. Bei Inkrafttreten des FVGB ist dem Vermögen der Ehegatten in der Ehe gesellschafts-politisch nur wenig Bedeutung beigemessen worden. Während den Vorschriften des FGB für die Auseinandersetzung und die Teilung des gemeinschaftlichen Vermögens nur wenig Raum eingeräumt worden ist, handelte es sich bei den Vorschriften in Art.42 bis Art.46 FVGB gleichwohl um ein recht umfassendes Regelungsmodell für die Teilungsauseinandersetzung. Mit der rechtlichen Behandlung des gemeinschaftlichen Vermögens nach Beendigung der gesetzlichen Gemeinschaft, der Anteilsgröße, der Haftungsregelung und der Werterstattung für Vermögensverschiebungen während der Ehe sowie dem Verweis auf die Nachlaßteilung wurden jedenfalls die wesentliche Kernaspekte einer vermögensrechtlichen Auseinandersetzung und Teilung des gemeinschaftlichen Vermögens angesprochen. Dieses Regelungsmodell des FVGB a.F. sollte in Zukunft auf drei Artikel beschränkt werden.

3. Die Streichung des Art.44 FVGB durch das FVGB Änderungsgesetz von 1975

Das FVGB a.F. ist seit seinem Inkrafttreten bis zu den politischen Umstrukturierungen in Polen in den Jahren 1989/1990 insgesamt nur wenig geändert worden. Die für das Güterrecht bedeutsamste FVGB-Reform war das Änderungsgesetz vom 19. Dezember 1975, in Kraft getreten am 01. März 1976[234].

Im Zuge dieser Reform wurde (neben einer Ergänzung des Art.41 um einen neuen § 3 und Verlagerung des alten § 3 in § 4 FVGB a.F.) der Art.44 FVGB a.F.[235] und damit die grundsätzliche Aufrechterhaltung der Haftung des gemeinschaftlichen Vermögens nach Beendigung des gesetzlichen Güterstandes ersatzlos gestrichen[236].

Die Kritik gegen Art.44 FVGB a.F. richtete sich damals im Wesentlichen gegen dessen grenzenlose Formulierung[237]. Der durch einen unbeschränkten Wortlaut verursachte Fortbestand der Haftung des nicht persönlich haftenden Ehegatten nach Beendigung der gesetzlichen Gemeinschaft gemäß Art.44 FVGB a.F. wurde angesichts der Auflösung der vermögensrechtlichen Bindung der Ehegatten nach Beendigung der gesetzlichen Gemeinschaft als nicht mehr gerechtfertigt

234 Dz.U. 1975, Nr.45, Pos.234.

235 Art.44. Ein Ehegatte, der während der Dauer der gesetzlichen Gemeinschaft nur mit dem gemeinschaftlichen Vermögen für Verbindlichkeiten haftete, haftet nach Beendigung der Gemeinschaft mit seinem gesamten Vermögen, jedoch nur bis zur Höhe des ihm zufallenden Anteils am gemeinschaftlichen Vermögen.

236 Siehe z.B. *Sychowicz* in Piasecki, Kodeks rodzinny i opiekuńczy (Familien- und Vormundschaftsgesetzbuch), 3. Auflage, Warschau 2006, Art.31 FVGB Anm.4.

237 *Piątowski*, a.a.O. (Fn 30), S.486.

angesehen. Denn die Mitverantwortung des nicht persönlich haftenden Ehegatten umfaßte nach Beendigung der gesetzlichen Gemeinschaft weiter sämtliche durch den anderen Ehegatten zu schuldende Verbindlichkeiten. Dies beinhaltete mangels gesetzlicher Einschränkung auch Buß- und Ordnungsgelder sowie Geldstrafen einschließlich der Gerichtskosten, für die der haftende Schuldner-Ehegatte während der Dauer der gesetzlichen Gemeinschaft einzustehen hatte[238]. Durch diese Haftungsregelung sei damit nach Auffassung der Rechtsprechung und Literatur dem Ehegatten, der nicht gleichzeitig auch persönlicher Schuldner ist, faktisch eine Mitverantwortung für straf- oder ordnungsrechtliche Sanktionen, die einer „Mitverurteilung" (*ukarania*) dieses Ehegatten gleichkomme, auferlegt worden[239].

Öffentlich-rechtliche und zivilrechtliche Forderungen wurden nach dem Wortlaut des Art.44 FVGB a.F. folglich nicht unterschiedlich betrachtet. Gegenwärtig befaßt sich indes gar keine Vorschrift mit der Haftung der Ehegatten für Verbindlichkeiten, die während des gesetzlichen Güterstandes entstanden sind und für welche während des Bestehens der gesetzlichen Gemeinschaft grundsätzlich das gemeinschaftliche Vermögen haftete, der Gläubiger diese aber erst nach Beendigung der gesetzlichen Gemeinschaft geltend macht. Die ersatzlose Streichung von Art.44 FVGB wird heute daher von Teilen der Literatur vor dem Hintergrund, dass der Gläubiger häufig von der Beendigung der gesetzlichen Gemeinschaft keine Kenntnis haben kann, als nicht gerechtfertigt angesehen[240]. Die Problematik der Schutzlosigkeit der Gläubiger aufgrund des Fehlens einer Haftungsbestimmung für den Zeitraum nach Beendigung der gesetzlichen Gemeinschaft und vor der Auseinandersetzung und Teilung des gemeinschaftlichen Vermögens der Ehegatten wird bei der Behandlung der Rechtsfolgen der Auflösung der Gesamthand für die Schuldenhaftung vertiefter angesprochen.

---

238 Vgl. dazu insbesondere die Entscheidung des gemeinsamen Senates des OG in OSNCP 1973, Nr.2, Pos.20: Das OG betonte, dass der nicht haftende Ehegatte durch die Regelung in Art.44 FVGB a.F. für straf- oder ordnungsrechtliche Tatbestände nicht mithafte oder gar „Mitverurteilter" würde, sondern vielmehr nur das gemeinschaftliche Vermögen eine Haftungsmasse zur Vollstreckung der Schulden darstelle, gleichgültig, welcher Art (Vertrag, Delikt etc.) die Schulden sind; ähnlich auch OSNCP 1968, Nr.7, Pos.125; auch *Skowrońska-Bocian*, Rozliczenia majątkowe małżonków w stosunkach wzajemnych i wobec osób trzecich (Vermögensrechtliche Auseinandersetzung der Ehegatten untereinander und im Verhältnis zu Dritten), 4. Auflage, Warschau 2006, S.155.

239 So ausdrücklich das OG in OSNCP 1968, Nr.7, Pos.125: hier kommt das OG allerdings nach umfassender Begründung wegen der Rechtsnatur des Bußgeldes als personenbezogener Anspruch des Staates gegen den Delinquenten zu dem Ergebnis, dass Art.44 FVGB a.F. nicht auf Bußgelder/Geldstrafen und ähnliches anwendbar sei; vgl. auch OSNCP 1973, Nr.2, Pos.20; *Piątowski*, a.a.O. (Fn 30), S.316, 486.

240 *Piątowski*, a.a. O. (Fn 30), S.314; *Skowrońska-Bocian*, a.a.O. (Fn 238), S.155/156.

4. Die Anpassung des FVGB an die veränderten Lebensverhältnisse in Polen nach 1989/1990 durch die Juni-Reform aus dem Jahre 2004 (*nowelizacja czerwcowa*)

Um das FVGB den inzwischen nach den Ereignissen in den Jahren 1989/1990 in vielen Bereichen veränderten Lebensverhältnissen anzupassen, reformierte der polnische Gesetzgeber auch das Güterrecht in der sogenannten Juni-Reform (*nowelizacja czerwcowa*)[241] durch Inkrafttreten des Änderungsgesetzes vom 17. Juni 2004[242] am 20. Januar 2005. Ziel der Juni-Reform war es in erster Linie, die Unzulänglichkeiten des polnischen Güterrechtes im Hinblick auf den seit 1989/1990 vollzogenen Wandel in Richtung Marktwirtschaft zu beseitigen[243]. So war das bisher geltende Güterrecht auf eine „nichtkapitalistische Lebensweise" zugeschnitten, bei welcher der Erwerb von Vermögenswerten außerhalb des unbedingt Nötigen keine Rolle spielte. Einzig im Bereich der Landwirtschaft und des Kleingewerbes wurde eine wirtschaftliche Betätigung in kleinem Maße betrieben. Mit der wirtschaftlichen Umstrukturierung in Polen und dem damit verbundenen enormen Anstieg des selbstständigen Erwerbs des Einzelnen in der freien Wirtschaft (*działalność gospodarcza*) taten sich insbesondere in Bereichen der Verwaltung des gemeinschaftlichen Vermögens von Ehegatten und des Gläubigerschutzes bei Verbindlichkeiten der Ehegatten zahlreiche Lücken auf, die allein durch die Rechtsprechung nicht mehr geschlossen werden konnten. Der polnische Gesetzgeber reagierte und setzte bereits 1998 eine Kodifikationskommission mit dem Ziel einer Überarbeitung des FVGB ein[244].

Im Zuge der Erarbeitung des Reformvorschlages entbrannte dabei auch eine Diskussion darüber, ob überhaupt eine Errungenschaftsgemeinschaft in der Form der polnischen gesetzlichen Gemeinschaft den neuen marktwirtschaftlichen und kapitalorientierten Interessen gerecht werden kann. Es wurde teils die Einführung einer Gütertrennung nach dem Muster des Dekretes von 1946 befürwortet, also eines Güterstandes in der Form einer Gütertrennung wie es bei

241 *Ignaczewski*, Małżeńskie Prawo Majątkowe (Eheliches Vermögensrecht), Warschau 2008, S.27.

242 Dz.U. 2004, Nr.162, Pos.1691.

243 Rządowy projekt ustawy o zmianie kodeksu rodzinnego i opiekuńczego (Regierungsprojekt zum Änderungsgesetz in Bezug auf das Familien- und Vormundschaftsgesetzbuch), KPP 2003, Nr. 3, S. 685, 708; auch *Sokołowski*, Uwagi o projektowanej regulacji stosunków majątkowych między małżonkami (Anmerkungen zum Projekt der Regelung der vermögensrechtlichen Verhältnisse zwischen Ehegatten), KPP 2001, Nr.1, S.139; umfassend zu dieser Problematik auch die Monografie von *Jędrejek/Pogonowski*, Działalność gospodarcza małżonków (Wirtschaftliche Betätigung von Ehegatten), Warschau 2002.

244 Vgl. zu den Ausführungen den umfassenden Artikel von *Smyczyński*, Reforma małżeńskiego prawa majątkowego (Die Reform des ehelichen Vermögensrechts), MoP 2004, S.827-835.

der deutschen Zugewinngemeinschaft oder der schweizerischen Errungenschaftsbeteiligung der Fall ist[245]. Letztlich entschied sich der polnische Gesetzgeber jedoch für die Beibehaltung der Errungenschaftsgemeinschaft in der Form der gesetzlichen Gemeinschaft mit der Begründung, diese sei geeigneter zum Schutz des schwächeren und nicht arbeitenden Ehegatten und diene damit auch besser dem Wohle der Familie[246]. Ferner hätten die Erfahrungen der Praxis keine hinreichende Begründung geliefert, einen anderen gesetzlichen Güterstand zu wählen[247]. Insofern ging der Gesetzgeber vom konservativen Bild der Einverdiener-Ehe in der polnischen Gesellschaft aus. In der Literatur wird zuweilen auch vertreten, dass die gesetzliche Gemeinschaft nur deshalb als gesetzlicher Güterstand beibehalten worden sei, weil sich nicht nur die polnische Gesellschaft, sondern vor allem auch die mit der Reform befaßten Parlamentarier seit rund 50 Jahren an den Güterstand der gesetzlichen Gemeinschaft gewöhnt hätten und aus Bequemlichkeit keinen solch gravierenden Änderungen wie dem Wechsel des gesetzlichen Güterstandes zugänglich gewesen seien[248].
Die nunmehr seit dem 20. Januar 2005 geltenden Änderungen des FVGB betrafen im Wesentlichen die Verwaltung des gemeinschaftlichen Vermögens[249] und die Haftung der Ehegatten für eheliche Schulden[250] in der gesetzlichen Gemeinschaft[251]. Aber auch die Zusammensetzung der beiden Vermögensmassen wurde ein wenig modifiziert[252]. Die Legaldefinition der gesetzlichen Gemeinschaft in Art.31 § 1 FVGB hat lediglich sprachlich eine Änderung erfahren. Der stets umstrittene Terminus *dorobek* wurde mit Blick auf die Einführung des neuen

---

245 *Smyczyński*, Reforma małżeńskiego prawa majątkowego (Die Reform des ehelichen Vermögensrechts), MoP 2004, S.827.

246 Regierungsprojekt, KPP 2003, Nr.3, S.685, 696/697.

247 Regierungsprojekt, KPP 2003, Nr.3, S.685, 697.

248 *Smyczyński*, Reforma małżeńskiego prawa majątkowego (Die Reform des ehelichen Vermögensrechts), MoP 2004, S. 827, 828.

249 Siehe hierzu den Überblick bei *Smyczyński*, Reforma małżeńskiego prawa majątkowego (Die Reform des ehelichen Vermögensrechts), MoP 2004, S.827, 829-830.

250 Ebenso *Smyczyński*, Reforma małżeńskiego prawa majątkowego (Die Reform des ehelichen Vermögensrechts), MoP 2004, S.827, 830-832.

251 Ausführlich zu den Reformen des polnischen Familiengesetzbuches siehe die Aufsätze von *Kozioł*, Ustroje majątkowe małżeńskie po nowelizacji kodeksu rodzinnego i opiekuńczego (Die ehelichen Güterstände nach der Novellierung des Familien- und Vormundschaftsgesetzbuches), MoP 2005, S.740ff (Teil I), 789ff (Teil II); *Strzebińczyk*, Nowelizacja przepisów kodeksu rodzinnego i opiekuńczego w zakresie małżeńskiego prawa majątkowego (Die Novellierung der Vorschriften des Familien- und Vormundschaftsgesetzbuches im Bereich des ehelichen Vermögensrechts, Teil 1 und 2), Rejent 2004, Nr.8/9, S.143ff, S.88ff; einen guten Überblick bietet auch der Aufsatz von *Sztyk*, Małżeńskie ustroje majątkowe w praktyce notarialnej (Die ehelichen Güterstände in der Notarpraxis), Rejent 2004, Nr.6, S.158ff.

252 Dies wird näher bei der Behandlung der Zusammensetzung der Vermögensmassen ausgeführt.

Wahlgüterstandes in der Form einer Zugewinngemeinschaft (*rozdzielność majątkowa z wyrównaniem dorobku*) gemäß Art.51² FVGB in Art.31 § 1 FVGB gestrichen, um Verwechselungen mit dem gesetzlichen Güterstand vorzubeugen[253]. Die Errungenschaft der Ehegatten wird nunmehr durchgängig in allen betreffenden Vorschriften als „gemeinschaftliches Vermögen“ (*majątek wspólny*) bezeichnet. Bei der Bezeichnung des gesonderten Vermögens (*majątek odrębny*) kehrte der Gesetzgeber zu dem Terminus aus dem Dekret 1946 persönliches Vermögen (*majątek osobisty*) zurück. Weiter wurde in Art.31 § 1 und § 2 FVGB die Regelung des Art.32 FVGB a.F. in sprachlich entsprechend den neuen Begrifflichkeiten angepaßter Form aufgenommen und Art.32 FVGB gestrichen.

Wie bereits erwähnt, lag das Hauptaugenmerk des Reformgesetzgebers von 2004 indessen auf der Neuordnung der Regelungen über die Verwaltung des gemeinsamen Vermögens und auf der Haftung der Ehegatten für Schulden während der Ehe. Die Regelungen zur Auseinandersetzung und Teilung des gemeinschaftlichen Vermögens wurden im Zuge der Juni-Reform von 2004 lediglich den neuen Begrifflichkeiten angepaßt. Inhaltlich gab es nur wenige Änderungen. So wurde die als unnötig empfundene Doppelverweisung auf die Vorschriften über das Miteigentum nach Bruchteilen in Art.42 FVGB a.F. und Art.46 FVGB a.F. in Verbindung mit Art.1035 plZGB, der ebenfalls auf das Miteigentum nach Bruchteilen verweist, beseitigt. In Art.42 FVGB befindet sich seitdem wortwörtlich der alte Art.41 § 4 FVGB a.F.[254]. Art.46 FVGB[255] verweist im Falle der Beendigung der gesetzlichen Gemeinschaft für das gemeinschaftliche Vermögen sowie die Teilung dieses Vermögens in Angelegenheiten, die in den vorstehenden Vorschriften nicht geregelt worden sind[256], entsprechend auf die Vorschrif-

253 Vgl. etwa die Meinungsübersicht bei *Breyer, Gross*, Art.31 FVGB S.132/133 zum Begriff *dorobek* als Kriterium für die Zuordnung von Gegenständen zum gemeinschaftlichen oder zum gesonderten Vermögen.

254 Art. 41 § 4 FVGB a.F. bzw. Art.42 FVGB n.F. Der Gläubiger des Ehegatten kann während der Dauer der gesetzlichen Gemeinschaft weder aus dem Anteil des Ehegatten an dem gemeinschaftlichen Vermögen der dem Ehegatten bei Beendigung der Gemeinschaft an dem gemeinschaftlichen Vermögen zufällt, noch aus dem Anteil an einzelnen Gegenständen aus diesem Vermögen Befriedigung verlangen.

255 Art.46. In Angelegenheiten, die durch die vorstehenden Artikel nicht geregelt worden sind, finden nach Beendigung der gesetzlichen Gemeinschaft auf das Vermögen, welches von ihr [der gesetzlichen Gemeinschaft] umfaßt war, sowie für die Teilung dieses Vermögens, die Vorschriften über die Nachlaßgemeinschaft und die Teilung des Nachlasses entsprechende Anwendung.

256 *„...od chwili ustania wspólności ustawowej do majątku, który był nią objęty jak również do podziału tego majątku w sprawach nieunormowanych w artykułach poprzedzających...“.*

ten zur Nachlaßgemeinschaft und zur Nachlaßteilung[257]. Soweit also Fragen der Behandlung, Auseinandersetzung und Teilung des gemeinschaftlichen Vermögens nach Beendigung der gesetzlichen Gemeinschaft in den Art. 43 FVGB und 45 FVGB nicht geregelt sind, finden die Vorschriften über den Nachlaß und die Nachlaßteilung entsprechende Anwendung. Die Verweisung auf das Miteigentum nach Bruchteilen ergibt sich dabei nun nur noch aus Art.46 FVGB in Verbindung mit Art.1035 plZGB[258]. Im Übrigen wurde der Verweisungsmechanismus bei der Auseinandersetzung und der Teilung des gemeinschaftlichen Vermögens nach Beendigung der gesetzlichen Gemeinschaft nicht verändert, so dass die Grundsätze der vermögensrechtlichen Auseinandersetzung und Teilung des gemeinschaftlichen Vermögens seit der Juni-Reform von 2004 gleich geblieben sind. Dementsprechend können der vor 2005 geltende Großteil der Rechtsprechung und der Literatur weiterhin zur Auslegung der einschlägigen Vorschriften herangezogen werden.

Geringfügige Modifizierungen haben allerdings auch die Art.43 FVGB a.F. und Art.45 FVGB a.F. durch die Juni-Reform erfahren. Art.43 § 2 FVGB a.F. wurde in S.2[259] dahingehend ergänzt, dass sich die Erben des verstorbenen Ehegatten bei Vorliegen eines wichtigen Grundes auf die Abweichung vom Halbteilungsgrundsatz berufen können, wenn der Erblasser zu Lebzeiten nicht nur die Scheidung oder Nichtigerklärung der Ehe, sondern wenn dieser auch die Separation beantragt hat (*orzeczenie separacji*)[260]. Art.45 FVGB a.F. hat zwei Änderungen

257 „...*stosuje się odpowiednio przepisy o wspólności majątku spadkowego i o dziale spadku...*".

258 Art.1035. Fällt die Erbschaft mehreren Erben zu, so finden auf die Nachlaßgütergemeinschaft sowie auf die Nachlaßteilung die Vorschriften über das Miteigentum nach Bruchteilen unter Berücksichtigung der Vorschriften dieses Titels entsprechende Anwendung.

259 Art.43 § 2. Jedoch kann aus wichtigen Gründen jeder Ehegatte verlangen, dass die Bestimmung der Anteile im gemeinschaftlichen Vermögen unter Berücksichtigung des Grades erfolgt, mit dem jeder von ihnen zur Entstehung dieses Vermögens beigetragen hat. Die Erben eines Ehegatten können ein solches Verlangen nur äußern, wenn der Erblasser einen Antrag auf Nichtigerklärung der Ehe oder Scheidung oder Separation gestellt hat.

260 Siehe hierzu auch *Strzebińczyk*, Nowelizacja przepisów kodeksu rodzinnego i opiekuńczego w zakresie małżeńskiego prawa majątkowego (Die Novellierung der Vorschriften des Familien- und Vormundschaftsgesetzbuches im Bereich des ehelichen Vermögensrechts, Teil I), Rejent 2004, Nr.8, S.143, 163: Der Autor schlägt vor, Art.43 § 2 FVGB dahingehend zu ändern, dass die Erben des verstorbenen Ehegatten nicht nur im Falle der Scheidung, der Nichtigerklärung der Ehe oder der Separation eine andere Verteilung des gemeinschaftlichen Vermögens aus wichtigen Gründen verlangen können, sondern ihnen dieses Recht vielmehr unbegrenzt zusteht, wenn wichtige Gründe eine Abweichung vom Halbteilungsgrundsatz rechtfertigen.

erfahren: Art.45 § 1 S.1 FVGB[261] schließt nunmehr den Anspruch auf Erstattung von Aufwendungen aus dem gemeinschaftlichen auf das persönliche Vermögen dann aus, wenn die Ausgaben und Aufwendungen für solche Vermögenswerte notwendig waren, die ein Einkommen erzielen[262]. Diese Neuerung ist vor dem Hintergrund zu sehen, dass bereits Einkünfte, welche während der Ehe durch persönliche Vermögenswerte erzielt werden, wegen der Bestimmung in § 31 § 2 FVGB kraft Gesetzes dem gemeinschaftlichen Vermögen zugeordnet werden. *Ratio legis* dieser Neuerung ist es, eine doppelte Begünstigung des gemeinschaftlichen Vermögens zu Lasten des persönlichen Vermögens durch die Erstattungspflicht zum gemeinschaftlichen Vermögen für notwendige Aufwendungen für solche persönlichen Vermögenswerte zu verhindern, die ein Einkommen erzeugen, welches ebenfalls bereits dem gemeinschaftlichen Vermögen zugeordnet wird[263]. Über die Frage, ob ein Vermögensgegenstand Einkommen erbringt, entscheidet im Einzelfall die konkrete Zuweisung und Nutzung des einzelnen Vermögensgegenstandes[264]. Die zweite Neuerung betrifft gemäß Art.45 § 1 S.3 FVGB[265] den Fall, dass nunmehr Ausgaben und Aufwendungen, die zum Wohle der Familie getätigt worden sind, nicht mehr der Erstattungspflicht unterliegen[266], es sei denn, diese erhöhen den Wert des gemeinschaftlichen Vermögens der Ehegatten im Zeitpunkt der Beendigung der gesetzlichen Gemeinschaft[267]. Dies ist Ausdruck der allgemeinen Grundsätze in Art.23 FVGB und Art.27 FVGB, wonach die Ehegatten sich gegenseitige Hilfe schulden und gemäß ihrer Kräfte zur Förderung des Familienwohls verpflichtet sind[268].

Die intertemporalen Fragen regelt Art.5 des Änderungsgesetzes vom 17. Juni 2004[269]. Grundsätzlich finden danach gemäß Art.5 Absatz 1 die neuen Vorschriften auch auf güterrechtliche Fragen Anwendung, die vor dem Inkrafttreten

261 Art.45 § 1 S.1. Jeder Ehegatte soll zu Gunsten seines persönlichen Vermögens erbrachte Ausgaben und Aufwendungen aus dem gemeinschaftlichen Vermögen, mit Ausnahme der notwendigen Ausgaben und Aufwendungen für Vermögensgegenstände, die Einkünfte erbringen, zurück erstatten.

262 *„...z wyjątkiem wydatków i nakładów koniecznych na przedmioty majątkowe przynoszące dochód*".

263 *Skowrońska-Bocian*, a.a.O. (Fn 238), S.165.

264 *Sychowicz* in Piasecki, Art.45 FVGB Anm.10

265 Art.45 § 1 S.3. Die Rückforderung von Ausgaben und Aufwendungen ist ausgeschlossen, wenn diese zur Befriedigung der Familienbedürfnisse erfolgten, es sei denn, die Ausgaben und Aufwendungen haben den Wert des gemeinschaftlichen Vermögens im Zeitpunkt der Beendigung der Gemeinschaft erhöht.

266 *„...nie można żądać zwrotu wydatków i nakładów zużytych w celu zaspokojenia potrzeb rodziny...*".

267 *„...chyba że zwiększyły wartość majątku w chwili ustania wspólności*".

268 *Skowrońska-Bocian*, a.a.O. (Fn 238), S.165.

269 Vgl. Art.5 des Änderungsgesetzes in Regierungsprojekt, KPP 2003, Nr.3, S.685, 694.

des Gesetzes am 20. Januar 2005 entstanden sind, es sei denn, es liegt eine Ausnahme nach den Absätzen 2 bis 6 vor. Für die Frage der Zusammensetzung des gemeinschaftlichen Vermögens bestimmt dabei Absatz 2 ausdrücklich, dass bei Geltung der gesetzlichen Gemeinschaft am Tage des Inkrafttretens der Änderungen die Bestandteile des gemeinschaftlichen Vermögens auf der Grundlage der neuen Vorschriften bestimmt werden. Die Vorschriften des FVGB alter Fassung finden demgegenüber dann noch Anwendung, wenn es eine vor dem 20. Januar 2005 entstandene Verbindlichkeit oder Verfügung eines Ehegatten zu beurteilen gilt, für eine solche vor dem 20. Januar 2005 entstandene Verbindlichkeit eine Beschränkung oder der Ausschluß der Haftung des gemeinschaftlichen Vermögens zu prüfen oder die gesetzliche Gemeinschaft vor dem 20. Januar 2005 beendet worden ist und das gemeinschaftliche Vermögen oder Werterstattungsfragen nach Art.45 FVGB zu klären sind[270]. Es gilt daher stets die intertemporalen Bestimmungen bei der Auseinandersetzung und der Teilung des gemeinschaftlichen Vermögens der Ehegatten zu berücksichtigen.

Die materiellrechtliche Regelung der Auseinandersetzung und Teilung des gemeinschaftlichen Vermögens der Ehegatten nach der Scheidung ist somit gegenwärtig ausschließlich in drei Artikeln mit insgesamt sieben Paragraphen des FVGB geregelt. Dabei dient Art.46 FVGB lediglich der Verweisung auf die Nachlaßteilung in durch das Güterrecht ungeregelten Fragen. Vor dem Hintergrund der regelmäßig komplexen Liquidation einer Gütergemeinschaft kann die Regelung in nur drei Artikeln *prima facie* für eine Lückenhaftigkeit des polnischen Regelungsmodells bei der Auseinandersetzung und Teilung des gemeinschaftlichen Vermögens der Ehegatten nach der Scheidung sprechen[271]. Ziel der vorliegenden Arbeit ist die Untersuchung, wie sich die Auseinandersetzung und Teilung des gemeinschaftlichen Vermögens nach der Scheidung gestalten und welche Fragen gegebenenfalls einer weiteren Regelung durch den polnischen Gesetzgeber bedürfen könnten.

---

270 *Skowrońska-Bocian*, a.a.O., S.13; umfassend auch *Sychowicz* in Piasecki, Einleitung zu Art.31ff. FVGB, Anm.6.

271 Vgl. bereits *Szer*, Rozdzielność majątkowa czy wspólność dorobku? (Gütertrennung oder Errungenschaftsgemeinschaft?) DPP 1946, Nr.3-4, S.60, 63/64 mit Verweis auf ein Zitat des damaligen Dekans der juristischen Fakultät an der Jagiellonen-Universtität in Krakau, dass eine ausführliche Regelung der Teilungsauseinandersetzung einer Gütergemeinschaft der „Quadratur des Kreises" gleichkomme; das BGB enthält für die Teilungsauseinandersetzung der Gütergemeinschaft demgegenüber zwölf Vorschriften.

C. Der Güterstand der gesetzlichen Gemeinschaft in seiner geltenden Form

Der gesetzliche Güterstand in der Form der gesetzlichen Gemeinschaft ist im ersten Abschnitt des dritten Teils des ersten Titels des FVGB geregelt. Titel I trägt die Überschrift „Ehe“ (*Małżeństwo*), der dritte Teil seit der Juni-Reform von 2004 die Überschrift „Güterstände“ (*Małżeńskie ustroje majątkowe*) und der erste Abschnitt schließlich ist mit „Gesetzlicher Güterstand“ (*Ustawowy ustrój majątkowy*) überschrieben. Dieser erste Abschnitt behandelt abschließend sowohl Fragen des gesetzlichen Güterstandes als auch der Auseinandersetzung und Teilung des gemeinschaftlichen Vermögens nach Beendigung des gesetzlichen Güterstandes. Er beginnt mit Art.31 FVGB und endet mit Art.46 FVGB.

I. Das gemeinschaftliche Vermögen (*majątek wspólny*) als Ausdruck der gesetzlichen Gemeinschaft

Das gemeinschaftliche Vermögen der Ehegatten ist während der Ehe im gesetzlichen Güterstand Ausdruck der gesetzlichen Gemeinschaft. Gemäß Art.31 § 1 FVGB[272] entsteht zwischen den Ehegatten mit dem Zeitpunkt der Eheschließung kraft Gesetzes[273] eine Vermögensgemeinschaft (*wspólność majątkowa*) – die gesetzliche Gemeinschaft (*wspólność ustawowa*) –, die die Vermögensgegenstände erfaßt, die beide Ehegatten zusammen oder ein Ehegatte allein – das gemeinschaftliche Vermögen (*majątek wspólny*) – während der Dauer gesetzliche Gemeinschaft erwerben[274]. Die Legaldefinition des polnischen gesetzlichen Güterstandes in der Form der gesetzlichen Gemeinschaft sieht dabei drei Vermögensmassen vor: Das jeweils persönliche Vermögen (*majątek osobisty*) eines jeden Ehegatten und das gemeinschaftliche Vermögen (*majątek wspólny*)[275].

Erwerben die Ehegatten gemeinsam oder einer von ihnen nach der Eheschließung nun Vermögensgegenstände, so werden diese grundsätzlich gemäß Art.31 § 1 S.1 FVGB kraft Gesetzes ihr gemeinschaftliches Vermögen. Gemäß Art. 31

272 Art.31 § 1. Mit dem Zeitpunkt der Eheschließung entsteht zwischen den Ehegatten kraft Gesetzes eine Vermögensgemeinschaft (gesetzliche Gemeinschaft), die alle Vermögensgegenstände umfaßt, die die Ehegatten gemeinschaftlich oder ein Ehegatte allein während ihres Bestehens erwerben (gemeinschaftliches Vermögen). Vermögensgegenstände, die nicht von der gesetzlichen Gemeinschaft erfaßt werden, gehören zum persönlichen Vermögen eines Ehegatten.

273 „*...z chwilą zawarcia małżeństwa powstaje między małżonkami z mocy ustawy...*“.

274 „*...obejmująca przedmioty majątkowe nabyte w czasie jej trwania przez oboje małżonków lub przez jednego z nich...*“.

275 *Breyer, Gross*, Art. 31 FVGB, S.132.

§ 1 S. 2[276] FVGB werden Vermögensgegenstände nur dann nicht von der gesetzlichen Gemeinschaft erfaßt, wenn sie zum jeweils persönlichen Vermögen des Ehegatten gehören[277]. Insbesondere gehören gemäß Art.31 § 2 FVGB zum gemeinschaftlichen Vermögen 1) bezogene Lohneinkommen[278] und Einkommen für sonstige persönliche Erwerbsleistungen eines Ehegatten[279], 2) ferner Einkünfte aus dem gemeinschaftlichen sowie aus dem persönlichen Vermögen[280] und schließlich 3) die auf offener Rechnung oder im Arbeitnehmer-Pensionsfond angesammelten Mittel jedes Ehegatten[281]. Gegenstände des gewöhnlichen Hausrats (*przedmioty zwykłego urządzenia domowego*), die von beiden Ehegatten genutzt werden, sind gemäß Art.34 FVGB[282] ebenfalls gemeinschaftliches Vermögen. Dies gilt auch dann, wenn die Hausratsgegenstände durch Erbe, Vermächtnis oder Schenkung erworben worden sind, es sei denn, der Erblasser oder Schenker hat etwas anderes bestimmt.

Die Entstehung des gemeinschaftlichen Vermögens erfolgt während der Ehe kraft Gesetzes. Folglich bedarf es keines besonderen Übertragungsaktes, um einen Vermögenswert dem gemeinschaftlichen Vermögen zuzuordnen. Etwas anderes gilt nur, wenn ein bestimmter Vermögensgegenstand gemäß dem abschließenden Katalog in Art.33 FVGB dem persönlichen Vermögen eines Ehegatten zugeordnet werden muß. Hier können auch die Umstände des konkreten Erwerbs für die Zuordnung eine Rolle spielen. Im Gegensatz zu dem gemeinschaftlichen Vermögen gehören zum persönlichen Vermögen eines Ehegatten die in Art.33 FVGB aufgelisteten Vermögensgegenstände: 1) Vermögensgegenstände, die von dem Ehegatten vor der Entstehung der gesetzlichen Gemeinschaft erworben worden sind[283], 2) durch Erbe, Vermächtnis oder Schenkung erworbene Vermögensgegenstände, es sei denn, der Erblasser oder Schenker hat

276 Art.31 § 2. Zum gemeinschaftlichen Vermögen gehören insbesondere: 1) bezogene Lohneinkommen und Einkommen für sonstige persönliche Erwerbsleistungen jedes Ehegatten, 2) Einkünfte aus dem gemeinschaftlichen Vermögen sowie auch Einkünfte aus dem persönlichen Vermögen eines jeden Ehegatten, 3) auf offener Rechnung oder im Arbeitnehmer-Pensionsfond angesammelte Mittel jedes Ehegatten.

277 „*...przedmioty majątkowe nieobjęte wspólnością ustawową należą do majątku osobistego każdego z małżonków...*".

278 „*...pobrane wynagrodzenie za pracę...*".

279 „*...i dochody z innej działalności zarobkowej każdego z małżonków...*".

280 „*...dochody z majątku wspólnego jak również z majątku osobistego każdego z małżonków...*".

281 „*...środki zgromadzone na rachunku otwartego lub pracowniczego funduszu emerytalnego każdego z małżonków.*"

282 Art.34. Gegenstände des gewöhnlichen Hausrats, die beiden Ehegatten dienen, werden von der gesetzlichen Gemeinschaft erfaßt, und zwar auch dann, wenn sie durch Erbe, Vermächtnis oder Schenkung erworben worden sind, es sei denn, der Erblasser oder Schenker hat etwas anderes bestimmt.

283 „*...przedmioty majątkowe nabyte przed powstaniem wspólności ustawowej...*".

etwas anderes bestimmt[284], 3) Vermögensrechte, die aus der Mitgliedschaft in einer Gesamthandsgemeinschaft erwachsen, die besonderen Vorschriften unterliegt[285], 4) Vermögensgegenstände, die ausschließlich der Befriedigung der persönlichen Bedürfnisse eines Ehegatten dienen[286], 5) unveräußerliche Rechte, die nur einer Person zustehen können[287], 6) Schadensersatzleistungen für Körperverletzungen oder Gesundheitsschäden sowie Schmerzensgeld, nicht aber Erwerbsunfähigkeitsrenten oder Zahlungen wegen vermehrten Bedarfs oder geminderter Erwerbstätigkeiten[288], 7) Ansprüche auf Arbeitsentgelt oder auf die Vergütung für sonstige Erwerbstätigkeiten[289], 8) Vermögensgegenstände, die von einem Ehegatten als Belohnung für persönliche Erfolge erworben worden sind[290], 9) Urheber- und verwandte Schutzrechte, Rechte des gewerblichen Eigentums sowie andere Erfinderrechte[291] und 10) Vermögensgegenstände, die im Austausch für Bestandteile des persönlichen Vermögens erworben worden sind, sofern besondere Vorschriften nichts anderes vorsehen[292].

Das persönliche Vermögen jedes Ehegatten unterliegt nicht der Auseinandersetzung und der späteren Teilung nach Beendigung der gesetzlichen Gemeinschaft zwischen den Ehegatten. Es kann jedoch als Vermögensmasse im Rahmen der Teilungsauseinandersetzung durch etwaige Werterstattungsansprüche zugunsten des gemeinschaftlichen Vermögens auf der Grundlage des Art.45 § 1 FVGB in seinem Umfang beeinträchtigt werden. Jeder Ehegatte hat gemäß Art.34[1]

---

284 *„...przedmioty majątkowe nabyte przez dziedziczenie, zapis lub darowiznę, chyba że spadkodawca lub darczyńca inaczej postanowił...".*

285 *„...prawa majątkowe wynikające ze wspólności łącznej podlegającej odrębnym przepisom...".*

286 *„...przedmioty majątkowe służące wyłącznie do zaspokajania osobistych potrzeb jednego z małżonków...".*

287 *„...prawa niezbywalne, które mogą przysługiwać tylko jednej osobie...".*

288 *„...przedmioty uzyskane z tytułu odszkodowania za uszkodzenie ciała lub wywołanie rozstroju zdrowia albo z tytułu zadośćuczynienia za doznaną krzywdę; nie dotyczy to jednak renty należnej poszkodowanemu małżonkowi z powodu całkowitej lub częściowej utraty zdolności do pracy zarobkowej albo z powodu zwiększenia się jego potrzeb lub zmniejszenia widoków powodzenia na przyszłość...".*

289 *„...wierzytelności z tytułu wynagrodzenia za pracę lub z tytułu innej działalności zarobkowej jednego z małżonków...".*

290 *„...przedmioty majątkowe uzyskane z tytułu nagrody za osobiste osiągnięcia jednego z małżonków...".*

291 *„...prawa autorskie i prawa pokrewne, prawa własności przemysłowej oraz inne prawa twórcy...".*

292 *„...przedmioty majątkowe nabyte w zamian za składniki majątku osobistego, chyba że przepis szczególny stanowi inaczej".*

FVGB[293] das Recht zum Mitbesitz der gemeinschaftlichen Vermögensgegenstände und ein Nutzungsrecht in dem Umfang, soweit es sich mit dem Recht zum Mitbesitz und zur Nutzung durch den anderen Ehegatten vereinbaren läßt.

II. Die Rechtsnatur des gemeinschaftlichen Vermögens

Die Rechtsnatur des gemeinschaftlichen Vermögens läßt sich aus den Vorschriften in Art.35 FVGB[294] und Art.42 FVGB[295] herleiten. Gemäß Art.35 S.1 FVGB kann während der Dauer der gesetzlichen Gemeinschaft[296] kein Ehegatte die Teilung des gemeinschaftlichen Vermögens verlangen[297]. Ferner darf ein Ehegatte gemäß Art.35 S.2 FVGB nicht über den potentiellen Anteil am gemeinschaftlichen Vermögen, der ihm bei Beendigung der gesetzlichen Gemeinschaft zufallen würde, oder an einzelnen Bestandteilen dieses Vermögens verfügen[298] oder sich zu einer Verfügung darüber verpflichten[299].

Verfügen in diesem Sinne ist wie im deutschen Recht jede unmittelbare Aufhebung, Übertragung, Inhaltsänderung oder Belastung eines Rechtes[300]. Dies folgt bereits aus Art. 57 § 1 plZGB, wo die vier Arten einer Verfügung explizit genannt werden. Das Verfügungsverbot des Art.35 FVGB ist grundsätzlich ein absolutes (*bezwzględny zakaz rozporządzania*)[301]. Nur Vermögensverschiebungen zwischen den beiden Massen gemeinschaftliches und persönliches Vermögen unter den Ehegatten selbst werden von diesem Verfügungsverbot nicht erfaßt, soweit hierdurch keine vollständige Liquidation des gemeinschaftlichen

293 Art.34¹. Jeder Ehegatte ist zum Mitbesitz an den Sachen berechtigt, die in das gemeinschaftliche Vermögen fallen sowie zu deren Nutzung in einem Umfang, der sich mit dem Mitbesitz und der Nutzung durch den anderen Ehegatten vereinbaren läßt.

294 Art.35. Während der Dauer der gesetzlichen Gemeinschaft darf kein Ehegatte die Teilung des gemeinschaftlichen Vermögens verlangen. Ein Ehegatte darf auch nicht über den Anteil, der ihm im Falle der Beendigung der Gemeinschaft am gemeinschaftlichen Vermögen oder an bestimmten zum gemeinschaftlichen Vermögen gehörenden Gegenständen zufallen wird, verfügen oder sich zu einer Verfügung darüber verpflichten.

295 Art.42. Der Gläubiger eines Ehegatten kann während des Bestehens der gesetzlichen Gemeinschaft keine Befriedigung aus dem Anteil verlangen, der diesem Ehegatten im Falle der Beendigung der Gemeinschaft am gemeinschaftlichen Vermögen oder an einzelnen Gegenständen, die zu diesem Vermögen gehören, zufallen wird.

296 *„...w czasie trwania wspólności ustawowej..."*.

297 *„...żaden z małżonków nie może żądać podziału majątku wspólnego"*.

298 *„...nie może również rozporządzać udziałem, który w razie ustania wspólności przypadnie mu w majątku wspólnym lub w poszczególnych przedmiotach należących do tego majątku..."*.

299 *„...ani zobowiązywać się do rozporządzania"*.

300 *Sychowicz* in Piasecki, Art.35 FVGB Anm.5.

301 *Sychowicz* in Piasecki, Art.35 FVGB Anm.8.

Vermögens stattfindet, die einer Teilung desselben gleichkommt[302]. Diese Vermögensverschiebungen werden dann im Falle der Beendigung der gesetzlichen Gemeinschaft durch die Erstattungspflichten des Art.45 FVGB berücksichtigt.

Die Vermögensgegenstände werden den Ehegatten während der Ehe somit als ein einheitliches Sondervermögen zugeordnet, über welches sie weder verfügen noch sich zu Verfügungen darüber verpflichten können. Eine Auseinandersetzung und Teilung des gemeinschaftlichen Vermögens, auch vertraglicher Natur in der Form einer Veräußerung des Rechts auf Auseinandersetzung und Teilung, ist während bestehender Ehe bzw. bestehender gesetzlicher Gemeinschaft unzulässig[303]. Dies gilt auch dann, wenn die Ehegatten bereits dauerhaft getrennt leben[304]. Ziel dieser Art der Zuordnung ist ein dauerhafter Erhalt des gemeinschaftlichen Vermögens, um dessen Bestand für eine spezifische Funktion, nämlich das vermögensrechtliche Wohl von Ehe und Familie, zu sichern[305]. Träger des nach der Eheschließung erworbenen Vermögens sind daher die Ehegatten gemeinschaftlich. Das gemeinschaftliche Vermögen ist dabei durch die Gemeinschaftlichkeit des Erwerbs, die Gemeinschaftlichkeit des Gewinns und die Gemeinschaftlichkeit des Verlustes gekennzeichnet[306].

Der Sicherungscharakter, der sich hinter dieser Form der Gebundenheit des gemeinschaftlichen Vermögens verbirgt, wird weiter durch die Regelung in Art.42 FVGB[307] untermauert. Art.42 FVGB bestimmt, dass der Gläubiger eines Ehegatten während des Bestehens der gesetzlichen Gemeinschaft[308] aus dem Anteil, der dem Ehegatten im Falle der Beendigung der Vermögensgemeinschaft an dem gemeinschaftlichen Vermögen oder an einzelnen Vermögensgegenständen zufallen wird[309], keine Befriedigung verlangen kann[310]. Durch den Wortlaut des Art.42 FVGB wird somit klargestellt, dass die Beteiligung der Ehegatten an dem gemeinschaftlichen Vermögen während des Bestehens der gesetzlichen Gemein-

302 *Sychowicz* in Piasecki, Art.35 FVGB Anm.3; vgl. auch *Wiącek*, Glosse zu OG vom 06. Juni 1975, III CRN 134/75, abgedruckt in OSNCP 1976, Nr.6, Pos.136 in NP 1978, Nr.1, S.145ff.

303 Vgl. Leitsatz zu OSNCP 1976, Nr.6., Pos.136; *Ignaczewski*, a.a.O. (Fn 241), S.50.

304 *Sychowicz* in Piasecki, Art.35 FVGB Anm.3.

305 *Ignaczewski*, a.a.O., S.49.

306 Vgl. insofern auch die Vorschriften zum Verwaltungsrecht in den Art.36, 36[1], 37 FVGB; daraus folgt, dass ein Ehegatte allein ohne Zustimmung des anderen Ehegatten keine Rechtsgeschäfte über wertvolle Vermögenswerte des gemeinschaftlichen Vermögens – wie etwa über eine Immobilie – vornehmen darf.

307 Bis 2005 Art.41 § 4 FVGB a.F.

308 „...*w czasie trwania wspólności ustawowej wierzyciel małżonka...*"

309 „...*który w razie ustania wspólności przypadnie temu małżonkowi w majątku wspólnym lub w poszczególnych przedmiotach należących do tego majątku...*".

310 „...*nie może żądać zaspokojenia z udziału...*".

schaft nicht auf konkrete Anteile an diesem bezogen ist. Erst durch die Beendigung der gesetzlichen Gemeinschaft werden die Anteile der Ehegatten an dem gemeinschaftlichen Vermögen konkretisiert. Dies folgt aus der Verweisung in Art.46 FVGB auf Art.1035 plZGB, der wiederum auf die Vorschriften zum Miteigentum nach Bruchteilen in den Art.195ff. FVGB verweist. Aber auch der Wortlaut von Art.43 § 1 FVGB, einer Vorschrift die erst nach Beendigung der gesetzlichen Gemeinschaft zur Anwendung gelangt, spricht von Anteilen an dem gemeinschaftlichen Vermögen (*udziały w majątku wspólnym*). Ein Gläubiger kann somit auf die Anteile am gemeinschaftlichen Vermögen erst dann potentiell Zugriff nehmen, wenn die gesetzliche Gemeinschaft zwischen den Ehegatten beendet ist. Denn erst dann sind die Anteile der Ehegatten an dem gemeinschaftlichen Vermögen bestimmbar.

Die dargestellten Charakteristika des gemeinschaftlichen Vermögens indizieren eine gesamthänderische Gebundenheit der gemeinschaftlichen Vermögensmasse der Ehegatten während der gesetzlichen Gemeinschaft[311]. Der gesamthänderische Charakter des gemeinschaftlichen Vermögens ist in der polnischen Literatur und Rechtsprechung auch allgemein anerkannt[312]. Durch diese gesamthänderische Gebundenheit des gemeinschaftlichen Vermögens sollen nach dem OG unter anderem die Gleichberechtigung der Frau während der Ehe gefördert und für den Fall der Beendigung der Ehe eine möglichst nicht geschmälerte Vermögensmasse erhalten werden[313]. Der im polnischen Zivilrecht in Art.196 § 1 plZGB[314] verwendete Terminus für eine Gesamthandsgemeinschaft ist

---

311 Vgl. auch entsprechend Art.863 plZGB bei der Gesellschaft des Zivilrechts; *Ignatowicz/Stefaniuk*, Prawo rzeczowe (Sachenrecht), 2. Auflage, Warschau 2006, S.120; zu den einheitlichen Voraussetzungen einer Gesamthand im deutschen Recht MüKo-*Ulmer*, § 705 BGB Rn 290.

312 OSNCP 1976, Nr.6, Pos.136; *Sychowicz* in Piasecki, Art.31 FVGB Anm.8; *Lech-Chełmińska/Przybyła*, Kodeks rodzinny i opiekuńczy (Das Familien- und Vormundschaftsgesetzbuch), Kommentar, 3. Auflage, Warschau 2006, Art.31 FVGB Anm.3; *Dyoniak*, Ustawowy ustrój majątkowy małżeński (Der gesetzliche Güterstand), Breslau – Warschau – Krakau – Danzig – Lodz 1985, S.193/194; *Zieliński*, Postępowanie o podział majątku wspólnego po ustaniu wspólności majątkowej małżeńskiej (Das Verfahren bei der Teilung des gemeinschaftlichen Vermögens nach Beendigung der ehelichen gesetzlichen Gemeinschaft), Warschau 1992, S.6/7 *Breyer*, *Gross*, Art. 31 FVGB S.134; *Skowrońska-Bocian*, a.a.O. (Fn 238), S.24/25; *Rudnicki*, Komentarz do kodeksu cywilnego – Własność i inne prawa rzeczowe (Kommentar zum Zivilgesetzbuch – Zweites Buch: Eigentum und andere Sachenrechte), 7. Auflage, Warschau 2006, Art.196 plZGB Anm.4, der die Gesellschaft des Zivilrecht zusammen mit der gesetzlichen Gemeinschaft als die typischen Gesamthandsgemeinschaften im polnischen Zivilrecht einstuft; genauso *Ignatowicz/Stefaniuk*, a.a.O., S.121.

313 OSNCP 1964, Nr.1, Pos.2.

314 Art.196 § 1. Miteigentum ist entweder Miteigentum nach Bruchteilen oder verbundenes Miteigentum.

współwłasność łączna und kann ins Deutsche wörtlich als „verbundenes Miteigentum" übersetzt werden[315]. Art.196 § 1 plZGB bestimmt, dass gemeinschaftliches Eigentum entweder Miteigentum nach Bruchteilen (*współwłasność ułamkowa*) oder verbundenes Miteigentum (*współwłasność łączna*) ist. Gemäß Art. 196 § 2 plZGB[316] entsteht das gebundene Miteigentum nur in besonders gesetzlich geregelten Fällen. Das gemeinschaftliche Vermögen in der gesetzlichen Gemeinschaft der Ehegatten ist ein solcher besonderer Fall. Aus Art.196 § 2 FVGB folgt auch, dass im polnischen Zivilrecht genauso wie im deutschen Recht der *Numerus Clausus* der Gesamthandsgemeinschaften gilt. Unter dem Titelabschnitt (*współwłasność*) des ersten Teils im Zweiten Buch des polnischen Zivilgesetzbuches ist daher auch nur das Miteigentum nach Bruchteilen geregelt.

Aufgrund der gesamthänderischen Gebundenheit erfolgt bei dem Neuerwerb während der Ehe folglich kraft Gesetzes eine sachenrechtliche Vergemeinschaftung des gemeinschaftlichen Vermögens, das untrennbar mit dem Institut der Ehe und der Geltung des gesetzlichen Güterstandes verbunden ist[317].

Um dieses Vermögen zu erhalten, dürfen die Ehegatten gemäß Art.35 FVGB anders als bei einer Bruchteilsgemeinschaft während des Bestehens der gesetzlichen Gemeinschaft weder über ihren potentiellen Anteil noch über einzelne, zum gemeinschaftlichen Vermögen gehörende Gegenstände, verfügen, sich zu einer Verfügung darüber verpflichten oder die Teilung des gemeinschaftlichen Vermögens verlangen. Es entsteht dabei zwischen den Ehegatten im Hinblick auf das gemeinschaftliche Vermögen nicht nur eine gesamthänderische Eigentums- sondern auch eine Vermögensgemeinschaft, denn Gegenstand des gemeinschaftlichen Vermögens können nicht nur Mobilien oder Immobilien, sondern auch alle anderen vermögenswerten Rechte wie etwa Forderungen, Besitzrechte oder Anwartschaften sein[318]. Die gesamthänderische Vermögenszuordnung entspricht konzeptionell auch dem ehemals gesetzlichen Güterstand der

315 *Skowrońska-Bocian*, a.a.O. (Fn 238), S.24; *Rudnicki*, Art.196 plZGB Anm.4; siehe aber auch die Bezeichnung *wspólność do niepodzielnej ręki*, die ins Deutsche als „Gemeinschaft zur gesamten Hand" übersetzt werden kann in OSNCP 1964, Nr.1, Pos.2; *Ignatowicz/Stefaniuk*, a.a.O. (Fn 311), schlagen die Bezeichnung *wspólność łączna*, wörtlich übersetzt „verbundene Gemeinschaft" auf S.121 vor.

316 Art.196 § 2. Das verbundene Miteigentum wird in den Vorschriften geregelt, die für die Verhältnisse gelten, aufgrund deren es entsteht. Für das Miteigentum nach Bruchteilen gelten die Vorschriften dieses Abschnitts.

317 *Stecki*, Ustanie ustawowej wspólności małżeńskiej majątkowej (Die Beendigung der gesetzlichen Gemeinschaft), Posen 1968, S.1; *Breyer*, Z zagadnień ustawowego ustroju majątkowego małżeńskiego (Aus den Anmerkungen zum gesetzlichen Güterstand), NP 1951, Nr.6, S.24, 29.

318 *Sychowicz* in Piasecki, Art.31 FVGB Anm.5.

DDR, ebenfalls einer Errungenschaftsgemeinschaft in Form der dinglichen Vergemeinschaftung des Eigentums und des Vermögens[319].

III. Die Gründe für die Beendigung der gesetzlichen Gemeinschaft

Eine Auseinandersetzung und Teilung des gemeinschaftlichen Vermögens ist erst zulässig, wenn der gesetzliche Güterstand beendet ist. Bei der Beendigung des gesetzlichen Güterstandes sind grundsätzlich zum einen die Gründe die zu einer Beendigung kraft Gesetzes führen sowie die Gründe, die auf einem entsprechenden Beendigungswillen der Ehegatten basieren, zu unterscheiden.

Gründe, die zur Auflösung des gesetzlichen Güterstandes kraft Gesetzes führen, sind der Tod gemäß Art.55 § 1 FVGB, die Entmündigung eines Ehegatten gemäß Art.53 § 1, 1.Alt. FVGB sowie die Insolvenz gemäß Art.53 § 1, 2.Alt. FVGB. Die Beendigung des Güterstandes gemäß dem Willen der Ehegatten sind die Anordnung der Gütertrennung aus wichtigen Gründen durch das Gericht gemäß Art.52 § 1 FVGB auf Antrag der Ehegatten oder gemäß Art.52 § 1a FVGB auf Antrag des Gläubigers, die Scheidung gemäß Art.56 FVGB, die Separation gemäß Art.54 § 1 FVGB und schließlich die (nachträgliche) vertragliche Modifikation des gesetzlichen Güterstandes gemäß Art.47 § 1 FVGB im Rahmen eines Ehevertrages.

Im Falle der Separation, der Insolvenz, der Entmündigung und der Anordnung der Gütertrennung aus wichtigen Gründen bleibt die Ehe bestehen, während alle anderen Beendigungstatbestände die Auflösung der Ehe zur Folge haben. In diesem Zusammenhang ist noch zu erwähnen, dass gemäß Art.124 Absatz 1 S.2 der polnischen Insolvenzordnung (*Prawo upadłościowe i naprawcze*[320]) die Teilungsauseinandersetzung bei Insolvenz eines Ehegatten ausgeschlossen ist[321]. Das gemeinschaftliche Vermögen fällt in die Insolvenzmasse.

Bleibt die Ehe bestehen, so hat die Beendigung des gesetzlichen oder des vertraglichen Güterstandes den Eintritt der Gütertrennung (*rozdzielność majątkowa*) zur Folge.

---

319 Vgl. zur Eigentums- und Vermögensgemeinschaft in der DDR z.B. *Henrich* in Henrich, Eherecht, 4. Auflage, München 2003, Art.234 § 4 EGBGB Rn 3; MüKo-*Koch*, Art.234 § 4 EGBG Rn 1ff.

320 Dz.U.2003, Nr.60, Pos.535.

321 Vgl. zum neuen Beendigungsgrund der Insolvenz eines Ehegatten *Gurgul*, Upadłość a majątkowe stosunki małżonków (Die Insolvenz und die vermögensrechtlichen Verhältnisse von Ehegatten), MoP 2005, S.279ff; auch *Skowrońska-Bocian*, a.a.O. (Fn 238), S.28/29.

Der Güterstand der Gütertrennung wurde vor der Juni-Reform von 2004 bereits von Rechtsprechung und Literatur als Zwangsgüterstand (*ustrój przymusowy*) bezeichnet[322]. Diese Bezeichnung für den Güterstand der Gütertrennung verwendete auch schon der Gesetzgeber des Dekretes von 1946, der gemäß Art.55 und Art.56 des Dekrets von 1946 im Falle der Entmündigung, der Insolvenz sowie bei Handeln gegen die Interessen des anderen Ehegatten oder der Familie zum zwingenden Güterstand wurde[323].

Die Ehegatten leben folglich während einer wirksam bestehenden Ehe jedenfalls im Güterstand der Gütertrennung, wenn der gesetzliche Güterstand in Form der gesetzlichen Gemeinschaft unter den Voraussetzungen der Art.52 bis 54 FVGB beendet worden ist. Dies spiegelt entsprechend auch die (neue) Überschrift zu Teil III des Abschnitts über die Güterstände des polnischen Familiengesetzbuches wider. Unter der Überschrift „Zwangsgüterstand" (*przymusowy ustrój majątkowy*) sind nun alle Tatbestände geregelt, die das gesetzliche Entstehen der Gütertrennung zur Folge haben. Dies sind die Anordnung der Gütertrennung aus wichtigem Grund in Art.52 FVGB, die Entmündigung und der Eintritt der Insolvenz in Art.53 FVGB sowie die Entscheidung über die Separation in Art.54 FVGB. Rechtsfolge der Gütertrennung kraft Gesetzes in Form eines zwingenden Güterstandes ist, dass weder der Güterstand der gesetzlichen Gemeinschaft noch ein anderer Güterstand nachträglich durch einen Ehevertrag wieder aufleben können[324].

Die Beendigung der gesetzlichen Gemeinschaft löst immer die grundsätzlichen Rechtsfolgen der Art.43 bis 46 FVGB aus. Der konkrete Beendigungstatbestand ist daher für die Auseinandersetzung und Teilung des gemeinschaftlichen Vermögens grundsätzlich ohne Bedeutung. Gleichwohl kann die Beendigung der gesetzlichen Gemeinschaft durch den Tod eines Ehegatten zu einem anderen Teilungsergebnis bei der Auseinandersetzung des gemeinschaftlichen Vermögens führen als im Falle der Beendigung durch eine Scheidung. Denn im ersteren Fall muß regelmäßig auch die Auseinandersetzung mit den Erben auf der Grundlage erbrechtlicher Vorschriften geführt werden. Es kommt dann zu einer Überlagerung von Erb- und Güterrecht, während im Scheidungsfall nur das Güterrecht zur Anwendung gelangt, bei dem sich ausschließlich die ehemaligen

322 *Sychowicz* in Piasecki, Art.52 FVGB Anm.1; *Smyczyński*, Prawo rodzinne i opiekuńcze (Familien- und Vormundschaftsrecht), Warschau 2001, § 14 Rn 139; *Pietrzykowski*, Kodeks rodzinny i opiekuńczy (Familien-und Vormundschaftsgesetzbuch), Warschau 2003, Art.52 FVGB Rn 43.

323 Vgl. die Überschrift zu Teil IV des Dekretes vom 29. Mai 1946, Dz.U. 1946, Nr.31 Pos.196.

324 *Sychowicz* in Piasecki, Art.47 FVGB Anm.3; die Gütertrennung wurde zwar vor der Reform des FVGB in Rechtsprechung und Literatur als Zwangsgüterstand bezeichnet, eine gesetzliche Normierung fehlte indes; OSNCP 1968, Nr.2, Pos.22.

Ehegatten als Beteiligte in der vermögensrechtlichen Auseinandersetzung regelmäßig vor Gericht gegenüberstehen[325]. Die vorliegende Arbeit befaßt sich mit der scheidungsbedingten Auseinandersetzung und Teilung des gemeinschaftlichen Vermögens unter den Ehegatten.

D. Die Rechtsverhältnisse nach Beendigung der gesetzlichen Gemeinschaft bis zur Auseinandersetzung und Teilung des gemeinschaftlichen Vermögens

Die Beendigung der gesetzlichen Gemeinschaft hat erhebliche Veränderungen der vermögensrechtlichen Rechtsverhältnisse zwischen den Ehegatten zur Folge. Gerade in dem Zeitraum zwischen Beendigung des gesetzlichen Güterstandes und der späteren Teilung können sich in Bezug auf das gemeinschaftliche Vermögen erhebliche Problematiken sowohl rechtlicher als auch tatsächlicher Art ergeben[326]. Wie bereits dargestellt, befassen sich im FVGB mit den Folgen einer Beendigung der gesetzlichen Gemeinschaft materiellrechtlich ausschließlich die Art.43 FVGB, Art.45 FVGB und Art.46 FVGB. Während Art.43 FVGB und Art.45 FVGB mit Bestimmungen zur Anteilsgröße und Werterstattungsansprüchen Gesichtspunkte der Auseinandersetzung des gemeinschaftlichen Vermögens behandeln, dient Art.46 FVGB der Verweisung auf die Nachlaßgemeinschaft und auf die Nachlaßteilung. Sämtliche Fragen, die durch die vorerwähnten Vorschriften Art.43 FVGB und Art.45 FVGB nicht geregelt worden sind, sowie die Teilung des gemeinschaftlichen Vermögens sollen gemäß Art.46 FVGB entsprechend den Vorschriften für die Nachlaßgemeinschaft und die Nachlaßteilung gelöst werden.

Vorschriften, die sich ausdrücklich mit den veränderten Rechtsverhältnissen in Bezug auf das gesamthänderisch gebundene Vermögen der Ehegatten nach Beendigung der gesetzlichen Gemeinschaft bis zur endgültigen Teilungsauseinandersetzung befassen, enthält das FVGB in seiner geltenden Fassung wie schon das FGB nicht[327]. Eine Anwendung der eherechtlichen Vorschriften – also insbesondere der Vorschriften zum Verwaltungsrecht und zur Haftung – ist nach Auflösung der gesetzlichen Gemeinschaft auch im Wege einer Analogie ebenfalls ausgeschlossen[328]. Einzige Hilfestellung zur Beurteilung der veränderten Rechtsverhältnisse nach Beendigung der gesetzlichen Gemeinschaft bietet folg-

325 So auch *Stecki*, a.a.O. (Fn 317), S.36.

326 Vgl. zu der Parallelproblematik bei der polnischen Gesellschaft des Zivilrechts *Machnij*, Likwidacja spółki cywilnej – wybrane zagadnienia majątkowe (Die Liquidation der Gesellschaft des Zivilrechts – ausgesuchte vermögensrechtliche Fragen), MoP 1999, S.9ff.

327 *Stecki*, a.a.O. (Fn 317), S.6; einzige Ausnahme war der 1975 ersatzlos gestrichene Art.44 FVGB 1964.

328 *Sychowicz* in Piasecki, Art.46 FVGB Anm.4.

lich nur die Verweisung in Art.46 FVGB auf die Vorschriften zur Nachlaßgemeinschaft und zur Nachlaßteilung in den Art.1035 ff. plZGB. Gemäß Art.1035 plZGB sind zudem noch die Vorschriften zur Aufhebung des Miteigentums nach Bruchteilen nach Maßgabe der Art.196 ff. plZGB entsprechend anwendbar.

I. Keine Verpflichtung zur Durchführung der Auseinandersetzung und zur Teilung des gemeinschaftlichen Vermögens

Die Auseinandersetzung und Teilung des gemeinschaftlichen Vermögens schließt sich selten unmittelbar an die Beendigung des gesetzlichen Güterstandes an[329]. Eine Ausnahme davon ist nur die Durchführung der Auseinandersetzung und der Teilung des gemeinschaftlichen Vermögens im Scheidungs- oder Separationsurteil nach Maßgabe des Art.58 § 3 FVGB[330], bei der Separation in Verbindung mit Art.61³ § 1 FVGB[331]. Danach kann das Scheidungs- bzw. Separationsgericht auf Antrag der Parteien im Urteil die Auseinandersetzung und Teilung des gemeinschaftlichen Vermögens vornehmen, wenn dies keine nennenswerte Verzögerung des Scheidungs- oder Separationsverfahrens zur Folge hat. Voraussetzung dafür ist allerdings, dass sich die Teilungsauseinandersetzung des gemeinschaftlichen Vermögens insgesamt einfach und unkompliziert gestaltet[332]. Hierbei dürfte es sich um eine Ausnahme handeln. Die meist komplexe Abwicklung der vermögensrechtlichen Beziehungen einer Ehe läßt sich regelmäßig nicht ohne größeren Aufwand durchführen.

In der Regel vergeht auch viel Zeit zwischen der Beendigung der gesetzlichen Gemeinschaft und der Auseinandersetzung sowie der eigentlichen Teilung des gemeinschaftlichen Vermögens durch die Ehegatten. Dies ist zunächst darauf zurückzuführen, dass im polnischen Güterrecht keine Norm vorhanden ist, die die sofortige oder jedenfalls alsbaldige Auseinandersetzung und Teilung des gemeinschaftlichen Vermögens durch die Ehegatten gebietet[333]. Darüber hinaus kann ein gerichtliches Auseinandersetzungs- und Teilungsverfahren bis zu seinem Abschluß viel Zeit in Anspruch nehmen[334]. Oft ist etwa die Beweislage im

---

329 Vgl. auch *Zedler*, Dochodzenie roszczeń majątkowych od małżonków (Die Verfolgung von Vermögensansprüchen gegen Ehegatten), Warschau 1976, S.188.

330 Art.58 § 3. Auf Antrag eines Ehegatten kann das Gericht die Teilung des gemeinschaftlichen Vermögens im Scheidungsurteil durchführen, wenn die Durchführung dieser Teilung keine übermäßige Verzögerung des Verfahrens zur Folge hat.

331 Art.61³ § 1. Bei der Anordnung der Separation finden die Vorschriften in Art.57 und in Art.58 Anwendung.

332 Eingehend dazu *Piątowski*, a.a.O. (Fn 30), S.509/510.

333 *Stecki*, a.a.O. (Fn 317), S.77; dies galt entsprechend auch im Güterrecht der DDR, vgl. MüKo-*Koch*, Art.234 § 4a EGBGB Rn 23.

334 Beispielhaft für die langen Zeiträume zwischen Beendigung und Teilungsauseinandersetzung sind auch einige Verfahren der I. Zivilabteilung vor dem Amtsgericht War-

Hinblick auf die Zusammensetzung des gemeinschaftlichen Vermögens schwierig. Es kann auch vorkommen, dass einer der Verfahrensbeteiligten stirbt. Durch die Verweisung in Art.46 FVGB in Verbindung mit Art.1035 plZGB auf die Vorschriften zur Aufhebung des Miteigentums findet schließlich Art.220 plZGB[335] Anwendung. Dies hat zur Folge, dass der Anspruch auf Auseinandersetzung und Teilung des gemeinschaftlichen Vermögens entsprechend der Aufhebung des Miteigentums nicht der Verjährung (*przedawnienie*) unterliegt[336]. Hierbei handelt es sich um eine seltene Ausnahme zu Art.117 § 1 plZGB[337]. Danach verjähren grundsätzlich alle vermögensrechtlichen Ansprüche[338].

Ob eine Auseinandersetzung und Teilung des gemeinschaftlichen Vermögens nach Auflösung der gesetzlichen Gemeinschaft erfolgt, hängt folglich einzig und allein von einem entsprechenden Willen der Ehegatten ab. Lediglich in dem Fall, dass die gesetzliche Gemeinschaft durch den Tod eines Ehegatten beendet worden ist, besteht für die Erben ein „Anreiz", die Teilungsauseinandersetzung alsbald durchzuführen. Denn die Nachlaßauseinandersetzung ist erst nach Auseinandersetzung und Teilung des ehelichen Vermögens zulässig. Vorher können die Anteile am gemeinschaftlichen Vermögen nicht festgelegt werden[339]. Es kann somit auch vorkommen, dass das gemeinschaftliche Vermögen der ehemaligen Ehegatten für immer ungeteilt bleibt. Es stellt sich daher die Frage, wie das während der gesetzlichen Gemeinschaft gesamthänderisch gebundene gemeinschaftliche Vermögen insbesondere mit Blick auf Haftungs-, Verwaltungs- und Verfügungsfragen nach Beendigung der gesetzlichen Gemeinschaft zu behandeln ist.

---

schau-Żoliborz; vgl. etwa I Ns 146/06 (vorher III Ns 1260/03): die Scheidung der Verfahrensbeteiligten war bereits 1999, erst im Juli 2003 wurde die Teilungsauseinandersetzung seitens eines Ehegatten beantragt, die schließlich im Juni 2006 mit einem Vergleich endete; ähnlich das Verfahren I Ns 227/06: der Antrag auf Teilungsauseinandersetzung wurde 1997 gestellt, das Verfahren endete ebenfalls mit einem Vergleich im Oktober 2006.

335 Art.220. Der Anspruch auf Aufhebung des Miteigentums unterliegt nicht der Verjährung.

336 *Piątowski*, a.a.O. (Fn 30), S.494; *Pietrzykowski* 2003, Art.46 FVGB Rn 10.

337 Art.117 § 1. Vorbehaltlich der gesetzlich vorgesehenen Ausnahmen unterliegen vermögensrechtliche Ansprüche der Verjährung.

338 *Gniewek*, Kodeks cywilny – Własność i inne prawa rzeczowe (Zivilgesetzbuch – Eigentum und andere Sachenrechte), Zakamycze 2001, Art.220 plZGB Anm.1.

339 *Stecki*, a.a.O. (Fn 317), S.98, der dies einen feststehenden Grundsatz nennt.

II. Die Rechtsfolgen der Verweisungskette Art.46 FVGB in Verbindung mit Art.1035 plZGB, Art.195ff. plZGB

Ist die gesetzliche Gemeinschaft zwischen den Ehegatten beendet, verweist Art.46 FVGB[340] in Ansehung der durch das Güterrecht nicht geregelten Angelegenheiten und für die Teilung des gemeinschaftlichen Vermögens auf die Vorschriften über die Nachlaßgemeinschaft und die Teilung des Nachlasses in den Art.1035 ff. plZGB. Für den Fall der Beendigung der gesetzlichen Gemeinschaft enthielt vor der Juni-Reform 2004 bereits Art.42 FVGB a.F.[341] einen unmittelbaren Verweis auf die Vorschriften über das Miteigentum[342]. Im Ergebnis führte dieser Verweis zusammen mit Art.46 a.F.[343] zu einem Doppel-Verweis. Denn auch gemäß Art.46 FVGB a.F. in Verbindung mit Art.1035 plZGB gelangen die Vorschriften zum Miteigentum nach Bruchteilen zur Anwendung. Dieser Doppelverweis auf die Vorschriften zum Miteigentum wurde im Zuge der Juni-Reform 2004 abgeschafft. Offenbar hielt der Änderungsgesetzgeber der Juni-Reform zwei Verweise auf dieselben Vorschriften für unnötig[344].

1. Die Auflösung der gesamthänderischen Bindung des gemeinschaftlichen Vermögens durch die entsprechende Geltung der Vorschriften zum Miteigentum nach Bruchteilen

Die Art.1035 ff. plZGB befinden sich im Vierten Buch des Zivilgesetzbuches und sind mit dem Titel VIII „Gemeinschaftlicher Nachlaß und Teilung des Nachlasses“ (*Wspólność majątku spadkowego i dział spadku*) überschrieben. Art.1035 plZGB[345] bestimmt, dass im Falle mehrerer Erben in Bezug auf die

340 Art.46. In Angelegenheiten, die durch die vorstehenden Artikel nicht geregelt worden sind, finden nach Beendigung der gesetzlichen Gemeinschaft auf das Vermögen, welches von ihr [der gesetzlichen Gemeinschaft] umfaßt war, sowie für die Teilung dieses Vermögens, die Vorschriften über die Nachlaßgemeinschaft und die Teilung des Nachlasses entsprechende Anwendung.

341 Art.42 FVGB a.F. Mit dem Zeitpunkt der Beendigung der gesetzlichen Gemeinschaft finden auf das von ihr umfaßte Vermögen die Vorschriften über das Miteigentum nach Bruchteilen unter Berücksichtigung der nachstehenden Vorschriften Anwendung.

342 Einen solchen Verweis enthielt bereits Art.25 § 1 FGB; näher dazu *Mainczyk*, a.a.O. (Fn 18), S.144.

343 Art.46 FVGB a.F. In durch die vorstehenden Artikel nicht geregelten Angelegenheiten, der Teilung des gemeinschaftlichen Vermögens, das von der gesetzlichen Gemeinschaft umfaßt war, finden die Vorschriften über die Teilung des Nachlasses entsprechende Anwendung.

344 Ohne konkrete Begründung die Materialien zum FVGB-Änderungsgesetz bei Art.46 FVGB, Regierungsprojekt, KPP 2003, Nr.3, S.685, 703.

345 Art.1035. Fällt die Erbschaft mehreren Erben zu, so finden auf die Nachlaßgemeinschaft sowie auf die Nachlaßteilung die Vorschriften über das Miteigentum nach Bruchteilen unter Berücksichtigung der Vorschriften dieses Titels Anwendung.

Nachlaßgemeinschaft und in Bezug auf die Teilung des Nachlasses vorbehaltlich der nachstehenden Vorschriften[346] die Vorschriften über das Miteigentum nach Bruchteilen entsprechende Anwendung finden[347]. Art.1035 plZGB verweist also weiter auf die Vorschriften in Art.195 plZGB bis Art.221 plZGB.

Die Art.197 ff. plZGB sind in Abschnitt IV mit der Überschrift „Miteigentum“ (*Współwłasność*) im Zweiten Buch des Zivilgesetzbuches, welches das Eigentum und die Sachenrechte behandelt, geregelt. Art.195 plZGB[348] definiert Miteigentum nach Bruchteilen als ungeteiltes Eigentum an derselben Sache durch mehrere Personen[349]. Art.196 plZGB[350] bestimmt dann weiter, dass Miteigentum entweder Bruchteils- oder Gesamthandseigentum sein kann. Im letzteren Falle sollen indes die für die Entstehung der konkreten Gesamthand geltenden Normen anzuwenden sein[351], während auf das Bruchteilseigentum die nachstehenden Vorschriften Anwendung finden sollen[352].

Das plZGB regelt dabei nur das Miteigentum nach Bruchteilen (*współwłasność w częściach ułamkowych*). Eine Bruchteilsgemeinschaft in Bezug auf andere Rechte als das Miteigentum wie dies in den §§ 741 ff. BGB der Fall ist, wird nicht geregelt. Gleichwohl ist auch im polnischen Zivilrecht anerkannt, dass es sich bei Miteigentum nach Bruchteilen um den Unterfall einer „generellen“ Bruchteilsgemeinschaft handelt, die in einer Vielzahl von Fällen einer gemeinsamen Berechtigung an einer Sache oder einem Recht entstehen kann[353].

Aus der zweistufigen Verweisung auf die Vorschriften zum Miteigentum nach Bruchteilen gemäß Art.195ff. plZGB folgt, dass mit dem Zeitpunkt der Beendigung des gesetzlichen Güterstandes das gemeinschaftliche Vermögen der Ehe-

---

346 *„Jeżeli spadek przypada kilku spadkobiercom do wspólności majątku spadkowego oraz do działu spadku... z zachowaniem przepisów niniejszego tytułu*“.

347 „*...stosuje się odpowiednio przepisy o współwłasności w częściach ułamkowych...*“.

348 Art.195. Das Eigentum an derselben Sache kann unteilbar mehreren Personen zustehen (Miteigentum).

349 „*Własność tej samej rzeczy może przysługiwać niepodzielnie kilku osobom (współwłasność)*“.

350 Art.196 § 1. Miteigentum ist entweder Miteigentum nach Bruchteilen oder verbundenes Miteigentum.
§ 2. Das verbundene Miteigentum wird in den Vorschriften geregelt, die für die Verhältnisse gelten, aufgrund deren es entsteht. Für das Miteigentum nach Bruchteilen gelten die Vorschriften dieses Abschnitts.

351 „*Współwłasność łączną regulują przepisy dotyczące stosunków, z których ona wynika...*“.

352 „*...do współwłasności w częściach ułamkowych stosuje się przepisy niniejszego działu.*

353 So etwa *Piątowski*, a.a.O. (Fn 30), S.481, der die Auffassung vertritt, dass die entsprechende Anwendung der Vorschriften über das Miteigentum nicht nur Sachen-, sondern sämtliche Rechte erfaßt; vgl. auch OSNCP 1974, Nr.1, Pos.14 (S.47).

gatten wie Miteigentum nach Bruchteilen zu behandeln ist[354]. Die gesamthänderische Gebundenheit des gemeinschaftlichen Vermögens endet demzufolge[355]. Nach einhelliger Meinung findet auf der Grundlage der Verweisungskette der Art.46 FVGB, Art.1035 plZGB in Verbindung mit Art.195ff. plZGB mit Beendigung der gesetzlichen Gemeinschaft eine Umwandlung (*przekształcenie*) des ursprünglich gesamthänderisch gebundenen gemeinschaftlichen Vermögens in eine Art „Bruchteilsvermögen" mit einer Zuständigkeit des einzelnen Ehegatten nach Bruchteilen statt[356]. Diese Umwandlung der ursprünglichen gesamthänderischen Gebundenheit des gemeinschaftlichen Vermögens in eine Zuständigkeit nach Bruchteilen erfolgt dabei kraft Gesetzes, also ohne dass es dafür weiterer Umstände bedarf.

Die Frage, wie die Überleitung des ursprünglich gesamthänderisch gebundenen Vermögens in eine Bruchteilsgemeinschaft erfolgt und welche Rechtsfolgen die Umwandlung im Einzelnen auf die Vermögensbestandteile hat, wird von der Verweisungskette indes nicht geklärt. Auch Rechtsprechung und Literatur geben hierzu keine Anhaltspunkte. Fraglich ist indes, ob die „Umwandlung" einer Gesamthand in eine Bruchteilsgemeinschaft im Rechtssinne überhaupt möglich ist. Das Wesen der Gesamthand besteht darin, dass jeder Vermögensgegenstand ungeteilt Gegenstand eines wechselnden Gesamthandsvermögens ist[357]. Dagegen ist die dingliche Bruchteilszuständigkeit subjektiv geteilt[358]. Die Überführung von Gesamthandsvermögen in Bruchteilsvermögen würde daher grundsätzlich rechtsgeschäftliche Übertragungsakte voraussetzen[359]. Und zwar auch dann, wenn zwischen den Gesamthändern und den künftigen Teilhabern Personenidentität besteht[360]. Erforderlich wären somit die entsprechenden dinglichen Veräußerungsakte, bei Grundstücken also etwa die notarielle Beurkundung[361].

354 Vgl. entsprechend für die Gesellschaft des bürgerlichen Rechts Art.875 § 1 plZGB.

355 *Stecki*, a.a.O. (Fn 317), S.5/6, der in Fußnote 6 ausdrücklich klarstellt, dass das polnische Recht im Gegensatz zum deutschen Recht keinen Fortbestand der Gesamthand vorsieht; vgl. auch *Piątowski*, a.a.O. (Fn 30), S.480; *Sychowicz* in Piasecki, Art.46 FVGB Anm.5; *Skowrońska-Bocian*, a.a.O. (Fn 238), S.152; *Ignatowicz/Nazar*, Prawo rodzinne (Familienrecht), 1. Auflage, Warschau 2005, S.169.

356 *Sychowicz* in Piasecki, Art.46 FVGB Anm.5; sinngemäß auch *Stecki*, a.a.O. (Fn 317), S.41; auch schon *Breyer/Gross* in Grudziński/Ignatowicz, Kodeks rodzinny (Familiengesetzbuch), Kommentar, Warschau 1955 zu Art. 25 FGB Anm.1; *Skowrońska-Bocian*, a.a.O. (Fn 238), S.152; *Dyoniak*, a.a.O. (Fn 312), S.120.

357 MüKo-*Schmidt*, § 741 BGB Rn 6.

358 MüKo-*Schmidt*, § 741 BGB Rn 6.

359 MüKo-*Schmidt*, § 741 BGB Rn 7; MüKo-*Schmidt*, § 1008 BGB Rn 13.

360 MüKo-*Schmidt*, § 741 BGB Rn 7; siehe auch Staudinger-*Werner*, § 2032 BGB Rn 5 mit Verweis auf RGZ 57, 432; 67, 62; 105, 251.

361 Siehe für die Erbengemeinschaft Staudinger-*Werner*, § 2032 BGB Rn 8; auch im polnischen Recht ist zur Übertragung von Grundstückseigentum gemäß Art.158 plZGB eine notarielle Beurkundung erforderlich.

Die Beendigung der gesetzlichen Gemeinschaft könnte somit auch Grundlage für die Berichtigung des Grundbuches sein[362]. Gleichwohl erscheint es natürlich „gekünstelt“[363], in einer Umwandlung von gütergemeinschaftlichem Gesamthandseigentum in Miteigentum nach Bruchteilen eine Übertragung der Ehegatten an sich selbst zu sehen. Vielmehr findet praktisch gesehen nur eine Veränderung der Zuständigkeitsform des Rechts kraft Gesetzes statt[364].

In der polnischen Literatur wird vertreten, dass mit Beendigung der gesetzlichen Gemeinschaft eine Umwandlung der ursprünglich anteilslosen Gemeinschaft in eine Gemeinschaft nach Anteilen stattfindet[365]. Dies ist einer der wesentlichen Unterschiede zu der güterrechtlichen Ausgestaltung der Gütergemeinschaft im BGB[366]. Im deutschen Güterrecht führt die Beendigung der Gütergemeinschaft nicht gleichzeitig auch zu der Beendigung der Gesamthandsgemeinschaft über das Gesamtgut[367]. Vielmehr besteht die – wenn auch gelockerte – Gesamthandsgemeinschaft bis zur vollständigen Auseinandersetzung des Gesamtgutes fort. Erst im Rahmen der Teilung des Überschusses finden gemäß § 1477 Abs.1 BGB die Vorschriften über die Gemeinschaft Anwendung.

2. Die Entstehung ideeller Anteile am gemeinschaftlichen Vermögen und an den einzelnen Bestandteilen dieses Vermögens

Mit der Beendigung der Ehe und damit auch der gesetzlichen Gemeinschaft steht entsprechend Art.1035, Art.195, 197 plZGB jedem Ehegatten ein ideeller Anteil an dem gemeinschaftlichen Vermögen zu[368]. Es stehen sich nunmehr zwei Vermögensmassen gegenüber: das Vermögen der Frau und das Vermögen des Mannes, jeweils bestehend aus dem persönlichen Vermögen und dem Anteil an dem gemeinschaftlichen Vermögen. Der Anteil jedes Ehegatten an dem gemeinschaftlichen Vermögen beträgt grundsätzlich gemäß § 43 § 1 FVGB zu-

---

362 *Stecki*, a.a.O. (Fn 317), S.39, Fußnote 9; siehe auch Leitsatz OSP 2002, Nr.2, Pos.17, danach kann ein rechtskräftiges Scheidungsurteil Grundlage für die Änderung des Grundbuches sein; siehe auch die befürwortende Glosse im Anschluß an diese Entscheidung von *Gniewek*, S.74-76.

363 So explizit in Bezug auf die Umwandlung von Gesamthandseigentum in Miteigentum eines Erben, Staudinger-*Werner*, § 2032 BGB Rn 8.

364 Staudinger-*Werner*, § 2032 BGB Rn 8.

365 *„...przekształcenie wspólności bezudziałowej na udziałową...“*, so wörtlich *Ignaczewski*, a.a.O. (Fn 241), S.126; ähnlich *Sychowicz* in Piasecki, Art.35 FVGB Anm.2 und Art.46 FVGB Anm.5; ähnlich auch *Stecki*, Udziały małżonków w majątku wspólnym (Die Anteile der Ehegatten am gemeinschaftlichen Vermögen), S.353, der von einer „Konkretisierung der Anteile“ (*skonkretyzowanie udziałów*) durch die Beendigung der gesetzlichen Gemeinschaft spricht.

366 Vgl. auch *Stecki*, a.a.O (Fn 317), S.6/8.

367 Dazu umfassend MüKo-*Kanzleiter*, § 1471 BGB Rn 1ff.

368 *Skowrońska-Bocian*, a.a.O. (Fn 238), S.152/153.

nächst jeweils die Hälfte. Schwierigkeiten bereitet das Konzept der Beteiligung an der gemeinschaftlichen Vermögensmasse, wenn zu teilender Bestandteil des gemeinschaftlichen Vermögens eine unteilbare Forderung ist, die einer Bruchteilsberechtigung wegen ihrer Unteilbarkeit nicht zugänglich ist[369]. Die Rechtsprechung des OG hat sich im Zusammenhang mit der Frage der Bruchteilszuständigkeit in Bezug auf eine Forderung lediglich mit der Auseinandersetzung einer teilbaren Geldforderung beschäftigt[370].

Fraglich war, wie eine Forderung über Aufwendungsersatz gegenüber einem Dritten, die Bestandteil des gemeinschaftlichen Vermögens ist, zu teilen ist. Beide Ehegatten wehrten sich dagegen, die volle Forderung gegen hälftigen Wertersatz zugunsten des anderen Ehegatten zugesprochen zu bekommen. Das OG hat die Forderung in zwei gleich große Anteile geteilt und jeweils eine „halbe Forderung" jedem Ehegatten zugesprochen, ohne dabei den Geldwert der Forderung zu bestimmen[371].

Die Entscheidung des OG ist in der Literatur auf Kritik gestoßen. Denn das Gericht hat in den Entscheidungsgründen ohne nähere Begründung die Auffassung vertreten, bis zur Teilungsauseinandersetzung könne ein Ehegatte die gesamte Forderung zugunsten des gemeinschaftlichen und nun dem Bruchteilsmiteigentum verwandten Vermögens geltend machen. Dagegen wendete die Literatur ein, dass nunmehr nach Beendigung der gesetzlichen Gemeinschaft infolge der Verweisungskette auf das Miteigentum nach Bruchteilen jedem Ehegatten ein ideeller Anteil an dem gemeinschaftlichen Vermögen zustehe. Ein Ehegatte allein könne somit die Forderung nicht mehr in ihrer Gesamtheit zugunsten des gemeinschaftlichen Vermögens geltend machen, sondern nur seinen Anteil an dem Vermögen[372].

Im Zusammenhang mit der vorerwähnten Kritik an der Auffassung des OG zu der Bruchteilszuständigkeit an einer Forderung steht die schon zu der Auslegung des Art.42 FVGB a.F.[373] aufgeworfene Frage, ob sich die Verweisung in Art.42 FVGB a.F. auf das Miteigentum nach Bruchteilen auf das Vermögen als Ganzes oder auf die einzelne, zum gemeinschaftlichen Vermögen gehörende, Sache be-

369 Die Herstellung eines Werkes etwa.

370 OSNCP 1974, Nr.10, Pos.164/OSPiKA 1975, Nr.7-8, Pos.165 mit anschließender kritischer Glosse von *Rzonca*; vgl. auch Glosse von *Stecki* in PiP 1976, Nr.1-2, S.253f., allerdings mit anderen Schwerpunkten in der Argumentation.

371 Vgl. Leitsatz 1, zustimmend, dass Art.684 plZPO dem Gericht nicht die Pflicht auferlege, die Höhe der Forderung zu bestimmen *Stecki* in PiP 1976, Nr.1-2, S.253, 255.

372 *Rzonca*, OSPiKA 1975, Nr.7-8, Pos.165, S.310.

373 Art.42 FVGB a.F. enthielt bis zur Juni-Reform 2004 einen direkten Verweis auf das Miteigentum nach Bruchteilen.

zieht[374]. Dies ist auch nach dem heute geltenden Recht entsprechend für die Verweisung über Art.1035 plZGB fraglich[375]. Streitig ist dabei, ob die Bruchteilszuständigkeit in Bezug auf das gemeinschaftliche Vermögen als Ganzes gilt oder ob Bruchteile auch an einzelnen Bestandteilen dieses Vermögens entstehen. Eine Auffassung vertritt die These, dass das polnische Zivilrecht keine Konstruktion kennt, wonach Miteigentum nach Bruchteilen an einer Vermögensmasse[376] entstehen könne. Es entstehe durch die Verweisung in Art.1035 plZGB daher vielmehr Bruchteilseigentum in Bezug auf jeden konkreten Bestandteil des gemeinschaftlichen Vermögens[377]. Diese These werde auch durch den Wortlaut des Art.35 FVGB unterstützt, der von Anteilen an einzelnen Bestandteilen des gemeinschaftlichen Vermögens im Falle der Beendigung der gesetzlichen Gemeinschaft spricht[378]. Eine andere Meinung in der Literatur hält dem gegenüber, dass die Ehegatten nicht hälftige Bruchteilseigentümer sämtlicher Vermögenswerte werden können. Denn einige Rechte sind einer teilbaren Bruchteilszuständigkeit nicht zugänglich. Die Bruchteilszuständigkeit nach Beendigung der gesetzlichen Gemeinschaft beziehe sich daher vielmehr auf das gesamte gemeinschaftliche Vermögen als Masse[379].

Sowohl Art.46 FVGB[380] als auch Art.1035 plZGB[381] sprechen grammatikalisch von dem Vermögen als Ganzes[382]. Der Wortlaut der Vorschriften in Art.46 FVGB und Art.1035 plZGB indiziert folglich, dass sich die Bruchteilszuständigkeit auf die Gesamtheit des gemeinschaftlichen Vermögens und nicht auf die einzelnen Bestandteile dieses Vermögens bezieht. Gleichwohl besagt der Wortlaut des ebenfalls entsprechend anwendbaren Art.1036 Satz 1 plZGB, dass der Miterbe mit Zustimmung der anderen Miterben über seinen Anteil an einem

374 *Rzonca*, OSPiKA 1975, Nr.7-8, Pos.165, S.310; siehe auch Verweis bei *Skowrońska-Bocian*, a.a.O. (Fn 238), S.152, Fußnote 32.

375 *Ignaczewski*, a.a.O. (Fn 241), S.126.

376 *Wyodrębniona pod względem prawnym masa majątkowa.*

377 *Rzonca*, OSPiKA 1975, Nr.7-8, Pos.165, S.310, 311; *Piątkowski*, a.a.O. (Fn 30), S.481, 482, 484.

378 „*...udziałem, który w razie ustania przypadnie mu [...] w poszczególnych przedmiotach należących do tego majątku*"; so *Piątkowski*, a.a.O., S.481.

379 *Pietrzykowski*, Kodeks rodzinny i opiekuńczy z komentarzem (Das Familien- und Vormundschaftsgesetzbuch mit Kommentar), Warschau 1993, Art.42 FVGB S.265/266; *Ignatowicz/Stefaniuk*, a.a.O. (Fn 311), S.123; in diese Richtung argumentierend auch *Breyer, Gross*, Art.46 FVGB S.230.

380 „...auf das Vermögen, das von ihr [der gesetzlichen Gemeinschaft] umfaßt war... (*do majątku, który był nią objęty*)".

381 „...auf die Nachlaßgemeinschaft... (*do wspólności majątku spadkowego*)".

382 So auch *Zedler*, a.a.O. (Fn 329), S.188/189 mit der Begründung, dass zu diesem Zeitpunkt nicht feststehe, woraus das gemeinschaftliche Vermögen besteht.

zum Nachlaß gehörenden Gegenstand verfügen kann[383]. In Ansehung des gemeinschaftlichen Vermögens entsteht entsprechend wie im Falle des Nachlaßvermögens einer Nachlaßgemeinschaft keine klassische Miteigentümergemeinschaft zwischen den Ehegatten, vielmehr eine Gemeinschaft, die lediglich eine „entsprechende Anwendung“ (*odpowiednie stosowanje*) der Regeln über das Miteigentum nach Bruchteilen erforderlich macht[384]. *Sychowicz* drückt es folgendermaßen aus: „...ähnlich der Nachlaßgemeinschaft und angenähert an das Miteigentum; das gemeinschaftliche Vermögen existiere zwar nicht mehr in der Form eines Sondervermögens, gleichwohl noch immer als Wirtschaftseinheit[385].

Folglich entstehen entsprechend Art.1036 S.1 plZGB die Anteile der Ehegatten ebenfalls an den einzelnen Vermögensgegenständen des gemeinschaftlichen Vermögens. Dies wird auch vom Wortlaut des Art.35 S.2 FVGB unterstützt, der sich auf die einzelne Sache bezieht. Gleichzeitig spricht der Wortlaut des Art.35 S.2 FVGB aber auch von einem Anteil der Ehegatten an der gesamten gemeinschaftlichen Vermögensmasse, der im Falle der Beendigung der gesetzlichen Gemeinschaft entstehen wird[386]. Dies greifen auch der Wortlaut der Art.42 und 43 § 1, § 2 FVGB auf, die beide von Anteilen am gemeinschaftlichen Vermögen als Ganzes (*udziały w majątku wspólnym*) ausgehen. Damit sollen somit auch Anteile an dem gemeinschaftlichen Vermögen entstehen. Der Wortlaut ist insoweit kritikwürdig, als es nach Beendigung der gesetzlichen das gemeinschaftliche Vermögen in seiner ursprünglichen Form nicht mehr gibt. Dies kommt durch die Verwendung dieses Terminus nach Beendigung der gesetzlichen Gemeinschaft nicht hinreichend zur Geltung. Nur die Anteile (*udziały w majątku wspólnym*) an dem gemeinschaftlichen Vermögen indizieren die veränderte Rechtsform der ursprünglich gemeinschaftlichen Vermögensmasse.

III. Die Rechtsfolgen der Auflösung der Gesamthand auf die Verwaltung, Nutzung und Verfügungsbefugnis

Mit Auflösung der gesetzlichen Gemeinschaft erfahren auch das Verwaltungs- und Nutzungsrecht sowie die Verfügungsbefugnis der Ehegatten erhebliche Änderungen. Statt der Art.36-40 FVGB, die während der Geltung der gesetzlichen Gemeinschaft zur Anwendung gelangten, bestimmt sich der Inhalt des Verwal-

383 „...*spadkobierca może za zgodą pozostałych spadkobierców rozporządzić udziałem w przedmiocie należącym do spadku...*“.

384 *Stecki*, a.a.O. (Fn 317), S.39, 41, der auf S.45 aber auch deutlich macht, dass die Vermögensmasse mit Beendigung der gesetzlichen Gemeinschaft nicht mehr existiert.

385 „...*podobna do wspólności majątku spadkowego i zbliżona do współwłasności rzeczy w częściach ułamkowych*“, in Piasecki, Art.46 FVGB Anm.5; genauso OSNC 1994, Nr.2, Pos.30 (S.20).

386 „...*udziałem, który w razie ustania wspólności przypadnie mu w majątku wspólnym*“.

tungsrechtes, des Nutzungsrechtes und der Verfügungsbefugnis gemäß Art.46 FVGB in Verbindung mit Art.1035 plZGB[387] nunmehr entsprechend (*odpowiednio*) nach den Art.198-209 plZGB. Das ursprünglich gemeinschaftliche Vermögen wird also bis zur endgültigen Auseinandersetzung wie das Miteigentum nach Bruchteilen verwaltet[388]. Bei der Verwaltung des gemeinschaftlichen Vermögens nach Beendigung des gesetzlichen Güterstandes ist zunächst zwischen der Verfügung über den Anteil als Ganzes sowie der Verfügung über einen einzelnen Gegenstand zu unterscheiden. Während nämlich Art.198 plZGB das Verfügungsrecht der Miteigentümer über ihren Anteil an der gemeinsamen Sache regelt, beziehen sich die Art.199ff. plZGB ausschließlich auf Verfügungen über die Sache als Ganzes im Rahmen von Verwaltungsmaßnahmen.

1. Die Beschränkung der Verfügungsbefugnis entsprechend Art.1036 plZGB

Gemäß Art.198 plZGB[389] kann jeder Bruchteilseigentümer über seinen Anteil an der gemeinsamen Sache ohne Zustimmung der übrigen Miteigentümer verfügen. Dies ist Ausdruck des individual-rechtlichen Charakters des Bruchteilseigentums[390] und entspricht auch der Regelung in § 747 S.1 BGB. Mit Blick auf die entsprechende Anwendung des Art.198 plZGB durch den Verweis in Art.46 FVGB in Verbindung mit Art.1035 plZGB ist fraglich, ob nunmehr auch jeder Ehegatte nach Beendigung der gesetzlichen Gemeinschaft vorbehaltlos über seinen Anteil am gemeinschaftlichen Vermögen oder über seinen Anteil an einzelnen Gegenständen, die Bestandteil des ursprünglich gemeinschaftlichen Vermögens sind, verfügen kann. Zu unterscheiden sind dabei die Verfügung über einen zum ehemaligen gemeinschaftlichen Vermögen gehörenden Gegenstand und die Verfügung über den Anteil am gemeinschaftlichen Vermögen als Ganzes.

Ein schrankenloses Verfügungsrecht wird nach Beendigung der gesetzlichen Gemeinschaft sowohl von der überwiegenden Meinung in der Literatur[391] als

---

387 Art.1035. Fällt die Erbschaft mehreren Erben zu, so finden auf die Nachlaßgemeinschaft sowie auf die Nachlaßteilung die Vorschriften über das Eigentum nach Bruchteilen unter Berücksichtigung der Vorschriften dieses Titels entsprechende Anwendung.

388 *Stecki*, a.a.O. (Fn 317), S.42.

389 Art.198. Jeder Miteigentümer kann über seinen Anteil ohne Zustimmung der übrigen Miteigentümer verfügen.

390 *Ignatowicz/Stefaniuk*, a.a.O. (Fn 311), S.126.

391 *Rudnicki*, Art.198 plZGB Anm.3; *Piątowski*, a.a.O. (Fn 30), S.484; *Stecki*, a.a.O. (Fn 317), S.50/51; *Igna czewski*, a.a.O. (Fn 241), S.128/129; *Breyer, Gross*, Art.42 FVGB S.218; auch *Breyer/Gross* 1955 in Grudziński/Ignatowicz, Art.25 FGB Anm.2; *Zieliński*, a.a.O. (Fn 312), S. 9/10; *Pietrzykowski* 1993, Art.42 FVGB S.265/266; auch *Pietrzykowski* 2003, Art.42 FVGB Rn 9/10; *Sychowicz* in Piasecki, Art.46 FVGB Anm.18.

auch von der Rechtsprechung[392] jedenfalls bei der Verfügung über einen einzelnen Vermögenswert des gemeinschaftlichen Vermögens abgelehnt. Die herrschende Auffassung geht dabei in entsprechender Anwendung des Art.1036 plZGB[393] von einem durch die Zustimmung des anderen Ehegatten und seiner Schutzbedürftigkeit bei der Teilungsauseinandersetzung insgesamt eingeschränkten Verfügungsrecht aus. Erfolge daher die Verfügung über einen Gegenstand des gemeinschaftlichen Vermögens ohne die Zustimmung des anderen Ehegatten, so sei diese dann unwirksam, wenn sie geeignet ist, die Rechte dieses Ehegatten bei der Teilungsauseinandersetzung zu beeinträchtigen, Art.1036 S.2 plZGB entsprechend[394]. Wegen der Gefahr der Vereitelung eines gerechten Ausgleichs bei der Auseinandersetzung und Teilung des gemeinschaftlichen Vermögens durch Verfügungen eines Ehegatten wurde deshalb auch trotz der uneingeschränkten Verweisung in Art.42 FVGB a.F. auf die Vorschriften zum Bruchteilseigentum in einer Grundsatzentscheidung durch den gemeinsamen Senat der 7 Richter des OG festgelegt, dass Art.198 plZGB auf die Verfügungsbefugnis der Ehegatten nach Auflösung der Ehe in Ansehung des gemeinschaftlichen Vermögens keine Anwendung finde und vielmehr die Bestimmung in Art.1036 plZGB maßgeblich für Verfügungen eines Ehegatten über Bestandteile des gemeinschaftlichen Vermögens bis zu dessen Teilung sei[395]. Diese Entscheidung hat auch heute noch Bestand und entspricht der ständigen Rechtsprechungspraxis[396].

Der dargestellten Auffassung zu der Einschränkung der Verfügungsfreiheit entsprechend Art.1036 S.1 plZGB ist zuzustimmen. Art.46 FVGB verweist unmittelbar auf die Art.1035 ff. plZGB und damit auch auf die *lex specialis* in Art.1036 S.1 plZGB. Danach kann ein Erbe nur mit Zustimmung der anderen Erben über einen zum Nachlaß gehörenden Gegenstand verfügen. Wegen der entsprechenden Geltung des Art.1036 S.1 plZGB für das gemeinschaftliche Vermögen gemäß Art.46 FVGB nach Beendigung der gesetzlichen Gemein-

---

392 So schon Gemeinsamer Senat der 7 Richter in OSNCP 1964, Nr.1 Pos.2 zu Art.25 § 1 FGB, der Verfügungen über den Anteil an einem zum gemeinschaftlichen Vermögen gehörenden Vermögenswert einschränkte (Leitsatz); OSNPG 1989, Nr.8-9, Pos.27; OSNCP 1994, Nr.2, Pos.30 (Leitsatz).

393 Art.1036. Ein Erbe kann mit Zustimmung der übrigen Erben über seinen Anteil an einem zum Nachlaß gehörenden Gegenstand verfügen. Fehlt die Zustimmung eines der übrigen Erben, ist die Verfügung insoweit unwirksam, als sie die diesem zustehenden Rechte aufgrund der Vorschriften über die Nachlaßteilung beeinträchtigen würde.

394 Leitsatz zu OSNCP 1994, Nr.2, Pos.30; dies ist wegen des Beschlusses des Gemeinsamen Senates in OSNCP 1964, Nr.1, Pos. 2 auch anerkannter Rechtsgrundsatz (*zasada prawna*) und in einer Sammlung über durch das OG aufgestellte Rechtsgrundsätze niedergelegt; vgl. auch OSNCP 1976, Nr.6, Pos.130.

395 OSNCP 1964, Nr.1, Pos.2; genauso *Stecki*, a.a.O. (Fn 317), S.50/51.

396 OSNCP 1964, Nr.1, Pos.2; OSNCP 1994, Nr.2, Pos.30.

schaft muß dies entsprechend für Verfügungen über einzelne Gegenstände des gemeinschaftlichen Vermögens gelten. Auch der Schutzzweck des Zustimmungserfordernisses spricht für diese Auffassung. Eheliches Vermögen besteht in erster Linie aus einer Immobilie oder einem genossenschaftlichen Wohnrecht. Solche Rechte machen in der Regel in den meisten Ehen *de facto* das gesamte gemeinschaftliche Vermögen aus. Daneben existierenden Vermögenswerten (etwa Möbeln etc.) kommt in der Teilungsauseinandersetzung auch nur eine untergeordnete Rolle zu. Würde nun eine Verfügung über Bestandteile des gemeinschaftlichen Vermögens nach Maßgabe des Art.198 plZGB uneingeschränkt zulässig sein, so würden die Rechte des anderen Ehegatten bei einer späteren Teilungsauseinandersetzung erheblich beeinträchtigt werden. Denn ein faktisch nur aus einer Immobilie bestehender Anteil könnte diesem allein nicht mehr zugesprochen werden.

Die grundsätzliche Einschränkung der Verfügungsfreiheit über einzelne Bestandteile des gemeinschaftlichen Vermögens war schon während der Geltung des FGB der vorherrschende Standpunkt in Rechtsprechung und Literatur[397]. Damals bestimmte Art.25 § 1 FGB die entsprechende Anwendung der Vorschriften über das Miteigentum, geregelt in den Art.78ff. SachRD[398]. Die aufgrund des Verweises auf Art.79 S.1 SachRD für den Miteigentumsanteil geltende Verfügungsfreiheit wurde mehrheitlich ausgeschlossen[399]. Verfügungen der Ehegatten über Bestandteile des gemeinschaftlichen Vermögens nach Beendigung der gesetzlichen Gemeinschaft wurden in entsprechender Anwendung des Art.58 ErbRD[400] – dieser entsprach dem heutigen Art.1036 S.2 plZGB, allerdings ohne ein Zustimmungserfordernis – als unwirksam betrachtet, wenn eine solche Verfügung die Rechte des anderen Ehegatten bei der Teilung des gemeinschaftlichen Vermögens beeinträchtigen konnte[401]. Bei Veräußerungen von Eigentumsanteilen an Sachen war dies grundsätzlich immer der Fall, da dieser Gegenstand bei der künftigen Teilung dem anderen Ehegatten als Ganzes nicht mehr zugesprochen werden konnte. Insoweit war der andere Ehegatte immer in seinen Rechten betroffen[402].

Von einem Teil der Literatur wird die Einschränkung der Verfügungsfreiheit lediglich bei Verfügungen über einzelne Bestandteile des gemeinschaftlichen Vermögens geteilt, während im Hinblick auf die Verfügung über den gesamten Anteil am gemeinschaftlichen Vermögen die Verfügungsfreiheit gemäß der *lex*

---

397 Vgl. dazu umfassend *Mainczyk*, a.a.O. (Fn 18), S.142f. mit entsprechenden Nachweisen.

398 Siehe Fn 144, 145.

399 Der Art.79 S.1 SachRD entsprach dem heutigen Art.198 plZGB; vgl. dazu *Mainczyk*, a.a.O, S.142 Fußnote 2.

400 Siehe Fn 146.

401 vgl. die Übersetzung des Art.58 ErbRD bei *Mainczyk*, a.a.O., S.61 Fußnote 3 und die Ausführungen dazu.

402 *Mainczyk*, a.a.O., S.62 und die Nachweise in Fußnote 1.

generalis in Art.198 plZGB gelten soll[403]. Denn Art.1036 S.1 plZGB spreche von Anteilen an einzelnen Gegenständen des Nachlasses (*udział w przedmiocie należącym do spadku*). Für eine uneingeschränkte Anwendung des Art.198 plZGB konnte bis zu seiner Streichung im Zuge der Juni-Reform 2004 der Art.42 FVGB a.F. ins Feld geführt werden, der einen unmittelbaren und unbeschränkten Verweis auf die Vorschriften zum Bruchteilseigentum vorsah. Angesichts dieses Direktverweises konnte mit guten Argumenten die Vergleichbarkeit des gemeinschaftlichen Vermögens nach Beendigung der gesetzlichen Gemeinschaft mit dem Bruchteilseigentum vertreten werden. Gleichwohl dürfte diese Auffassung nach Abschaffung des Direktverweises in Art.42 FVGB a.F. heute nicht mehr vertretbar sein, denn der Verweis erfolgt gegenwärtig in Art.46 FVGB zunächst nur auf die Vorschriften über die Nachlaßvermögensgemeinschaft und die Nachlaßteilung. Erst über den Verweis auf die erbrechtlichen Vorschriften in Art.1035 plZGB kommen die Vorschriften zum Miteigentum nach Bruchteilen zur Anwendung. Damit bringt der Gesetzgeber zum Ausdruck, dass das gemeinschaftliche Vermögen nach Beendigung der gesetzlichen Gemeinschaft zunächst wie das Nachlaßvermögen einer Erbengemeinschaft zu behandeln ist[404]. Das heißt, dass das Verfügungsrecht jedenfalls im Hinblick auf Verfügungen über einzelne Bestandteile des gemeinschaftlichen Vermögens durch ein Zustimmungserfordernis mit Blick auf die Schutzbedürftigkeit des anderen Ehegatten für den Fall der Teilungsauseinandersetzung in entsprechender Anwendung des Art.1036 plZGB zu beschränken ist.

Fraglich ist allerdings, ob diese Einschränkung der Verfügungsbefugnis analog Art.1036 plZGB auch in Bezug auf Verfügungen eines Ehegatten über seinen gesamten Anteil am gemeinschaftlichen Vermögen gilt[405]. Eine Einschränkung der Verfügungsbefugnis bei Verfügungen über den Anteil am gemeinschaftlichen Vermögen als Ganzes ist angesichts des Wortlauts in Art.1036 S.1 plZGB

---

403 *Breyer, Gross*, Art.42 FVGB S.218 in Anlehnung an OSNCP 1964, Nr.1, Pos.2; so auch schon *Breyer/Gross* 1955 in Grudziński/Ignatowicz, Art.25 FGB Anm.2, die die Verfügung an ein Vorkaufsrecht des anderen Ehegatten knüpfen; genauso *Zieliński*, a.a.O. (Fn 312), S. 9/10; *Pietrzykowski* 1993, Art.42 FVGB S.265/266; auch *Pietrzykowski* 2003, Art.42 FVGB, Rn 9/10; *Sychowicz* in Piasecki, Art.46 FVGB Anm.18; *Skowrońska-Bocian*, a.a.O. (Fn 238), S.201/202 ohne nähere Begründung; kritisch wegen der Benachteiligung von Gläubigern schon *Wiącek*, Glosse zu OG vom 06. Juni 1975, III CRN 134/75 in NP 1978, Nr.1, S.145, 146.

404 Die Kommentierung des Art.42 FVGB a.F. zum Änderungsgesetz der Juni-Reform 2004 meint lediglich, die Streichung des Art.42 FVGB a.F. „würde die Zweifel in Bezug auf die Zulässigkeit der Verfügung über den Anteil beseitigen“, Regierungsprojekt KPP 2003, Nr.3, S. 685, 703.

405 *Ignaczewski*, a.a.O. (Fn 241), S.129, der meint, in dieser Hinsicht bestehe heute eine Regelungslücke, welche die analoge Anwendung des Art.1036 plZGB bei Verfügungen über den ganzen Anteil rechtfertige; so schon *Stecki*, a.a.O. (Fn 317), S.50/51; im Ergebnis auch *Piątowski*, a.a.O. (Fn 30), S.484.

zu verneinen. Der Wortlaut des Art. 1036 S.1 plZGB ist eindeutig und bezieht sich ausdrücklich nur auf Verfügungen über den Anteil an einem zum Nachlaß gehörenden Gegenstand und damit entsprechend auch lediglich auf Verfügungen über den Anteil an einem zum gemeinschaftlichen Vermögen gehörenden Gegenstand. Folglich fehlt es wegen des Wortlauts des Art.1036 S.1 plZGB an einer die Verfügung eines Ehegatten über den Anteil am gemeinschaftlichen Vermögen im ganzen betreffenden *lex specialis*, so dass für die Verfügung über den Anteil als Ganzes lediglich die allgemeine Verweisung in Art.1035 plZGB auf die Vorschriften zum Miteigentum und damit auf Art.198 plZGB gilt.

Die Verfügungsfreiheit analog Art. 1035 plZGB in Verbindung mit Art.198 plZGB in Bezug auf den gesamten Anteil am gemeinschaftlichen Vermögen ist allerdings problematisch, weil die Rechte des anderen Ehegatten für das Teilungsverfahren beeinträchtigt werden können. Ferner könnte der Fall eintreten, dass ein Ehegatte unerwartet die Teilungsauseinandersetzung mit einem Dritten betreiben muß. In diesem Zusammenhang ist auch anzumerken, dass gerade das nie in Kraft getretene Nachkriegsprojekt des Güterrechts von 1948 zur Änderung des polnischen Zivilgesetzbuches eine Norm vorsah, wonach die Verfügung über den Anteil am ehelichen Vermögen bis zur Auseinandersetzung oder Sicherung des Auseinandersetzungsanspruchs nicht zulässig sein sollte[406]. Ein Teil der Literatur sieht daher in der Nichtbeschränkung der Verfügung über den Anteil als Ganzes eine Regelungslücke und fordert auch hier eine entsprechende Beschränkung analog Art.1036 S.1 plZGB[407]. Danach entsprechen die Rechtsbeziehungen unter den Eheleuten nach Beendigung des gesetzlichen Güterstandes eher dem Rechtsverhältnis der Erben vor der Nachlaßteilung als dem der Bruchteilseigentümer[408]. Sowohl Verfügungen über den ganzen Anteil am gemeinschaftlichen Vermögen als auch Verfügungen über den Anteil an einzelnen Gegenständen des gemeinschaftlichen Vermögens sollen entsprechend Art.1036 S.1 plZGB ohne die Zustimmung des anderen Ehegatten schwebend unwirksam sein[409].

Dieser Auffassung ist zuzustimmen. Eine Beschränkung des Verfügungsrechtes hat den Schutz der Rechte für das Teilungsverfahren zum Inhalt. Die Rechte, die durch eine unberechtigte Verfügung über den Anteil am gemeinschaftlichen Vermögen als Ganzes gefährdet werden könnten, sind regelmäßig der Anspruch

406 *Stecki*, a.a.O., S.50.

407 *Ignaczewski*, a.a.O. (Fn 241), S.129.

408 *Ignaczewski*, a.a.O. (Fn 241), S.129; auch *Mainczyk*, a.a.O. (Fn 18), S.142/143 zum FGB sowie zum FVGB a.F. auf S.144.

409 Zur schwebenden Unwirksamkeit bei Verfügungen ohne Zustimmung *Cisek* in Gniewek, Kodeks cywilny (Zivilgesetzbuch), 2. Auflage, Warschau 2006, Art.198 plZGB Rn 10.

auf Abweichung vom Halbteilungsgrundsatz gemäß Art.43 § 2 FVGB, der Anspruch auf Rückerstattung der gegenseitigen Aufwendungen und Auslagen zu Gunsten der einzelnen Vermögensmassen gemäß Art.45 FVGB sowie das Recht, den Zuspruch einer unteilbaren Sache – in der Regel Wohnraum – gegen gleichzeitige Ausgleichszahlung an den anderen Ehegatten verlangen zu können[410]. Verfügt nämlich ein Ehegatte vor Abschluß des Teilungsverfahrens über seinen potentiellen Anteil, so besteht die Gefahr, dass mangels Vermögensmasse die vorerwähnten Ansprüche seitens des anderen Ehegatten nicht mehr durchgesetzt werden können[411]. Insofern ist auch die Interessenlage der Ehegatten nach Auflösung des gesetzlichen Güterstandes eine andere als die Interessenlage der Miteigentümer. Zum Zeitpunkt der Auflösung einer gesetzlichen Gemeinschaft steht eine endgültige Zuteilung des Anteils und seines Inhalts am gemeinschaftlichen Vermögen noch nicht abschließend fest[412]. Dies ist erst bei der endgültigen Teilungsauseinandersetzung des gemeinschaftlichen Vermögens der Fall. Bis dahin gilt der Grundsatz der gleichen Anteile am gemeinschaftlichen Vermögen. Verfügt nun ein Ehegatte über seinen Anteil am gemeinschaftlichen Vermögen bevor überhaupt eine endgültige Bestimmung der Anteilshöhe erfolgt ist, kann der andere Ehegatte unangemessen benachteiligt werden.

Bei der Bewertung, ob ein Recht durch eine Verfügung vor dem Abschluß des Teilungsverfahrens beeinträchtigt worden ist, prüft das Gericht im Rahmen des Teilungsverfahrens zunächst, ob tatsächlich die Voraussetzungen dieses Rechtes vorliegen. Die Bestimmung des gemeinschaftlichen Vermögens erfolgt dann unter Berücksichtigung des Vermögenswerts, über den verfügt worden ist, und zwar so, als ob die in Rede stehende Verfügung nie stattgefunden hätte[413]. Ein behaupteter Anspruch des anderen Ehegatten ist mithin nicht ausreichend. Es ist also ein begründeter Antrag nach Art.43, Art.45 FVGB oder Art.212 § 2 plZGB des betroffenen Ehegatten im Auseinandersetzungs- und Teilungsverfahren erforderlich[414]. Wird der Gegenstand, über den verfügt worden ist, dann dem Ehe-

---

410 Siehe als Beispiel III CKN 391/2001, Beschluß des OG vom 09. April 2001: die Ehefrau hatte ihren Anteil an einem Mehrfamilienhaus auf Dritte übertragen. Das Amts- und das Bezirksgericht waren der Auffassung, dass der Ehemann mangels hinreichender Begründung seines Antrags auf Zuteilung des Eigentums an dem Haus und entsprechender Ausgleichszahlung zugunsten der Frau im Zuge der Teilungsauseinandersetzung durch Tatsachenvortrag nicht in seinen Rechten durch die Verfügung der Ehefrau beeinträchtigt worden sei. Das OG stellte in dieser Entscheidung klar, dass es für die Beurteilung nur auf die Beeinträchtigung der tatsächlich bestehenden Ansprüche bei der Teilung des gemeinschaftlichen Vermögens ankomme; etwaige Beeinträchtigungen sonstiger Rechte – hier im Teilungsverfahren – müßten unberücksichtigt bleiben.

411 *Cisek* in Gniewek, Art.198 plZGB Rn 10.

412 Vgl. auch *Stecki*, a.a.O. (Fn 317), S.50 Fußnote 41.

413 OSNCP 1994, Nr.2, Pos.30 (S.22/23).

414 III CKN 391/2001, Beschluß des OG vom 09. April 2001.

gatten zugesprochen, der über diesen Gegenstand verfügte, so wird die Verfügung *ex tunc* wirksam, im umgekehrten Falle endgültig unwirksam[415]. Der Erwerber ist dann zur Herausgabe des Erlangten verpflichtet. Er kann sich auch nicht auf den gutgläubigen Erwerb berufen, weil der Ehegatte, der verfügt hat, Berechtigter in Bezug auf seinen Anteil war[416]. Es dürfte ihm aber ein Ersatzanspruch aus ungerechtfertigter Bereicherung gemäß Art.405 plZGB gegen den Ehegatten, der verfügt hat, zustehen[417]. Hat der andere Ehegatte demgegenüber seine Zustimmung zu der in Rede stehenden Verfügung erteilt, so dürfte darin eine vorweggenommene einverständliche Teilung des betreffenden Vermögensgegenstandes oder gegebenenfalls des gemeinschaftlichen Vermögens insgesamt zu sehen sein[418].

2. Verwaltungsmaßnahmen

Nach Beendigung der gesetzlichen Gemeinschaft wird das gemeinschaftliche Vermögen nicht mehr nach Maßgabe der Art.36 bis Art.40 FVGB verwaltet, sondern vielmehr auf der Grundlage der *leges generales* in Art.199 bis Art.205 plZGB. Die Vorschriften zur Nachlaßgemeinschaft und Nachlaßteilung sehen keine eigenen Verwaltungsvorschriften vor. „Verwaltung“ (*zarząd*) in diesem Sinne ist die Gesamtheit aller faktischen und rechtlichen Maßnahmen, die das Miteigentum unmittelbar oder mittelbar betreffen und eine wirtschaftliche Wirkung erzielen[419]. Gemäß Art.199 S.1 plZGB[420] ist nach Beendigung der gesetzlichen Gemeinschaft bei Verfügungen eines Ehegatten über einen Gegenstand, der Bestandteil des gemeinschaftlichen Vermögens ist, zunächst die Zustimmung des anderen Ehegatten erforderlich, soweit diese Verfügung nicht durch Maßnahmen der gewöhnlichen Verwaltung gedeckt ist. Gemäß S.2 kann die Zustimmung des anderen Ehegatten durch einen gerichtlichen Beschluß ersetzt werden, wenn der andere Ehegatte eine solche nicht erteilt. Diese Möglichkeit

---

415 *Mainczyk*, a.a.O. (Fn 18), S.144.

416 Vgl. *Skowrońska-Bocian* zum gutgläubigen Erwerb von Nachlaßgegenständen von einem durch Erbschein ausgewiesenen Scheinerben, in Komentarz do kodeksu cywilnego (Kommentar zum Zivilgesetzbuch), 7. Auflage, Warschau 2006, Art.1036 plZGB Anm.9/10.

417 So *Mainczyk*, a.a.O., S.144; ähnlich *Sychowicz* in Piasecki, Art.46 FVGB Anm.17.

418 Ähnlich *Mainczyk*, a.a.O., S.144.

419 „*Całokształt czynności faktycznych i prawnych, które dotyczą do majątku wspólnego bezpośrednio lub pośrednio poprzez osiągnięty skutek gospodarczy*“, OSNCP 1994, Nr.7-8, Pos.146; siehe auch bei *Rudnicki*, Art.199-205 plZGB Anm.1.

420 Art.199. Zur Verfügung über die gemeinschaftliche Sache sowie zu anderen Rechtsgeschäften, die die gewöhnliche Verwaltung überschreiten, ist die Zustimmung aller Miteigentümer erforderlich. Fehlt eine solche Zustimmung, können die anderen Miteigentümer, die über mindestens die Hälfte der Anteile verfügen, eine Entscheidung des Gerichts verlangen, das bei seiner Entscheidung den Zweck des beabsichtigten Rechtsgeschäfts und die Interessen aller Miteigentümer zu berücksichtigen hat.

ist faktisch immer gegeben, wenn die Anteile der Ehegatten am gemeinschaftlichen Vermögen gleich groß sind, denn es fehlt dann regelmäßig an einer Mehrheit im Sinne von Art.199 plZGB[421]. Das Gericht prüft dann, ob durch die angestrebte Verfügung die Vorschriften über die Auseinandersetzung und Teilung des gemeinschaftlichen Vermögens umgangen werden sollen[422]. Dies ist insbesondere dann der Fall, wenn der Gegenstand, über den verfügt werden soll, tatsächlich das gesamte gemeinschaftliche Vermögen oder jedenfalls einen erheblichen Teil dessen ausmacht[423]. Eine solche Verfügung ist unzulässig.

Gemäß Art.200 plZGB[424] ist jeder Ehegatte verpflichtet, bei der Verwaltung der gemeinsamen Sache mitzuwirken. Die Mitwirkungspflicht umfaßt einen aktiven Beitrag im Rahmen des Nötigen zur ordnungsgemäßen Verwaltung der Sache[425]. Zur gewöhnlichen Verwaltung ist gemäß Art.201 S.1 plZGB[426] die Zustimmung des anderen Ehegatten erforderlich. Das Zustimmungserfordernis entfällt nur, wenn bei ungleichen Anteilen am gemeinschaftlichen Vermögen der Ehegatte, dem der größere Anteil zusteht, die gewöhnliche Verwaltung allein ausüben kann[427]. Die Zustimmung des anderen Ehegatten kann im Übrigen gemäß Art.201 S.2 plZGB[428] durch gerichtliche Zustimmung ersetzt werden.

Ein Ehegatte kann ferner die erforderliche Zustimmung gemäß Art.202 plZGB[429] durch gerichtlichen Beschluß ersetzen lassen, wenn das beabsichtigte Rechtsgeschäft über die gemeinschaftliche Sache einer ordnungsgemäßen Verwaltung (*prawidłowy zarząd*) kraß widerspricht (*czynność rażąco sprzeczna*).

Die Beendigung des gesetzlichen Güterstandes ist schließlich ohne Einfluß auf die Vermutung, dass ein Ehegatte auch im Namen des anderen Ehegatten in Angelegenheiten der gewöhnlichen Verwaltung wirken darf.

---

421 *Sychowicz* in Piasecki, Art.46 FVGB Anm.19.

422 OSNCP 1976, Nr.6, Pos.130.

423 OSNCP 1976, Nr.6, Pos.130, hier ging es konkret um die Verfügung über ein noch nicht fertig gestelltes Einfamilienhaus, das faktisch das gesamte Vermögen der Ehegatten ausmachte.

424 Jeder Miteigentümer ist zur Mitwirkung bei der Verwaltung der gemeinsamen Sache verpflichtet.

425 *Rudnicki*, Art.200-205 plZGB Anm.4.

426 Art.201 S.1. Zu einem Rechtsgeschäft im Rahmen der gewöhnlichen Verwaltung der gemeinschaftlichen Sache ist die Zustimmung der Mehrheit der Miteigentümer erforderlich.

427 Art.204. Die Mehrheit der Miteigentümer wird nach der Höhe der Anteile berechnet.

428 Art.201 S.2. Fehlt eine solche Zustimmung, kann jeder Miteigentümer die gerichtliche Ermächtigung zur Vornahme des Rechtsgeschäfts verlangen.

429 Art.202. Beschließt die Mehrheit der Miteigentümer ein Rechtsgeschäft, welches den Grundsätzen einer ordnungsgemäßen Verwaltung kraß widerspricht, kann jeder der übrigen Miteigentümer eine gerichtliche Entscheidung verlangen.

Voraussetzung dieser (tatsächlichen) Vermutung ist einzig ein Weiterbestehen der Ehe[430].

3. Nutzungsbefugnisse

Jeder Ehegatte hat nach Beendigung der gesetzlichen Gemeinschaft in entsprechender Anwendung des Art.206 plZGB[431] das Recht zum Mitbesitz (*współposiadanie*) und zur Mitnutzung (*współkorzystanie*) der gemeinsamen Sache insoweit, als der Mitbesitz und die Mitnutzung des anderen Ehegatten dadurch nicht beeinträchtigt werden. Jeder Ehegatte ist ebenfalls verpflichtet, dem anderen Ehegatten den Zugang zu in seinem Besitz befindlichen Vermögensgegenständen des gemeinschaftlichen Vermögens zu gewähren[432]. Gemäß Art.209 plZGB[433] kann jeder Ehegatte bis zur Auseinandersetzung und Teilung des gemeinschaftlichen Vermögens im Rahmen einer ordnungsgemäßen Geschäftsführung alle Ansprüche geltend machen, die dem Erhalt des gemeinschaftlichen Vermögens dienen. Ordnungsgemäß sind dabei regelmäßig Maßnahmen der gewöhnlichen Verwaltung[434].

Die Ehegatten können ferner einzelne Gegenstände des gemeinschaftlichen Vermögens zur ausschließlichen Nutzung eines Ehegatten übertragen[435]. Hierbei handelt es sich faktisch um eine vorweggenommene Teilung des gemeinschaftlichen Vermögens, die jedoch eine andere abschließende Teilung im Teilungsverfahren nicht ausschließt[436]. Betrifft die Zuweisung zur ausschließlichen Nutzung durch einen Ehegatten eine Immobilie, so ist eine entsprechende Ausweisung im Grundbuch möglich und empfehlenswert[437]. Die ausschließliche Nutzungsbefugnis kann durch die Ehegatten jederzeit aufgehoben werden[438]. Die Zuweisung eines Gegenstandes aus dem gemeinschaftlichen Vermögen zur ausschließlichen Nutzung eines Ehegatten hat auf die abschließende Teilungsaus-

430 *Stecki*, a.a.O. (Fn 317), S.45.

431 Art.206. Jeder Miteigentümer ist zum Mitbesitz der gemeinschaftlichen Sache sowie zu ihrer Nutzung insoweit berechtigt, als dies mit dem Mitbesitz und der Nutzung durch die übrigen Miteigentümer vereinbar ist.

432 OSNCP 1972, Nr.7-8, Pos.131; auch OSNCP 1974, Nr.1, Pos.14.

433 Jeder Miteigentümer kann sämtliche Handlungen vornehmen und sämtliche Ansprüche geltend machen, die der Erhaltung des gemeinsamen Rechtes dienen.

434 OSNCP 1990, Nr.6, Pos.70: im Leitsatz heißt es, dass die noch nicht vollzogene Teilung des gemeinschaftlichen Vermögens kein Hindernis zur Geltendmachung von gemeinschaftlichen Ansprüchen gegenüber Dritten sei.

435 Leitsatz zu OSNCP 1974, Nr.1, Pos.14: hier ging es um die ausschließliche Nutzungszuweisung eines genossenschaftlichen Wohnrechtes; *Stecki*, a.a.O. (Fn 317), S.46.

436 *Stecki*, a.a.O., S.46/47.

437 *Stecki*, a.a.O., S.47.

438 *Stecki*, a.a.O., S.47.

einandersetzung insofern Auswirkungen, als das Gesetz keine Verpflichtung zur Auseinandersetzung und Teilung des gemeinschaftlichen Vermögens vorsieht. Der Zeitraum der ausschließlichen Nutzungsbefugnis kann somit unendlich sein. Mit dem Erhalt der Sache können somit gegebenenfalls erhebliche Erstattungsansprüche verbunden sein, die im Rahmen der vermögensrechtlichen Auseinandersetzung dann zu erstatten sind[439]. Dies ergibt sich aus Art.207 2.HS plZGB[440].

IV. Die Rechtsfolgen der Auflösung der Gesamthand auf die Schuldenhaftung der Ehegatten

Auch die Haftung für Schulden der Ehegatten wird durch die Beendigung der gesetzlichen Gemeinschaft infolge der Verweisung auf die Nachlaßgemeinschaft und das Miteigentum nach Bruchteilen umfassend modifiziert. Etwas anderes gilt nur, wenn der gesetzliche Güterstand durch einen Ehevertrag beendet wird[441]. Ein Ehevertrag hat grundsätzlich keine Auswirkung auf die bereits vor Beendigung des gesetzlichen Güterstandes bestehende Haftung, es sei denn, der Ehevertrag war dem Gläubiger bei Eingehung der Verbindlichkeit bekannt[442]. Im Falle der sonstigen Beendigungsgründe erfahren sowohl die Haftung für Schulden, für welche das gemeinschaftliche Vermögen der Ehegatten während der Ehe einzustehen hatte, als auch die Haftung für persönliche Schulden eines Ehegatten zahlreiche Veränderungen. Unterschiedliche Konsequenzen für die Haftung ergeben sich dabei nur, wenn die Beendigung des gesetzlichen Güterstandes durch den Tod eines oder gar beider Ehegatten endet oder infolge eines anderen Beendigungsgrundes[443]. Hier soll die Beendigung der gesetzlichen Gemeinschaft durch die Scheidung im Vordergrund stehen.

1. Fortbestehen der gesamtschuldnerischen Haftung gemäß Art.30 FVGB bei Geschäften des täglichen Lebens

Zu unterscheiden sind zunächst die verschiedenen Haftungsgrundlagen für eheliche Schulden während der Dauer der gesetzlichen Gemeinschaft. Die Grundsätze der Haftung der Ehegatten für den gesetzlichen Güterstand sind in Art.30

---

439 *Stecki*, a.a.O., S.47.

440 Art.207. Nutzungen und andere Einkünfte aus der gemeinschaftlichen Sache fallen den Miteigentümern entsprechend der Höhe ihrer Anteile zu; Ausgaben und Lasten, die mit der gemeinschaftlichen Sache verbunden sind, tragen die Miteigentümer im gleichen Verhältnis.

441 *Piątowski*, a.a.O. (Fn 30), S.486.

442 *Zedler*, a.a.O. (Fn 329), S.180/181.

443 *Stecki*, a.a.O. (Fn 317), S.54.

FVGB und Art.41 FVGB geregelt[444]. Art.30 FVGB[445] normiert eine solidarische Haftung (*solidarna odpowiedzialność*) der Ehegatten für Verbindlichkeiten des alltäglichen Bedarfs der Familie[446]. Die Voraussetzungen der solidarischen Haftung sind in Art.366 § 1 plZGB[447] legaldefiniert. Die solidarische Haftung entspricht der Gesamtschuld im deutschen Recht. Art.30 FVGB hat nur einen geringen praktischen Anwendungsbereich, weil die Vorschrift lediglich Verbindlichkeiten des täglichen Lebens der Ehegatten betrifft[448]. Die Haftung nach Maßgabe des Art.30 § 1 FVGB bleibt von einer Auflösung der gesetzlichen Gemeinschaft unberührt. Art.30 FVGB gelangt unabhängig von dem zwischen den Ehegatten geltenden Güterstand zur Anwendung. Er befindet sich in dem zweiten Abschnitt des ersten Titels mit der Überschrift „Rechte und Pflichten der Ehegatten" (*prawa i obowiązki małżonków*) und gilt unabhängig von dem der Ehe zugrunde liegenden Güterstand. Güterrechtliche Veränderungen haben folglich auf die Haftung nach Maßgabe des Art.30 FVGB auch keinen Einfluß[449]. Die Ehegatten haften somit auch nach Beendigung des gesetzlichen Güterstandes weiter solidarisch für Verbindlichkeiten des täglichen Lebensbedarfs der Familie. Haftungsgrundlage ist dabei jeweils das persönliche Vermögen, der Anteil am gemeinschaftlichen Vermögen sowie das nach Beendigung der gesetzlichen Gemeinschaft durch den Ehegatten erworbene Vermögen[450].

---

444 Umfassend dazu *Dyoniak*, Odpowiedzialność za długi przy prowadzeniu działalności gospodarczej (Haftung für Schulden bei der wirtschaftlichen Betätigung), Rejent 1995, Nr.6, S.28.

445 Art.30 § 1. Beide Ehegatten haften solidarisch für Verbindlichkeiten, die ein Ehegatte für die Bedürfnisse des alltäglichen Lebensbedarfs der Familie eingeht. § 2. Aus wichtigen Gründen kann das Gericht auf Verlangen eines Ehegatten beschließen, dass für vorstehende Verbindlichkeiten nur der Ehegatte haftet, der diese eingegangen ist. Dieser Beschluß kann bei Änderung der tatsächlichen Umstände aufgehoben werden. § 3. Gegenüber Dritten ist der Ausschluß der solidarischen Haftung nur wirksam, wenn er diesen bekannt war.

446 „...*w sprawach wynikających z zaspokajania zwykłych potrzeb rodziny*...".

447 Art.366 § 1. Mehrere Schuldner können in der Weise verpflichtet sein, dass der Gläubiger die Leistung ganz oder teilweise von sämtlichen Schuldnern gemeinsam, von einigen von ihnen oder von jedem Schuldner einzeln verlangen kann und die Befriedigung des Gläubigers durch einen Schuldner die übrigen befreit (Solidarische Haftung). § 2. Bis zur vollständigen Befriedigung des Gläubigers bleiben die Schuldner solidarisch verpflichtet.

448 *Sychowicz* in Piasecki, Art.30 FVGB Anm.1.

449 *Zedler*, a.a.O. (Fn 329), S.195.

450 *Stecki*, a.a.O. (Fn 317), S.56.

2. Beendigung der Haftung des gemeinschaftlichen Vermögens nach Art.41 FVGB

Die Grundlagen für die Haftung des gemeinschaftlichen Vermögens der Ehegatten während der Dauer der gesetzlichen Gemeinschaft sind in den drei Paragraphen des Art.41 FVGB mit Ausnahme einer Haftung für Geldstrafen, Ordnungsgelder und andere Bußgelder abschließend niedergelegt[451]. Gemäß Art.41 § 1 FVGB[452] kann der Gläubiger für Verbindlichkeiten eines Ehegatten auch dann auf das gemeinschaftliche Vermögen zurückgreifen[453], wenn dieser Schuldner-Ehegatte die Verbindlichkeit mit Zustimmung des anderen Ehegatten eingegangen ist[454]. Eine solche Haftung des gemeinschaftlichen Vermögens der Ehegatten für Verbindlichkeiten, die ein Ehegatte allein während der Dauer der gesetzlichen Gemeinschaft eingeht, ist Ausfluß der gesamthänderischen Bindung des gemeinschaftlichen Vermögens. Daher haben die Ehegatten bis zur Auflösung des gesetzlichen Güterstandes auch keinen konkretisierbaren Anteil an dem gemeinschaftlichen Vermögen, sondern nur ein ungeteiltes Recht[455].

Das Zustimmungserfordernis in Art.41 § 1 FVGB wurde durch die Juni-Reform 2004 eingeführt. Vorher konnte der Gläubiger des Schuldner-Ehegatten Befriedigung aus dem gemeinschaftlichen Vermögen verlangen, ohne dass eine Zustimmung des anderen Ehegatten erforderlich war[456]. Die Haftung des gemeinschaftlichen Vermögens war nur dann ausgeschlossen, wenn die Verbindlichkeit vor Entstehung des gesetzlichen Güterstandes entstanden war oder ausdrücklich nur das gesonderte Vermögen des Schuldner-Ehegatten betraf[457]. Die nunmehr gemäß Art.41 § 1 FVGB erforderliche Zustimmung hat im Gegensatz zu den Zustimmungserfordernissen nach Maßgabe des Art.37 FVGB – danach ist die Zustimmung des Ehegatten zu bestimmten, das gemeinschaftliche Vermögen betreffenden, Rechtsgeschäften wie etwa der Veräußerung oder Belastung einer

451 *Sychowicz* in Piasecki, Art.41 FVGB Anm.4.

452 Art.41 § 1. Ist ein Ehegatte eine Verbindlichkeit mit Zustimmung des anderen Ehegatten eingegangen, so kann der Gläubiger auch aus dem gemeinschaftlichen Vermögen der Ehegatten Befriedigung verlangen.

453 "*Wierzyciel może żądać zaspokojenia także z majątku wspólnego małżonków...*".

454 "*...jeżeli małżonek zaciągnął zobowiązanie za zgodą drugiego małżonka...*"

455 *Breyer/Gross* in Grudziński/Ignatowicz, Art.23 FGB Anm.1.

456 Vgl. Art.41 § 1 FVGB a.F. und auch Art.23 §1 FGB; dazu *Skowrońska-Bocian*, a.a.O. (Fn 238), S.105/106; ausführlich zum FGB die Grundsatzentscheidung des OG in OSNCP 1964, Nr.1, Pos.1.

457 *Lech-Chełmińska/Przybyła*, Art.41 FVGB Anm.2; eingehend zu den Reformen der Haftung siehe auch *Jędrzejewska*, Działalność gospodarcza a konieczność reformy zasad odpowiedzialności małżonków majątkiem wspólnym (Wirtschaftliche Betätigung und die Notwendigkeit der Reform der Regeln zur Haftung der Ehegatten mit dem gemeinschaftlichen Vermögen), PS 1995, Nr.4, S.19ff.

Immobilie erforderlich – keine Auswirkungen auf die Wirksamkeit des Rechtsgeschäfts, das die Verbindlichkeit des Schuldner-Ehegatten begründet. Ein Fehlen der erforderlichen Zustimmung begrenzt lediglich die Haftungsmasse zum Nachteil des Gläubigers gemäß Art.41 § 2 FVGB[458].

Fehlt die Zustimmung des anderen Ehegatten oder ist die Mithaftung des anderen Ehegatten nicht aus den der Verbindlichkeit zugrunde liegenden Umständen ersichtlich[459], so kann der Gläubiger des Schuldner-Ehegatten gemäß Art.41 § 2 FVGB[460] während des Bestehens der gesetzlichen Gemeinschaft außer auf das persönliche Vermögen des Schuldner-Ehegatten[461] zusätzlich noch auf dessen Lohn sowie auf dessen Einkünfte aus anderen Erwerbstätigkeiten[462], auf die Früchte aus den in Art.33 Punkt 9) FVGB genannten Rechten[463] – dies sind Urheber- und verwandte Schutzrechte – und schließlich, wenn die Verbindlichkeit im Zusammenhang mit der Führung eines Unternehmens entstanden ist, auch auf Vermögenswerte, die Bestandteil des Unternehmens sind[464], zugreifen. Wenn die Verbindlichkeit vor Entstehung der gesetzlichen Gemeinschaft entstanden ist oder wenn die Verbindlichkeit nur das persönliche Vermögen des Schuldner-Ehegatten betrifft[465], kann der Gläubiger während der Dauer der gesetzlichen Gemeinschaft gemäß Art.41 § 3 FVGB[466] Befriedigung aus dem per-

---

458 *Sychowicz* in Piasecki, Art.41 FVGB Anm.8; *Lech-Chełmińska/Przybyła*, Art.41 FVGB Anm.4.

459 *„Jeżeli małżonek zaciągnął zobowiązanie bez zgody drugiego małżonka albo zobowiązanie jednego z małżonków nie wynika z czynności prawnej...".*

460 Art.41 § 2. Ist der Ehegatte die Verpflichtung ohne Zustimmung des anderen Ehegatten eingegangen oder ist eine Mitverpflichtung des anderen Ehegatten aus dem Rechtsgeschäft nicht erkennbar, so kann der Gläubiger Befriedigung aus dem persönlichen Vermögen des Schuldners, seinem Lohn oder seinen Einkünften aus anderen Erwerbstätigkeiten sowie auch aus Früchten der in Art.33 Punkt 9) genannten Rechte verlangen, und wenn die Verbindlichkeit im Zusammenhang mit der Führung eines Unternehmens entstanden ist, auch aus Vermögensgegenständen, die Bestandteil des Unternehmens sind.

461 *„...wierzyciel może żądać zaspokojenia z majątku osobistego dłużnika...".*

462 *„...z wynagrodzenia za pracę lub z dochodów uzyskanych przez dłużnika z innej działalności zarobkowej...".*

463 *„...jak również z korzyści uzyskanych z jego praw, o których mowa w art.33 pkt.9...".*

464 *„...a jeżeli wierzytelność powstała w związku z prowadzeniem przedsiębiorstwa także z przedmiotów majątkowych wchodzących w skład przedsiębiorstwa".*

465 *„Jeżeli wierczytelność powstała przed powstaniem wspólności lub dotyczy majątku osobistego jednego z małżonków...".*

466 Art.41 § 3. Ist die Verbindlichkeit vor Entstehung der Gemeinschaft entstanden oder betrifft sie das persönliche Vermögen eines der Ehegatten, so kann der Gläubiger aus dem persönlichen Vermögen des Schuldners, aus dem Lohn oder den Einkünften aus anderen Erwerbstätigkeiten, sowie aus den Früchten der in Art.33 Punkt 9) genannten Rechte, Befriedigung verlangen.

sönlichen Vermögen des Schuldner-Ehegatten[467], aus seinem Lohn oder aus seinen sonstigen Einkünften aus einer Erwerbstätigkeit sowie aus den Früchten der in Art.33 Punkt 9) FVGB genannten Rechte verlangen. Die Neugestaltung der Haftung im Rahmen der Juni-Reform 2004 und dabei insbesondere das Zustimmungserfordernis in Art.41 § 1 FVGB sollen für ein besseres Gleichgewicht zwischen den Interessen des Gläubigers und den Interessen des Ehegatten, der nicht gleichzeitig persönlicher Schuldner ist, sorgen[468].

Die Beendigung der gesetzlichen Gemeinschaft hat lediglich keinen Einfluß auf die Haftung für Verbindlichkeiten nach Maßgabe der Art.41 § 3 FVGB. Der Gläubiger kann also weiterhin in die dort erwähnten Vermögensbestandteile vollstrecken[469]. Die Haftung für Verbindlichkeiten, die während der Dauer der gesetzlichen Gemeinschaft die Voraussetzungen des Art.41 § 1 oder § 2 FVGB erfüllen würde, wird demgegenüber durch die Beendigung des gesetzlichen Güterstandes ebenfalls beendet[470]. Dies gilt nicht nur für Verbindlichkeiten, die nach Beendigung der gesetzlichen Gemeinschaft entstehen, sondern auch für Verbindlichkeiten, die noch während der Dauer der gesetzlichen Gemeinschaft entstanden sind. Der Gläubiger kann folglich ab dem Zeitpunkt der Beendigung des gesetzlichen Güterstandes nur noch ausschließlich auf das Vermögen seines persönlichen Schuldners zugreifen. Dieses setzt sich nunmehr aus dessen persönlichem Vermögen, seinem Anteil am gemeinschaftlichen Vermögen und dem Vermögen, welches er nach Beendigung der gesetzlichen Gemeinschaft dazu erwirbt, zusammen[471].
Diese erhebliche Einschränkung der Haftungsmasse nach Beendigung der gesetzlichen Gemeinschaft zu Lasten des Gläubigers durch Freiwerden des Ehegatten, der nicht gleichzeitig persönlicher Schuldner ist, ist eine „Frucht der Reform von 1975“[472], die die Streichung des Art.44 FVGB a.F. zur Folge hatte. Die Frage, ob der nicht persönlich haftende Ehegatte für Verbindlichkeiten des anderen Ehegatten mit dem gemeinschaftlichen Vermögen auch noch nach Beendigung der gesetzlichen Gemeinschaft haften soll, wurde in der Literatur während der Geltung des FGB von 1950 diskutiert[473]. In der Literatur zum FGB haben sich zu dieser Problematik im Wesentlichen zwei Meinungen herausgebil-

---

467 „*...wierzyciel może żądać zaspokojenia z majątku osobistego dłużnika, z wynagrodzenia za pracę lub z dochodów uzyskanych przez dłużnika z innej działalności zarobkowej jak również z korzyści uzyskanych z jego praw, o których mowa w art.33 pkt.9*”.

468 *Pietrzykowski* 2003, Art.41 FVGB Rn 57; siehe auch Regierungsprojekt, KPP 2003, Nr.3, S.685, 702.

469 *Sychowicz* in Piasecki, Art.46 FVGB Anm.32; vgl. auch zum alten Art.41 § 2 FVGB *Piątowski*, a.a.O. (Fn 30), S.486.

470 *Skowrońska-Bocian*, a.a.O. (Fn 238), S.156; *Pietrzykowski* 2003, Art.42 FVGB Rn 22.

471 *Stecki*, a.a.O. (Fn 317), S.55.

472 So wörtlich *Piątowski*, a.a.O. (Fn 30), S.486.

473 *Piątowski*, a.a.O., S.310/311.

det[474]: Die Befürworter der Auffassung, dass die Haftung des Ehegatten, der nicht gleichzeitig persönlicher Schuldner ist, mit Beendigung der gesetzlichen Gemeinschaft entfalle, argumentierten, dass es für eine Aufrechterhaltung der Haftung des gemeinschaftlichen Vermögens an einer ausdrücklichen Vorschrift im FGB fehle[475]. Der Grund für die Erstreckung der Haftung auf den Mitehegatten sei durch die Beendigung der gesetzlichen Gemeinschaft entfallen, so dass der Schuldner-Ehegatte nunmehr allein mit seinem persönlichem und dem Anteil am gemeinschaftlichen Vermögen haften müsse. Schließlich gelte die Haftungserstreckung auf den anderen Ehegatten gemäß Art.23 FGB ausdrücklich nur während der Dauer der gesetzlichen Gemeinschaft. Nach Beendigung der gesetzlichen Gemeinschaft fänden gemäß Art.25 FGB vielmehr die Vorschriften über das Bruchteilseigentum Anwendung[476].

Die Gegenauffassung hingegen meinte, dass die Entlassung des anderen Ehegatten aus der Haftung analog der Interessenlage bei der Nachlaßgemeinschaft den Gläubiger unangemessen benachteilige. Dieser habe einer aus seiner Sicht nicht beeinflußbaren und auch regelmäßig nicht vorhersehbaren plötzlichen Haftungsbeschränkung nicht zugestimmt. Es fehle schließlich auch an einer entsprechenden Vorschrift für eine solche gravierende Rechtsfolge[477].

Der polnische Gesetzgeber entschied sich bei Kodifizierung des FVGB a.F. 1964 für die letztere und den Gläubiger schützende Auffassung. In der ursprünglichen Fassung des FVGB regelte daher wie bereits ausgeführt ein Art.44 FVGB a.F.[478] das Schicksal der Haftung für Verbindlichkeiten der Ehegatten, die vor Beendigung der gesetzlichen Gemeinschaft entstanden waren. Danach haftete der Ehegatte, der nicht gleichzeitig persönlicher Schuldner war, bei Eingehung einer Verbindlichkeit gegen das gemeinschaftliche Vermögen nach Beendigung der gesetzlichen Gemeinschaft weiter mit seinem Vermögen. Diese Haftung war allerdings bis zur Höhe seines Anteils am gemeinschaftlichen Vermögen begrenzt[479]. Durch die Regelung in Art.44 FVGB a.F. wurde somit die Haftung des

474 *Pietrzykowski*, der in einer Rezension zu dem Werk „Prawo spadkowe (Erbrecht)“ von *Gwiazdomorski*, Warschau 1959, S.270 auf diesen als „andere Ansicht“ verweist: in NP 1959, Nr.12, S.1497, 1504.

475 *Pietrzykowski*, NP 1959, Nr.12, S.1497, 1504.

476 *Pietrzykowski*, NP 1959, Nr.12, S.1497, 1504 meint sogar, dass der „Schutz des Gläubigers nicht so ausschlaggebend sei“.

477 So die Interpretation von *Pietrzykowski*, NP 1959, Nr.12, S.1497, 1504 zu der Auffassung von *Gwiazdomorski* in Prawo Spadkowe (Erbrecht), Warschau 1959, S.270.

478 Art.44 FVGB a.F. Ein Ehegatte, der während der Dauer der gesetzlichen Gemeinschaft nur mit dem gemeinschaftlichen Vermögen für Verbindlichkeiten haftete, haftet nach Beendigung der Gemeinschaft mit seinem gesamten Vermögen, jedoch nur bis zur Höhe des ihm zufallenden Anteils am gemeinschaftlichen Vermögen.

479 *Stecki*, a.a.O. (Fn 317), S.55.

gesamthänderisch gebundenen gemeinschaftlichen Vermögens der Ehegatten auf der Grundlage des Art.41 § 1 FVGB a.F. aufrechterhalten. Man könnte insoweit von der durch die Beendigung der gesetzlichen Gemeinschaft bedingten Entstehung einer mit dem deutschen Recht vergleichbaren „gelockerten Gesamthand“ in Bezug auf das gemeinschaftlichen Vermögen sprechen. Denn die Ehegatten hafteten trotz Auflösung der gesetzlichen Gemeinschaft weiter mit dem gemeinschaftlichen Vermögen für Verbindlichkeiten, die nur von einem Ehegatten vor Beendigung der gesetzlichen Gemeinschaft zu Lasten des gemeinschaftlichen Vermögens nach Maßgabe des Art.41 § 1 FVGB a.F. eingegangen worden waren. Folglich entsprach diese Haftung der Haftung vor der Auflösung der gemeinschaftlichen Bindung. Die Gläubiger des Schuldner-Ehegatten konnten somit die Vollstreckung auch nach Beendigung der gesetzlichen Gemeinschaft gegen das gemeinschaftliche Vermögen richten und aus diesem Befriedigung verlangen, wenn ihr Titel mit einer entsprechenden Vollstreckungsklausel versehen war oder ein Titel unmittelbar auf der Grundlage des Art.44 FVGB a.F. gegen den Ehegatten, der nicht gleichzeitig persönlicher Schuldner war, erwirkt worden ist[480].

Trotz der kritischen Einstellung der Literatur zu dem Fortbestand der Haftung des gemeinschaftlichen Vermögens nach Beendigung der gesetzlichen Gemeinschaft wegen der Mithaftung für Ordnungsgelder, wurde die vollständige Streichung des Art.44 FVGB a.F. heftig kritisiert[481]. Seitdem fehlt es an einer Bestimmung im FVGB, die ausdrücklich das Schicksal der Haftung der Ehegatten nach Beendigung der gesetzlichen Gemeinschaft regelt. Die Beendigung der gesetzlichen Gemeinschaft hat in Ermangelung einer anderen Regelung die Befreiung von der in Art.41 § 1 FVGB angeordneten Haftung des gemeinschaftlichen Vermögens zur Folge[482]. Insbesondere erstreckt sich der Verweis in Art.46 FVGB ausdrücklich nur auf die Vorschriften über die Nachlaßgemeinschaft und die Teilung des Nachlasses[483], jedoch nicht auf die Haftung für Nachlaßverbind-

480 *Stecki*, a.a.O. (Fn 317), S.55.

481 *Piątowski*, a.a.O. (Fn 30), S.14/487; aktuell *Skowrońska-Bocian*, a.a.O. (Fn 238), S.156.

482 Seit der Reform des Güterrechts im Juni 2004 steht die gesamtschuldnerische Haftung nach Maßgabe des Art.41 § 1 FVGB unter einem Zustimmungsvorbehalt des Ehegatten, der nicht persönlicher Schuldner ist; exemplarisch zum Freiwerden von der Haftung: II CRN 149/94 vom 11. Januar 1995, abgedruckt u.a. in OSP 1995, Nr.7-8, Pos.168; bei der Entscheidung geht es hauptsächlich darum, ob allein auf der Grundlage des Scheidungsurteils eine Zwangshypothek wegen einer Verbindlichkeit zu Lasten des Schuldner-Ehegatten auf einer Immobilie, die zum gemeinschaftlichen Vermögen gehört, eingetragen werden darf und ob der Titel bei Eintragung einer Zwangshypothek einer Klausel nach Art.787 plZPO bedarf.

483 „*...stosuje się odpowiednio przepisy o wspólności majątku spadkowego i o dziale spadku...*“.

lichkeiten[484] in Titel 7 des Viertes Buches des plZGB. Der Gläubiger, der bis zur Streichung des Art.44 FVGB a.F. noch auf den Großteil des gemeinschaftlichen Vermögens zugreifen konnte, war folglich besser gestellt. Er war vor einer Verschlechterung seiner Situation infolge einer Auflösung der gesetzlichen Gemeinschaft, die aus seiner Sicht regelmäßig nicht vorhersehbar ist, geschützt. Dieser Schutz ist 1975 zu Lasten des Gläubigers abgeschafft und im Zuge der Juni-Reform 2004 auch nicht wieder eingeführt worden. Von Teilen der Literatur wird daher heute auch wegen der Beschneidung der Gläubigerrechte durch die Veränderung der Haftungsgrundlage nach Beendigung der gesetzlichen Gemeinschaft Kritik laut. Es wird in diesem Zusammenhang von einem Versäumnis des Juni-Reformgesetzgebers von 2004 gesprochen[485]. Gegen die Auflösung der Haftung des gemeinschaftlichen Vermögens werden insbesondere das neue Zustimmungserfordernis in Art.41 § 1 FVGB sowie die Möglichkeit einer Aufhebungsklage nach Art.52 FVGB mit der Möglichkeit, die gesetzliche Gemeinschaft für die Vergangenheit aufzulösen, als hinreichende Schutzinstrumente des Ehegatten, der nicht gleichzeitig persönlicher Schuldner ist, ins Feld geführt[486].

3. Auswirkungen in der Zwangsvollstreckung

Spiegelbildlich zum Art.41 FVGB sind die entsprechenden Vorschriften über die Klauselerteilung gegenüber dem anderen Ehegatten im Zivilprozeßrecht geändert worden: Gemäß Art.787 plZPO[487] erfolgt eine Klauselerteilung bei der Vollstreckung aus dem gemeinschaftlichen Vermögen gegenüber dem anderen Ehegatten nur[488], wenn der Gläubiger des Schuldner-Ehegatten die nach Art.41 § 1 FVGB erforderliche Zustimmung des anderen Ehegatten zu der titulierten Verbindlichkeit durch behördliche oder private Dokumente nachweist[489].

484 „*Odpowiedzialność za długi spadkowe*".

485 *Skowrońska-Bocian*, a.a.O. (Fn 238), S.155/156.

486 *Skowrońska-Bocian*, a.a.O., S.156.

487 Art.787. Das Gericht erteilt einem Vollstreckungstitel gegen eine verheiratete Person eine Vollstreckungsklausel auch gegen seinen Ehegatten mit der Begrenzung seiner Haftung auf das gemeinschaftliche Vermögen, wenn der Gläubiger mittels eines behördlichen oder eines privaten Dokumentes nachweist, dass die titulierte Forderung mit Zustimmung des anderen Ehegatten entstanden ist.

488 „*Tytułowi egzekucyjnemu wydanemu przeciwko osobie pozostającej w związku małżeńskim sąd nada klauzulę wykonalności także przeciwko jej małżonkowi z ograniczeniem jego odpowiedzialności do majątku objętego wspólnością majątkową...*".

489 „*...jeżeli wierzyciel wykaże dokumentem urzędowym lub prywatnym, że stwierdzona tytułem egzekucyjnym wierzytelność powstała z czynności prawnej dokonanej za zgodą małżonka dłużnika*"; einführend zu den reformierten Vollstreckungsregelungen *Sorysz*, Małżonek dłużnika w postępowaniu egzekucyjnym w świetle nowelizacji k.p.c. z 2004 r. (Der Ehegatte des Schuldners im Vollstreckungsverfahren im Lichte der Novellierung der Zivilprozeßordnung), MoP 2005, S.692ff.

Entsprechendes gilt gemäß Art.787¹ plZPO[490], wenn die titulierte Verbindlichkeit im Zusammenhang mit der Führung eines Unternehmens entstanden ist[491]. Auch dies muß der Gläubiger für die Klauselerteilung gegenüber dem anderen Ehegatten nachweisen. Hat der Gläubiger für die Vollstreckung auf der Grundlage des Art.41 § 1 FVGB in Verbindung mit Art.787, 787¹ plZPO bereits vor Beendigung der gesetzlichen Gemeinschaft die Klauselerteilung erreicht, so hat eine unmittelbar daran anschließende Beendigung der gesetzlichen Gemeinschaft keine Auswirkungen und die Haftung mit dem gemeinschaftlichen Vermögen bleibt bestehen[492]. Insoweit kann weiter in das gemeinschaftliche Vermögen vollstreckt werden.

Im Übrigen kann der Gläubiger nach Beendigung der gesetzlichen Gemeinschaft eine Vollstreckung in das gemeinschaftliche Vermögen nicht mehr betreiben, da dieses materiellrechtlich in dieser Form nicht mehr existiert[493]. Ihm bleibt nur die Möglichkeit der Vollstreckung in das persönliche Vermögen des Schuldner-Ehegatten sowie in dessen Anteil am gemeinschaftlichen Vermögen[494]. Dies gilt selbst dann, wenn der Gläubiger des Schuldner-Ehegatten sich materiellrechtlich *vor* Beendigung der gesetzlichen Gemeinschaft noch auf die gesamthänderische Haftung des gemeinschaftlichen Vermögens nach Art.41 § 1 FVGB berufen konnte. *Nach* Beendigung der gesetzlichen Gemeinschaft kann der Gläubiger seit der Reform 1975 trotzdem nur noch aus einem dem Schuldner-Ehegatten nach Beendigung der gesetzlichen Gemeinschaft zufallenden Anteil an dem gemeinschaftlichen Vermögen Befriedigung verlangen[495]. Das OG entschied in einer ersten Entscheidung nach Streichung des Art.44 FVGB a.F. für den Übergangszeitraum sogar, dass sich im Rahmen der Vollstreckung ein Gläubiger selbst dann nicht mehr auf die Haftung des nicht persönlich haftenden Ehegatten aus Art.44 FVGB a.F. berufen können soll, wenn die gesetzliche Gemeinschaft vor Inkrafttreten des Änderungsgesetzes 1975 beendet worden ist und der Gläubiger die Vollstreckung gegen den Schuldner-Ehegatten bereits begonnen hatte[496]. Der Gläubiger kann also nach Beendigung der gesetzlichen Gemeinschaft

---

490 Art.787¹. Das Gericht erteilt einem Vollstreckungstitel gegen eine verheiratete Person eine Vollstreckungsklausel auch gegen seinen Ehegatten mit der Begrenzung seiner Haftung auf das Unternehmen als Bestandteil des gemeinschaftlichen Vermögens, wenn der Gläubiger mittels eines behördlichen oder eines privaten Dokumentes nachweist, dass die titulierte Forderung im Zusammenhang mit der Führung des Unternehmens entstanden ist.

491 „...*wierzytelność powstała w związku z prowadzeniem przedsiębiorstwa...*".

492 *Pietrzykowski* 1993, Art.42 FVGB Rn 22; *Sychowicz* in Piasecki, Art.46 FVGB Anm.30; *Zedler*, a.a.O. (Fn 329), S.184.

493 *Piątowski*, a.a.O. (Fn 30), S.487.

494 *Skowrońska-Bocian*, a.a.O. (Fn 238), S.156.

495 *Zedler*, a.a.O., S.183.

496 OSNCP 1977, Nr.10, Pos.188.

nur auf den Anteil des Schuldner-Ehegatten am ehemals gesamthänderisch gebundenen gemeinschaftlichen Vermögen der Ehegatten zugreifen. Dies war ihm vor Beendigung der gesetzlichen Gemeinschaft wegen des Gesamthandcharakters des gemeinschaftlichen Vermögens gemäß Art.42 FVGB versagt[497]. Eine Vollstreckung des Gläubigers in den Anteil seines persönlichen Schuldner-Ehegatten am gemeinschaftlichen Vermögen unmittelbar nach Beendigung der gesetzlichen Gemeinschaft erscheint indes unter zwei Gesichtspunkten problematisch: zum einen steht die konkrete Anteilsgröße bis zur endgültigen Auseinandersetzung und Teilung des gemeinschaftlichen Vermögens nicht fest. Es kann gemäß Art.43 FVGB nachträglich zu einer Abweichung vom grundsätzlichen Halbteilungsgrundsatz und damit einer anderen Anteilsbestimmung kommen.

Weiter ist fraglich, ob der Gläubiger zur Verwirklichung seiner Rechte in den Bruchteil an den jeweiligen Gegenständen und Rechten, die das gemeinschaftliche Vermögen der Ehegatten ursprünglich ausmachten, vollstrecken kann.

Grundsätzlich ist die Zwangsvollstreckung sowohl bei Mobilien als auch bei Immobilien in einen Bruchteil bei mehreren Eigentümern zulässig, vgl. insoweit die Art.846 und Art.1004 plZPO. Problematisch ist allerdings, dass angesichts der noch nicht durchgeführten Teilungsauseinandersetzung unklar ist, welche Vermögenswerte des ehemals gemeinschaftlichen Vermögens dem Schuldner-Ehegatten tatsächlich nach der Teilung zufallen werden. Dem Gläubiger bleibt folglich nur eine Möglichkeit: Zunächst ist eine Pfändung nach Maßgabe der Art.896, 912 plZPO des Auseinandersetzungs- und Teilungsanspruchs des Schuldner-Ehegatten durch den Gläubiger erforderlich. Anschließend kann der Gläubiger die Teilungsauseinandersetzung des gemeinschaftlichen Vermögens verlangen, um dann schließlich die Vollstreckung in die Bestandteile des gemeinschaftlichen Vermögens, die konkret seinem Schuldner zufallen, betreiben zu können[498].

Mit Blick auf die für den Gläubiger kosten- und insgesamt aufwendige Vollstreckung erstaunt, dass der Gesetzgeber der Juni-Reform 2004 für den Zeitraum zwischen Beendigung und Auseinandersetzung weder materiell noch prozessual klare Normen geschaffen hat, die die komplexen Rechtsverhältnisse im Hinblick auf das gemeinschaftliche Vermögen nach Beendigung der gesetzlichen Ge-

497 Art.42 FVGB. Der Gläubiger eines Ehegatten kann während des Bestehens der gesetzlichen Gemeinschaft keine Befriedigung aus dem Anteil verlangen, der diesem Ehegatten im Falle der Beendigung der Gemeinschaft am gemeinschaftlichen Vermögen oder an einzelnen Gegenständen, die zu diesem Vermögen gehören, zufallen wird.

498 *Stecki*, a.a.O. (Fn 317), S.55; *Piątowski*, a.a.O. (Fn 30), S.487; *Zedler*, a.a.O. (Fn 329), S.189; *Sychowicz* in Piasecki, Art.46 FVGB Anm.34.

meinschaft regeln. Dies insbesondere auch vor dem Hintergrund, dass das gemeinschaftliche Vermögen nicht wie regelmäßig im Falle des Miteigentums aus einer Sache besteht, sondern typischerweise verschiedene Sachen und Rechte umfaßt. Die Rechtsverhältnisse nach Auflösung des gesetzlichen Güterstandes werden zudem noch dadurch unnötig erschwert, dass die Ehegatten nach Beendigung der gesetzlichen Gemeinschaft – teilweise über einen langen Zeitraum – weiterhin mit ihrem einst gemeinschaftlichen Vermögen am Rechtsverkehr teilnehmen und sich so verschiedene Rechtszuständigkeiten überlagern können. Die Folge ist, dass sich nicht nur die Auseinandersetzung und Teilung dieses Vermögens immer schwieriger gestaltet, sondern auch der Gläubiger nahezu schutzlos gestellt wird.

Zweiter Teil
Die vermögensrechtliche Auseinandersetzung und Teilung des gemeinschaftlichen Vermögens

Nach Beendigung eines Güterstandes sind die Gründe, die eine wirtschaftliche Verknüpfung zwischen den Ehegatten erfordern, weggefallen. Sei es nun der Art nach eine Form der Gütergemeinschaft oder eine Form der Gütertrennung, erfolgt nach Auflösung des Güterstandes regelmäßig eine vermögensrechtliche Auseinandersetzung und Teilung der während der Dauer des Güterstandes gemeinschaftlich durch die Ehegatten errungenen Vermögenswerte. Typischerweise haben eine solche Auseinandersetzung und Teilung das Ziel, den während der Dauer des Güterstandes eingetretenen Vermögenszuwachs zwischen den Eheleuten nach Beendigung der Ehe gerecht zu verteilen, vorausgesetzt ein teilbarer Vermögenszuwachs ist tatsächlich vorhanden. Entsprechende güterrechtliche Vorschriften eines Rechtssystems liefern dann für eine solche Auseinandersetzung und Teilung des gemeinschaftlichen Vermögens während der Ehe eine Richtlinie des Gesetzgebers, nach der diese gerechte Verteilung der einst gemeinschaftlichen Vermögenswerte zwischen den Ehegatten erreicht werden kann. Der Gesetzgeber bedient sich dabei je nach der Form des Güterstandes verschiedenster Regelungsmodelle, die er für die Auseinandersetzung und Teilung eines gemeinschaftlichen Vermögens für geeignet hält und die den ehebedingten Besonderheiten des Güterstandes Rechnung tragen.

Die vermögensrechtliche Auseinandersetzung und Teilung des gemeinschaftlichen Vermögens nach Auflösung der gesetzlichen Gemeinschaft – der polnische Begriff und die Aktenbezeichnung in den damit befaßten Zivilabteilungen der Amtsgerichte ist *podział majątku* – ist im FVGB in drei Artikeln zusammengefaßt: Art.43 FVGB, Art.45 FVGB und Art.46 FVGB. Die genannten Vorschriften befassen sich wie bereits dargestellt dabei lediglich mit einzelnen Aspekten der vermögensrechtlichen Auseinandersetzung und verweisen für die Teilung und in diesem Zusammenhang sonst auftretende Fragen auf die Vorschriften zur Nachlaßgemeinschaft und zur Nachlaßteilung sowie auf das Miteigentum nach Bruchteilen. Das FVGB selbst enthält somit keine abschließende Regelung der vermögensrechtlichen Auseinanderssetzung und Teilung des gemeinschaftlichen Vermögens. Alle Gesichtspunkte der Auseinandersetzung und Teilung, die über die gegenseitigen Werterstattungsansprüche in Art.45 FVGB und die Anteilsbestimmung in Art.43 FVGB hinausgehen, werden vom polnischen Gesetzgeber auf der Grundlage einer entsprechenden Anwendung der nachlaß- und bruchteilsrechtlichen Vorschriften gelöst.

Die Verweisungsmethodik zur Regelung der Teilungsauseinandersetzung zwischen den Ehegatten setzt sich dann auch weiter auf verfahrensrechtlicher Ebene fort. Das Verfahrensrecht sieht lediglich zwei Vorschriften zur Teilungsauseinandersetzung der Ehegatten in Art.566[499], 567 plZPO[500] vor. Art.566 plZPO regelt die sachlichen Zuständigkeit des Gerichts, in dessen Bezirk sich das gemeinschaftliche Vermögen befindet bzw. bei Beendigung der gesetzlichen Gemeinschaft durch den Tod eines Ehegatten des Nachlaßgerichts[501]. Art.567 § 1 plZPO bestimmt, dass das Teilungsgericht im Teilungsverfahren[502] auch über den Anspruch auf Abweichung vom Halbteilungsgrundsatz[503] sowie die Werterstattungsansprüche der beiden Vermögensmassen untereinander[504] entscheidet. Gemäß Art.567 § 2 plZPO kann das Gericht bei Streitigkeit des Anspruches auf Abweichung vom Halbteilungsgrundsatz auch durch einen Teilbeschluß entscheiden[505]. Im Übrigen enthält die Vorschrift in § 3 auch auf verfahrensrechtlicher Ebene wieder eine Verweisung auf die Vorschriften zur Nachlaßteilung in Art.680 bis 689 plZPO[506]. Art.688 plZPO[507] verweist dann für das Verfahrensrecht bei der Nachlaßteilung auf die Vorschriften zur Aufhebung des Miteigentums in Art.617 bis 625 plZPO unter besonderer Berücksichtigung des Art.618 § 2 und § 3 plZPO.

---

499 Art.566. Im Teilungsverfahren nach Beendigung der gesetzlichen Gemeinschaft zwischen den Ehegatten ist das Gericht der Belegenheit des gemeinschaftlichen Vermögens, und wenn die Gemeinschaft durch den Tod beendet worden ist, das Nachlaßgericht zuständig.

500 Art.567 § 1. Im Teilungsverfahren nach Beendigung der gesetzlichen Gemeinschaft entscheidet das Gericht auch über den Anspruch auf Abweichung vom Halbteilungsgrundsatz sowie darüber, dass Ausgaben und Aufwendungen und andere Leistungen aus dem gemeinschaftlichen Vermögen auf das persönliche Vermögen und umgekehrt der Erstattung unterliegen. § 2. Bei Streitigkeit des Anspruches auf Abweichung vom Halbteilungsgrundsatz in Bezug auf das gemeinschaftliche Vermögen kann das Gericht auch durch einen Teilbeschluß entscheiden. § 3. In Ansehung der Teilung des gemeinschaftlichen Vermögens nach Beendigung der gesetzlichen Gemeinschaft, und insbesondere in dem gesonderten Verfahren in Bezug auf die in § 1 genannten Sachen finden die Vorschriften zur Teilung des Nachlasses entsprechende Anwendung.

501 „*W sprawie o podział majątku wspólnego po ustaniu wspólności majątkowej między małżonkami właściwy jest sąd miejsca położenia majątku, a jeżeli wspólność ustała przez śmierć jednego z małżonków - sąd spadku*".

502 „*W postępowaniu o podział majątku wspólnego po ustaniu wspólności majątkowej między małżonkami sąd rozstrzyga także...*".

503 „*...o żądaniu ustalenia nierównych udziałów małżonków w majątku wspólnym...*".

504 „*...oraz o tym, jakie wydatki, nakłady i inne świadczenia z majątku wspólnego na rzecz majątku osobistego lub odwrotnie podlegają zwrotowi*".

505 „*W razie sporu co do ustalenia nierównych udziałów w majątku wspólnym sąd może w tym przedmiocie orzec postanowieniem wstępnym*".

506 „*Do postępowania o podział majątku wspólnego po ustaniu wspólności majątkowej między małżonkami, a zwłasza do odrębnego postępowania w sprawach wymienionych w paragrafie pierwszym stosuje się odpowiednio przepisy o dziale spadku*".

507 Art.688. Zur Teilung des Nachlasses werden die Vorschriften zur Aufhebung des Miteigentums, insbesondere Art.618 § 2 und § 3, entsprechend angewendet.

Die Regelung der Teilung des gemeinschaftlichen Vermögens entsprechend den Vorschriften über das Miteigentum nach Bruchteilen ist rechtsmethodisch vergleichbar mit der Teilung des Überschusses bei der deutschen Gütergemeinschaft[508]. Der Unterschied im polnischen Recht ist allerdings, dass die Vorschriften zum Miteigentum unmittelbar mit der Beendigung des gesetzlichen Güterstandes über Art.46 FVGB in Verbindung mit Art.1035 plZGB und auf verfahrensrechtlicher Ebene über die Art.567 § 3, 688 plZPO in Ansehung des gemeinschaftlichen Vermögens zur Anwendung gelangen. Im Folgenden wird dargestellt, wie sich die Auseinandersetzung und Teilung des gemeinschaftlichen Vermögens auf der Grundlage dieses Regelungssystems gestaltet.

A. Die Grundschritte der Auseinandersetzung

Die Auseinandersetzung und Teilung des gemeinschaftlichen Vermögens ist erst nach Beendigung der gesetzlichen Gemeinschaft zulässig. Eine Auseinandersetzung und Teilung des gemeinschaftlichen Vermögens während der Dauer der gesetzlichen Gemeinschaft ist wegen der gesamthänderischen Gebundenheit des ehelichen Vermögens nicht möglich. Die Ehegatten können zwar während der Dauer der gesetzlichen Gemeinschaft nahezu jede Art von vermögensrechtlichen Regelungen treffen, die im Ergebnis eine Teilung des gemeinschaftlichen Vermögens zur Folge haben und diese gegebenenfalls ehevertraglich festlegen. Sie können im Ausnahmefall sogar die Rückerstattung der Ausgaben und Aufwendungen im Ausnahmefall des Art.45 § 2 FVGB vor der Teilungsauseinandersetzung verlangen, nämlich dann, wenn ein Gericht aus Gründen des Familienwohls einen solch vorzeitigen Ausgleich als gerechtfertig ansieht. Gleichwohl handelt es sich dabei nicht um eine Teilungsauseinandersetzung im eigentlichen Sinne[509]. Eine Teilung des gemeinschaftlichen Vermögens ist erst nach Beendigung des gesetzlichen Güterstandes zulässig[510].

I. Keine Pflicht zur Berichtigung von Verbindlichkeiten des gemeinschaftlichen Vermögens

Gesamthandsgemeinschaften, wie es auch die gesetzliche Gemeinschaft eine ist, werden unter Berücksichtigung ihrer jeweiligen Ausgestaltung typischerweise in drei Grundschritten auseinandergesetzt: zunächst sind die Verbindlichkeiten zu berichtigen, danach werden die Einlagen zurückerstattet und danach – falls vor-

508 Im deutschen Recht vgl. § 1477 I BGB.
509 *Stecki*, a.a.O. (Fn 317), S.78.
510 *Piątowski*, a.a.O. (Fn 30), S.494, *Stecki*, Podział majątku wspólnego (Die Teilung des gemeinschaftlichen Vermögens), NP 1967, Nr.10, S.1293, 1294.

handen – der Überschuß grundsätzlich hälftig geteilt[511]. Diese Grundsätze stimmen mit denen bei der Liquidation einer Gesellschaft des Zivilrechts wegen der Strukturverwandtheit einer ehelichen und einer gesellschaftsrechtlichen Gesamthand überein[512] und können als Grundsatz für das polnische Recht aus den Vorschriften über die polnische Gesellschaft des Zivilrechts (*spółka cywilna*) in Art.875 § 2, § 3 plZGB abgeleitet werden[513].

Den Regelungen des FVGB zufolge erfolgt die Teilungsauseinandersetzung der gesetzlichen Gemeinschaft im Vergleich zu der Teilungsauseinandersetzung einer Gesellschaft des Zivilrechts dagegen lediglich in zwei Grundschritten. Anders als bei der Auseinandersetzung einer Gesellschaft des Zivilrechts fehlt es nämlich bei der Auseinandersetzung der gesetzlichen Gemeinschaft an einer Vorschrift wie Art.875 § 2 plZGB oder § 1475 BGB, wonach zuerst eine Berichtigung der Gesamtgutsverbindlichkeiten zu erfolgen hat, bevor das Eingebrachte erstattet und dann der Überschuß geteilt werden kann. Das Auseinandersetzungsguthaben wird also unter Außerachtlassung der Gesamtgutsverbindlichkeiten gegenüber Dritten bestimmt, so dass nur die Aktiva und eben nicht die Passiva der Teilungsauseinandersetzung unterliegen[514]. Dafür muß der das Teilungsverfahren einleitende Antrag neben den seitens des Antragsstellers gewünschten Teilungsmodalitäten die Bestandteile der zu teilenden gemeinschaftlichen Vermögenswerte bezeichnen[515].

Die Nichtberücksichtigung der Passiva in der Auseinandersetzung des gemeinschaftlichen Vermögens kann exemplarisch an folgendem Fall des Amtsgerichts für Warschau-Żoliborz[516] aufgezeigt werden: Die Antragsstellerin hat während der Ehe mit dem Antragsgegner ein durch eine Bürgschaft gesichertes Gründungsdarlehen bei einem lokalen Amt für Arbeit zum Betrieb eines Erwerbsgeschäfts in Form eines Internetclubs aufgenommen und dieses Darlehen im Laufe der Ehe fast vollständig mit Mitteln aus diesem Erwerbsgeschäft abbezahlt. Die

---

511 *Klüber* zur deutschen Gütergemeinschaft in Schröder/Bergschneider, Familienvermögensrecht, a.a.O. (Fn 91), Rn 4.603.

512 *Klüber*, in Schröder/Bergschneider, Familienvermögensrecht, a.a.O., Rn 4.602.

513 Vgl. dazu auch den umfassenden Aufsatz von *Machnij*, Likwidacja spółki cywilnej – wybrane zagadnienia majątkowe (Die Liquidation der Gesellschaft des Zivilrechts – ausgesuchte vermögensrechtliche Fragen), MoP 1999, S.914ff.

514 *Sychowicz* in Piasecki, Art.45 Anm.23, Art.46 FVGB Anm.67; *Gudowski* in Ereciński, Art.567 plZPO Anm.11.

515 Vgl. etwa den Musterantrag bei *Haak*, Prawo rodzinne – wzory pism z prawa materialnego i procesowego (Familienrecht – Muster aus dem materiellen und dem prozessualen Recht), Band III, 2. Auflage, Warschau 2005, Muster 20, S.101ff.

516 Amtsgericht für die Hauptstadt Warschau, I. Zivilabteilung III Ns 371/03 (die Akte trägt noch eine Signatur vor der Umstrukturierung des Gerichts in das Amtsgericht für den Stadtteil Żoliborz).

Aufnahme des Darlehens erfolgte mit ausdrücklicher Zustimmung des Antragsgegner-Ehegatten, der sich zudem für die Darlehensverbindlichkeit zuvor verbürgt hatte. Die Vernehmung der Antragsstellerin als Partei ergab, dass die Ehegatten das Erwerbsgeschäft mehr oder weniger gemeinsam geführt haben. Nach der Scheidung begehrte die Antragsstellerin die Teilung des gemeinschaftlichen Vermögens in der Form, dass festgestellt werde, dass das gemeinschaftliche Vermögen der ehemaligen Ehegatten aus der weitgehend abbezahlten Darlehensverbindlichkeit sowie einer weiteren das Erwerbsgeschäft begleitenden Verbindlichkeiten bestehe und der Antragsgegner ferner verurteilt werde, die Hälfte der Quote der Verbindlichkeiten an die Antragsstellerin im Zuge der Auseinandersetzung und Teilung des gemeinschaftlichen Vermögens zu zahlen. Der Antrag der Antragsstellerin auf Auseinandersetzung und Teilung der Darlehensverbindlichkeit wurde letztendlich mit der Begründung abgelehnt, dass sie keine teilbaren Vermögensaktiva dargelegt habe und nach dem geltenden Recht keine Auseinandersetzung der Passiva erfolge. Nach Auffassung des Amtsgerichts in einer Verfügung (*zarządzenie*) sei die Nichtbezeichnung der Vermögensaktiva nebst Wert darüber hinaus ein formaler Fehler des Antrags, Art.130 § 1 plZPO in Verbindung mit Art.13 § 2 plZPO[517]. Dagegen hat die Antragsstellerin zwar erfolgreich Beschwerde (*zażalenie*) beim Bezirksgericht (*Sąd Okręgowy*) eingelegt. In ihrer Begründung führte sie aus, dass das Amtsgericht sie die Gerichtskosten habe zahlen lassen, deren Summe von der Höhe der im Antrag bezifferten Liquidationsmasse abhängig ist – hier in Höhe der Darlehensverbindlichkeit, also eines negativen Wertes. Ferner war sie der Auffassung sie, dass ihr Antrag auch dahingehend ausgelegt werden könne, dass das Auseinandersetzungs- und Teilungsverfahren lediglich die Werterstattungsansprüche im Sinne des Art.45 FVGB erfasse. Der Antrag wurde jedoch endgültig mangels Masse abgelehnt. Mangels eines entsprechenden Antrags der Verfahrensbeteiligten enthält der das Verfahren endgültig beendende ablehnende Beschluß (leider) keine Gründe[518]. Dennoch veranschaulicht diese Entscheidung, dass im Teilungsverfahren ausschließlich nur die Aktiva des gemeinschaftlichen Vermögens berücksichtigt werden[519].

517 Gemäß Art. 130 § 1 plZPO können formale Fehler in Schriftsätzen an das Gericht innerhalb einer Woche berichtigt werden; Art.13 § 1 plZPO verweist für das nichtstreitige Verfahren allgemein auf Vorschriften für das streitige Verfahren, es sei denn, es ist etwas anderes bestimmt.

518 Eine Begründung erfolgt nur auf Antrag der Parteien, Art.357 § 1 plZPO.

519 *Sychowicz* in Piasecki, Art.31 FVGB Anm.6; vgl. auch die Entscheidung des OG in MoP 1996, S.169/170: bei Zahlung einer Einlage durch einen Dritten zur Umgestaltung eines genossenschaftlich gewährten Mietrechtes in ein Eigentumsrecht entsteht eine Verbindlichkeit, die beide Ehegatten belastet, aber nicht in der Teilungsauseinandersetzung berücksichtigt werden muß.

Das Fehlen einer Verpflichtung zur Berichtigung der Gesamtgutsverbindlichkeiten bei der Auseinandersetzung und Teilung des gemeinschaftlichen Vermögens könnte darauf zurückzuführen sein, dass die gesetzlichen Gemeinschaft traditionell nicht wie eine klassische Gesellschaft des Zivilrechts eine wirtschaftliche Zweckrichtung verfolgen soll, bei der im Zuge der Zweckverfolgung regelmäßig das Eingehen von Verbindlichkeiten erforderlich ist. Die Verbindlichkeiten in einer Ehe sind in der Regel überschaubar: neben den Verbindlichkeiten des täglichen Lebens zählen ins erster Linie die mit dem Erwerb einer Immobilie verbundenen Verpflichtungen zu den klassischen Verbindlichkeiten in einer Ehe. Auf Hypotheken und ähnliche Sachenrechte hat aber die Beendigung der gesetzlichen Gemeinschaft keinen Einfluß. Die Haftung der Immobilie bleibt insoweit bestehen[520]. Die fehlende Verpflichtung zur Berichtigung der Gesamtgutsverbindlichkeiten erscheint daher zunächst nicht zu stören. Fraglich ist allerdings, ob diese Regelungssystematik noch den veränderten wirtschaftlichen Verhältnissen gerecht werden kann. Seit den politisch-wirtschaftlichen Umstrukturierungen haben sich auch die Verbindlichkeiten von Ehegatten erheblich verändert, insbesondere wenn sich einer oder beide Ehegatten in der freien Wirtschaft engagieren.

II. Werterstattung für Verschiebungen zwischen den Vermögensmassen und Teilung des Überschusses

Die Auseinandersetzung und Teilung des gemeinschaftlichen Vermögens erfolgt also zweistufig: zunächst wird ermittelt, ob einem oder beiden Ehegatten Werterstattungsansprüche auf der Grundlage des Art.45 FVGB für während der Ehe getätigte Verschiebungen zwischen den Vermögensmassen zustehen. Zu ermitteln ist somit, ob die Ehegatten gegen die Gesamthand und umgekehrt, rückabwicklungsfähige Ansprüche haben. Unter Berücksichtigung der Anteilsverteilung am gemeinschaftlichen Vermögen gemäß Art.43 FVGB wird dann gemäß Art.46 FVGB der Überschuß, der nach Berichtigung der gegenseitigen Verbindlichkeiten unter den Ehegatten verbleibt, nach Maßgabe der Vorschriften zur Nachlaßteilung geteilt. Art.46 FVGB soll insoweit als eine Verweisung auf die materiellen als auch auf die prozessualen Vorschriften zur Nachlaßteilung zu verstehen sein[521].

B. Formen der Teilungsauseinandersetzung

Die Auseinandersetzung und Teilung des gemeinschaftlichen Vermögens der Ehegatten nach Beendigung der gesetzlichen Gemeinschaft kann grundsätzlich durch Auseinandersetzungsvertrag, im Rahmen eines Schiedsverfahrens, im

520 *Sychowicz* in Piasecki, Art.46 FVGB Anm.31.
521 *Skowrońska-Bocian*, a.a.O. (Fn 238), S.186.

Scheidungs- und Separationsurteil (Art.58 § 3, 61[1] § 1 FVGB) und schließlich durch Auseinandersetzungsklage erfolgen[522]. Gemeinsam allen Auseinandersetzungsformen ist, dass diese auch von den Ehegatten bzw. ihren Erben bei Tod eines Ehegatten betrieben werden müssen. Gleichwohl besteht keine Verpflichtung, die Teilungsauseinandersetzung überhaupt und in einem bestimmten Zeitrahmen durchzuführen, wenn die gesetzliche Gemeinschaft beendet ist[523]. Etwas anderes gilt nur gemäß Art.13 Absatz 1 des Gesetzes über Wohngenossenschaften (plGenG)[524]. Danach müssen die Ehegatten, in deren gemeinschaftliches Vermögen ein genossenschaftliches Wohnrecht fällt, die Genossenschaft innerhalb eines Jahres informieren, welchem Ehegatten das Wohnrecht zugefallen ist oder nachweisen, dass diesbezüglich ein Verfahren auf Auseinandersetzung des Wohnrechtes angestrengt worden ist[525]. Bei Nichteinhaltung dieser Jahres- und einer 6-monatigen Nachfrist kann ein Erlöschen des genossenschaftlichen Wohnrechtes per Beschluß der Genossenschaft drohen[526].

Grundsätzlich entscheidet indessen allein der Wille der Ehegatten, ob eine Auseinandersetzung und Teilung des gemeinschaftlichen Vermögens nach Beendigung der gesetzlichen Gemeinschaft erfolgen soll. Aus diesem Grund ist daher auch der Zeitraum zwischen Beendigung der gesetzlichen Gemeinschaft und Teilungsauseinandersetzung in der Praxis meist lang. Eine gemeinsame Willensbildung der Ehegatten nach Beendigung des Güterstandes ist wegen des persönlichen Zerwürfnisses oft schwer[527]. Etwas schneller gestaltet sich die Teilungsauseinandersetzung in der Praxis nur dann, wenn die gesetzliche Gemeinschaft durch den Tod eines Ehegatten beendet worden ist und ohne die vermögensrechtliche Auseinandersetzung die damit verbundene Nachlaßteilung nicht durchgeführt werden kann[528]. So ist die Mitgliedschaft in einer Erbengemeinschaft grundsätzlich ein vorübergehender Zustand und eine solche daher regelmäßig von vornherein auf Teilungsauseinandersetzung angelegt.

---

522 *Skowrońska-Bocian*, a.a.O. (Fn 238), S.202; *Pietrzykowski* 1993, Art.46 FVGB Rn 8.

523 *Pietrzykowski* 1993, Art.46 FVGB Anm.10 mit Verweis auf Art.220 plZGB in Verbindung mit Art.1035 plZGB und Art.46 FVGB; Art.220 plZGB bestimmt, dass die Aufhebung des Miteigentums nicht der Verjährung unterliegt; siehe auch *Stecki*, a.a.O. (Fn 317), S.78/79; auch *Karnicka-Kawczyńska, Kawczyński*, Współwłasność jako szczególna forma własności (Miteigentum als besondere Form des Eigentums), Warschau 2004, S.223.

524 Gesetz über Wohnungsgenossenschaften (*ustawa o spółdzielniach mieszkaniowych*), Dz.U. 2003, Nr.119, Pos.1116.

525 Vgl. dazu *Dziczek*, Spółdzielnie mieszkaniowe (Genossenschaften), Kommentar, 3. Auflage, Warschau 2006, Art.13 plGenG, S.175-177.

526 *Karnicka-Kawczyńska, Kawczyński*, a.a.O, S.229.

527 *Stecki*, Podział majątku wspólnego (Die Teilung des gemeinschaftlichen Vermögens), NP 1967, Nr.10, S.1293.

528 Beispiel siehe bei *Stecki*, Podział majątku wspólnego (Die Teilung des gemeinschaftlichen Vermögens), NP 1967, Nr.10, S.1293.

I. Die vertragliche Auseinandersetzung und Teilung des gemeinschaftlichen Vermögens

Die Möglichkeit eines Auseinandersetzungsvertrages über die Teilung des gemeinschaftlichen Vermögens (*dział umowny*) ergibt sich aus der Verweisung in Art.46 FVGB auf die nachlaßrechtliche Regelung in Art.1037 § 1 plZGB[529], der neben der gerichtlichen eine vertragliche Nachlaßteilung vorsieht. Die Parteien des Auseinandersetzungs- und Teilungsvertrages sind grundsätzlich frei in ihrer Gestaltung. Weder das FVGB noch das plZGB knüpfen besondere Voraussetzungen an einen Auseinandersetzungs- und Teilungsvertrag. Es kommen die allgemeinen Regeln des plZGB über die Vertragsgestaltung (Art.60 plZGB Willenserklärungen usw.) zur Anwendung. Der Auseinandersetzungs- und Teilungsvertrag ist grundsätzlich auch formfrei. Etwas anderes gilt nur, wenn die Teilungsauseinandersetzung ein Recht betrifft, dessen Verfügung einer notariellen Beurkundung bedarf (etwa Nießbrauch, Genossenschaftsrecht usw.)[530]. In solchen Fällen bedarf es einer notariellen Beurkundung des Auseinandersetzungs- und Teilungsvertrages. Für die Teilungsauseinandersetzung einer Immobilie folgt dies explizit aus Art.46 FVGB in Verbindung mit Art.1037 § 2, Art.73 plZGB.

Der Auseinandersetzungsvertrag erfordert einen gemeinsamen Willen der Ehegatten. Der Wille eines Ehegatten, das gemeinschaftliche Vermögen gerichtlich auseinander zu setzen, schließt eine vertragliche Teilung aus[531]. Grundsätzlich sind ausschließlich die Ehegatten die Vertragsparteien. Etwas anderes gilt nur, wenn die gesetzliche Gemeinschaft durch die Entmündigung eines oder beider Ehegatten beendet worden ist. Verliert im Falle einer Entmündigung ein Ehegatte die Geschäftsfähigkeit, ist zum Abschluß des Auseinandersetzungs- und Teilungsvertrages der Einsatz eines Vormundes nach Maßgabe der Art.175, 145ff FVGB erforderlich. Der Vertragsschluß des entmündigten Ehegatten wird dann von der Zustimmung des Vormundes abhängig[532]. Zu beachten ist in diesem Zusammenhang, dass der Einsatz des Ehegatten des Mündels als Vormund zum Abschluß des Auseinandersetzungs- und Teilungsvertrages nicht möglich ist, auch wenn Art.176 FVGB – sofern das Wohl des Mündels hierdurch nicht gefährdet ist – grundsätzlich anordnet, dass zunächst der Ehegatte des Mündels als Vormund dienen solle. Dies folgt aus Art.175 FVGB in Verbindung mit Art.159

---

529 Art.1037 § 1. Die Nachlaßteilung kann sowohl auf der Grundlage eines Vertrages aller Erben als auch durch Entscheidung des Gerichts auf Verlangen eines Erben erfolgen. § 2. Gehört eine Immobilie in den Nachlaß, sollte die vertragliche Teilung notariell beurkundet werden.

530 *Sychowicz* in Piasecki, Art.46 FVGB Anm.41; auch *Skowrońska-Bocian*, Art.1037 plZGB Anm.3.

531 *Skowrońska-Bocian*, Art.1037 plZGB Anm.3.

532 *Skowrońska-Bocian*, a.a.O. (Fn 238), S.191.

§ 1 Punkt 2) FVGB: danach darf ein Vormund das Mündel nicht bei Rechtsgeschäften mit dem Vormund selbst vertreten. Gemäß Art.157 FVGB ist in einem solchen Fall die Bestellung eines Pflegers erforderlich[533]. Der Einsatz eines Pflegers ist auch bei der teilweisen Entmündigung erforderlich. Auf den Pfleger finden gemäß Art.178 § 2 FVGB die Vorschriften über die Vormundschaft entsprechende Anwendung, so dass der Einsatz des Ehegatten des Mündels zum Pfleger im Zusammenhang mit dem Abschluß eines Auseinandersetzungs- und Teilungsvertrages ebenfalls gemäß Art.159 § 1 FVGB ausgeschlossen ist[534].

Im Auseinandersetzungs- und Teilungsvertrag muß nicht das gesamte gemeinschaftliche Vermögen der Ehegatten auseinandergesetzt werden, wie dies grundsätzlich bei der gerichtlichen Teilung der Fall ist. Die Auseinandersetzung kann auch nur einen Teil des Vermögens betreffen. Dies folgt aus Art.1038 § 2 plZGB[535]. Die Tatsache, dass die teilweise Teilung des Vermögens in einem gerichtlichen Verfahren gemäß Art.1038 § 1 plZGB an wichtige Gründe geknüpft ist, indiziert, dass der Gesetzgeber grundsätzlich die vollständige Auseinandersetzung und Teilung des Vermögens bevorzugt, wenn dies auch bei der vertraglichen Teilung nicht eingehalten werden muß. Der Anwalt wird schon aus Gründen der Rechtssicherheit und Rechtsklarheit regelmäßig die vollständige Teilungsauseinandersetzung empfehlen. Auch inhaltlich sind die Parteien grundsätzlich nicht gebunden. Das heißt, dass sie das gemeinschaftliche Vermögen beliebig auseinandersetzen und teilen können. Sie müssen sich auch nicht an den Maßstab des Gesetzes halten, solange durch den Auseinandersetzungs- und Teilungsvertrag nicht die in Art.58 plZGB[536] niedergelegten Grundsätze verletzt werden. Dies wäre etwa dann der Fall, wenn der Auseinandersetzungs- und Teilungsvertrag absolute Vorschriften umgehen (*czynność prawna sprzeczna z ustawą*) oder gegen die Grundsätze des gesellschaftlichen Zusammenlebens (*czynność prawna sprzeczna z zasadami współżycia społecznego*) verstoßen würde. Der Inhalt des Auseinandersetzungs- und Teilungsvertrages wird maß-

---

533 Vgl. dazu auch *Skowrońska-Bocian*, a.a.O., S.189; die Einsetzung eines Pflegers ist auch bei der teilweisen Entmündigung erforderlich.

534 *Skowrońska-Bocian*, a.a.O., S.190.

535 Art.1038 § 2. Die vertragliche Nachlaßteilung kann den ganzen Nachlaß umfassen oder auf einen Teil des Nachlasses beschränkt werden.

536 Art.58 § 1. Ein Rechtsgeschäft, das dem Gesetz widerspricht oder die Umgehung des Gesetzes zum Ziele hat, ist unwirksam, es sei denn, dass eine einschlägige Vorschrift eine andere Rechtsfolge, insbesondere diejenige vorsieht, dass die entsprechenden Gesetzesvorschriften an die Stelle der unwirksamen Bestimmung des Rechtsgeschäfts treten. § 2. Ein Rechtsgeschäft, das den Grundsätzen des gesellschaftlichen Zusammenlebens widerspricht, ist unwirksam. § 3. Betrifft die Unwirksamkeit nur einen Teil des Rechtsgeschäfts, so bleibt das Rechtsgeschäft im Übrigen wirksam, es sei denn, dass sich aus den Umständen ergibt, dass das Geschäft ohne die unwirksamen Bestimmungen nicht vorgenommen worden wäre.

geblich von der gemeinschaftlichen Vermögensmasse bestimmt. Insofern gilt es, die Richtlinien der Art.31, 33 FVGB einzuhalten. Unzulässig wäre etwa die Zuordnung eines persönlichen Vermögensgegenstandes im Sinne des Art.33 FVGB zum gemeinschaftlichen und damit der Teilungsauseinandersetzung unterliegendem Vermögen[537]. Bei der Bewertung der einzelnen Vermögenswerte sind die Ehegatten auch nicht an den marktüblichen Verkehrswert eines Vermögensgegenstandes gebunden.

Die Bestimmung unterschiedlicher Anteilsgrößen in Bezug auf das gemeinschaftliche Vermögen ist ohne weiteres im Ehevertrag möglich, Art.50^{1} FVGB[538]. Fraglich ist, ob die Parteien die Anteilsgröße ebenso nachträglich im Auseinandersetzungs- und Teilungsvertrag entsprechend Art.43 § 2 FVGB unterschiedlich festlegen können, wenn die Beteiligung an der Mehrung des gemeinschaftlichen Vermögens durch die Ehegatten während der gesetzlichen Gemeinschaft unterschiedlich hoch war und dies möglicherweise sogar wichtige Gründe rechtfertigen. Für den Auseinandersetzungs- und Teilungsvertrag wird die Zulässigkeit einer Abweichung vom Halbteilungsgrundsatz nach Maßgabe des Art.43 § 2 FVGB überwiegend abgelehnt[539]. Der Halbteilungsgrundsatz wird insofern als *ius cogens* angesehen, dessen vertragliche Modifizierung gegen die Grundsätze in Art.58 plZGB verstoßen würde[540]. Begründet wird diese Auffassung lediglich damit, dass Art.43 FVGB als *ius cogens* zwingendes Recht und deshalb vertraglich nicht abdingbar sei[541].

Gegen diese wohl herrschende Auffassung in der Literatur spricht jedoch der Grundsatz der Privatautonomie in seiner Ausprägung als Vertragsfreiheit für den Bereich der Rechtsgestaltung durch Vertrag. Die zwingende Befolgung des Art.43 FVGB bei der vertraglichen Teilungsauseinandersetzung durch die Ehegatten nähert diese Form der Auseinandersetzung zu sehr der gerichtlichen an. Entscheiden sich die Ehegatten letztendlich für die Auseinandersetzung und Teilung durch Vertrag, so wollen sie regelmäßig die mit einem gerichtlichen Teilungsverfahren stets verbundenen prozessualen und materiellen Nachteile um-

537 *Skowrońska-Bocian*, a.a.O. (Fn 238), S.191.

538 Art.50^{1}. Im Falle der Beendigung der Gemeinschaft sind die Anteile der Ehegatten gleich, es sei denn, der Ehevertrag sieht etwas anderes vor. Die Vorschrift schließt die Anwendung des Art.43 § 2 und § 3 nicht aus.

539 So *Gross*, Stosunki majątkowe między małżonkami (Die Vermögensverhältnisse zwischen Ehegatten), NP 1966, Nr. 11, 1373, 1388; *Skowrońska-Bocian*, a.a.O. (Fn 238), S.207; *Sychowicz* in Piasecki, Art.46 FVGB Anm.44; *Piątowski*, a.a.O. (Fn 30), S.498; für die Zulässigkeit jedoch *Stecki*, a.a.O. (Fn 317), S.89.

540 *Gross*, Stosunki majątkowe między małżonkami (Die Vermögensverhältnisse zwischen Ehegatten), NP 1966, Nr. 11, S.1373, 1388; *Skowrońska-Bocian*, a.a.O., S.207; ähnlich *Stecki*, a.a.O., S.89.

541 Ähnlich *Stecki*, a.a.O., S.89.

gehen. Die zwingende Befolgung des Halbteilungsgrundsatzes kann dann die Attraktivität einer vertraglichen Regelung der vermögensrechtlichen Verhältnisse gerade nach einer Scheidung erheblich einschränken. Derjenige Ehegatte, der die Mehrung des gemeinschaftlichen Vermögens in einem höheren Maße betrieben hat als der andere Ehegatte, wird vermutlich von vornherein von einer solchen vertraglichen Vorgehensweise Abstand nehmen und das gerichtliche Teilungsverfahren einleiten. Vor dem Hintergrund, dass viele Auseinandersetzungs- und Teilungsverfahren ohnehin wegen der vielen beweistechnischen und anderen praktischen Schwierigkeiten bei der Auseinandersetzung und Teilung eines ursprünglich gesamthänderisch gebundenen Vermögens in einem gerichtlichen Vergleich enden, sollte aber gerade der vertragliche Weg zur Lösung der Problematik gefördert werden. Schließlich kann die vertragliche Abweichung vom Halbteilungsgrundsatz auch mit einer höchstrichterlichen Entscheidung des OG untermauert werden: so hat das OG leitsätzlich entschieden, dass nicht nur die Teilungsauseinandersetzung vor einem Schiedsgericht erfolgen könne. Das Schiedsgericht könne auch die Bestimmung der Anteile am gemeinschaftlichen Vermögen vornehmen. In den Entscheidungsgründen führt das OG zur Begründung der Zulässigkeit eines schiedsrichterlichen Auseinandersetzungs- und Teilungsverfahrens aus, dass die Anteilsbestimmung nach Art.43 § 2 FVGB eben auch durch Vertrag zulässig sei[542].

Den Vorzügen eines Auseinandersetzungs- und Teilungsvertrages steht in der Praxis der regelmäßig mit einem Vertrag institutionell verbundene Nachteil gegenüber, dass ein solcher Vertrag erst dann zustande kommt, wenn sich die Parteien über jeden Punkt geeinigt haben[543]. Dies zeigt sich insbesondere zwischen geschiedenen Ehegatten, die regelmäßig ihren Frust über das gescheiterte Eheleben bei der Auseinandersetzung und Teilung des gemeinschaftlichen Vermögens entladen. Gerade wenn sich eine Partei bestimmte Vorstellungen vom Ergebnis eines Auseinandersetzungs- und Teilungsvertrages gemacht hat, werden sämtliche Möglichkeiten genutzt, die Erzielung einer vertraglichen Einigung solange zu blockieren, bis das gewünschte Ergebnis erreicht ist[544]. Um bestimmte Ergebnisse zu erreichen, kann es dann vorkommen, dass die Parteien im Auseinandersetzungs- und Teilungsvertrag nicht alles vollständig geregelt haben oder nicht alle Fragen der Teilungsauseinandersetzung regeln wollten. Gegebenenfalls können noch Werterstattungsrechte im Sinne des Art.45 FVGB oder andere gegenseitige Ansprüche der Ehegatten aus dem Zeitraum zwischen Beendigung und Auseinandersetzung der gesetzlichen Gemeinschaft untereinander unabgewickelt verbleiben.

---

542 OSNCP 1979, Nr.10, Pos.197 (S.46), die Entscheidung wird beim schiedsrichterlichen Verfahren auch noch näher besprochen.

543 *Klüber* in Schröder/Bergschneider, Familienvermögensrecht, a.a.O., (Fn 91), Rn 4.630.

544 *Klüber* in Schröder/Bergschneider, Familienvermögensrecht, a.a.O., Rn 4.630.

Fraglich ist dann, ob die Geltendmachung solcher Werterstattungsrechte oder anderer gegenseitiger Ansprüche durch den Abschluß des Auseinandersetzungs- und Teilungsvertrages wegen des Rechtsgedankens in Art.618 § 3 plZPO[545], der gemäß Art.567 § 3, 688 plZPO bei der gerichtlichen Teilungsauseinandersetzung zur Anwendung gelangt, präkludiert ist. Eine Präklusion könnte dann in Betracht kommen, wenn die Parteien in dem Auseinandersetzungs- und Teilungsvertrag keine Vereinbarung über die spätere Abwicklung oder gar den Verzicht auf verbliebene gegenseitige Rechte der vorerwähnten Art getroffen haben[546]. Gemäß Art.618 § 1, § 3 plZPO ist eine gerichtliche Geltendmachung der Ansprüche in Art.45 § 1, § 3 FVGB oder anderer gegenseitiger Ansprüche nach rechtskräftigem Abschluß eines Auseinandersetzungs- und Teilungsverfahrens über das gemeinschaftliche Vermögen ausgeschlossen. Dies gilt auch dann, wenn diese im Teilungsverfahren nicht erhoben worden sind[547]. *Ratio legis* des Art.618 plZPO ist es, den gesamten Teilungskomplex bei der Aufhebung des Miteigentums in *einem* Verfahren zu regeln und so mit rechtskräftigem Abschluß des Verfahrens Rechtssicherheit für die Parteien zu schaffen[548]. Gleichwohl erscheint eine analoge Anwendung des Art.618 plZPO für die vertragliche Teilungsauseinandersetzung nicht gerechtfertigt. Es handelt sich dabei um eine verfahrensrechtliche Norm, deren entsprechende Anwendung im Vertragsrecht

545 Art.618 § 1. In dem Verfahren über die Aufhebung des Miteigentums entscheidet das Gericht auch über Streitigkeiten über das Recht, die Aufhebung des Miteigentums zu verlangen und über das Eigentumsrecht, sowie über gegenseitige Ansprüche der Miteigentümer aus dem Besitz an der Sache. Bei der Entscheidung über das Recht, die Aufhebung des Miteigentums zu verlangen und über das Eigentumsrecht, kann das Gericht einen Teilbeschluß erlassen. § 2. Mit dem Zeitpunkt der Einleitung des Miteigentumsaufhebungsverfahrens ist ein Verfahren in den im vorangehenden Paragraphen aufgezählten Sachen unzulässig. Laufende Sachen werden zur weiteren Entscheidung dem Gericht vorgelegt, welches das Miteigentumsaufhebungsverfahren führt. Ist das Miteigentumsaufhebungsverfahren jedoch nach Erlaß einer Entscheidung eingeleitet worden, erfolgt die Vorlage nur dann, wenn das Gericht zweiter Instanz die Entscheidung aufhebt und die Sache zur erneuten Entscheidung vorlegt. Verfahren in Sachen, die nicht vorgelegt worden sind, stellt das Gericht mit Beendigung des Miteigentumsaufhebungsverfahrens ein. § 3. Nach rechtskräftigem Beschluß über die Aufhebung des Miteigentums kann der Verfahrensbeteiligte die in § 1 erwähnten Ansprüche nicht mehr geltend machen, auch wenn diese nicht im Miteigentumsaufhebungsverfahren geltend gemacht worden sind.

546 Für die analoge Anwendung des Art.618 § 3 plZPO bei der vertraglichen Auseinandersetzung *Piątowski*, a.a.O. (Fn 30), S.497; *Skowrońska-Bocian*, a.a.O. (Fn 238), S.195, beide ohne Begründung; kritisch, auch ohne nähere Begründung *Sychowicz* in Piasecki, Art.46 FVGB Anm.45; allgemein und umfassend zu Art.618 plZPO *Sychowicz*, Problematyka Art.618 KPC (Die Problematik des Art.618 plZPO), NP 1972, Nr.1, S.44-55.

547 *Gross*, Stosunki majątkowe między małżonkami (Die Vermögensverhältnisse zwischen den Ehegatten), NP 1966, Nr. 11, 1373, 1384.

548 *Sychowicz*, Problematyka Art.618 KPC (Die Problematik des Art.618 plZPO), NP 1972, Nr.1, S.44.

die Vertragsfreiheit unterlaufen würde. Kommt der Wille der Parteien, alle Punkte der Auseinandersetzung und Teilung des gemeinschaftlichen Vermögens abschließend regeln zu wollen, nicht im Vertrag zum Ausdruck – auch nicht durch ergänzende Vertragsauslegung – so darf dies nicht durch die analoge Anwendung verfahrensrechtlicher Normen „durch die Hintertür“ erreicht werden. Insofern fehlt es an einer Regelungslücke. Denn die Nichtregelung eines Gesichtspunktes in einem Vertrag spricht dafür, dass dieser von den Parteien entweder nicht geregelt werden sollte oder von den Parteien nicht bedacht worden ist. Gerade in letzterem Fall muß den Parteien aber der Zugang zu einer gerichtlichen Regelung noch offen bleiben.

II. Die Auseinandersetzung und Teilung des gemeinschaftlichen Vermögens vor einem Schiedsgericht

Die Zulässigkeit einer Auseinandersetzung und Teilung des gemeinschaftlichen Vermögens vor einem Schiedsgericht (*sąd polubowny/arbitrażowy*) ist nicht explizit in der plZPO geregelt. Gegen die Schiedsfähigkeit der Auseinandersetzung und Teilung des gemeinschaftlichen Vermögens könnte sprechen, dass grundsätzlich nur Verfahren der streitigen Gerichtsbarkeit einer schiedsgerichtlichen Auseinandersetzung zugänglich sind. Über die Auseinandersetzung und Teilung des gemeinschaftlichen Vermögens wird hingegen im nichtstreitigen Verfahren entschieden, Art.567, 680ff, 617ff plZPO. Der Wortlaut der Vorschriften zum schiedsgerichtlichen Verfahren – etwa Art.1161 § 1 plZPO oder Art.1165 § 1 plZPO – verwendet immer wieder den Begriff „Streitigkeit“ (*spór*). Gleichwohl werden die Schiedsfähigkeit der Auseinandersetzung und Teilung des gemeinschaftlichen Vermögens von der Rechtsprechung[549] und Literatur[550] dennoch anerkannt.

Die Schiedsfähigkeit der Auseinandersetzung und Teilung des gemeinschaftlichen Vermögens werden dabei durch die grammatikalische Auslegung des Art.1157 plZPO[551] – vor der plZPO Reform im Juli 2005[552] fast wortgleich in Art.697 § 1 plZPO – begründet. Wenn danach in besonderen gesetzlichen Vorschriften nichts anderes bestimmt ist[553], können die Parteien vermögensrechtli-

549 OSNCP 1979, Nr.10, Pos.197; vgl. auch die beiden Glossen zu dem Urteil von *Krzemiński* in OSPiKA 1980, Nr.4, Pos.81 und *Potrzobowski* in Palestra 1980, Nr.6, S. 106.

550 *Skowrońska-Bocian*, a.a.O. (Fn 238), S.197; *Stecki*, a.a.O. (Fn 317), S.105.

551 Art.1157. Soweit eine besondere Vorschrift nichts anderes bestimmt, können die Parteien Streitigkeiten über vermögensrechtliche oder Streitigkeiten über nichtvermögensrechtliche Sachen, die einem gerichtlichen Vergleich zugänglich sind, mit Ausnahme der Streitigkeiten über Alimente, der Entscheidung durch ein Schiedsgericht unterwerfen.

552 Dz.U. 2005, Nr.178, Pos.1478.

553 „*...jeżeli przepis szczególny nie stanowi inaczej...*“.

che und nichtvermögensrechtliche Streitigkeiten[554] – soweit diese einem gerichtlichen Vergleich zugänglich sind[555] – mit Ausnahme von Streitigkeiten über Alimente[556] der Verhandlung vor einem Schiedsgericht unterwerfen.

Die Auseinandersetzung und Teilung des gemeinschaftlichen Vermögens zwischen Ehegatten sei wie die Teilungsauseinandersetzung unter Miterben oder die Aufhebung des Miteigentums eine vermögensrechtliche Streitigkeit im Sinne des Art.1157 plZPO. Dem stehe auch nicht entgegen, dass die Auseinandersetzung und Teilung des gemeinschaftlichen Vermögens nach den Vorschriften der plZPO in einem nichtstreitigen Verfahren (*postępowanie nieprocesowe*) geltend gemacht werde. Die Auseinandersetzung und Teilung des gemeinschaftlichen Vermögens sei auch weitgehend einer vertraglichen und einer gerichtlichen Einigung durch die Ehegatten zugänglich[557]. Ferner stellte das OG im Zusammenhang mit der grundsätzlichen Schiedsfähigkeit der Auseinandersetzung und Teilung des gemeinschaftlichen Vermögens leitsätzlich fest, dass die Abweichung vom Halbteilungsgrundsatz nach Art.43 § 2 FVGB im schiedsgerichtlichen Verfahren erfolgen könne[558].

Die Schiedsfähigkeit der Auseinandersetzung und Teilung des gemeinschaftlichen Vermögens ist inzwischen gewohnheitsrechtlich anerkannt[559]. Das Schiedsverfahren erfolgt dabei grundsätzlich nach dem gleichen Verfahrensmuster wie vor einem Prozeßgericht. Es gilt das gemeinschaftliche Vermögen zu ermitteln, den Wert der streitgegenständlichen Vermögenswerte zu bestimmen, gegenseitige Ansprüche der Ehegatten untereinander abzuwägen und die Teilungsart zu wählen[560]. Teile der Literatur lehnen allerdings die höchstrichterlich zulässige Abweichung vom Halbteilungsgrundsatz nach Maßgabe des Art.43 § 2 FVGB im Schiedsurteil analog ihrer Auffassung beim Auseinandersetzungs- und Teilungsvertrag ab[561]. Dagegen ist neben den bereits beim Auseinanderset-

554 *„...strony mogą poddać pod rozstrzygnięcie sądu polubownego spory o prawa majątkowe lub spory o prawa niemajątkowe...".*

555 *„...mogące być przedmiotem ugody sądowej...".*

556 *„...z wyjątkiem spraw o alimenty...".*

557 OSNCP 1979, Nr.10, Pos.197.

558 OSNCP 1979, Nr.10, Pos.197.

559 *Krzemiński*, Glosse zu OSNCP 1979, Nr.10, Pos.197 in OSPiKA 1980, Nr.4, Pos.81 (S.191/192); *Potrzobowski*, Glosse zu OSNCP 1979, Nr.10, Pos.197 in Palestra 1980, Nr.6, S. 106, 109; *Skowrońska-Bocian*, a.a.O. (Fn 238), S.197; *Pietrzykowski* 1993, Art.46 FVGB S.285; *Sychowicz* in Piasecki, Art.46 FVGB Anm. 39, beide mit Verweis nur auf OSNCP 1979, Nr.10, Pos.197.

560 *Skowrońska-Bocian*, a.a.O. (Fn 238), S.198.

561 *Skowrońska-Bocian*, a.a.O., S.199; *Piątowski*, a.a.O. (Fn 30), S.496 Fußnote 540; beide mit knapper Begründung, etwa dass die Auffassung des Gerichts „zu weit" sei und dies auch beim Auseinandersetzungs- und Teilungsvertrag gelte.

zungs- und Teilungsvertrag für die Zulässigkeit einer Abweichung vom Halbteilungsgrundsatz angeführten Argumenten einzuwenden, dass das Schiedsgericht als Entscheidungsorgan im Ergebnis letztlich die Rolle eines Prozeßgerichts einnimmt, auch wenn die Grundlage für eine Teilungsauseinandersetzung vor einem Schiedsgericht eine (vertragliche) Schiedsvereinbarung ist. Ein Prozeßgericht kann von der Norm in Art.43 § 2 FVGB Gebrauch machen, wenn entsprechende Tatsachen die Abweichung vom Halbteilungsgrundsatz rechtfertigen. Vor dem Hintergrund, dass ein Schiedsurteil einem prozeßgerichtlichen Urteil gemäß Art.1212 § 1 plZPO rechtlich gleichsteht[562], müssen dem Schiedsgericht aber auch die gleichen Instrumente zur Herbeiführung einer gerechten vermögensrechtlichen Verteilung zwischen den Ehegatten zur Verfügung gestellt werden. Die Tatsache, dass der Schiedsspruch gemäß Art.1212 plZPO unter den Parteien die Wirkung eines rechtskräftigen Urteils hat, spricht zudem anders als beim Auseinandersetzungs- und Teilungsvertrag für eine analoge Anwendung des Art.618 § 1, 3 plZPO und für den Ausschluß der Präklusion von Auseinandersetzungs- oder Teilungsansprüchen nach Abschluß eines Schiedsverfahrens[563]. Es dürfte anzunehmen sein, dass ein Schiedsrichter auf die vollständige Regelung aller Fragen der Auseinandersetzung und Teilung des gemeinschaftlichen Vermögens durch die Parteien hinwirken wird.

III. Die Auseinandersetzung und Teilung des gemeinschaftlichen Vermögens im Scheidungs- oder Separationsverfahren

Gemäß Art.58 § 3 FVGB[564], der gemäß Art.61[1] § 1 FVGB auch bei der Separation zur Anwendung gelangt, kann die Auseinandersetzung und Teilung des gemeinschaftlichen Vermögens auf Antrag eines Ehegatten bereits im Scheidungs- oder Separationsurteil erfolgen[565]. Voraussetzung ist allerdings, dass die Auseinandersetzung und Teilung des gemeinschaftlichen Vermögens im Scheidungs- oder Separationsverfahren keine übermäßige Verzögerung des Verfahrens zur Folge haben[566]. Hierbei handelt es sich um eine Ausnahme der grundsätzlichen Vermögensteilung im nichtstreitigen Verfahren, als das Scheidungsverfahren ein streitiges Verfahren (*postępowanie procesowe*) ist.

---

562 „*...wyrok sądu polubownego lub ugoda przed nim zawarta mają moc prawną na równi z wyrokiem sądu lub ugodą zawartą przed sądem...*".

563 Im Ergebnis auch so *Skowrońska-Bocian*, a.a.O., S.198.

564 Art.58 § 3. Auf Antrag eines Ehegatten kann das Gericht die Teilung des gemeinschaftlichen Vermögens im Scheidungsurteil durchführen, wenn die Durchführung dieser Teilung keine übermäßige Verzögerung des Verfahrens zur Folge hat.

565 „*Na wniosek jednego z małżonków sąd może w wyroku orzekającym rozwód dokonać podziału majątku wspólnego...*".

566 „*...jeżeli przeprowadzenie tego podziału nie spowoduje nadmiernej zwłoki w postępowaniu*".

Wann eine übermäßige Verzögerung des Scheidungsverfahrens durch die Auseinandersetzung und Teilung des gemeinschaftlichen Vermögens zu erwarten ist, hat das OG in einem Richtlinienbeschluß der gesamten Zivilkammer des OG im Jahre 1978 zu Art.58 § 2, 3 und 4 FVGB festgelegt[567]. Mit der Auseinandersetzung und Teilung des gemeinschaftlichen Vermögens nach Maßgabe des Art.58 § 3 FVGB im Scheidungs- oder Separationsverfahren befassen sich dabei die Richtlinien (*wytyczne*) in den Abschnitten XIII bis XV[568]. Eine übermäßige Verzögerung des Scheidungs- oder Separationsverfahrens durch die Vermögensteilung ist grundsätzlich dann nicht anzunehmen, wenn zwischen den Parteien nicht nur Einigkeit über die Zusammensetzung und Art der Teilung des gemeinschaftlichen Vermögens besteht, sondern auch alle faktischen Umstände keiner Beweiserhebung bedürfen[569]. Das Gericht betont im Zusammenhang mit dieser Richtlinie die mediatorischen Fähigkeiten, die die Aufgabe des Scheidungs- bzw. Separationsgerichts bei der Teilung des gemeinschaftlichen Vermögens erfordert, sowie die prozeßökonomischen Vorteile einer schnellen Auseinandersetzung und Teilung. Die Grenze, ab wann die Auseinandersetzung und die Teilung des gemeinschaftlichen Vermögens im Scheidungsurteil eine übermäßige Verzögerung des Verfahrens bedeuten, kann im Einzelfall fließend sein. Entscheidend ist, dass die Frage der Auseinandersetzung und Teilung des gemeinschaftlichen Vermögens abschließend mit verhältnismäßig überschaubarem tatsächlichem und auch zeitlichem Aufwand des Scheidungsgerichts geregelt werden kann. Unzulässig ist allerdings eine Auseinandersetzung und Teilung des gemeinschaftlichen Vermögens im Scheidungs- oder Separationsurteil, wenn diese zusammen mit einer gleichzeitigen Erbauseinandersetzung oder Miteigentumsaufhebung erfolgen.

Der Hintergrund dieses umfassenden Richtlinienbeschlusses der Zivilkammer des OG dürfte gewesen sein, die Auslegung des 1976 in den FVGB eingeführten Art.58 FVGB[570] maßgeblich festzulegen. Wegen der umfangreichen Regelungsbefugnis in Bezug auf die Nutzung einer gemeinsamen Wohnung der geschiedenen Ehegatten (Art.58 § 2 FVGB) und die Teilung des gemeinschaftlichen Vermögens (Art.58 § 3 FVGB) hatte die Einführung des Art.58 FVGB eine erhebliche Erweiterung der Entscheidungsbefugnis des Scheidungsgerichts zur Folge. Die Bedeutung der Entscheidungskompetenz des Scheidungsgerichts über den gemeinsamen Wohnraum ist dabei vor dem Hintergrund der in den 70er/80er Jahren herrschenden extremen Wohnungsnot in Polen zu sehen. Diese erforderte

567 OSNCP 1978, Nr.3, Pos.39 [Beschluß der gesamten Zivilkammer des Obersten Gerichts (*Uchwała pełnego składu izby cywilnej Sądu Najwyższego*)].

568 OSNCP 1978, Nr.3, Pos.39 (S.22-26); die Kommentare verweisen regelmäßig hauptsächlich auf diese Richtlinie, vgl. etwa *Czech* in Piasecki, Art.58 FVGB Anm.175ff.

569 OSNCP 1978, Nr.3, Pos.39 Richtlinie XIII 1.

570 Eingeführt durch Dz. U. 1975, Nr.45, Pos.234.

wegen der Möglichkeit eines Räumungstitels gegenüber einem der Ehegatten eine besonnene Handhabung des Art.58 § 3 FVGB. Denn aufgrund der Wohnungsnot war es damals für einen der geschiedenen Ehegatten nicht ohne weiteres möglich, die gemeinsame Wohnung einfach zu verlassen und eine neue zu suchen. Daher war das Gericht vielfach gehalten – es kommt bei Art.58 § 3 FVGB insofern nicht darauf an, ob es sich bei der Wohnung um gemeinschaftliches Vermögen, sondern nur, ob es sich um die gemeinsame eheliche Wohnung handelt[571] –, eine räumliche Teilung des gemeinsamen Wohnraumes und die entsprechenden Nutzungsrechte der einstigen Ehegatten auszusprechen[572]. Die gemeinsame Nutzung des einst ehelichen Wohnraumes durch die getrennten Ehegatten erstreckte sich dann meist über einen langen Zeitraum. Die administrative Zuteilung neuen Wohnraumes beanspruchte regelmäßig viel Zeit.

Das Scheidungsgericht hat im Rahmen der Entscheidungen nach Maßgabe des Art.58 schließlich stets das Wohl der Kinder zu berücksichtigen. Die richtliniekonforme Auslegung des Art.58 FVGB war daher aus Sicht des OG auch aus Fürsorgegründen geboten.

Die Auseinandersetzung und Teilung des gemeinschaftlichen Vermögens im streitigen Verfahren erfolgt grundsätzlich nach den gleichen Regeln wie im grundsätzlich statthaften nichtstreitigen Teilungsverfahren. Das Scheidungs- oder Separationsgericht kann zwar unterschiedliche Quoten nach Maßgabe des Art.43 § 2 FVGB festlegen, es kann über einen solchen Antrag allerdings nicht in einem selbständigen Teilbeschluß entscheiden[573]. Auch ist nur die teilweise Auseinandersetzung und Teilung des gemeinschaftlichen Vermögens – nach damaliger Sicht des OG die Eigentums- oder Genossenschaftswohnung als typischer Hauptbestandteil des gemeinschaftlichen Vermögens – zulässig, wenn die teilweise Auseinandersetzung und Teilung einer schnellen Ordnung der Vermögensverhältnisse dienen[574]. Grundlage sind hierfür die Art.46 FVGB, Art.1038 plZGB. Die Auseinandersetzung und Teilung der verbliebenen Vermögenswerte – auch derjenigen, die noch bis zum rechtskräftigen Scheidungs- oder Separationsurteil entstanden sind – ist dann im nichtstreitigen Teilungsverfahren durchzuführen, solange die Teilung im Scheidungs- oder Separationsverfahren noch nicht rechtskräftig ist[575]. Die Vermögensteilung ist schließlich auch im streitigen Verfahren mittels eines gerichtlichen Vergleiches möglich[576].

---

571 OSNCP 1978, Nr.3, Pos.39 (S.5).

572 Vgl. dazu umfassend die Richtlinien in I.-XII. in OSNCP 1978, Nr.3, Pos.39.

573 So *Czech* in Piasecki, Art.58 FVGB Anm.178.

574 OSNCP 1978, Nr.3, Pos.39 Richtlinie XIII 2.

575 OSNCP 1978, Nr.3, Pos.39 Richtlinie XIII 2 (S.23/24); auch *Czech* in Piasecki, Art.58 FVGB Anm.179.

576 OSNCP 1978, Nr.3, Pos.39 Richtlinie XIII 4.

Eine Entscheidung des Gerichts darüber, ob die Vermögensteilung im Scheidungs- oder Separationsverfahrens eine übermäßige Verzögerung verursacht, ergeht entweder in einem gesonderten Beschluß oder im Tenor des Scheidungs- oder Separationsurteils. Der Antrag kann insgesamt auch unberücksichtigt bleiben, wenn das Gericht entscheidet, im Scheidungsverfahren nicht über die Teilung des gemeinschaftlichen Vermögens zu entscheiden[577]. Insofern erläßt das Gericht gleichwohl keine Klageabweisung oder einen anderen Abweisungstenor im Sinne des Art.199 plZPO, denn in der Sache ist nicht entschieden worden. Es erfolgt auch keine Verweisung in das nichtstreitige Teilungsverfahren, weil die Scheidung oder Separation im Zeitpunkt des Urteilserlasses noch nicht rechtskräftig sind. In den meisten Fällen bleibt der Antrag schlicht ohne Entscheidung[578]. Gegen die ablehnende Entscheidung oder Nichtentscheidung des Gerichts ist auch keine Beschwerdemöglichkeit vorgesehen[579].

Der Antrag auf Vermögensteilung im Scheidungs- oder Separationsurteil gemäß Art.58 § 3 FVGB unterliegt einer gesonderten Gerichtsgebühr. Diese wird allerdings nicht erhoben, wenn der Antrag ohne Entscheidung bleibt, weil die Auseinandersetzung und Teilung des gemeinschaftlichen Vermögens im Scheidungsurteil eine übermäßige Verzögerung zur Folge gehabt hätten[580]. Das Gericht entscheidet, ob es eine Gerichtsgebühr erhebt. Die Auseinandersetzung und Teilung des gemeinschaftlichen Vermögens im Scheidungs- oder Separationsurteil kann im Verlauf des gesamten Verfahrens geltend gemacht werden[581].

IV. Die gerichtliche Auseinandersetzung und Teilung des gemeinschaftlichen Vermögens

Die gerichtliche Auseinandersetzung und Teilung des gemeinschaftlichen Vermögens nach Beendigung der gesetzlichen Gemeinschaft erfolgt wie alle Auseinandersetzungs- und Teilungsverfahren einer Gesamthand oder einer Bruchteilsgemeinschaft nach dem polnischen Zivilprozeßrecht im nichtstreitigen Verfahren (*nieprocesowe postępowanie*). Das nichtstreitige Verfahren ist im Zweiten Buch des plZPO in den Art.506 plZPO bis Art.694 plZPO geregelt. Es besteht aus zwei Titeln. Während Titel I (Art.506 plZPO bis Art.525 plZPO) die allgemeinen Vorschriften enthält, regelt Titel II die besonderen Verfahren der nichtstreitigen Gerichtsbarkeit. Für die Auseinandersetzung und Teilung des gemeinschaftlichen Vermögens ergibt sich die Zuordnung zum nichtstreitigen

577 OSNCP 1978, Nr.3, Pos.39 Richtlinie XIV 1.

578 Dazu führt das OG aus, dass es sich dabei um eine für das polnische Zivilprozeßrecht untypische Form der „Entscheidung“ handle, OSNCP 1978, Nr.3, Pos.39 (S.24).

579 OSNCP 1978, Nr.3, Pos.39 Richtlinie XIV 2.

580 OSNCP 1978, Nr.3, Pos.39 Richtlinie XV 2 S.1, 3.

581 OSNCP 1978, Nr.3, Pos.39 (S.26).

Verfahren aus Art.566 plZPO[582] und Art.567 plZPO[583]. Art.566, Art.567 plZPO befinden sich im Zweiten Abschnitt des Zweiten Buches der Zivilprozeßordnung. Als letzte Bestimmungen im 1.Teil „Ehesachen" (*Sprawy małżeńskie*) befassen sich diese als einzige verfahrensrechtliche Vorschriften mit der Auseinandersetzung und Teilung des gemeinschaftlichen Vermögens durch die Ehegatten nach Beendigung der gesetzlichen Gemeinschaft.

Für die Auseinandersetzung und Teilung des gemeinschaftlichen Vermögens trifft dabei Art.566 plZPO eine örtliche Zuständigkeitsbestimmung bei dem Gericht, in dessen Bezirk sich das Vermögen befindet bzw. dem Nachlaßgericht, wenn die gesetzliche Gemeinschaft durch den Tod eines Ehegatten beendet worden ist. Gemäß Art.567 § 1 plZPO entscheidet dann das zuständige Gericht auch über die Größe der Anteile und gegebenenfalls über die Abweichung vom Halbteilungsgrundsatz sowie über gegenseitige Ansprüche der Ehegatten für Ausgaben, Aufwendungen und andere Leistungen aus den beiden Vermögensmassen. Art.567 § 2 plZPO gewährt dem Gericht, die Festlegung der Anteilsgrößen in einem Teilbeschluß während des Verfahrens festzuhalten. Schließlich verweist Art. 567 § 3 plZPO für das weitere Verfahren bei der Auseinandersetzung und Teilung des gemeinschaftlichen Vermögens im Übrigen auf die Vorschriften über die Nachlaßauseinandersetzung und Nachlaßteilung. Diese wiederum befinden sich im 9.Teil des Zweiten Abschnitts der plZPO und sind in den Art.680 bis 689 plZPO geregelt. Die Vorschriften zur Nachlaßauseinandersetzung und –teilung sind an dieser Stelle allerdings ebenfalls nicht abschließend. So verweist Art.688 plZPO[584] für die Nachlaßteilung (*dział spadku*) auf die Vorschriften zur Aufhebung des Miteigentums (*zniesienie współwłasności*), dabei insbesondere auf die Art.618 § 2 und § 3 plZPO. Wie für alle Verfahrensarten finden gemäß Art.13 § 2 plZPO auch für das Auseinandersetzungs- und Teilungsverfahren die Vorschriften über das streitige Verfahren dann entspre-

---

582 Art.566. Im Teilungsverfahren nach Beendigung der gesetzlichen Gemeinschaft zwischen den Ehegatten ist das Gericht der Belegenheit des gemeinschaftlichen Vermögens, und wenn die Gemeinschaft durch den Tod beendet worden ist, das Nachlaßgericht zuständig.

583 Art.567 § 1. Im Teilungsverfahren nach Beendigung der gesetzlichen Gemeinschaft entscheidet das Gericht auch über den Anspruch auf Abweichung vom Halbteilungsgrundsatz sowie darüber, dass Ausgaben und Aufwendungen und andere Leistungen aus dem gemeinschaftlichen Vermögen auf das persönliche Vermögen und umgekehrt der Erstattung unterliegen. § 2. Bei Streitigkeit des Anspruches auf Abweichung vom Halbteilungsgrundsatz in Bezug auf das gemeinschaftliche Vermögen kann das Gericht auch durch einen Teilbeschluß entscheiden. § 3. In Ansehung der Teilung des gemeinschaftlichen Vermögens nach Beendigung der gesetzlichen Gemeinschaft, und insbesondere in dem gesonderten Verfahren in Bezug auf die in § 1 genannten Sachen, finden die Vorschriften zur Teilung des Nachlasses entsprechende Anwendung.

584 Art.688. Zur Teilung des Nachlasses werden die Vorschriften zur Aufhebung des Miteigentums, insbesondere Art.618 § 2 und § 3, entsprechend angewendet.

chende Anwendung, wenn die Vorschriften für die besonderen Verfahren nichts anderes bestimmen. Die verfahrensrechtliche Seite der Auseinandersetzung und Teilung des gemeinschaftlichen Vermögens durch die Ehegatten ist somit entsprechend der materiellen Seite auch im Wesentlichen durch Verweisungen auf die entsprechende Anwendung der Verfahrensvorschriften zur Nachlaßauseinandersetzung und –teilung sowie Miteigentumsaufhebung geregelt.

1. Der Kreis der Antragsberechtigten

Die Einleitung der Auseinandersetzung und Teilung des gemeinschaftlichen Vermögens im nichtstreitigen Verfahren erfolgt auf Antrag[585] (*wniosek*) eines Verfahrensbeteiligten, Art.506 plZPO[586]. Ein Antragsrecht hat im nichtstreitigen Verfahren gemäß Art.510 § 1 plZPO[587] jeder, der ein berechtigtes Interesse an der Teilnahme und am Ausgang des Verfahrens hat[588]. Gemäß Art. 510 § 1 plZPO wird der am Verfahren „Interessierte" (*zainteresowany w sprawie*) dann zu einem Verfahrensbeteiligten (*uczestnik*), wenn er am Verfahren teilnimmt. Wer in diesem Zusammenhang ein berechtigtes Interesse an der Verfahrensteilnahme hat und damit auch zum Kreise der Antragsberechtigten gehört, wird indes nicht näher geregelt. Die plZPO gewährt insgesamt ein grundsätzlich breites Teilnahmerecht in Angelegenheiten der nichtstreitigen Gerichtsbarkeit[589]. Dies kommt auch in anderen Vorschriften zum Ausdruck, welche für das nichtstreitige Verfahren explizit das Antragsrecht *jedes* am Verfahren Interessierten normieren[590].

Fraglich ist indes, ob auch jedermann ein berechtigtes Interesse an der Teilnahme in einem Auseinandersetzungs- und Teilungsverfahren über das gemeinschaftliche Vermögen von Ehegatten geltend machen kann. Ein berechtigtes Interesse an der Beteiligung bei der Auseinandersetzung und Teilung des gemein-

585 Ein entsprechendes Antragsmuster ist etwa bei *Ciepła*, Kodeks rodzinny i opiekuńczy, wzory pism procesowych w sprawach rodzinnych i opiekuńczych z objaśnieniami (Das Familien- und Vormundschaftsgesetzbuch, Muster in Familien- und Vormundschaftssachen mit Erläuterungen), Warschau 2001, S.123-126 zu finden.

586 Art.506. Das Gericht leitet das nichtstreitige Verfahren auf Antrag ein; in den gesetzlich festgelegten Fällen kann das Gericht das Verfahren auch von Amts wegen einleiten.

587 Art.510 § 1. Interessenberechtigter in der Sache ist jeder, dessen Rechte von dem Verfahren betroffen sind. Dieser kann sich in jedem Zustand der Sache bis Abschluß der zweiten Instanz am Verfahren beteiligen. Beteiligt er sich am Verfahren, wird er Beteiligter. Statthaftes Rechtsmittel gegen die Ablehnung der Beteiligung ist die Beschwerde; vgl. zum grundsätzlichen Antragsrecht jedes Interessenberechtigten auch *Mądrzak*, Postępowanie cywilne (Der Zivilprozeß), 2. Auflage, Warschau 1999, Rn 460; auch *Breyer, Gross*, Art.46 FVGB S.232.

588 „*...zainteresowanym w sprawie jest każdy czyich praw dotyczy wynik postępowania...*".

589 *Jodłowski*, Postępowanie cywilne (Zivilprozeßrecht), 2. Auflage, Warschau 2000, S.45.

590 Siehe etwa Art.527, 541, 609 plZPO „*...jest każdy zainteresowany...*".

schaftlichen Vermögens haben unstreitig neben den (ehemaligen) Ehegatten der oder die Erben eines Ehegatten sowie andere Rechtsnachfolger[591]. Ein berechtigtes Interesse an der Beteiligung im Auseinandersetzungs- und Teilungsverfahren wird zudem noch für den Staatsanwalt, den Fiskus, wenn der Verfall oder die Einziehung von Vermögenswerten des gemeinschaftlichen Vermögens erfolgt ist, sowie der Beauftragte für Bürgerrechte (*Rzecznik Praw Obywatelskich*) anerkannt[592]. Auch der Gläubiger, der einen Anteil am ehelichen Vermögen erworben und anschließend nach Maßgabe der Art.887, 902, 912 plZPO das Recht auf Teilungsauseinandersetzung wirksam gepfändet hat, wird einhellig zu dem Kreis der Interessenberechtigten im Sinne des Art.510 § 1 plZPO gezählt[593]. Dies wird damit begründet, dass der Gläubiger bei einem Vollstreckungstitel gegen lediglich einen der Ehegatten sonst nicht in Vermögensgegenstände des gemeinschaftlichen Vermögens vollstrecken könnte. Daher bestehe die Gefahr, dass die Rechte des Gläubigers vereitelt würden, obwohl dem Schuldner-Ehegatten grundsätzlich nach Auseinandersetzung und Teilung des gemeinschaftlichen Vermögens ausreichend Vermögensmasse zur Tilgung der Forderung zur Verfügung stünde. Daher müsse dem Gläubiger bei Pfändung des Auseinandersetzungs- und Teilungsanspruches auch ein entsprechendes Antragsrecht zur Einleitung des Verfahrens gewährt werden[594]. Insofern habe auch der Schutz der Familie gegenüber dem Schutze des Gläubigers zurück zu treten[595].

Teile der Literatur vertreten darüber hinaus die Auffassung, dass *grundsätzlich* jedem Gläubiger eines Ehegatten ein berechtigtes Interesse an der Beteiligung im Auseinandersetzungs- und Teilungsverfahren zustehen müsse[596]. Das berechtigte Interesse habe danach auch der Erwerber eines Anteils nur an einem einzelnen Vermögensgegenstand, der zum gemeinschaftlichen Vermögen gehört[597].

---

591 *Skowrońska-Bocian*, a.a.O. (Fn 238), S.200.

592 Vgl. dazu umfassend *Zieliński*, a.a.O. (Fn 312), S.85-90.

593 *Skowrońska-Bocian*, a.a.O., S.200; *Stecki*, a.a.O. (Fn 317), S.90; *Piątowski*, a.a.O. (Fn 30), S.498; auch *Zieliński*, a.a.O., S.81, der jedoch als Einziger grundsätzlich nicht jedem Interessenberechtigten auch ein selbständiges Antragsrecht zubilligen will und eine Abgrenzung zwischen der bloßen Beteiligung am Verfahren und einem Antragsrecht zu ziehen versucht, vgl. S.80.

594 *Zieliński*, a.a.O. (Fn 312), S.82.

595 *Zieliński*, a.a.O. (Fn 312), S.83.

596 *Stecki*, a.a.O. (Fn 317), S.90; auch *Gudowski* in Ereciński, Komentarz do kodeksu postępowania cywilnego – postępowanie rozpoznawcze (Kommentar zum Zivilprozeßrecht – Erkenntnisverfahren), Erster Teil, Band II, 5. Auflage, Warschau 2004, Art.567 plZPO Anm.2; *Zieliński* etwa billigt auch der Konkubine eines verstorbenen Ehegatten ein Antragsrecht zu, a.a.O., S.84/85.

597 So auch *Stecki*, a.a.O., S.90; dagegen *Zieliński*, a.a.O., S.82; auch *Piątowski*, a.a.O. (Fn 30), S.498 und *Skowrońska-Bocian*, a.a.O. (Fn 238), S.201/202, die an dieser Stelle sowohl von einem uneingeschränkten Verfügungsrecht über den Anteil am gemeinschaftlichen Vermögen eines Ehegatten als auch über den bloßen Anteil an einem Vermö-

Das OG hat die Frage, ob der Gläubiger eines Ehegatten grundsätzlich ein berechtigtes Interesse im Sinne des Art.510 § 1 plZPO habe und damit Beteiligter eines Auseinandersetzungs- und Teilungsverfahrens sein könne, ebenfalls positiv entschieden[598]. Zur Begründung führt das OG aus, dass es sich bei dem Auseinandersetzungs- und Teilungsverfahren über das gemeinschaftliche Vermögen nicht um eine streng familienrechtliche Angelegenheit handle, an der Dritte zwingend nicht beteiligt werden dürften. Das berechtigte Interesse an der Beteiligung des Gläubigers im Auseinandersetzungs- und Teilungsverfahren bestehe in dem Insolvenzrisiko. Der Schuldner-Ehegatte könne je nach Ausgang des Auseinandersetzungs- und Teilungsverfahrens insolvent werden, etwa wenn das Gericht zum Wohle der Familie das gesamte Vermögen nur einem Ehegatten zuspricht[599]. Demgegenüber wird dem Gläubiger einer Forderung, die Bestandteil des gemeinschaftlichen Vermögens geworden ist, durch das OG in einer älteren Entscheidung kein berechtigtes Interesse an der Teilnahme im Auseinandersetzungsverfahren zugebilligt. Dieser sei insofern „Fremder" (*obcy*) in einem nachehelichen Auseinandersetzungs- und Teilungsverfahren und somit daran nicht zu beteiligen[600].

Ein berechtigtes Interesse des Gläubigers eines Ehegatten kann insbesondere vor dem Hintergrund, dass die Ehegatten keine Pflicht zur Auseinandersetzung und Teilung des gemeinschaftlichen Vermögens nach Beendigung der gesetzlichen Gemeinschaft trifft, begründet werden. Die Ehegatten haben im Auseinandersetzungs- und Teilungsverfahren ferner keine Pflicht zur Berichtigung der Verbindlichkeiten des gemeinschaftlichen Vermögens. Der Gläubiger hat weiterhin selten Kenntnis von der Beendigung der gesetzlichen Gemeinschaft und kann daher selten zur Sicherung seiner Forderung entsprechende Maßnahme treffen. Folglich ist die Stellung eines Gläubigers von Ehegatten-Schuldnern grundsätzlich schwach. Dieser ist auch stets dem Risiko des Verlustes der Haftungsmasse seines Schuldners durch die Auseinandersetzung und Teilung des gemeinschaftlichen Vermögens ausgesetzt. Er ist somit schutzwürdig und muß ein berechtigtes Interesse an der Verfahrensteilnahme haben. Ähnlich kann die Stellung des Erwerbers eines Anteils an einem zum gemeinschaftlichen Vermögen gehörenden Vermögenswert bewertet werden. Die Ehegatten können den Zugriff ihre Vermögenswerte stets durch eine „geschickte" Auseinandersetzung und Teilung des gemeinschaftlichen Vermögens vereiteln. Der Vorteil der Erstreckung der Antragsberechtigung auf sämtliche Gläubigerarten sowie Anteilserwerber im Auseinandersetzungs- und Teilungsverfahren von Ehegatten könnte schließlich

---

gensgegenstand des gemeinschaftlichen Vermögens nach Beendigung der gesetzlichen Gemeinschaft ausgeht.

598 OSNC 1995, Nr.7-8, Pos.109.

599 OSNC 1995, Nr.7-8, Pos.109 (S.40).

600 OSNCP 1974, Nr. 10, Pos.164 (Leitsatz 2).

in der Praxis zur Beschleunigung der Teilungsauseinandersetzung nach Beendigung der gesetzlichen Gemeinschaft führen. Ein Gläubiger wird regelmäßig an einer zeitnahen Befriedigung seiner Forderung interessiert sein. Ein breites Antragsrecht würde somit die schnelle Schaffung von klaren Verhältnisse bei der Neugestaltung der Vermögenszuordnung fördern.

Gleichwohl ist dieses grundsätzlich weite Verständnis des Kreises der Interessenberechtigten an einem Auseinandersetzungs- und Teilungsverfahren über das gemeinschaftliche Vermögen nach Beendigung der gesetzlichen Gemeinschaft nicht unproblematisch. So können Dritte durch ihre bloße Gläubigerstellung nicht nur an einem Verfahren beteiligt werden, sie können vielmehr auch durch ihr daraus resultierendes Antragsrecht die Ehegatten zu einer frühzeitigen Auseinandersetzung und Teilung des gemeinschaftlichen Vermögens vor Gericht zwingen. Wenn aber der Gesetzgeber für die Durchführung einer solchen Teilungsauseinandersetzung keinen Zeitraum bestimmt, so muß die Art und Weise der Auflösung der ursprünglich vermögensrechtlichen Verbundenheit in erster Linie den Ehegatten oder ihren unmittelbaren Rechtsnachfolgern vorbehalten bleiben. Dies insbesondere auch vor dem Hintergrund, dass eine etwa mit Art.609 plZPO vergleichbare Vorschrift, die explizit das Antragsrecht *jedes* Interessenberechtigten vorsieht, sowohl bei der Auseinandersetzung und Teilung des gemeinschaftlichen Vermögens der Ehegatten als auch bei der Nachlaßauseinandersetzung und Miteigentumsaufhebung gerade fehlt. Daher erscheint es sinnvoll, den Kreis der Antragsberechtigten zur Einleitung des Auseinandersetzungs- und Teilungsverfahrens über das gemeinschaftliche Vermögen von Ehegatten durch den Gesetzgeber ausdrücklich festzulegen.

2. Die Zuständigkeit des Gerichts

Sachlich zuständig ist bei der gerichtlichen Auseinandersetzung und Teilung des gemeinschaftlichen Vermögens gemäß Art.507 plZPO[601] das Amtsgericht (*sąd rejonowy*). Für die örtliche Zuständigkeit des Gerichtes ist gemäß Art.566 plZPO die Belegenheit des gemeinschaftlichen Vermögens entscheidend. Befindet sich das streitgegenständliche Vermögen im Zuständigkeitsbereich verschiedener Gerichte, so hat der Antragssteller gemäß Art.13 § 2 plZPO in Verbindung mit Art.43 § 1 plZPO ein Wahlrecht in Bezug auf die örtliche Zuständigkeit[602]. Endet die gesetzliche Gemeinschaft hingegen durch den Tod eines Ehegatten, so ist das Nachlaßgericht (*Sąd spadku*) für die Auseinandersetzung und Teilung des gemeinschaftlichen Vermögens ausschließlich örtlich zuständig. Die örtliche

601 Art.507. In Angelegenheiten, die zum nichtstreitigen Verfahren gehören, entscheidet das Amtsgericht, mit Ausnahme der Sachen, für die die Zuständigkeit des Bezirksgerichts vorbehalten ist.

602 *Gudowski* in Ereciński, Art.566 plZPO Anm.5.

Bestimmung des Nachlaßgerichts erfolgt auf der Grundlage des Art.628 plZPO. Danach ist zuständiges Nachlaßgericht das Gericht des letzten Wohnortes des Erblassers, es sei denn, ein Wohnort des Erblassers kann in Polen nicht ermittelt werden. Örtlich zuständig ist dann das Gericht der Belegenheit des Nachlasses. Gemäß Art.509 plZPO entscheidet das Amtsgericht in der Besetzung durch den Einzelrichter. Findet die Auseinandersetzung und Teilung des gemeinschaftlichen Vermögens bereits in einem Scheidungs- oder Separationsurteil statt, so entscheidet erstinstanzlich als Scheidungs- oder Separationsgericht das Bezirksgericht (*sąd okręgowy*)[603].

3. Der Umfang der gerichtlichen Entscheidung

Die Richtlinien und der Umfang der gerichtlichen Entscheidung bestimmen bis auf die zwei Ausnahmen in Art.567 § 1, § 2 plZPO vornehmlich die Vorschriften für das Nachlaßteilungs- und das Miteigentumsaufhebungsverfahren. Zunächst stellt das Gericht gemäß Art.567 § 3, 684 plZPO[604] Umfang und Wert des gemeinschaftlichen und teilbaren Vermögens fest[605]. Dabei richtet es sich (in der Praxis) in erster Linie nach den im Teilungsantrag bezeichneten Vermögenswerten. Fraglich ist in diesem Zusammenhang, ob der Wortlaut des Art.684 plZPO, wonach das Gericht Wert und Umfang des zu teilenden Vermögens bestimmt, dem mit der Teilungsauseinandersetzung befaßten Richter einen Grundsatz der Ermittlung des gemeinschaftlichen Vermögens von Amts wegen auferlegt[606]. Das Gericht hat grundsätzlich darauf hinzuwirken, dass die Beteiligten das vollständige gemeinschaftliche Vermögen darlegen[607]. Insofern ist es nicht zwingend an den Antrag der Beteiligten gebunden, wenn Teile des gemeinschaftlichen Vermögens von den Beteiligten nicht vollständig dargelegt worden sind. Gleichwohl wird daraus kein Grundsatz zur Ermittlung des vollständigen Vermögens von Amts wegen gefolgert[608]. Dies entspricht auch der gängigen Praxis der mit der Auseinandersetzung und Teilung des gemeinschaftlichen Vermögens befaßten Richter. Typische Bestandeile eines ehelichen Vermögens wie etwa Immobilien, genossenschaftliche Wohnrechte oder Sparkonten ermittelt das Gericht gegebenenfalls selbst[609]. Im Übrigen ist es auf die Angaben der Beteiligten

603 Art.17 1), Art.567[1] plZPO.

604 Art.684. Zusammensetzung und Wert des zu teilenden Nachlasses bestimmt das Gericht.

605 „*Skład i wartość spadku ulegającego podziałowi ustala sąd*".

606 So *Piątowski*, a.a.O. (Fn 30), S.498.

607 OSNCP 1968, Nr.10, Pos.169 (vgl. bereits Leitsatz); *Skowrońska-Bocian*, a.a.O. (Fn 238), S.202/203.

608 *Gudowski* in Ereciński, Art.567 plZPO Anm.8; *Skowrońska-Bocian*, a.a.O. (Fn 238), S.202/203.

609 Vgl. dazu auch *Gudowski* in Ereciński, Art.567 plZPO Anm.16.

angewiesen. Diese werden regelmäßig aufgefordert, ihr gesamtes Vermögen darzulegen.

Das Gericht prüft in diesem Zusammenhang weiterhin, ob den Beteiligten überhaupt ein Recht auf Auseinandersetzung und Teilung des gemeinschaftlichen Vermögens zusteht und ob die einzelnen Vermögensgegenstände auch tatsächlich Bestandteile des gemeinschaftlichen Vermögens sind, Art.567 § 3, 685 plZPO[610]. Dabei entscheidet das Gericht im Teilungsverfahren auch gegebenenfalls über eine Abweichung vom Halbteilungsgrundsatz nach Maßgabe des Art.567 § 1 plZPO, Art.43 § 2 FVGB, etwaige Werterstattungs-, Art.567 § 1 plZPO, Art.45 FVGB sowie andere gegenseitige Ansprüche zwischen den Ehegatten, Art. 567 § 1, § 3 FVGB, Art.686 plZPO[611]. Soweit vorhanden, kann auch ein Ehevertrag auf seine Rechtsgültigkeit hin überprüft werden[612].

Der Antrag auf Teilung des gemeinschaftlichen Vermögens kann sowohl mit einem Antrag auf Nachlaßauseinandersetzung als auch mit einem Antrag auf Miteigentumsaufhebung verbunden werden[613]. Dies folgt aus der entsprechenden Anwendung des Art.689 plZPO[614]. Endet der gesetzliche Güterstand mit dem Tod eines Ehegatten und ist ein Anteil am gemeinschaftlichen Vermögen gleichzeitig Bestandteil des zu teilenden Erbes, so ist mit Blick auf die Präklusionswirkung in Art.618 § 3 plZPO eine Verbindung der beiden Auseinandersetzungsverfahren mit Vorrang der nachehelichen Teilungsauseinandersetzung vor der Auseinandersetzung des Nachlasses sogar geboten. Etwas anderes gilt nur, wenn bereits in einem gesonderten Verfahren über die Anteilsgröße jedes Ehegatten am gemeinschaftlichen Vermögen sowie gegenseitige Ansprüche rechtskräftig entschieden worden ist[615]. Gemäß Art.516 plZPO entscheidet das Gericht durch Beschluß (*postanowienie*). Gegen einen Beschluß in der Sache ist das

---

610 Bei Streitigkeiten über das Recht, die Nachlaßteilung verlangen zu können, sowie Streitigkeiten unter den Erben darüber, ob ein Gegenstand zum Erbe gehört, kann das Gericht einen Teilbeschluß erlassen.

611 Art.686. Im Teilungsverfahren entscheidet das Gericht auch über das Bestehen von Vermächtnissen, deren Gegenstand Sachen oder Rechte des Nachlasses sind, sowie auch über gegenseitige Ansprüche unter den Miterben wegen Besitzes bestimmter Gegenstände aus dem Nachlasse, gezogenen Nutzungen und andere Einkünften, auf den Nachlaß zugewendeten Aufwendungen sowie berichtigten Nachlaßschulden.

612 Siehe auch Auflistung der Entscheidungsmöglichkeiten bei *Zieliński*, a.a.O. (Fn 312), S.23.

613 Dies ist aus praktischen Gesichtspunkten auch ratsam, *Sychowicz* in Piasecki, Art.46 FVGB Anm.102.

614 Art.689. Wenn der gesamte Nachlaß oder einzelne Nachlaßgegenstände gemäß einem anderen Titel als aufgrund des Erbes Miteigentum sind, so können die Nachlaßteilung und die Miteigentumsaufhebung in einem Verfahren verbunden werden.

615 OSNCP 1972, Nr.7-8, Pos.129; vgl. dazu auch Glosse von *Stecki*, OSPiKA 1973, Nr.7-8, Pos.149; umfassend dazu auch *Zieliński*, a.a.O. (Fn 312), S.35-38.

Rechtsmittel der Berufung (*apelacja*) zum Bezirksgericht statthaft, Art.518, 367 § 2 plZPO.
In einem klassischen Teilungsbeschluß erfolgt im Tenor 1. die Feststellung der Bestandteile des gemeinschaftlichen Vermögens, 2. die Halbteilung und/oder Werterstattung, sofern erforderlich, 3. die Bestimmung der Form und Art der Teilung, 4. eine Werterstattung bei Zuweisung eines Gegenstandes an einen Ehegatten, 5. gegebenenfalls eine Ratenzahlungsvereinbarung und 6. die endgültige Feststellung der Höhe der Gerichtskosten und sonstigen Verfahrenskosten. In den Gründen wird zunächst der Sachverhalt erfaßt und nachfolgend die Begründung für den Tenor geliefert.

4. Teilweise Auseinandersetzung und Teilung sowie Teilbeschluß

Gemäß Art.1038 § 1 S.1 plZGB[616] in Verbindung mit Art.46 FVGB soll die gerichtlichen Auseinandersetzung und Teilung grundsätzlich das gesamte gemeinschaftliche Vermögen der Ehegatten umfassen[617]. Nur wenn dem „wichtige Gründe" (*ważne powody*) entgegenstehen, kann das Gericht die Auseinandersetzung auch auf einen Teil des gemeinschaftlichen Vermögens beschränken, Art.1038 § 1 S.2 plZGB. Wichtige Gründe sind dann anzunehmen, „wenn die Teilung eines konkreten Vermögensgegenstandes gegen die gesellschaftlich-wirtschaftliche Bestimmung des Vermögensgegenstandes oder die Grundsätze des gesellschaftlichen Zusammenlebens verstoßen würde"[618]. Dies wäre nach einem (einzigen) Beispiel in der Literatur etwa dann der Fall, wenn die Teilung eines Grundstückes in Natur dazu führe, dass ein Teil dieses Grundstückes wegen der Aufteilung nicht mehr zugänglich und daher nicht mehr nutzbar sein würde[619]. Zu denken wäre in diesem Zusammenhang auch an ein Unternehmen, das durch die Auseinandersetzung zerschlagen werden müßte, mit der Folge von Kündigungen der Mitarbeiter. Insofern wäre eine Teilung nur auf den auch tatsächlich teilbaren Teil des gemeinschaftlichen Vermögens entsprechend Art.1038 plZGB zu beschränken.

Ein Beschluß über die Auseinandersetzung und Teilung eines Teils des gemeinschaftlichen Vermögens beendet das Verfahren über diesen Teil des Vermögens[620]. Wegen des ungeteilten Teils des Vermögens muß ein neues Auseinan-

616 Art.1038 § 1. Die gerichtliche Nachlaßteilung muß den gesamten Nachlaß umfassen. Aus wichtigen Gründen kann sie jedoch auf einen Teil des Nachlasses beschränkt werden. § 2. Die vertragliche Nachlaßteilung kann den ganzen Nachlaß umfassen oder auf einen Teil des Nachlasses beschränkt werden.

617 „*Sądowy dział spadku powinien obejmować cały spadek*".

618 *Skowrońska-Bocian*, Art.1038 plZGB Anm.3 mit Verweis auf OSNCP 1967, Nr.12, Pos.220.

619 *Skowrońska-Bocian*, Art.1038 plZGB Anm.3.

620 OSNCP 1978, Nr.4, Pos.65.

dersetzungs- und Teilungsverfahren beantragt werden[621]. Inwiefern sich die Tatsachen, welche zunächst die Annahme wichtiger Gründe im Sinne des Art. § 1038 § 1 S.2 plZGB begründen, geändert haben müssen, um nunmehr eine Teilung der zunächst aus wichtigen Gründen unteilbaren Vermögenswerte zuzulassen, wird weder in Rechtsprechung noch Literatur beleuchtet. Der Teilung des restlichen Vermögens zu einem späteren Zeitpunkt stehe jedenfalls die Präklusion gemäß Art.618 plZPO nicht entgegen. Diese beziehe sich nach Auffassung der Rechtsprechung nicht auf den Bestand des gemeinschaftlichen Vermögens als solches, sondern nur auf die Ansprüche im Sinne des Art.567 § 1 plZPO[622]. Bezüglich der nicht auseinandergesetzten bzw. geteilten Vermögensgegenstände kann ein so genanntes Teilungsergänzungsverfahren (*podział uzupełniający*) angestrengt werden, welches dann durch einen Ergänzungs- bzw. Endbeschluß (*postanowienie uzupełniające*) beendet wird[623]. Dies gilt auch dann, wenn die Ehegatten von vornherein vertraglich nur einen Teil des gemeinschaftlichen Vermögens geteilt haben oder das Gericht einen Teilungsbeschluß nur über einen Teil des Vermögens erlassen hat, ohne die Teilungsauseinandersetzung gemäß Art.46 FVGB in Verbindung mit Art.1038 plZGB von Anfang an auf nur einen Teil des Vermögens zu beschränken[624].

Von der Beschränkung der Teilung auf bestimmte Vermögenswerte gemäß Art.46 FVGB, Art.1038 plZGB ist die Möglichkeit des Erlasses eines Teilbeschlusses (*postanowiene częściowe*) streng zu unterscheiden. Ein Teilbeschluß erfaßt nur die teilweise Auseinandersetzung und Teilung des gemeinschaftlichen Vermögens[625]. Gemäß Art.13 § 2, 317 plZPO[626] ist auch im nichtstreitigen Verfahren der Erlaß eines Teilbeschlusses zulässig[627]. Ein solcher Teilbeschluß kann dann ergehen, wenn das Verfahren nur in Bezug auf einen bestimmten Teil der Auseinandersetzung und Teilung zur Entscheidung reif ist. Es kommt dabei allerdings nicht darauf an, dass nur ein Teil der gemeinschaftlichen Vermögenswerte auseinandergesetzt bzw. geteilt wird[628]. Ein Teilbeschluß kann etwa

621 So ausdrücklich OSNC 2000, Nr.7, Pos.132 (S.46).

622 OSNCP 1987, Nr.8, Pos.114; dem folgend *Skowrońska-Bocian*, a.a.O. (Fn 238), S.230.

623 OSNCP 1987, Nr.8, Pos.114; *Gudowksi* in Ereciński, Art.567 plZPO Anm.22.

624 *Skowrońska-Bocian*, Art.1038 plZGB Anm.6-8; dieselbe auch in „Rozliczenia majątkowe małżonków w stosunkach wzajemnych i wobec osób trzecich" (Vermögensrechtliche Auseinandersetzung der Ehegatten untereinander und im Verhältnis zu Dritten), a.a.O., S.230.

625 So auch OSNCP 1984, Nr.7, Pos.115.

626 Art.317 § 1. Das Gericht kann ein Teilurteil erlassen, wenn nur ein Teil des Anspruchs oder nur einige Ansprüche der Klage entscheidungsreif sind; dies gilt auch bei der Widerklage. § 2. Das Gericht kann auf der gleichen Grundlage ein Teilurteil erlassen, das über die gesamte Klage oder Widerklage entscheidet.

627 OSNCP 1978, Nr.4, Pos.65; OSNCP 1984, Nr.7, Pos.115.

628 OSNCP 1984, Nr.7, Pos.115 (S.37).

dann sinnvoll sein, wenn er umfassend die Auseinandersetzung und Teilung eines grundlegenden Vermögenswertes wie einer Immobilie oder eines genossenschaftlichen Wohnrechtes regelt, bevor die Auseinandersetzung und Teilung der restlichen Vermögenswerte erfolgen soll[629]. Hierbei handelt es sich indes nicht um eine teilweise Teilung im Sinne des Art.1038 § 1 S.2 plZGB[630].

C. Bestands- und Werterfassung des gemeinschaftlichen Vermögens in der Auseinandersetzungsbilanz

Obwohl rein rechtlich betrachtet während einer bestehenden Ehe bei Geltung des polnischen gesetzlichen Güterstandes drei Vermögensmassen bestehen – das gemeinschaftliche Vermögen der Ehegatten sowie jeweils das persönlich Vermögen eines jeden Ehegatten – handelt es sich *de facto* regelmäßig um eine wirtschaftliche Vermögenseinheit, die die Ehegatten in ihrer Gesamtheit als finanzielle Grundlage ihrer Ehe nutzen. Dies ist für Vermögen in nahezu jeder Ehe selbstverständlich, gleichgültig, welche Form des Güterstandes sich dahinter verbirgt. Erst nach Beendigung der Ehe und damit auch des in wirtschaftlicher Hinsicht bindenden Güterstandes entsteht die Frage, welche Vermögenswerte konkret welcher Vermögensmasse zuzuordnen sind, um anschließend eine gerechte Trennung und Teilung des bis dahin typischerweise vermischten Vermögens durchführen zu können. Auch wenn die Frage nach der konkreten Zusammensetzung des gemeinschaftlichen Vermögens regelmäßig einen Kernaspekt des Auseinandersetzungs- und Teilungsverfahrens darstellt, können die Ehegatten noch während der Dauer der gesetzlichen Gemeinschaft auf entsprechenden Antrag die Feststellung verlangen, dass ein Vermögenswert Bestandteil einer der beiden Vermögensmassen ist[631].

Jede Entscheidung, welche im Rahmen der Auseinandersetzung und Teilung des gemeinschaftlichen Vermögens zu treffen ist, erfordert zunächst eine Bestandsaufnahme und Wertermittlung des gemeinschaftlichen Vermögens. Vorgezogene Teillösungen – wie etwa die in der Praxis oft anzutreffende Sitte, sofort nach der Trennung das Barvermögen zu teilen – bergen nämlich die Gefahr von nachträglichen Regreßansprüchen in sich, die die Teilungsauseinandersetzung zusätzlich verzögern und erschweren[632]. Deswegen kommt der genauen Bestands- und Werterfassung in der Vermögensauseinandersetzung der Ehegatten auch eine grundlegende Bedeutung zu. Dies gilt genauso für die vertragliche

---

629 Beispiel aus OSNCP 1984, Nr.7, Pos.115 mit Verweis auf eine unveröffentlichte Entscheidung des OG (S.38).

630 Zuletzt OSNC 2000, Nr.7, Pos.132 (S.45).

631 *Breyer, Gross*, Art.32 FVGB S.146; OSNCP 1972, Nr.12, Pos. 211.

632 Siehe dazu im deutschen Recht *Klüber* in Schröder/Bergschneider, Familienvermögensrecht, a.a.O. (Fn 91), Rn 4.643.

wie auch für die gerichtliche Auseinandersetzung und Teilung des gemeinschaftlichen Vermögens. Die richtige Bestands- und Werterfassung ist in der Teilungsauseinandersetzung des gemeinschaftlichen Vermögens der erste Schritt zu einer gerechten Verteilung der ehelichen Errungenschaft unter den Ehegatten.

Welche Vermögensgegenstände der Auseinandersetzung und Teilung unterliegen sollen, ob die Vermögensauseinandersetzung insbesondere das gesamte gemeinschaftliche Vermögen oder nur einen Teil umfassen soll, hängt grundsätzlich zunächst vom Willen der Ehegatten selbst ab[633]. Kann ein solcher gemeinsamer Wille der Ehegatten wegen der ehelichen Differenzen und emotionalen Schwierigkeiten nach einer Trennung nicht herbeigeführt werden, so muß ein Gericht diese praktisch sowie rechtlich schwierige Aufgabe übernehmen und im Teilungsverfahren das konkrete Auseinandersetzungsguthaben festlegen. Um eine ordnungsgemäße Auseinandersetzungs- und Teilungsbilanz zu erstellen, ist es folglich erforderlich, das gemeinschaftliche Vermögen der Ehegatten zu ermitteln. Zur Beantwortung der Frage, welche gemeinschaftlichen Vermögenswerte der Ehegatten der Auseinandersetzung und Teilung unterliegen, ist zunächst ein Überblick über die Vermögensbegrifflichkeiten im Sprachgebrauch des polnischen Gesetzgebers erforderlich. Anschließend soll die Zusammensetzung der Vermögensmassen analysiert werden.

I. Der Vermögensbegriff *majątek*

Auseinandergesetzt und geteilt wird nur das gemeinschaftliche Vermögen der Ehegatten. Der polnische Gesetzgeber verwendet zur Bezeichnung des gemeinschaftlichen Vermögens im Gesetzestext und in den für die Auseinandersetzung und Teilung einschlägigen Vorschriften die Begriffe „Vermögen“ (*majątek*), „gemeinschaftliches Vermögen“ (*majątek wspólny*) und „Vermögensgegenstände“ (*przedmioty majątkowe*)[634]. Fraglich ist, was genau der Gesetzgeber mit der Bezeichnung *majątek* erfassen will. Das polnische Zivilrecht kennt zwei grundlegende Begriffe für die Bezeichnung „Vermögen“. Dies sind die Begriffe *mienie* und *majątek.* In Art.44 plZGB[635] definiert der polnische Gesetzgeber den Vermögensbegriff *mienie.* Nach dieser Legaldefinition fallen unter den Begriff *miene* „Eigentum“ (*własność*) und „andere Vermögensrechte“ (*inne prawa majątkowe*). Die Bezeichnung *majątek* ist danach ein Unterfall des Vermögensbegriffes *mieni*e in Art.44 plZGB. Der Terminus *inne prawa majątkowe* wird weiter nicht näher bestimmt. Die Bezeichnung *mienie* kann nach der Definition in Art.44 plZGB somit als Oberbegriff für die zwei Formen des Vermögens „Ei-

633 *Stecki*, a.a.O. (Fn 317), S.79.
634 Vgl. zum Beispiel den Wortlaut in den Vorschriften Art.31, 33, 36, 43, 46 FVGB.
635 Art.44. Vermögen sind das Eigentum und andere Vermögensrechte.

gentum“ und „andere Vermögensrechte“ verstanden werden[636]. Gleichwohl werden die Begriffe *mienie* und *majątek* vielfach synonym verwendet[637].

Die konkrete Reichweite und der Inhalt des Vermögensbegriffes *majątek* sind umstritten. Bei der Bezeichnung *majątek* gibt es zwei grundlegende Begriffsverständnisse: ein enges und ein weites[638]. Nach dem engen Vermögensbegriff umfaßt die Bezeichnung *majątek* lediglich die Vermögensaktiva. Dazu werden auch der Besitz (*posiadanie*) und die Anwartschaft (*ekspektatywa*) gezählt[639]. Die Passiva sollen demgegenüber nicht von dem Vermögen erfaßt werden. Dies gilt auch, wenn Passiva den wirtschaftlichen Wert der Vermögensaktiva beeinflussen, weil sie diese belasten und entsprechend durch die Aktiva befriedigt werden können bzw. müssen[640]. Gemäß dem weiten Vermögensbegriffsverständnis besteht *majątek* indes aus der Gesamtheit der Rechte und Verpflichtungen eines Rechtssubjektes[641]. Danach sollen folglich sowohl Aktiva als auch Passiva vom dem Vermögensbegriff *majątek* erfaßt werden.
Wie im deutschen Recht ist somit auch im polnischen Recht der Vermögensbegriff definitorisch uneinheitlich und kann in verschiedenen Rechtsbereichen inhaltlich unterschiedlich verwendet werden[642]. Dies betrifft namentlich auch das FVGB. Die einhellige Meinung geht zwar in Bezug auf das FVGB von dem engen Vermögensbegriff aus[643]. Gleichwohl wird von Teilen der Literatur nach-

---

636 *Dmowski/Rudnicki*, Kommentarz do kodeksu cywilnego – część ogólna (Kommentar zum Zivilgesetzbuch – Allgemeiner Teil), Erstes Buch, 7. Auflage, Warschau 2006, Art.44 plZGB Anm.2.

637 *Skowrońska-Bocian*, a.a.O. (Fn 238), S.47; siehe auch bei *Breyer, Gross*, Art.31 FVGB, S.132; für das Güterrecht *Ignaczewski*, a.a.O. (Fn 241), S.32.

638 Vgl. dazu den kurzen Überblick zum Begriff *majątek* bei *Sylwestrak* in einer Monographie zur Separation „Skutki prawne separacji małżonków (Die Rechtsfolgen der Separation von Ehegatten), Warschau 2007, S.173 und die dort angegebene Literatur; siehe auch den Meinungsstand bei *Sokołowski*, Struktura wspólnej sytuacji prawnomajątkowej małżonków (Die Strukturen der vermögensrechtlichen Situation der Ehegatten), Rejent 1995, Nr.2, S.30ff sowie *Piątowski*, a.a.O. (Fn 30), S.354-356; auch *Ignaczewski*, a.a.O., S.31-33.

639 Siehe etwa *Ignatowicz* bei der Begriffsbestimmung von „własność i inne prawa majątkowe“ nach dem sozialistischen Verständnis zum alten Art.44 plZGB a.F., S.122, Kommentar zum plZGB, Warschau 1972.

640 *Piątowski*, a.a.O., S.355; *Lutkiewicz-Rucińska*, Odpowiedzialność majątkiem wspólnym za zobowiązania cywilnoprawne (Die Haftung des gemeinschaftlichen Vermögens für zivilrechtliche Verbindlichkeiten), Bromberg – Danzig 2003, S.22.

641 *Breyer, Gross*, Art.31 FVGB, S.132/133; Darstellung der Auffassung auch bei *Dyoniak*, Pojęcie majątku w prawie cywilnym (Der Begriff des Vermögens im Zivilrecht), PiP 1985, Nr.11-12, S.119, 120.

642 *Sylwestrak*, a.a.O. (Fn 636), S.174.

643 *Piątowski*, a.a.O. (Fn 30), S.355; *Wolter*, Majątek wspólny i majątki odrębne małżonków pod rządem wspólności ustawowej (Das gemeinschaftliche Vermögen und die ge-

gewiesen, dass der polnische Gesetzgeber bei der Regelung des Verwaltungsrechts der Ehegatten im Hinblick auf das gemeinschaftliche Vermögen offenbar von einem „erweiterten“ Vermögensbegriff ausgegangen sein muß[644]. Ferner soll im Erbrecht, auf welches das Güterrecht gerade in Bezug auf die Teilungsauseinandersetzung verweist, ebenfalls ein weites Vermögensbegriffsverständnis gelten. So jedenfalls bei der Regelung der Haftung für Nachlaßverbindlichkeiten, obgleich später lediglich die Teilung der Aktiva erfolge[645]. Dem folgend, wird entsprechend vorgeschlagen, sich bei der Auslegung der FVGB-Vorschriften je nach Regelungszusammenhang eines weiten *oder* eines engen Vermögensbegriffes zu bedienen, statt von einem einheitlichen Begriffsverständnis für alle Normen auszugehen, die das Vermögen der Ehegatten betreffen[646]. Diese unterschiedlichen Begriffsverständnisse im Hinblick auf den Inhalt des gemeinschaftlichen Vermögens müssen folglich bei der Auslegung der güterrechtlichen Vorschriften ebenfalls Berücksichtigung finden. Um feststellen zu können, welche Bestandteile genau das auseinander zu setzende und zu teilende Vermögen ausmachen, muß zunächst ermittelt werden, von welchem Vermögensbergriffsverständnis der polnische Gesetzgeber bei den Bestimmungen zur Auseinandersetzung und zur Teilung des gemeinschaftlichen Vermögens ausgegangen ist.

Bei den Vorschriften zur Auseinandersetzung und Teilung des gemeinschaftlichen Vermögens wird von einem engen Verständnis des Vermögensbegriffes ausgegangen[647]. Die Folge ist, dass die auf dem gemeinschaftlichen Vermögen der Ehegatten lastenden Verbindlichkeiten keine Berücksichtigung in der Teilungsauseinandersetzung finden[648]. Folglich kann eine Auseinandersetzung und Teilung des gemeinschaftlichen Vermögens nur stattfinden, wenn Aktiva in der Vermögensmasse vorhanden sind. Es findet demgegenüber keine Teilung der Passiva statt. Diese werden gegebenenfalls bei der Wertermittlung des zu teilen-

---

sonderten Vermögen der Ehegatten in der gesetzlichen Gemeinschaft), NP 1965, Nr.2, S.103, 105, Fußnote 5.

644 *Dyoniak*, Pojęcie majątku w prawie cywilnym (Der Begriff des Vermögens im Zivilrecht), PiP 1985, Nr.11-12, S.119, 122.

645 *Sokołowski*, Struktura wspólnej sytuacji prawnomajątkowej małżonków (Die Struktur der gemeinschaftlichen vermögensrechtlichen Situation der Ehegatten), Rejent 1995, Nr.2, S.30, 31; vgl. auch die Darstellung bei *Piątowski*, a.a.O., S.355.

646 *Sylwestrak*, a.a.O., S.174/175.

647 *Sychowicz* in Piasecki, Art.31 FVGB Anm.5; *Skowrońska-Bocian*, a.a.O. (Fn 238), S.203; *Piątowski*, a.a.O. (Fn 30), S.355, 495; *Pietrzykowski* 1993, Art.46 FVGB S.287; *Lutkiewicz-Rucińska*, a.a.O. (Fn 638), S.22/23; kritisch *Sokołowski*, Struktura wspólnej sytuacji prawnomajątkowej małżonków (Die Struktur der gemeinschaftlichen vermögensrechtlichen Situation der Ehegatten), Rejent 1995, Nr.2, 30, 43/44; anders nur *Breyer, Gross*, Art.31 FVGB a.F., S.132/133.

648 *Sylwestrak*, a.a.O. (Fn 636), S.174; *Skowrońska-Bocian*, a.a.O., S.203.

den Vermögens berücksichtigt. Für das enge Vermögensbegriffsverständnis wird insbesondere die Regelung der Haftung in Art.41 FVGB der Ehegatten für Verbindlichkeiten angeführt. Danach kann der Ehegatte, der die Verbindlichkeit eingegangen ist, auch nur persönlicher Schuldner sein. Es werde also bei Eingehung von Verbindlichkeiten durch die Ehegatten grundsätzlich keine gesamtschuldnerische Haftung beider Ehegatten begründet, obwohl bei Zustimmung desjenigen Ehegatten, der nicht gleichzeitig persönlicher Schuldner ist, der Gläubiger Befriedigung aus dem gemeinschaftlichen Vermögen verlangen kann[649]. Eine Vorschrift, die grundsätzlich die gesamtschuldnerische Haftung beider Ehegatten anordnet, sei mit Ausnahme der Haftung nach Art.30 FVGB bei Verbindlichkeiten des täglichen Lebens demgegenüber nicht vorhanden.

Zur Veranschaulichung des engen Vermögensbegriffes und seines Verständnisses, dass nur Aktiva bei der Vermögensauseinandersetzung berücksichtigt werden, kann erneut auf die unter A. I. des Zweiten Teils bereits dargestellte Entscheidung der I. Zivilabteilung des Amtsgerichtes Warschau-Żoliborz verwiesen werden. Die Antragsstellerin beantragte die Vermögensteilung, wobei sie das zu teilende Vermögen mit einer Restschuld aus einer Darlehensverbindlichkeit bezeichnete. Diese Verbindlichkeit ist sie während der Ehe mit Zustimmung ihres geschiedenen Ehemannes zur Errichtung eines Geschäftsbetriebes in Form eines Internetcafes eingegangen[650]. Die Antragstellerin forderte bei der Teilungsauseinandersetzung eine entsprechende Beteiligung vom Antragsgegner an den Schulden. Zur Begründung führte sie an, dass bei der Auseinandersetzung und Teilung der Erbmasse ebenfalls die Passiva berücksichtigt würden. Da die erbrechtlichen Vorschriften in der ehelichen Vermögensteilung entsprechende Anwendung fänden, müsse dies auch für die Auseinandersetzung und Teilung des gemeinschaftlichen Vermögens unter Ehegatten gelten. Wie bereits oben dargestellt, wies das Gericht den Antrag ab, weil mangels Aktivmasse keine Vermögensteilung vorgenommen werden könne[651].

Die Frage, welcher Vermögensbegriff den Auseinandersetzungs- und Teilungsvorschriften des FVGB zugrunde liegt bzw. zugrunde zu legen ist, scheint noch nie Gegenstand einer höchstrichterlichen Diskussion gewesen zu sein. Es findet sich bei *Skowrońska-Bocian* lediglich eine Fußnote zu dieser Problematik, in der die Verfasserin auf eine unveröffentlichte Entscheidung des OG verweist[652]. Darin soll das OG entschieden haben, dass bei Fehlen eines gemeinschaftlichen Vermögens, welches sich in konkreten Vermögensaktiva widerspiegle, die Aus-

649 *Lutkiewicz-Rucińska*, a.a.O., S.22.
650 III Ns 371/03.
651 Der Beschluß enthält keine Entscheidungsgründe.
652 A.a.O. (Fn 199), S.194, Fußnote 8, Verweis auf die nicht veröffentlichte Entscheidung des OG vom 12. April 2000, IV CKN 27/00.

einandersetzung und Teilung des gemeinschaftlichen Vermögens nur in Ansehung der Rechte aus Art.45 FVGB im streitigen Verfahren zu erfolgen habe. Im Übrigen bleibe der Aspekt streitig. Der Verfasserin ist in diesem Zusammenhang bei der Durchsicht der Akten des Amtsgerichts Warschau-Żoliborz aufgefallen, dass in der Auseinandersetzungs- und Teilungsbilanz nie Passiva des gemeinschaftlichen Vermögens ausgewiesen werden[653].

Unstreitig fallen jedenfalls alle wertmäßig erfaßbaren Gegenstände und Rechte unter den Vermögensbegriff *majątek*[654]. Dies gilt sowohl für absolute Rechte wie das Eigentum als auch für relative Rechte wie Forderungen[655]. Der Begriff *przedmioty majątkowe* in Art.31 FVGB geht sogar soweit, dass der Besitz und die Anwartschaft erfaßt werden sollen[656]. Gegenstand der Teilungsauseinandersetzung sind dann ausschließlich diejenigen Vermögenswerte, deren Zugehörigkeit zum gemeinschaftlichen Vermögen der Ehegatten feststeht, im Auseinandersetzungs- und Teilungsverfahren also dargelegt und bewiesen werden kann[657]. Die von den Beteiligten des Auseinandersetzungs- und Teilungsverfahrens zur Teilung gestellten Vermögensgegenstände sind folglich durch das Gericht im Rahmen der Aufstellung einer Auseinandersetzungsbilanz vor der Teilung jeweils auf ihre Zugehörigkeit zum gemeinschaftlichen Vermögen zu überprüfen. Die Ehegatten können auch während der Dauer der gesetzlichen Gemeinschaft auf der Grundlage eines Antrags nach Art.189 plZPO[658] die Zugehörigkeit zum gemeinschaftlichen oder zum persönlichen Vermögen feststellen lassen.

II. Die Zusammensetzung der Gemeinschaft des Vermögens

Welche Vermögensgegenstände dem gemeinschaftlichen Vermögen zugeordnet werden, bestimmt zunächst Art.31 § 1 S.1 FVGB[659]. Danach sind alle nach der

653 Anders im deutschen Recht; danach werden regelmäßig die Aktiva als auch die Passiva erfaßt, um durch eine entsprechende Saldierung im Verhältnis zwischen Aktiva und Passiva eine wertbereinigte Bilanz zu erhalten; vgl. dazu *Klüber* in Schröder/Bergschneider, Familienvermögensrecht, a.a.O. (Fn 91), Rn 4.645/4.646 und 4.649ff.

654 *Stecki*, a.a.O. (Fn 317), S.79.

655 *Sychowicz* in Piasecki, Art.31 FVGB Anm.5.

656 *Sychowicz* in Piasecki, Art.31 FVGB Anm.5.

657 *Pietrzykowski* 2003, Art.46 FVGB Rn 24.

658 Entspricht der deutschen Feststellungsklage (*powództwo o ustalenie*).

659 Art.31 § 1. Mit dem Zeitpunkt der Eheschließung entsteht zwischen den Ehegatten kraft Gesetzes eine Vermögensgemeinschaft (gesetzliche Gemeinschaft), die alle Vermögensgegenstände umfaßt, die die Ehegatten gemeinschaftlich oder ein Ehegatte allein während ihres Bestehens erwerben (gemeinschaftliches Vermögen). Vermögensgegenstände, die nicht von der gesetzlichen Gemeinschaft erfaßt werden, gehören zum persönlichen Vermögen eines Ehegatten. § 2. Zum gemeinschaftlichen Vermögen gehören

Eheschließung erworbenen Vermögenswerte gemeinschaftliches Vermögen mit Ausnahme derjenigen Vermögensgegenstände, die zum persönlichen Vermögen der Ehegatten gehören, Art.31 § 1 S.2 FVGB in Verbindung mit dem Ausnahmenkatalog in Art.33 FVGB. Durch diese Bestimmungen zur Zusammensetzung des gemeinschaftlichen Vermögens kommt das Wesen der Errungenschaftsgemeinschaft zum Ausdruck: die Lebensgemeinschaft, in welche die Ehegatten durch die Eheschließung getreten sind, soll sich in vermögensrechtlicher Beziehung dadurch bestätigen, dass alles, was die Ehegatten mit ihren persönlichen, geistigen und Vermögenskräften erwerben, gemeinsam wird[660].

Welche Vermögensgegenstände dem gemeinschaftlichen Vermögen zugeordnet werden, bestimmt zunächst Art.31 § 1 S.1 FVGB[661]. Danach sind alle nach der Eheschließung erworbenen Vermögenswerte gemeinschaftliches Vermögen mit Ausnahme derjenigen Vermögensgegenstände, die zum persönlichen Vermögen der Ehegatten gehören, Art.31 § 1 S.2 FVGB in Verbindung mit dem Ausnahmenkatalog in Art.33 FVGB. Dabei kann die konkrete Feststellung der Zugehörigkeit eines bestimmten Vermögenswertes zum gemeinschaftlichen Vermögen Schwierigkeiten bereiten. Viele besondere Kriterien sind im Rahmen der Zugehörigkeitsprüfung meist einzelfallabhängig und zudem rechtlich schwer einzuordnen. Dies gilt insbesondere dann, wenn Vermögenswerte sowohl mit Mitteln des gemeinschaftlichen als auch des persönlichen Vermögens erworben werden. Die Zusammensetzung der beiden Vermögensmassen hat schließlich im Zuge der Juni-Reform 2004 teilweise nicht nur sprachliche Modifizierungen erfahren[662]. Die allgemeinen Grundsätze zur Bestimmung des gemeinschaftlichen und persönlichen Vermögens haben sich gleichwohl nicht verändert. Die Folgen der Reform sind gegenwärtig nur bedingt erfaß- und darstellbar, weil es insoweit noch an einschlägiger Rechtsprechung fehlt. Auf die zu beachtenden Änderungen seit der Juni-Reform 2004 in der Zusammensetzung der betreffenden Vermögensmasse wird die Verfasserin jeweils hinweisen.

---

insbesondere: 1) bezogene Lohneinkommen und Einkommen für sonstige persönliche Erwerbsleistungen jedes Ehegatten, 2) Einkünfte aus dem gemeinschaftlichen Vermögen sowie auch Einkünfte aus dem persönlichen Vermögen eines jeden Ehegatten, 3) auf offener Rechnung oder im Arbeitnehmer-Pensionsfond angesammelte Mittel jedes Ehegatten.

660 Staudinger-*Engelmann*, Kommentar zum BGB, Band IV, Familienrecht, 9. Auflage, München/Berlin/Leipzig 1926, Vorbem zu § 1519 BGB a.F., Anm. 1 mit Verweis auf die Motive IV zum BGB, S.151ff.

661 Art.31 § 1 S.1. Mit dem Zeitpunkt der Eheschließung entsteht zwischen den Ehegatten kraft Gesetzes eine Vermögensgemeinschaft (gesetzliche Gemeinschaft), die alle Vermögensgegenstände umfaßt, die die Ehegatten gemeinschaftlich oder ein Ehegatte allein während ihres Bestehens erwerben (gemeinschaftliches Vermögen).

662 Vgl. auch Einführung von *Skowrońska-Bocian*, a.a.O. (Fn 199), S. 12/13.

1. Die Zuordnungskriterien des Art.31 FVGB

Gemäß Art.31 § 1 S.1 FVGB entsteht mit dem Zeitpunkt der Eheschließung zwischen den Ehegatten kraft Gesetzes eine Gemeinschaft des Vermögens – die gesetzliche Gemeinschaft (*wspólność ustawowa*). Die gesetzliche Gemeinschaft erfaßt sämtliche von beiden Ehegatten oder einem Ehegatten allein während der Dauer des gesetzlichen Güterstandes erworbenen Vermögensgegenstände. Diese Vermögensgegenstände bilden das gemeinschaftliche Vermögen der Ehegatten. Alle Vermögenswerte, die nicht kraft dieser Zuordnung gemeinschaftliches Vermögen werden, sind persönliches Vermögen eines Ehegatten, Art.31 § 1 S.2 FVGB. Zum gemeinschaftlichen Vermögen gehören gemäß Art.31 § 2 FVGB insbesondere 1) bezogene Lohneinkommen und Einkommen für sonstige persönliche Erwerbsleistungen jedes Ehegatten, 2) Erträge aus dem gemeinschaftlichen und aus dem persönlichen Vermögen eines jeden Ehegatten sowie 3) das durch jeden Ehegatten auf offener Rechnung oder in einem Arbeiternehmer-Pensionsfonds angesammelte Guthaben.

Die Bestimmungen zum gemeinschaftlichen und zum persönlichen Vermögen wurden im Zuge der Juni-Reform 2004, in Kraft getreten am 20. Januar 2005, modifiziert. Nach altem Recht regelten Art.31 und Art.32 § 1 FVGB a.F. gemeinsam die Zugehörigkeit zur Errungenschaft, der alle Vermögenswerte angehörten, die beide Ehegatten gemeinsam oder ein Ehegatte allein nach der Eheschließung erwarben. Wie bereits ausgeführt, ist der Wortlaut der Vorschriften dahingehend geändert worden, dass die Bezeichnung *dorobek* wegen einer Verwechselungsgefahr mit den Begrifflichkeiten bei dem neuen Wahlgüterstand der Gütertrennung mit Ausgleich des Zugewinns (*rozdzielność majątkowa z wyrównaniem dorobków*) im Rahmen des gesetzlichen Güterstandes zur Bezeichnung der Errungenschaft nicht mehr verwendet wird. Der Begriff beschreibt nunmehr seit der Juni-Reform 2004 den Zugewinn des neuen Wahlgüterstandes.

Art.32 FVGB a.F. wurde aufgehoben und befindet sich heute in veränderter Form in Art.31 § 2 FVGB. Die Zugehörigkeit von Arbeitseinkünften gemäß Art.31 § 2 Punkt 1) ist darin dahingehend präzisiert worden, dass Einkünfte aus *jeglichen* Erwerbstätigkeiten gemeinschaftliches Vermögen werden, also auch aus selbständig geführter Tätigkeit. Punkt 2) ist der neuen sprachlichen Ausgestaltung in der Hinsicht angepaßt worden, dass die Bezeichnung gesondertes Vermögen (*majątek odrębny*) nicht mehr verwendet wird. Diese Vermögensmasse wird nunmehr als persönliches Vermögen (*majątek osobisty*) bezeichnet. Der Punkt 3), der die Zugehörigkeit von Guthaben auf dem laufenden Konto oder im Rahmen eines Arbeiterpensionsfonds angesammelte Guthaben zum gemeinschaftlichen Vermögen festlegt, ist ebenfalls im Zuge der Juni-Reform 2004 zur Klarstellung in Art.31 § 2 FVGB eingeführt worden.

2. Die Voraussetzungen des Art. 31 § 1 S.1 FVGB

Die gesetzliche Gemeinschaft umfaßt als Errungenschaftsgemeinschaft gemäß Art.31 §1 S.1 FVGB zunächst alle Vermögensgegenstände, die die Ehegatten oder einer von ihnen während ihres Bestehens für die gemeinsame Vermögensmasse erwerben. Die einzelnen zur gesetzlichen Gemeinschaft gehörenden Vermögensgegenstände werden dabei kraft Gesetzes (*z mocy ustawy*) von selbst und zwar sofort im Zeitpunkt ihres Erwerbes gemeinschaftliches Vermögen, ohne dass es einer Übertragung durch Rechtsgeschäft bedarf. Soweit also der Erwerb nach allgemeinen Grundsätzen Eigentum des erwerbenden Ehegatten wird, liegt für den anderen Ehegatten eine Form des gesetzlichen Miteigentumserwerbes vor[663].

a. Erwerb zur gemeinschaftlichen Vermögensmasse

Der Vermögenswert müßte zugunsten des gemeinschaftlichen Vermögens erworben worden sein. Zu ermitteln ist, welche Form des Erwerbs von der Bezeichnung *nabyte* in Art.31 § 1 S.1 FVGB erfaßt wird. Der Begriff „Erwerb“ umfaßt grundsätzlich alle denkbaren Erwerbstatbestände, nach denen ein Vermögensrecht auf die Ehegatten übergehen kann[664]. Ohne Bedeutung ist in diesem Zusammenhang zunächst auf welcher Rechtsgrundlage der Erwerbsvorgang erfolgte. Das heißt, dass es für die Zugehörigkeit zu einer der beiden Vermögensmassen nicht darauf ankommt, ob es sich um einen Erwerb kraft Rechtsgeschäfts oder kraft Gesetzes, dabei wiederum um privatrechtliche oder öffentlichrechtliche Rechtsgrundlagen, um einen Primär- oder um einen Sekundäranspruch handelt. Etwas anderes gilt nur in einigen Fällen des Art.33 FVGB, wo die Art des Erwerbs über die Zugehörigkeit des Vermögenswertes zum persönlichen Vermögen entscheidet wie etwa im Falle einer Schenkung oder eines Erbes nach Art.33 Punkt 2) FVGB[665].

Für die Zugehörigkeit zum gemeinschaftlichen Vermögen ist es grundsätzlich auch ohne Bedeutung, ob für den Erwerb der Vermögensgegenstände Mittel aus dem gemeinsamen oder auch aus dem persönlichen Vermögen aufgewendet werden. Etwas anderes gilt nur im Falle der Surrogation gemäß Art.33 Punkt 10) FVGB[666]. Danach werden während der Ehe im Austausch für persönliches Vermögen erworbene Vermögensgegenstände ebenfalls dem persönlichen Vermögen zugerechnet.

---

663 Staudinger-*Engelmann* 1926, § 1519 BGB a.F., Anm.3 a.

664 *Piątowski*, a.a.O. (Fn 30), S.356.

665 *Sychowicz* in Piasecki, Art.31 FVGB Anm.38; auch *Lech-Chełmińska/Przybyła*, Art.31 FVGB Anm.9.

666 Zu den problematischen Fällen vgl. *Skowrońska-Bocian*, a.a.O. (Fn 238), S.50ff.

Handelt ein Ehegatte zwar im eigenen Namen aber auf fremde Rechnung – etwa im Falle der Stellvertretung oder eines Auftrags –, so findet kein Erwerb des betreffenden Vermögenswertes zu Gunsten des gemeinschaftlichen Vermögens statt. Dies gilt auch im Falle eines Kommissionsgeschäftes[667]. Etwas anderes gilt nur für die Provision. Diese fällt als Erwerbseinkunft nach den Grundsätzen in Art.31 Punkt 1) FVGB in das gemeinschaftliche Vermögen der Ehegatten.

b. Während der Dauer der gesetzlichen Gemeinschaft

Art.31 § 1 S.1 FVGB knüpft weiter in der Frage der Zugehörigkeit eines konkreten Vermögenswertes an das Bestehen der gesetzlichen Gemeinschaft (*w czasie jej trwania*) an. Danach werden nur die Vermögenswerte, die während der Dauer der gesetzlichen Gemeinschaft von den Ehegatten oder nur einem von ihnen erworben worden sind, gemeinschaftliches Vermögen. Der Erwerbszeitpunkt entscheidet also grundsätzlich maßgeblich über die Zugehörigkeit eines während der Geltung der gesetzlichen Gemeinschaft erworbenen Vermögenswertes zum gemeinschaftlichen und damit auseinandersetzungs- und teilungsfähigen Vermögen.

Die Zuordnung zum gemeinschaftlichen oder zum persönlichen Vermögen kann dann problematisch werden, wenn sich der Rechtserwerb entweder in mehreren Etappen oder über lange Zeiträume vollzieht. Gemeint sind damit etwa der Erwerb kraft Ersitzung oder unter einer Bedingung oder Zeitbestimmung geschlossene Verträge zur Übertragung des Eigentums an einem Grundstück im Sinne des Art.157 § 2 FVGB sowie Anwartschaften[668]. Im Rahmen des Art.157 § 2 plZGB kommt etwa ein Eigentumserwerb in Betracht, bei dem Verpflichtungs- und Verfügungsgeschäft terminlich derart auseinander fallen können, dass das Verpflichtungsgeschäft vor Eheschließung und das Verfügungsgeschäft erst während des Bestehens der gesetzlichen Gemeinschaft erfolgen. Eine vergleichbare Situation kann auch im Falle eines bestehenden Vorkaufsrechtes (*prawo pierwokupu*) entstehen[669]. Für die Zuordnung zu einer der Vermögensmassen soll dann das Verfügungsgeschäft, also die tatsächliche Übertragung des Eigentums, entscheidend sein. Erfolgt das Verfügungsgeschäft während der Dauer der gesetzlichen Gemeinschaft, so wird der in Rede stehende Vermögensgegenstand gemeinschaftliches Vermögen der Ehegatten[670].

---

667 *Piątowski*, a.a.O. (Fn 30), S.358; *Sychowicz* in Piasecki, Art.31 FVGB Anm.41; vgl. auch Leitsatz zu OSNCP 1977, Nr.4, Pos.70 zum Erwerb eines Anteils am Miteigentum an einer Immobilie durch einen Ehegatten im eigenen Namen, aber im Auftrag der Mutter dieses Ehegatten.

668 *Piątowski*, a.a.O. (Fn 30), S.360; *Lech-Chełmińska/Przybyła*, Art.31 FVGB Anm.10.

669 Beispiele bei *Skowrońska-Bocian*, a.a.O. (Fn 238), S.50 mit Verweis in Fußnote 15 auch auf *Pietrzykowski* 1993, Art.31 FVGB S.200.

670 *Skowrońska-Bocian*, a.a.O., S.50.

Dies ist auch beim Eigentumserwerb kraft Ersitzung (*zasiedzenie*, Art.172 plZGB) der Fall, wenn der Eigenbesitz (*posiadanie samoistne*) der Sache vor Eheschließung beginnt, die zeitlichen Voraussetzungen der Ersitzung aber erst weit nach Eheschließung erfüllt werden. Je nachdem, ob der Besitz gutgläubig war oder nicht, kann es sich um einen Zeitraum von 20 oder im letzteren Falle sogar 30 Jahren handeln. Ein auf diese Weise erworbener Vermögensgegenstand wird dennoch dem gemeinschaftlichen Vermögen der Ehegatten zugeordnet. Dies gilt selbst dann, wenn nur ein Ehegatte den Eigenbesitz über den gesamten erforderlichen Zeitraum hatte[671]. In diesem Fall kann der andere Ehegatte sogar noch während des Teilungsverfahrens verlangen, dass wegen der Ersitzung zum gemeinschaftlichen Vermögen seine Miteigentümerschaft durch Beschluß nach Maßgabe des Art.685 plZPO positiv festgestellt wird[672]. Das OG hat in einem Fall zur Ersitzung leitsätzlich entschieden, dass es im Hinblick auf die Zugehörigkeit zum gemeinschaftlichen Vermögen bei zeitlich verlängerten Erwerbsvorgängen auf den Eintritt der letzten erforderlichen Voraussetzung ankomme[673]. Während der Eigenbesitz an der in Rede stehenden Immobilie in dem Fall des OG weit vor Eingehung der Ehe begründet worden ist, endete der Zeitablauf zur Eigentumsbegründung durch Ersitzung kurz nach der Eheschließung. Problematisch war nun, dass nur ein Ehegatte den Eigenbesitz über den erforderlichen Zeitraum an der Sache begründet hat. Das OG vertrat die Auffassung, dass es nicht darauf ankomme, dass nur ein Ehegatte den für die Ersitzung erforderlichen Eigenbesitz begründete. So gehe aus dem Wortlaut des Art.32 § 1 FVGB a.F. – Art.32 § 1 FVGB a.F. entspricht heute nahezu dem Art.31 § 1 S.1 FVGB – hervor, dass es nicht darauf ankomme, ob beide oder nur ein Ehegatte die erforderlichen Erwerbsvoraussetzungen erfülle. Nach dem Willen des Gesetzgebers falle alles, was ein Ehegatte oder beide Ehegatten während der Dauer der gesetzlichen Gemeinschaft erwerben grundsätzlich in „den Topf“ des gemeinschaftlichen Vermögens. Folglich könne es hier nicht darauf ankommen, dass die Voraussetzungen nur in der Person des einen Ehegatten entstanden sind. Diese Auffassung des OG, dass es bei zeitlich verlängerten Erwerbsvorgängen wie der Ersitzung für die Zugehörigkeit zum gemeinschaftlichen Vermögen auf den Zeitpunkt des Eintritts der letzten Erwerbsvoraussetzung ankomme, ist nicht weiter in der Literatur kritisiert worden und dürfte heute als unbestritten gelten[674].

---

671 *Sychowicz* in Piasecki, Art.31 FVGB Anm.74; auch OSNCP 1978, Nr.9, Pos.153 (vgl. bereits Leitsatz).

672 *Sychowicz* in Piasecki, Art.31 FVGB Anm.75.

673 OSNCP 1978, Nr.9, Pos.153; siehe auch *Sychowicz* in Piasecki, Art.31 FVGB Anm.34 und *Piątowski*, a.a.O. (Fn 30), S.360.

674 Siehe *Sychowicz* in Piasecki, Art.31 FVGB Anm.74.

Kritik hat dagegen eine andere Entscheidung des OG zum zeitlich verlängerten Erwerb eines Rechtes erfahren[675]. Das OG entschied in einem Fall zum Erbnießbrauch (*użytkowanie wieczyste*)[676], dass ein Erbnießbrauch auch dann dem gemeinschaftlichen Vermögen zugerechnet werde, wenn die schuldrechtlichen Voraussetzungen zum Erwerb dieses Rechts bereits wegen ihres Entstehens während der gesetzlichen Gemeinschaft dem gemeinschaftlichen Vermögen zugerechnet werden, aber erst nach Beendigung der gesetzlichen Gemeinschaft das dazugehörige sachenrechtliche Verfügungsgeschäft stattfindet[677]. Der Erbnießbrauch ist in den Art.232 ff plZGB geregelt und ist im deutschen Recht mit dem Erbbaurecht vergleichbar. Die Ehegatten hatten während der Dauer der gesetzlichen Gemeinschaft ein Erbnießbrauchsrecht an einem fiskalischen Grundstück erworben, auf welchem sie ein Einfamilienhaus errichten wollten. Schuldrechtliche Grundlage der Nießbrauchsberechtigung an dem Grundstück war ein Vertrag, der die Verpflichtung zur Einräumung des Nießbrauchs an dem Grundstück enthielt. Obwohl nur der Ehemann Vertragspartner geworden war, wurde der Vertrag dem gemeinschaftlichen Vermögen zugerechnet[678]. Die Übergabe des Grundstückes zum Erbnießbrauch erfolgte indessen erst nach der Beendigung der gesetzlichen Gemeinschaft. Fraglich war somit, ob lediglich die vertragliche Verpflichtung zur Einräumung des Erbnießbrauchs genügte, um eine Zugehörigkeit des Erbnießbrauchs zum gemeinschaftlichen Vermögen zu begründen und damit entsprechende Rechtsfolgen gegenüber der Ehefrau auszulösen. Das OG begründete die Zugehörigkeit dieses Erbnießbrauchs zum gemeinschaftlichen Vermögen trotz einer Beendigung der gesetzlichen Gemeinschaft mit einer dinglichen Surrogation (*surogacja rzeczowa*) der vertraglichen Verpflichtung zur Einräumung des Erbnießbrauchs zugunsten des gemeinschaftlichen Vermögens[679]. Dingliches Surrogat der schuldrechtlichen Verpflichtung sei der durch Übergabe des Grundstückes nunmehr entstandene Erbnießbrauch.

Nicht so sehr das Ergebnis, als vielmehr die Begründung des OG über die dingliche Surrogation der vertraglichen Verpflichtung in Form der Übergabe des Grundstückes zugunsten des gemeinschaftlichen Vermögens, stieß auf heftige

---

675 OSNCP 1970, Nr.11, Pos.203.

676 Die wörtliche Übersetzung wäre eigentlich „Ewignießbrauch", wegen der Ähnlichkeit zum deutschen Erbbaurecht daher als Erbnießbrauch bezeichnet, vgl. Polnische Wirtschaftsgesetze, 7. Auflage, Warschau 2005, zu Art.232 plZGB, Fußnote 3, S.45.

677 OSNCP 1970, Nr.11, Pos.203; es handelte sich um einen Antrag nach Art.189 plZPO auf Feststellung, ob der Erbnießbrauch zum gemeinschaftlichen Vermögen gehört und nicht um die Teilungsauseinandersetzung im nichtstreitigen Verfahren.

678 So auch *Stecki*, Glosse zu OSNCP 1970, Nr.11, Pos.203 in NP 1971, Nr.10, S.1549, 1552.

679 Vgl. bereits den ersten Leitsatz zu OSNCP 1970, Nr.11, Pos.203.

Kritik in der Literatur[680]. Es wurde eingewendet, dass eine dingliche Surrogation dann stattfinde, wenn ein dingliches Recht, welches zunächst an einem Gegenstand bestanden habe, nunmehr an einem anderen Gegenstand fortgesetzt werde[681]. Für eine solche Surrogation müsse daher das gemeinschaftliche Vermögen als Sondervermögensmasse fortbestehen. Dies sei aber mit der Beendigung der gesetzlichen Gemeinschaft gerade nicht der Fall, so dass zugunsten des gemeinschaftlichen Vermögens der Rechtsgedanke der dinglichen Surrogation nicht zur Anwendung gelangen könne[682]. Im Gegensatz zum deutschen Recht, wonach trotz der Beendigung der gütergemeinschaftlichen Bindung das Gesamtgut der Ehegatten bis zur Auseinandersetzung weiter gesamthänderisch gebunden bleibe und daher gemäß § 1473 BGB alles Gesamtgut werde, was auf Grund eines zum Gesamtgut gehörenden Rechts oder als Ersatz für die Zerstörung, Beschädigung oder Entziehung eines zum Gesamtgut gehörenden Gegenstandes oder durch ein Rechtsgeschäft erworben wird, das sich auf das Gesamtgut bezieht, fehle es an einer entsprechenden Rechtskonstruktion im polnischen Recht[683]. Hier werde vielmehr die gesamthänderische Bindung des gemeinschaftlichen Vermögens kraft Gesetzes im Zeitpunkt der Beendigung der gesetzlichen Gemeinschaft aufgelöst. Folglich könne auch keine dingliche Surrogation zugunsten dieses Vermögens mehr stattfinden[684]. Es fehle ferner an Vorschriften, auf die eine dingliche Surrogation zugunsten der (ehemals) gemeinschaftlichen Vermögensmasse gestützt werden könne. Richtige Anspruchsgrundlage sei hier vielmehr die ungerechtfertigte Bereicherung. Die durch die Beendigung der gesetzlichen Gemeinschaft benachteiligte Ehefrau habe danach lediglich einen Anspruch auf Einräumung des Erbnießbrauchs im Umfang ihres Anteils am gemeinschaftlichen Vermögen auf der Grundlage des Art.405 plZGB[685].

680 Siehe z.B. *Piątowski*, Glosse zu OSNCP 1970, Nr.11, Pos.203 in OSPiKA 1971, Nr.7-8, S.333ff; *Stecki*, Glosse zu OSNCP 1970, Nr.11, Pos.203 in NP 1971, Nr.10, S.1549ff, vertritt die Auffassung, dass der spätere Erwerb des Erbnießbrauchs nach vorheriger schuldrechtlicher Verpflichtung keine Surrogation darstelle, weil der Grundsatz der Surrogation verlange, dass das Surrogat anstelle des anderen Gegenstandes tritt; hier sei aber lediglich mit der Einräumung des Erbnießbrauchs etwas realisiert worden, was zuvor in dem schuldrechtlichen Vertrag festgelegt worden war, vgl. S.1554.

681 *Piątowski*, Glosse zu OSNCP 1970, Nr.11, Pos.203 in OSPiKA 1971, Nr.7-8, S.333, 334 im Anschluß an die Entscheidung auf den Seiten 331-333, auch *Stecki*, Glosse zu OSNCP 1970, Nr.11, Pos.203 in NP 1971, Nr.10, S.1549, 1554.

682 *Piątowski*, Glosse zu OSNCP 1970, Nr.11, Pos.203 in OSPiKA 1971, Nr.7-8, S.333, 334.

683 So ausdrücklich *Piątowski*, Glosse zu OSNCP 1970, Nr.11, Pos.203 in OSPiKA 1971, Nr.7-8, S.333, 335.

684 *Piątowski*, Glosse zu OSNCP 1970, Nr.11, Pos.203 in OSPiKA 1971, Nr.7-8, S.333, 334, 335.

685 *Piątowski*, Glosse zu OSNCP 1970, Nr.11, Pos.203 in OSPiKA 1971, Nr.7-8, S.333, 336.

Bei der Anwartschaft (*ekspektatywa*) wiederum erwerben die Ehegatten während der gesetzlichen Gemeinschaft eine tatsächliche Aussicht oder einen Anspruch auf einen künftigen Rechtserwerb. Die vollständige Rechtsposition hingegen wird erst nach Beendigung der gesetzlichen Gemeinschaft erreicht. In Rechtsprechung und Literatur wird diese Problematik in erster Linie im Zusammenhang mit den in Polen weit verbreiteten genossenschaftlichen Wohnrechten (*prawa spółdzielcze*) diskutiert. Tatsächliche Grundlage dieser Problematik ist regelmäßig, dass die Ehegatten während der gesetzlichen Gemeinschaft eine Einlage zur Wohngenossenschaft geleistet haben, die Wohnungszuteilung aber erst nach Beendigung der gesetzlichen Gemeinschaft erfolgt. Dies war bis zur Änderung der Wohnungsmarktsituation nach 1989/1990 in der Praxis ein häufiger Fall. Aufgrund der Wohnungsknappheit konnten viele Jahre seit Leistung der Einlage vergehen, bis Familien eine Wohnung durch die Genossenschaft zugeteilt bekamen[686]. Das OG entschied, dass mit Entstehung des Anspruchs auf die Zuteilung einer Wohnung durch die Einzahlung der Einlage zur Wohngenossenschaft die Ehegatten auch die Anwartschaft auf die Wohnungszuteilung zum gemeinschaftlichen Vermögen erwerben[687]. Durch die tatsächliche Zuteilung erstarke die Anwartschaft der Ehegatten zum Vollrecht, ohne dass diese die Rechtsposition noch beeinflussen könnten. Daher müsse die Anwartschaft ebenfalls dem gemeinschaftlichen und damit auseinandersetzungs- und teilungsfähigen Vermögen zugeordnet werden, so dass die Beendigung der gesetzlichen Gemeinschaft und die Zuteilung an nur einen der Ehegatten für die Gemeinschaftlichkeit des genossenschaftlichen Wohnrechtes unerheblich sei[688].

Zuletzt wurde diese Rechtsprechung zur Anwartschaft bei genossenschaftlichen Wohnrechten im Zusammenhang mit dem Erwerb von Aktien durch Arbeitnehmer auf der Grundlage des Gesetzes zur Kommerzialisierung und Privatisierung von Staatsunternehmen[689] aufgegriffen[690]. Hier stellte sich die Frage, ob eine während der gesetzlichen Gemeinschaft eingetretene tatsächliche Möglichkeit zum Aktienerwerb durch Arbeitnehmer auf der Grundlage des vorerwähnten Privatisierungsgesetzes bereits eine Anwartschaft als Bestandteil des gemeinschaftlichen Vermögens begründe und ein tatsächlicher Erwerb der Aktien nach Beendigung der gesetzlichen Gemeinschaft dann die Erstarkung zum Vollrecht zur Folge habe, so dass eine Zuordnung der Aktien zum gemeinschaftlichen Vermögen erfolgen müsse. Das OG verneinte eine Analogie zu der Anwartschaft bei genossenschaftlichen Wohnrechten. Die bloße Möglichkeit eines Ak-

686 Laut OG in OSNC 2004, Nr.11, Pos.169 auch ein wesentliches Argument für die damalige Rechtsprechung (S.6).
687 OSNCP 1978, Nr.10, Pos.171.
688 Vgl. auch die Darstellung bei *Sychowicz* in Piasecki, Art.31 FVGB Anm.107/108.
689 Dz.U. 2002, Nr.171, Pos.1397.
690 OSNC 2004, Nr.11, Pos.169.

tienerwerbs sei nicht mit der Erwerbsposition nach Leistung der Einlage zur Wohngenossenschaft vergleichbar, deren Realisierung vom Willen der Ehegatten unabhängig ist. Es sei noch keine schützenswerte Vorstufe zum künftigen Rechtserwerb entstanden. Der vollständige Rechtserwerb erfolge vielmehr als einheitlicher Erwerbsvorgang. Wenn dies nach Beendigung der gesetzlichen Gemeinschaft geschehe, können die Aktien nicht mehr dem gemeinschaftlichen Vermögen zugerechnet werden.

c. Durch beide oder einen Ehegatten

Unbeachtlich für die Zuordnung zum gemeinschaftlichen Vermögen ist schließlich nach dem ausdrücklichen Wortlaut des Art.31 § 1 S.1 FVGB, ob der betreffende Vermögenswert von beiden Ehegatten oder nur durch einen Ehegatten allein (*przez oboje małżonków lub przez jednego z nich*) erworben worden ist. Daraus folgt, dass beide Ehegatten nicht an einem Erwerbsgeschäft beteiligt sein müssen, damit der erworbene Vermögensgegenstand ihrem gemeinschaftlichen Vermögen zugeordnet werden kann. Handelt nur ein Ehegatte, vollzieht sich folglich der Eintritt in das gemeinschaftliche Vermögen kraft Gesetzes, ohne dass es eines rechtsgeschäftlichen Übertragungsaktes bedarf[691]. Gleichzeitig indiziert der Wortlaut des Art.31 § 1 S.1 FVGB in dieser Hinsicht aber auch, dass der nicht handelnde Ehegatte auch nicht der Träger von Rechten und Pflichten – etwa als Vertragspartner – in Ansehung des Erwerbs des Vermögenswertes wird. Rechtssubjekt bleibt allein der handelnde Ehegatte, in dessen Person die erforderlichen Erwerbsvoraussetzungen erfüllt sein müssen[692]. Demzufolge kommt es beim Erwerb vom Nichtberechtigten auch nur auf die Gutgläubigkeit des handelnden Ehegatten an[693].

Handelt nur ein Ehegatte, so haftet für Verbindlichkeiten im Zusammenhang mit dem Erwerb des Vermögenswertes das gemeinschaftliche Vermögen nur dann, wenn der andere Ehegatte hierzu seine Zustimmung (*zgoda*) erteilt hat, Art.41 § 1 FVGB. Erwerben demgegenüber die Ehegatten einen Vermögensgegenstand gemeinschaftlich, so wird dieser kraft Gesetzes Bestandteil des gemeinschaftlichen Vermögens. Allerdings haften die Ehegatten dann bei gleichzeitiger Eingehung von Verbindlichkeiten als Gesamtschuldner (*solidarność wierzycieli*) nach Maßgabe des Art.370 plZGB. Die gesamtschuldnerische Haftung der Ehegatten könnte nur dann fraglich sein, wenn bei gemeinschaftlichen Handeln ein Ehegat-

691 *Piątowski*, a.a.O. (Fn 30), S.362; ähnlich *Breyer, Gross*, Art.32 FVGB S.148.

692 *Piątowski*, a.a.O., S.362, 363.

693 *Piątowski*, a.a.O. (Fn 30), S.363; dies gilt grundsätzlich auch im Hinblick auf Erfüllung etwaiger öffentlich-rechtlicher Genehmigungen, so auch *Sychowicz* in Piasecki, Art.31 FVGB Anm.42 sowie Anm.77 und Anm.88 bzgl. der spezifischen Voraussetzungen beim Erwerb eines landwirtschaftlichen Betriebes.

te nicht alle erforderlichen Erwerbsvoraussetzungen in seiner Person erfüllt. Gemäß den in Art.31 § 1 S.1 FVGB aufgestellten Grundsätzen dürfte das Fehlen aller erforderlichen Erwerbsvoraussetzungen in der Person eines Ehegatten bei gemeinschaftlichen Handeln allerdings nicht die Zuordnung zum gemeinschaftlichen Vermögen als solches beeinträchtigen, denn auf ein gemeinschaftliches Handeln kommt es ja gerade für die Zuordnung eines Vermögenswertes zum gemeinschaftlichen Vermögen nicht an[694].

3. Abgrenzung zum persönlichen Vermögen, Art.31 § 1 S.2 FVGB

Gemäß Art.31 § 1 S.2 FVGB gehören Vermögensgegenstände, die nicht von der gesetzlichen Gemeinschaft erfaßt werden, zum jeweils persönlichen Vermögen (*majątek osobisty*) der Ehegatten. Nach der gesetzlichen Systematik ist bei der Ermittlung des gemeinschaftlichen Vermögens somit an dieser Stelle zu prüfen, ob ein Vermögenswert in Abgrenzung zu den gemeinschaftlichen Vermögensgegenständen der persönlichen Vermögensmasse zugeordnet werden muß und deshalb von der Auseinandersetzung und Teilung ausgeschlossen ist. Bei der Abgrenzung zwischen dem gemeinschaftlichen Vermögen und dem persönlichen Vermögen eines Ehegatten handelt es sich regelmäßig um einen ersten und grundlegenden Problemschwerpunkt im Auseinandersetzungs- und Teilungsverfahren. Im Unterschied zum gemeinschaftlichen Vermögen unterliegt das persönliche Vermögen nicht der Auseinandersetzung und Teilung nach Beendigung der gesetzlichen Gemeinschaft. Es gehört im Gegensatz zum gemeinschaftlichen Vermögen jedem Ehegatten selbst und verbleibt diesem Ehegatten auch nach Beendigung der Ehe. Bei der Festlegung des persönlichen Vermögens in der Aufstellung einer Auseinandersetzungs- und Teilungsbilanz ist daher besondere Sorgfalt geboten.

Der Gesetzgeber knüpft in Art.31 § 1 S.2 FVGB bei der Bestimmung des gemeinschaftlichen Vermögens an Art.33 FVGB an, der das persönliche Vermögen der Ehegatten während der gesetzlichen Gemeinschaft festlegt. Art.33 Punkt 1) bis 10) FVGB[695] enthält eine enumerative und erschöpfende Auflistung der

---

694 Vgl. *Piątowski*, a.a.O., S.364, der ebenfalls die Auffassung vertritt, dass Willensmängel in der Person eines Ehegatten keine Auswirkungen auf die Zuordnung als solche haben.

695 Art.33 FVGB. Zum persönlichen Vermögen jedes Ehegatten gehören: 1) Vermögensgegenstände, die vor der Entstehung der gesetzlichen Gemeinschaft erworben worden sind, 2) durch Erbe, Vermächtnis oder Schenkung erworbene Vermögensgegenstände, es sei denn, der Erblasser oder Schenker hat etwas anderes bestimmt, 3) Vermögensrechte, die aus einer Gesamthandsgemeinschaft folgen, welche besonderen Vorschriften unterliegt, 4) Vermögensgegenstände, die ausschließlich der Befriedigung der persönlichen Bedürfnisse eines Ehegatten dienen, 5) unveräußerliche Rechte, die nur einer Person zustehen können, 6) Schadensersatzleistungen für Körperverletzungen oder Gesundheitsschäden sowie Schmerzensgeld, nicht aber Erwerbsunfähigkeitsrenten oder

persönlichen Vermögenswerte eines Ehegatten im Güterstand der gesetzlichen Gemeinschaft[696]. Die Zuordnung von Vermögenswerten zum persönlichen Vermögen nach den in Art.33 FVGB aufgezählten Kriterien erfolgt kraft Gesetzes. Die Kriterien, die über die Zugehörigkeit eines Vermögenswertes zum persönlichen Vermögen entscheiden, sind dabei nicht einheitlich. Vielmehr bestimmen wechselweise die Art des Erwerbs, die Zuordnung eines Vermögenswertes per se oder der Wesensinhalt des betreffenden Vermögenswertes über seine Zugehörigkeit zum persönlichen Vermögen[697]. Auch bloße Wertungsgesichtspunkte rechtfertigen in einzelnen Fällen aus Sicht des Gesetzgebers eine Zuweisung zur persönlichen Vermögensmasse. Eine Abweichung von der gesetzlichen Regelung ist gegebenenfalls nur im Rahmen eines Ehevertrages nach Maßgabe des Art.47 FVGB möglich, wobei allerdings einige Tatbestände des Art.33 FVGB von vornherein gemäß Art.49 FVGB von der vertraglichen Modifizierung ausgeschlossen sind.

Das persönliche Vermögen eines Ehegatten setzt sich in Abgrenzung zum gemeinschaftlichen Vermögen gemäß Art.33 FVGB aus folgenden Vermögenswerten zusammen: 1) Vermögensgegenstände, die von dem Ehegatten vor der Entstehung der gesetzlichen Gemeinschaft erworben worden sind, 2) durch Erbe, Vermächtnis oder Schenkung erworbene Vermögensgegenstände, es sei denn, der Erblasser oder Schenker hat etwas anderes bestimmt, 3) Vermögensrechte, die aus der Mitgliedschaft in einer Gesamthandsgemeinschaft erwachsen, die besonderen Vorschriften unterliegt, 4) Vermögensgegenstände, die ausschließlich der Befriedigung der persönlichen Bedürfnisse eines Ehegatten dienen, 5) unveräußerliche Rechte, die nur einer Person zustehen können, 6) Schadensersatzleistungen für Körperverletzungen oder Gesundheitsschäden sowie Schmerzensgeld, nicht aber Erwerbsunfähigkeitsrenten oder Zahlungen wegen vermehrten Bedarfs oder geminderter Erwerbstätigkeiten, 7) Ansprüche auf Arbeitsentgelt oder auf die Vergütung für sonstige Erwerbstätigkeiten, 8) Vermö-

---

Zahlungen wegen vermehrten Bedarfs oder geminderter Erwerbstätigkeiten, 7) Ansprüche auf Arbeitsentgelt oder auf Vergütung für andere Erwerbstätigkeiten, 8) Vermögensgegenstände, die von einem Ehegatten als Belohnung für persönliche Erfolge erbracht worden sind, 9) Urheber- und verwandte Schutzrechte, Rechte des gewerblichen Eigentums sowie andere Erfinderrechte, 10) Vermögensgegenstände, die im Austausch für Bestandteile des persönlichen Vermögens erworben worden sind, es sei denn, besondere Vorschriften sehen etwas anderes vor.

696 *Breyer, Gross*, Art.33 FVGB S.159.

697 *Wolter* versucht in seinem grundlegenden Aufsatz zum FVGB 1964 die einzelnen Vermögenswerte, die dem persönlichen bzw. gesonderten Vermögen zugeteilt werden, entsprechend in Gruppen aufzuteilen: Majątek wspólny i majątki odrębne małżonków pod rządem wspólności ustawowej (Das gemeinschaftliche Vermögen und die gesonderten Vermögen der Ehegatten in der gesetzlichen Gemeinschaft), NP 1965, Nr.2, S.103, 105ff.

gensgegenstände, die von einem Ehegatten als Belohnung für persönliche Erfolge erworben worden sind, 9) Urheber- und verwandte Schutzrechte, Rechte des gewerblichen Eigentums sowie andere Erfinderrechte und 10) Vermögensgegenstände, die im Austausch für Bestandteile des persönlichen Vermögens erworben worden sind, sofern besondere Vorschriften nichts anderes vorsehen.

Im Zuge der Juni-Reform von 2004 wurde die Zusammensetzung des persönlichen Vermögens mit der Einführung einer sog. vollständigen Surrogation in dem vorerwähnten Art.33 Punkt 10) FVGB modifziert. Dabei dürfte es sich um die bedeutendste Änderung in der Zusammensetzung des persönlichen Vermögens gehandelt haben. Darüber hinaus wurde als Neuerung der Punkt 3) eingeführt, um den Problematiken entgegenzutreten, die entstehen, wenn sich zwei Gesamthandsgemeinschaften überlagern. Dies ist dann der Fall, wenn ein Vermögensgegenstand sowohl in das gemeinschaftliche Vermögen der Ehegatten fällt und gleichzeitig dem Vermögen einer anderen Gesamthandsgemeinschaft – gemeint ist insbesondere die Gesellschaft des Zivilrechts (*spółka cywilna*) – zugeordnet wird. Im Übrigen wurden im Rahmen der Juni-Reform 2004 die bereits bestehenden Regelungen zur Bestimmung des persönlichen Vermögens vor allem begrifflich der neuen Ausgestaltung des ehelichen Güterrechtes angepaßt, sind inhaltlich aber weitgehend gleich geblieben. Der überwiegende Teil der Literatur und Rechtsprechung zum Art.33 FVGB a.F. dürfte deshalb auch bei dem gegenwärtig geltenden Recht Geltung beanspruchen können.

Die Tatsache, dass ein Vermögensgegenstand rechtlich dem persönlichen Vermögen eines Ehegatten zugewiesen wird, etwa weil dieser Vermögensgegenstand vor Eheschließung erworben worden ist, schließt eine Nutzung dieses Vermögensgegenstandes durch den anderen Ehegatten oder die gemeinsame Familie während der Ehe selbstverständlich nicht aus. Dies kommt insbesondere in Art. 28[1] FVGB (*korzystanie z mieszkania współmałżonka*) zum Ausdruck: danach darf ein Ehegatte aufgrund eines dem anderen Ehegatten zustehenden Wohnungsrechtes ebenso den Wohnraum zur Befriedigung der Familienbedürfnisse nutzen. Gegebenfalls kann der andere Ehegatte auf der Grundlage des Art.23 im Rahmen der gegenseitigen Hilfe (*wzajemna pomoc*) auch ein konkretes Nutzungsrecht an persönlichen Vermögenswerten des anderen Ehegatten erwirken[698]. Dies gilt entsprechend für Hausratsgegenstände[699].

---

698 OSNCP 1978, Nr.3, Pos.53, in dem konkreten Fall wurde ein Mitnutzungsrecht des genossenschaftlichen Wohnrechtes des anderen Ehegatten abgelehnt, weil die Ehegatten bereits zwei Jahre getrennt lebten.

699 Vgl. auch *Skowrońska-Bocian*, a.a.O. (Fn 238), S.60/61.

a. Vor dem Entstehen der gesetzlichen Gemeinschaft erworbene Vermögensgegenstände, Art.33 Punkt 1) FVGB

Vermögenswerte, die ein Ehegatte vor Entstehung der gesetzlichen Gemeinschaft[700] mit dem anderen Ehegatten erworben hat, fallen nicht in den Topf des gemeinschaftlichen Vermögens. Dieser Grundsatz ergibt sich bereits aus der rechtlichen Ausgestaltung der Errungenschaftsgemeinschaft, die erst mit dem Zeitpunkt der Eheschließung entsteht[701]. Dies gilt nach Auffassung des OG auch dann, wenn ein Vermögenswert während der gesetzlichen Gemeinschaft mit Mitteln erworben worden ist, die aus der Rückerstattung eines Darlehens stammen und dieses noch vor Entstehung der gesetzlichen Gemeinschaft gewährt worden ist[702].

Aus dem Wortlaut des Art.33 Punkt 1) FVGB folgt, dass es für die Zuordnung zum persönlichen Vermögen nicht auf den Zeitpunkt der Eheschließung, sondern vielmehr auf den Entstehungszeitpunkt der gesetzlichen Gemeinschaft ankommt. Dies kann bei der Vermögenszuordnung dann Bedeutung erlangen, wenn zwischen den Ehegatten nach Eheschließung zunächst ein Güterstand der Gütertrennung vereinbart worden ist, der dann später zugunsten des Güterstandes der gesetzlichen Gemeinschaft geändert wird[703].

b. Durch Erbschaft, Vermächtnis oder Schenkung erworbene Vermögensgegenstände, Art.33 Punkt 2) FVGB

Gemäß Art.33 Punkt 2) FVGB – in seiner Fassung unverändert seit Inkrafttreten des FVGB 1964 – werden durch Erbschaft (*dziedziczenie*), Vermächtnis (*zapis*) oder Schenkung (*darowizna*) erworbene Vermögensgegenstände grundsätzlich persönliches Vermögen des begünstigten Ehegatten. Etwas anderes gilt dann, wenn der Erblasser oder Schenker anderes in Bezug auf den Vermögensgegenstand bestimmt hat. Erwerben dann beide Ehegatten gemeinsam einen Vermögenswert auf der Grundlage des Art.33 Punkt 2) FVGB, weil der Erblasser oder Schenker Entsprechendes verfügt hat, so werden die Ehegatten Miteigentümer des betreffenden Vermögenswerts; eine Zuweisung zum gemeinschaftlichen

---

700 „*...przed powstaniem wspólności ustawowej...*“.

701 Ähnlich *Breyer, Gross*, Art.33 FVGB, S.159; auch *Wolter*, Majątek wspólny i majątki odrębne małżonków pod rządem wspólności ustawowej (Das gemeinschaftliche Vermögen und die gesonderten Vermögen der Ehegatten in der gesetzlichen Gemeinschaft), NP 1965, Nr.2, S.103, 105, der Art.33 Punkt 1) FVGB a.F. zwar angesichts der Ausgestaltung der gesetzlichen Gemeinschaft für obsolet hält, aber meint, dass diese Klarstellung zur Verständlichkeit des FVGB für den Laien beitrage.

702 OSNCP 1971, Nr.6, Pos.102.

703 *Breyer, Gross*, Art.33 FVGB, S.160.

Vermögen erfolgt nicht[704]. Art.33 Punkt 2) FVGB trägt damit den besonderen Beziehungen zwischen Erblasser und Erbe oder Vermächtnisnehmer sowie Schenker und Beschenktem Rechnung, indem er die regelmäßig infolge einer engen persönlichen Bindung zwischen den Beteiligten erworbenen Vermögensgegenstände auch ausschließlich dem begünstigten Ehegatten persönlich zuweisen will[705].

Vermögenswerte, die seitens eines Ehegatten durch Erbschaft, Vermächtnis oder Schenkung erworben werden, können nach dem Wortlaut des Art.33 Punkt 2) FVGB somit nur dann gemeinschaftliches Vermögen der Ehegatten werden, wenn ein entsprechender Wille des Erblassers oder des Schenkers einer Zuweisung des Vermögensgegenstandes zur gemeinschaftlichen Vermögensmasse zum Ausdruck kommt[706]. Dies ist insoweit Auslegungssache und es kommt entscheidend auf die Umstände des Einzelfalles an[707]. Insbesondere ist dann die praktisch schwierige Abgrenzung zu ziehen, ob die Ehegatten jeweils getrennt einen Bruchteil an der Erbschaft oder der Schenkung erwerben sollen oder ob der betreffende Vermögenswert nach dem Willen des Erblassers oder dem Willen des Schenkers ausdrücklich gemeinschaftliches Vermögen werden soll. Erfolgt nach dem Willen des Erblassers oder des Schenkers eine Zuordnung des Vermögenswertes zum gemeinschaftlichen Vermögen der Ehegatten, so wird gleichwohl der nicht beschenkte oder der nicht beerbte Ehegatte infolgedessen nicht Beschenkter oder Erbe, es sei denn, er wird von vornherein durch den Erblasser oder den Schenker als Erbe oder als Beschenkter neben seinem Ehegatten durch Testament oder durch Schenkungsvertrag entsprechend eingesetzt[708].

Inwiefern eine Erbschaft nach dem Willen des Erblassers beiden Ehegatten gemeinsam zugute kommen soll, ermittelt nicht das Nachlaßgericht, sondern erst das Gericht, das die konkrete Zuordnung zu einer bestimmten Vermögensmasse treffen muß. Das Nachlaßgericht muß bei der Feststellung des Erbrechts bei Ehegatten keine güterrechtlichen Vorschriften berücksichtigen[709]. Die Zuordnung zu einer konkreten Vermögensmasse trifft folglich erst das Teilungsgericht bei der vermögensrechtlichen Auseinandersetzung der Ehegatten oder das Ge-

704 *Sychowicz* in Piasecki, Art.33 FVGB Anm.13.

705 *Piątowski*, a.a.O. (Fn 30), S.369; *Skowrońska-Bocian*, a.a.O. (Fn 238), S.62.

706 Exemplarisch für die Schenkung OSNCP 1975, Nr.10-11, Pos.147; daran anknüpfend auch OSNCP 1980, Nr.4, Pos.63.

707 Ein Gericht kann dann mit der Auslegung des Testamentes (Art.948 plZGB) oder der Schenkungsabrede (Art.65 plZGB) befaßt werden: *Lech-Chełmińska/Przybyła*, Art.33 FVGB Anm.3; vgl. auch *Piątowski*, a.a.O. (Fn 30), S.373.

708 OSNCP 1975, Nr.10-11, Pos.147 (Schenkung); *Sychowicz* in Piasecki, Art.33 FVGB Anm.22.

709 OSNCP 1991, Nr.8-9, Pos.110.

richt, welches über die Richtigkeit des Grundbuches zu entscheiden hat[710]. Entsprechendes gilt für den Erwerb durch Schenkung[711].

Bei der Zuordnungsbestimmung in Art.33 Punkt 2) FVGB handelt es sich um zwingendes Recht, welches die Ehegatten auch nicht durch eine ehevertragliche Abrede ändern können. So verbietet Art.49 § 1 Punkt 1) FVGB ausdrücklich die Ausdehnung der Gemeinschaftlichkeit des Vermögens bei der gesetzlichen Gemeinschaft auf durch Erbschaft, Vermächtnis oder Schenkung erworbene Vermögenswerte[712]. *Ratio legis* dieser Regelung ist der Schutz des Erblassers oder des Schenkers, dem regelmäßig güterrechtliche Abreden zwischen Ehegatten verborgen bleiben. Dessen Bestimmungsrecht über sein Vermögen würde unterlaufen, wenn die Ehegatten die gesetzliche Gemeinschaft auch auf durch Erbe, Vermächtnis oder Schenkung erworbene Vermögensgegenstände durch Ehevertrag erweitern könnten[713]. Etwas anderes gilt gemäß Art.34 FVGB für Hausratsgegenstände. Diese werden dem gemeinschaftlichen Vermögen der Ehegatten zugeordnet, auch wenn sie durch Erbschaft, Vermächtnis oder Schenkung erworben worden sind.

aa. Erwerb durch Erbschaft oder durch Vermächtnis

Der Gesetzgeber geht im Rahmen des Art.33 Punkt 2) FVGB von einem weiten Begriff des Erbschaftserwerbs aus[714]. Erfaßt werden neben dem gesetzlichen und dem testamentarischen Erbschaftserwerb auch der Pflichtteilserwerb (*zachowek*, Art.991 plZGB)[715]. Ein Ehegatte erwirbt durch Erbschaft (*nabycie przez dziedziczenie*) im Sinne des Art.33 Punkt 2) FVGB folglich auch dann, wenn dieser konkrete Vermögensgegenstände erst im Rahmen der Erbauseinandersetzung mit den anderen Miterben erwirbt[716]. Die Zugehörigkeit der Erbschaft zum persönlichen Vermögen eines Ehegatten wird dabei auch nicht dadurch beeinträchtigt, dass ein Erbe gegebenenfalls Nachlaßverbindlichkeiten mit Mitteln des gemeinschaftlichen Vermögens tilgen muß[717]. Vielmehr entsteht in diesem Fall regelmäßig ein Werterstattungsanspruch zu Gunsten des gemeinschaftlichen Vermögens, der bei der Auseinandersetzung und Teilung des gemeinschaftli-

710 *Sychowicz* in Piasecki, Art.33 FVGB Anm.23.
711 *Sychowicz* in Piasecki, Art.33 FVGB Anm.23.
712 „*...nie można przez umowę majątkową małżeńską rozszerzyć wspólności na 1) przedmioty majątkowe, które przypadną małżonkowi z tytułu dziedziczenia, zapisu lub darowizny...*".
713 *Sychowicz* in Piasecki, Art.49 FVGB Anm.4.
714 *Piątowski*, a.a.O. (Fn 30), S.369.
715 *Sychowicz* in Piasecki, Art.33 FVGB Anm.14/15; *Ignaczewski*, a.a.O. (Fn 241), S.56.
716 *Piątowski*, a.a.O., S.369; *Sychowicz* in Piasecki, Art.33 FVGB Anm.14.
717 *Piątowski*, a.a.O., S.371; *Skowrońska-Bocian*, a.a.O. (Fn 238), S.63.

chen Vermögens durch die Ehegatten auf der Grundlage des Art.45 FVGB geltend zu machen ist.

In der Rechtsprechung ist in diesem Zusammenhang die Zuordnung einer Erbschaft zum persönlichen Vermögen dann in Frage gestellt worden, wenn der Ehegatte zunächst Mitglied in einer Erbengemeinschaft war und so entsprechend der Größe seines Anteils Miteigentümer eines Vermögensgegenstandes aus der Erbmasse – einer Immobilie etwa – geworden war. Der Miteigentumsanteil des Ehegatten ist unzweifelhaft gemäß Art.31 § 1 S.2 FVGB in Verbindung mit Art.33 Punkt 2) FVGB Teil seines persönlichen Vermögens geworden. Als fraglich wurde indes erachtet, ob etwas anderes im Hinblick auf den restlichen Teil des Vermögenswertes gelten müsse. Diesen hat der Ehegatte nämlich erst gegen entsprechende Zahlung an die anderen Miterben im Rahmen der Erbauseinandersetzung erworben. Denn der Erwerb der verbliebenen Anteile an dem Vermögensgegenstand von den anderen Miterben erfolgte dann *de facto* jedenfalls in Ansehung dieses Teils des Vermögensgegenstandes entgeltlich[718]. Die Frage, ob die Vorschrift des Art.33 Punkt 2) FVGB mit anderen Worten ausschließlich den unentgeltlichen Erwerb erfaßt (*nabyty pod tytułem darmym*), hat das OG letztlich dahingehend entschieden, dass die Belastung des Erben mit einer Zahlung keinen Einfluß auf die grundsätzliche Zuordnung der Erbschaft zum persönlichen Vermögen gemäß Art.33 Punkt 2) FVGB habe. Etwas anderes gelte nur, wenn der Wille des Erblassers dem entgegen stehe[719].

Der Entscheidung lag folgender Sachverhalt zugrunde: Der erbende Ehegatte hatte die Zahlung an die restlichen Miterben mit Mitteln des gemeinschaftlichen Vermögens getätigt. Das Gericht schlußfolgerte mit Verweis auf vergleichbare Rechtsprechung[720] im Auseinandersetzungs- und Teilungsverfahren, dass lediglich der unentgeltliche Teil der Immobilie als Anteil am Erbe persönliches Vermögen geworden sei. Der andere von den anderen Miterben entgeltlich im Rahmen des Erbauseinandersetzungsverfahrens erworbene Teil der Immobilie müsse demgegenüber dem gemeinschaftlichen Vermögen zugeordnet werden. Das OG stellte sich demgegenüber auf den Standpunkt, dass der in Rede stehende Erwerbsvorgang in seiner Gesamtheit die Voraussetzungen des Erbschaftser-

718 *Skowrońska-Bocian*, a.a.O., S.64.

719 OSNC 2002, Nr.6, Pos.72.

720 Die zitierten Fundstellen bezogen sich auf den Erwerb landwirtschaftlicher Betriebe, dem eine spezialgesetzliche Regelung zugrunde lag: OSNCP 1972, Nr.11, Pos.192 (hier ging es um den Erwerb eines landwirtschaftlichen Betriebes auf der Grundlage des Gesetzes zum Erwerb landwirtschaftlicher Betriebe; das Gesetz trat erst nach Eheschließung in Kraft, der „nicht formale" Erwerb des Betriebes erfolgte aber noch vorher, so dass nach Auffassung des OG kein Erwerb zum gemeinschaftlichen Vermögen vorlag); anders OSNCP 1989, Nr.4, Pos.62, hier wird auf den Zeitpunkt des Inkrafttretens des Gesetzes abgestellt; genauso OSNC 1991, Nr.7, Pos.87.

werbs im Sinne des Art.33 Punkt 2) FVGB erfülle. Dem stehe nicht entgegen, dass der erbende Ehegatte bei der Nachlaßauseinandersetzung eine Zahlung an die anderen Miterben leisten müsse. Dies entspreche nach dem Verständnis des „polnischen Systems dem unmittelbaren Erwerb vom Erblasser"[721].

Der Entscheidung des OG ist zuzustimmen. Diese entspricht insoweit dem weiten Verständnis des Erbschaftserwerbs, der Art.33 Punkt 2) FVGB nach allgemeiner Auffassung zugrunde liegen soll. Die Aufteilung des Erbschaftserwerbsvorganges in einen entgeltlichen und einen unentgeltlichen Teil mit der Folge einer Zuordnung zu unterschiedlichen Vermögensmassen würde nicht nur einen für die Nachlaßauseinandersetzung unter Miterben typischen Erwerbsvorgang unnatürlich aufspalten, sondern auch das gemeinschaftliche Vermögen der Ehegatten und damit den anderen Ehegatten für den Fall der Auseinandersetzung und Teilung des gemeinschaftlichen Vermögens in einer Weise begünstigen, die nicht mit dem Willen des Erblassers zu vereinbaren wäre. Dies widerspricht Sinn und Zweck des Art.33 Punkt 2) FVGB. Dieser liegt gerade darin begründet, der besonderen persönlichen Beziehung zwischen Erbe und Erblasser Rechnung zu tragen und den anderen Ehegatten gerade nicht an dieser Form der Vermögensmehrung zu beteiligen. Zahlungsverpflichtungen und der Erwerb von Restanteilen im Zuge der Nachlaßauseinandersetzung sind typisch für den Erbfall, in dem mehrere Personen begünstigt werden. Es würde daher nicht nur Sinn und Zweck des Art.33 Punkt 2) FVGB widersprechen, wenn in solchen Fällen kraft Gesetzes der andere Ehegatte an der Vermögensmehrung beteiligt würde. Vielmehr würde auch der Erblasser in seinem Recht, grundsätzlich nur seine Abkömmlinge beerben zu wollen, unzulässig beeinträchtigt. Zu berücksichtigen ist auch, dass bereits die Früchte des persönlichen Vermögens kraft Gesetzes gemeinschaftliches Vermögen werden. Vor diesem Hintergrund und der Tatsache, dass nunmehr für eine Haftung des gemeinschaftlichen Vermögens gemäß Art.41 § 1 FVGB eine Zustimmung des anderen Ehegatten erforderlich ist, erscheint daher eine Schmälerung des ohnehin begrenzten persönlichen Vermögens eines Ehegatten auch aus Gründen des Gläubigerschutzes wenig geboten. Schließlich dürfte die Zuordnung eines im Rahmen der Nachlaßauseinandersetzung erworbenen Vermögenswertes teils zum gemeinschaftlichen und teils zum persönlichen Vermögen auch wenig praktikabel sein[722].

---

721 OSNC 2002, Nr.6, Pos.72 (S.4).

722 Vgl. Argumentation von *Piątowski* zum Parallelproblem bei der Schenkung, a.a.O. (Fn 30), S.372.

bb. Erwerb durch Schenkung

Der Begriff der Schenkung ist den Art.888ff. plZGB zu entnehmen[723]. Erfaßt wird damit auch eine sogenannte *donatio sub modo* nach Art.893 plZGB. Es handelt sich dabei um eine Form der Auflagenschenkung. Auch im Falle einer solchen Auflagenschenkung wird die grundsätzliche Zuordnung zum persönlichen Vermögen dadurch nicht beeinträchtigt, dass die Erfüllung der Auflage mit Mitteln des gemeinschaftlichen Vermögens erfolgt[724]. Insoweit gilt die Argumentation zum Erbschaftserwerb entsprechend. Eine Regreßpflicht nach Maßgabe des Art.45 FVGB bei der Auseinandersetzung und Teilung des gemeinschaftlichen Vermögens ist gegebenenfalls zu berücksichtigen.

Hat der Schenker bestimmt, dass die Schenkung zugunsten des gemeinschaftlichen Vermögens der Ehegatten erfolgen solle, so kann dieser nach der Rechtsprechung des OG die Schenkung wegen groben Undanks auch gegenüber dem Ehegatten widerrufen, der nicht formal Beschenkter war[725]. 1975 hatte das OG in einer höchstrichterlichen Entscheidung, bei der es um die Frage ging, ob der Schenker – in dem Fall war es die Mutter der Beschenkten – gegenüber dem anderen Ehegatten – dem Ehemann der Beschenkten – die Schenkung wegen groben Undanks widerrufen könne, noch anders entschieden. Im Rahmen der Schenkungsabrede hatte die Schenkerin bestimmt, dass der Schenkungsgegenstand Bestandteil des gemeinschaftlichen Vermögens der Beschenkten und ihres Ehegatten werden solle[726]. Problematisch war, dass ein wirksamer Widerruf der Schenkung wegen groben Undanks in dieser Fallkonstellation auch den Abschluß eines entsprechenden Schenkungsvertrages mit dem Ehegatten, der sich des groben Undanks schuldig gemacht hatte, erforderlich gemacht hätte. Fraglich war daher, ob durch die Zuweisung des Schenkungsgegenstandes zum gemeinschaftlichen Vermögen möglicherweise auch eine Schenkungsabrede mit dem anderen Ehegatten zustande gekommen sei. In Ermangelung eines entsprechenden Willens des anderen Ehegatten in dem konkreten Fall konnte ein solcher Schenkungsvertrag mit dem Ehemann der Beschenkten aber gerade nicht zustande gekommen sein[727]. Ein künstlich konstruierter Schenkungsvertrag hätte darüber hinaus auch Sinn und Zweck des Art.33 Punkt 2) FVGB, der persönlichen Bindung zwischen Schenker und Beschenktem Rechnung zu tragen, widersprochen. Nur der Schenker entscheidet, ob der betreffende Vermögenswert Bestandteil des gemeinschaftlichen Vermögens werden und damit beiden Ehegat-

723 *Piątowski*, a.a.O., S.370.

724 *Piątowski*, a.a.O., S.371, Fußnote 149.

725 So OSNCP 1980, Nr.4, Pos.63; anders noch OSNCP 1975, Nr.10-11, Pos.147.

726 OSNCP 1975, Nr.10-11, Pos.147.

727 So auch *Ignaczewski*, a.a.O. (Fn 241), S.58.

ten zugute kommen solle[728]. Formal Beschenkter sei aber grundsätzlich nur der Ehegatte, der die besondere Verbindung zu dem Schenker habe. Etwas anderes gelte nur, wenn tatsächlich zwei Schenkungsverträge vorlägen. Ein Widerruf der Schenkung wegen groben Undanks des Ehemannes der Beschenkten sei danach folglich dann nicht möglich, wenn keine entsprechende Schenkungsabrede vorliege[729].

In einer vergleichbaren Fallkonstellation entschied das OG gleichwohl einige Jahre später, dass ein Widerruf wegen groben Undankes auch gegenüber dem Ehegatten erfolgen könne, der nicht Partei des Schenkungsvertrages sei[730]. Der Wille des Schenkers sei die Zuordnung des Schenkungsgegenstands durch Schenkungsvertrag zum gemeinschaftlichen Vermögen der Ehegatten gewesen. Dieser Schenkungsvertrag werde nun wegen groben Undankes widerrufen. Der Widerruf könne somit auch gegenüber nur dem mittelbar Beschenkten erfolgen, denn faktisch seien beide Ehegatten beschenkt worden. Problematisch an dieser Auffassung des OG ist indes, dass der Schenkungsvertrag danach auch widerrufen werden könnte, wenn sich nur der mittelbar Beschenkte des groben Undankes schuldig gemacht hätte, die Voraussetzungen in der Person des unmittelbar durch Schenkungsvertrag Begünstigten jedoch nicht vorliegen würden[731]. *Ignaczewski* meint, es entstehe bei dieser Sachverhaltskonstellation zwischen dem Schenker und dem beschenkten Ehegatten, dem gegenüber die Schenkung nicht wegen groben Undankes widerrufen worden sei, eine Bruchteilsgemeinschaft in Bezug auf den Schenkungsgegenstand[732]. Denn der Ehegatte, dem gegenüber die Schenkung wegen groben Undankes widerrufen worden sei, müsse „seinen Teil“ der Schenkung rückübertragen – gegebenenfalls auf der Grundlage einer ungerechtfertigten Bereicherung. Diese Auffassung wiederum erscheint insofern fraglich, als der Wille des Schenkers regelmäßig den gesamten Schenkungsgegenstand erfaßt und ein Widerruf der Schenkung zum gemeinschaftlichen Vermögen nicht gleichzeitig einem Willen des Schenkers entspricht, den Schenkungsgegenstand nunmehr in Miteigentum mit dem anderen Ehegatten zu erwerben.

---

728 OSNCP 1975, Nr.10-11, Pos.147 (S.18).

729 OSNCP 1975, Nr.10-11, Pos.147 (S.17).

730 OSNCP 1980, Nr.4, Pos.63 (ausdrücklich in Leitsatz 2); kritisch *Szpunar*, Glosse zu OG vom 28. September 1979, III CZP 15/79 in OSPiKA 1980, Nr.10, Pos.176, 418, 420; dazu auch *Ignaczewski*, a.a.O., S.58.

731 *Ignaczewski*, a.a.O. (Fn 241), S.59.

732 A.a.O., S.60.

c. Vermögensrechte, die infolge der Mitgliedschaft in einer Gesamthandsgemeinschaft entstehen, Art.33 Punkt 3) FVGB

Wie bereits erwähnt handelt es sich bei der Bestimmung in Art.33 Punkt 3) FVGB um eine der wesentlichen Neuerungen der Juni-Reform von 2004 bei der Ausgestaltung des persönlichen Vermögens eines Ehegatten. Gemäß Art.33 Punkt 3) FVGB werden nunmehr Vermögensrechte, die aus der Mitgliedschaft eines Ehegatten in einer anderweitig geregelten Gesamthandsgemeinschaft resultieren, dem persönlichen Vermögen eines Ehegatten zugeordnet. Sinn und Zweck dieser Regelung war die Beseitigung der Schwierigkeiten, die entstehen, wenn sich zwei Gesamthandsgemeinschaften überlagern[733].

In praktischer Hinsicht sind damit in erster Linie Fälle gemeint, bei denen einem Ehegatten oder beiden Ehegatten Vermögensrechte zufallen, die insbesondere in Verbindung mit der Beteiligung an einer Gesellschaft des Zivilrechts (Art.860ff plZGB) entstehen[734]. Die Vorschrift soll jedoch auch im Hinblick auf die offene Handelsgesellschaft (*spółka jawna*, Art.22 § 1 plHGB), die Partnerschaftsgesellschaft (*spółka partnerska*, Art.86 §1 plHGB) sowie die Kommanditgesellschaft (*spółka komandytowa,* Art.102 plHGB) Anwendung finden, wenn auch wegen der Ausgestaltung der genannten Gesellschaften als Personengesellschaften (*spółki osobowe*) mit eigener Rechtspersönlichkeit mit einem geringeren Anwendungsbereich als im Falle einer Gesellschaft des Zivilrechts[735]. Wird die Beteiligung an einer Gesellschaft, deren vermögensrechtliche Grundlage gesamthänderisch ausgestaltet ist, nämlich mit Mitteln des gemeinschaftlichen Vermögens erworben, können sich die Vermögensmassen zweier Gesamthandsgemeinschaften überlagern[736]. Nach den Bestimmungen in Art.31 § 1 S.1 FVGB würde der Anteil des an der Gesellschaft beteiligten Ehegatten grundsätzlich dem gemeinschaftlichen Vermögen zugeordnet werden müssen. Dies hätte nicht nur zur Folge, dass die mit dem Anteil verbundenen Rechte und Pflichten eben-

---

733 *Skowrońska-Bocian*, a.a.O. (Fn 238), S.65; *Smyczyński*, Reforma małżeńskiego prawa majątkowego (Die Reform des ehelichen Vermögensrechts), MoP 2004, S.827, 829.

734 *Sychowicz* in Piasecki, Art.33 FVGB Anm.29; *Ignaczewski*, a.a.O. (Fn 241), S.60.

735 Nach dem Regierungsprojekt soll Art.33 Punkt 3) für Vermögensrechte an „Gesellschaften" im Allgemeinen gelten, insbesondere (*szczególnie*) dabei für die Gesellschaft des Zivilrechts und die Personengesellschaften, so ausdrücklich Regierungsprojekt in KPP 2003, Nr.3, 685, 699; auch *Ignaczewski*, a.a.O., S.60.

736 *Jędrejek*, Problem dopuszczalności powstania spółki cywilnej między małżonkami (Die Problematik der Zulässigkeit einer Gesellschaft des Zivilrechts zwischen Ehegatten), Studia Prawnicze 1998, Nr.3, S.93, 94; zu dem entsprechenden Problem im deutschen Recht im Falle einer Gütergemeinschaft vgl. *Schotten/Schmellenkamp*, Der Vorrang des Gesellschaftsrechts vor dem Güterrecht, DNotZ 2007, S.729, 738: danach wird ein Gesellschaftsanteil an einer Personengesellschaft wegen der kraft Gesetzes angeordneten Unübertragbarkeit dem Sondergut zugerechnet.

falls dem gemeinschaftlichen Vermögen und damit auch dem nicht an der Gesellschaft beteiligten Ehegatten zugeordnet werden müßten, sondern die Beteiligung an der Gesellschaft wäre nun auch zweifach gesamthänderisch gebunden[737]. Dies ist insofern problematisch, weil die beiden Gesamthandsgemeinschaften jeweils eine andere vermögensrechtlichen Zielrichtung verfolgen: die Gesellschaft des Zivilrechts einen rein erwerbswirtschaftlichen Zweck und die gesetzliche Gemeinschaft einen familiär-vermögensrechtlichen Zweck[738]. Nach den Bestimmungen des FVGB würde das gemeinschaftliche Vermögen bei Einbringen von Mitteln aus diesem Vermögen zudem das Vermögen der zivilrechtlichen Gesamthand mit der Zeit „aufsaugen", insbesondere dann, wenn es sich um eine Gesellschaft des Zivilrechts der Ehegatten untereinander handeln würde[739].

Die Überlagerung zweier Gesamthandsgemeinschaften könnte auch bei der Auseinandersetzung und Teilung des gemeinschaftlichen Vermögens nach Beendigung der Ehe gravierende Folgen für die Gesellschaft haben, weil der Anteil an der Gesellschaft mit dem nicht persönlich an der Gesellschaft beteiligten Ehegatten gegebenenfalls geteilt werden müßte. Dieser hätte infolge der automatischen gesetzlichen Zuordnung des Gesellschaftsanteils zum gemeinschaftlichen Vermögen ebenfalls die Stellung eines Quasi-Gesellschafters erworben und wäre damit mit allen Rechten und der Pflichten eines Gesellschafters ausgestattet[740]. Dass dies vom Gesetzgeber nicht gewollt sein konnte und dementsprechend auch vor der Juni-Reform 2004 bereits umstritten war, liegt auf der Hand[741]. Deshalb hat der Gesetzgeber in Umsetzung der höchstrichterlichen Rechtsprechung[742] die umstrittene Frage, welcher Vermögensmasse in der gesetzlichen Gemeinschaft ein Anteil an einer Gesellschaft des Zivilrechts zugeordnet werden müsse, ausdrücklich zu Gunsten der Zuordnung zum persönlichen Vermögens eines Ehegatten entschieden. Danach werden gemäß Art.33

737 *Jędrejek*, Problem dopuszczalności powstania spółki cywilnej między małżonkami (Die Problematik der Zulässigkeit einer Gesellschaft des Zivilrechts zwischen Ehegatten), Studia Prawnicze 1998, Nr.3, S.93, 94.

738 So OSNC 2005, Nr.9, Pos.152; auch *Ignaczewski*, a.a.O., S.61.

739 *Jędrejek*, Problem dopuszczalności powstania spółki cywilnej między małżonkami (Die Problematik der Zulässigkeit einer Gesellschaft des Zivilrechts zwischen Ehegatten), Studia Prawnicze 1998, Nr.3, S.93, 94, 97.

740 *Jędrejek*, Problem dopuszczalności powstania spółki cywilnej między małżonkami (Die Problematik der Zulässigkeit einer Gesellschaft des Zivilrechts zwischen Ehegatten), Studia Prawnicze 1998, Nr.3, S.93, 100.

741 So *Sychowicz* in Piasecki, Art.33 FVGB Anm.28 ohne nähere Literaturhinweise; vgl. die Literaturhinweise bei *Jędrejek*, Problem dopuszczalności powstania spółki cywilnej między małżonkami (Die Problematik der Zulässigkeit einer Gesellschaft des Zivilrechts zwischen Ehegatten), Studia Prawnicze 1998, Nr.3, S.93, 98-100.

742 Nur OSNC 2005, Nr.9, Pos.152.

Punkt 3) FVGB sämtliche Rechte vermögensrechtlicher Natur, die infolge der Mitgliedschaft eines Ehegatten in einer Gesellschaft entstehen, deren Vermögen gesamthänderisch gebunden ist, dem persönlichen Vermögen dieses Ehegatten zugeordnet[743]. Dies gilt sowohl bei der Beteiligung eines oder beider Ehegatten mit Dritten an einer Gesellschaft als auch im Falle einer Ehegattengesellschaft, also einer Gesellschaft des Zivilrechts zwischen den Ehegatten[744].

Ohne Berücksichtigung für die Zuordnung von Anteilen an einer Gesamthand zum persönlichen Vermögen bleibt dabei, ob die Beteiligung an der Gesellschaft des Zivilrechts und die daraus resultierenden Vermögensrechte mit Mitteln aus dem gemeinschaftlichen oder mit Mitteln aus dem persönlichen Vermögen erworben worden sind[745]. Leistet somit ein Ehegatte seine Beiträge auch mit Mitteln aus dem gemeinschaftlichen Vermögen, so wird dieses um die entsprechende Quote geschmälert und es entsteht für den Fall der Auseinandersetzung und Teilung des gemeinschaftlichen Vermögens ein Werterstattungsanspruch auf der Grundlage des Art.45 FVGB[746]. Die mit der Mitgliedschaft in einer Gesellschaft des Zivilrechts verknüpften Vermögensrechte des Ehegatten-Mitglieds unterliegen demgegenüber ausschließlich den Vorschriften der anderweitig geregelten Gesamthand. Etwas anderes gilt bei den erwirtschafteten Gewinnen aus der anderweitig geregelten Gesamthand: diese werden mit Auszahlung auf der Grundlage des Art.31 § 2 Punkt 2) FVGB gemeinschaftliches Vermögen[747]. Die Bestimmung in Art.33 Punkt 3) FVGB kann genauso wie die Bestimmung in Art.33 Punkt 2) FVGB gemäß Art.49 FVGB § 1 Punkt 2) FVGB durch die Ehegatten nicht vertraglich abbedungen werden.

Die Regelung in Art.33 Punkt 3) FVGB ist mangels einschlägiger Rechtsprechung noch zu neu, um sie einer umfassenden kritischen Analyse unterziehen zu können. Der Wortlaut des Art.33 Punkt 3) FVGB legt nahe, dass nur Vermögensrechte gemeint seien. Die Zuordnung zum persönlichen Vermögen erstreckt sich allerdings nicht nur auf die reinen Vermögensrechte, sondern insbesondere auch auf jegliche anderen mitgliedschaftlichen Rechte, die in Verbindung mit der Beteiligung an einer Gesellschaft entstehen[748]. Ob Art.33 Punkt 3) FVGB

743 *Ignaczewski* hält den Gesetzeswortlaut insofern für „lakonisch“, a.a.O. (Fn 241), S.62.

744 Regierungsprojekt KPP 2003, Nr.3, 685, 699; auch *Sychowicz* in Piasecki, Art.33 FVGB Anm.33.

745 *Sychowicz* in Piasecki, Art.33 FVGB Anm.30.

746 Ausdrücklich Leitsatz zu OSNC 2005, Nr.9, Pos.152; dem folgend *Lech-Chełmińska/Przybyła*, Art.33 FVGB Anm.4; für eine analoge Anwendung des Art.45 FVGB *Ignaczewski*, a.a.O., S.62.

747 *Lech-Chełmińska/Przybyła*, Art.33 FVGB Anm.4.

748 So schon OSNC 2005, Nr.9, Pos.152, wonach mitgliedschaftliche Rechte unveräußerliche Rechte im Sinne des Art.33 Punkt 6) FVGB a.F. seien (S.37); vgl. zustimmend *Sychowicz* in Piasecki, Art.33 FVGB Anm.35.

der aufgezeigten Problematik hinreichend gerecht werden wird, bleibt in Zukunft abzuwarten.

d. Vermögensgegenstände des ausschließlich persönlichen Bedarfs, Art.33 Punkt 4) FVGB

Vermögensgegenstände, die ausschließlich dem persönlichen Bedarf eines Ehegatten zu dienen bestimmt sind, sind gemäß Art.33 Punkt 4) FVGB auch dessen persönliches Vermögen. Die Betonung in Art.33 Punkt 4) FVGB liegt auf dem Begriff „ausschließlich" (*wyłącznie*). Folglich dürfen die in Rede stehenden Vermögensgegenstände nicht geeignet sein, neben den persönlichen Bedürfnissen des Ehegatten auch die Bedürfnisse des anderen Ehegatten oder der Familie zu befriedigen[749]. Typisches Beispiel hierfür dürfte ein Kraftfahrzeug sein, das regelmäßig beide Ehegatten nutzen, auch wenn es in erster Linie dem persönlichen Bedarf nur eines Ehegatten dient[750].

Persönliche Bedürfnisse können sowohl materieller als auch ideeller Art sein[751]. Gegenstände des persönlichen Bedarfs im Sinne des Art.33 Punkt 4) FVGB sind etwa die Kleidung, Musikinstrumente, Schmuck, Gegenstände, die mit der Ausübung eines Hobbys in Zusammenhang stehen oder mit einer Krankheit des Ehegatten verbunden sind wie zum Beispiel ein Rollstuhl, ein Hörgerät usw. Für die Abgrenzung zwischen Gemeinschaftsvermögenswerten und Vermögensgegenständen des persönlichen Bedarfs sind demzufolge in erster Linie die konkreten Umstände des Einzelfalles maßgebend. Die Auswertung der faktischen Umstände des Einzelfalles kann dabei ergeben, dass etwa eine Brief- oder Schmucksammlung, die mit Blick auf die Zweckrichtung des Gegenstandes, nämlich das Hobby eines Ehegatten, grundsätzlich seinem persönlichen Vermögen zugeordnet würde, ausnahmsweise dem gemeinschaftlichen Vermögen zu-

749 *Wolter*, Majątek wspólny i majątki odrębne małżonków pod rządem wspólności ustawowej (Gemeinschaftliches Vermögen und die gesonderten Vermögen der Ehegatten in der gesetzlichen Gemeinschaft), NP 1965, Nr.2, S.103, 111/112.

750 So schon OSNCP 1964, Nr.1, Pos.1 zum Art.21 FGB, der wegen seiner weiten Formulierung auch eine andere Interpretation zuließ; vgl. dazu *Breyer, Gross*, Art.33 FVGB S.168 mit Verweis auf OSNCP 1964, Nr.1, Pos. 1; dem folgend *Lech-Chełmińska/Przybyła*, Art.33 FVGB Anm.5; in der zitierten Entscheidung unterscheidet das OG, ob ein Gegenstand zur Ausführung einer Berufstätigkeit erforderlich (*potrzebny*) oder lediglich geeignet (*przydatny*) ist; letzteres reiche nicht aus, um das Kraftfahrzeug ausschließlich dem persönlichen Vermögen eines Ehegatten zuzurechnen; dies sei bei einem Kraftfahrzeug regelmäßig der Fall; eingehend zu der Frage auch *Wolter* in einer Glosse zu dem zitierten Urteil in OSPiKA 1964, Nr.3, Pos.54, (S.119, 124), der die Frage aufwirft, ob dies auch für ein Taxi gelten kann.

751 *Breyer, Gross*, Art.33 FVGB S.168; *Sychowicz* in Piasecki, Art.33 FVGB Anm.38.

gewiesen werden muß. Dies wäre dann der Fall, wenn es sich tatsächlich um eine versteckte Kapitalanlage handelt, die vermögensrechtlich der gesamten Familie zu Gute kommen soll[752]. Ein Indiz hierfür wäre, wenn die Vermögensgegenstände vornehmlich mit Mitteln des gemeinschaftlichen Vermögens finanziert worden sind[753].

Für die Zuordnung zum persönlichen Vermögen ist grundsätzlich unbeachtlich, inwiefern die Vermögensgegenstände auch mit Mitteln aus dem gemeinschaftlichen Vermögen erworben worden sind[754]. Insoweit kann aber wieder ein Werterstattungsanspruch nach Art.45 FVGB bei der Auseinandersetzung und Teilung des gemeinschaftlichen Vermögens in Betracht kommen. Im Zusammenhang mit wertvollen Sammlungen vertreten *Breyer, Gross* die Auffassung, dass für die Bewertung der Frage, ob ein Vermögensgegenstand ausschließlich dem persönlichen Bedarf dient, bei wertvollen Sammlungen etwa auch der Tatsache Rechnung zu tragen sei, dass solche Sammlungen regelmäßig erst dank der Beharrlichkeit des Sammlers über einen langen Zeitraum entstünden. Dies gelte vor allem in Zeiten, in denen dem Ehegatten persönlich die finanziellen Mittel tatsächlich nicht zur Verfügung stehen. Notgedrungen müsse dann gerade auch aus gemeinschaftlichen Mitteln geschöpft werden, um eine wertvolle Sammlung aufrechtzuerhalten. Das gemeinschaftliche Vermögen aber müsse auch den individuellen Bedürfnissen des einzelnen Ehegatten zugute kommen. Die Verwendung von Mitteln aus dem gemeinschaftlichen Vermögen zur Finanzierung von Vermögensgegenständen des persönlichen Bedarfs könne daher nicht grundsätzlich im Rahmen von Werterstattungsansprüchen bei der Auseinandersetzung und Teilung des gemeinschaftlichen Vermögens Berücksichtigung finden[755]. Diese Argumentation verdeutlicht einmal mehr, dass es für die Bewertung, ob ein Werterstattungsanspruch nach Art.45 FVGB bei der Finanzierung von Vermögensgegenständen des persönlichen Bedarfs mit gemeinschaftlichen Mitteln gerechtfertigt ist, auf die Umstände des Einzelfalles ankommt.

e. Unveräußerliche Rechte, Art.33 Punkt 5) FVGB

Unübertragbare Rechte (*prawa niezbywalne*) werden gemäß Art.33 Punkt 5) FVGB dann dem persönlichen Vermögen eines Ehegatten zugerechnet, wenn sie auch nur diesem Ehegatten zustehen. Es handelt sich mithin um solche unveräu-

752 *Ignaczewski*, a.a.O. (Fn 241), S.63.

753 Beispiel von *Sychowicz* in Piasecki, Art.33 FVGB Anm.41; ähnlich *Breyer, Gross*, Art.33 FVGB S.168.

754 Im Leitsatz schon OSNCP 1963, Nr.11, Pos.249 zum alten Art.21 FGB.

755 *Breyer, Gross*, Art.33 FVGB S.168 mit dem Argument, dass vom Gesetzgeber nicht gewollt sein könne, dass etwa ein Musikinstrument eines Ehegatten auseinandergesetzt würde.

ßerlichen Rechte, die nicht eine Mehrheit von Berechtigten zulassen, sondern nur in einer bestimmten Person entstehen können und spätestens mit ihrem Tod erlöschen[756]. Vor der Juni-Reform 2004 enthielt der Wortlaut des entsprechenden Art.33 Punkt 6) FVGB a.F. die Klarstellung nicht, dass es sich bei den unübertragbaren Rechten um personenbezogene Rechte handeln muß, die nicht gleichzeitig mehreren Personen zustehen können[757]. Vielmehr ordnete der Wortlaut des Art.33 Punkt 6) FVGB a.F. lediglich an, dass allgemein unveräußerliche Rechte Bestandteil des persönlichen Vermögens seien. Angesichts der Tatsache, dass es eine ganze Reihe von unübertragbaren Rechten gibt, die jedoch mehreren Berechtigten gleichzeitig zustehen können, wurde die Vorschrift einhellig dahingehend ausgelegt, dass es sich bei den betreffenden Rechten um personenbezogene Rechte handeln müsse[758]. In diesem Zusammenhang wurden typischerweise ein Wiederverkaufsrecht (*prawo odkupu*, Art.593ff.plZGB), ein Vorkaufsrecht (*prawo pierwokupu*, Art.596ff.plZGB) sowie mit einem Abtretungsverbot (*zakaz cesji*) versehene Forderungen als Gegenbeispiel genannt[759]. Nach dem Wortlaut des alten Art.33 Punkt 5) FVGB a.F. hätten sonst etwa ein Vorkaufsrecht oder ein genossenschaftliches Wohnrecht wegen ihrer gesetzlich angeordneten Unübertragbarkeit zum Schutz vor einem nicht genehmen Wechsel des Berechtigten jeweils dem persönlichen Vermögen eines Ehegatten zugerechnet werden müssen. Dies selbst dann, wenn diese im Zusammenhang mit einem zum gemeinschaftlichen Vermögen gehörenden Vermögensgegenstand und nach Eheschließung entstanden wären[760]. Für das genossenschaftliche Wohnrecht wurde im Übrigen explizit gesetzlich angeordnet, dass es Bestandteil des gemeinschaftlichen Vermögens werde, wenn es in der gesetzlichen Gemeinschaft entstehe[761]. Dies hat der Gesetzgeber nunmehr im Wortlaut des neuen Art.33 Punkt 5) FVGB klargestellt.

Die Unveräußerlichkeit ergibt sich regelmäßig aus der Natur des in Rede stehenden Rechtes selbst oder sie ist gesetzlich angeordnet wie etwa in den Art.300

---

756 Als typische Beispiele werden bei *Sychowicz* in Piasecki, Art.33 FVGB Anm.43 die persönliche Dienstbarkeit (*służebność osobista*) nach Maßgabe der Art.296ff. plZGB und die Leibrente (*dożywocie*) nach Art.908ff. plZGB genannt: auch *Lech-Chełmińska/Przybyła*, Art.33 FVGB Anm.6; auch schon *Breyer, Gross*, Art.33 FVGB S.171; vgl. auch schon OG in OSPiKA 1958, Nr.12, Pos.301 mit Glosse von *Szer* im Anschluß an die Entscheidung.

757 Beispiel könnte eine persönliche Dienstbarkeit gemäß Art.296ff plZGB sein.

758 So schon *Breyer, Gross*, Art.33 FVGB S.171; *Sychowicz* in Piasecki, Art.33 FVGB Anm. 42; *Lech-Chełmińska/Przybyła*, Art.33 FVGB Anm.6.

759 *Breyer, Gross*, Art.33 FVGB S.171.

760 Ein unveräußerliches Recht, dass mit einem Vermögensgegenstand verbunden ist, fällt in die Vermögensmasse, zu der auch der Vermögensgegenstand gehört: *Sychowicz* in Piasecki, Art.33 FVGB Anm. 48.

761 Vgl. zum alten Recht Art.215 § 2 plGenG a.F.

plZGB für die persönliche Dienstbarkeit (*służebność osobista*) und Art.912 plZGB für die Leibrente (*dożywocie*)[762]. Das Recht muß dabei einen höchstpersönlichen Charakter haben und streng mit der Person des Berechtigten verbunden sein, um eine zwingende Zuordnung zum persönlichen Vermögen eines Ehegatten zu rechtfertigen[763]. Die Zuordnung zum persönlichen Vermögen darf allerdings nicht nur vorübergehend sein[764]. Gemäß Art.49 § 1 Punkt 3) FVGB kann die Bestimmung in Art.33 Punkt 5) FVGB nicht durch Ehevertrag abbedungen werden.

f. Schadensersatzleistungen und Schmerzensgeld, Art.33 Punkt 6) FVGB

Gemäß Art.33 Punkt 6) FVGB werden Schadensersatzleistungen für Körperverletzungen oder Gesundheitsschäden sowie Schmerzensgeldleistungen dem persönlichen Vermögen des beeinträchtigten Ehegatten zugerechnet. Auch wenn im Wortlaut des Art.33 Punkt 6) FVGB explizit nur die Rede von „Gegenständen" (*przedmioty*) ist, die aufgrund von Titeln wegen Verletzung des Körpers oder Hervorrufen einer Gesundheitszerrüttung sowie Wiedergutmachung eines Nichtvermögensschadens erworben werden, so sind damit nicht lediglich Sachgegenstände, sondern sämtliche Vermögenswerte, demnach auch Forderungen, gemeint[765].

Es handelt sich bei den Ansprüchen im Sinne des Art.33 Punkt 6) FVGB in erster Linie um die Leistungen auf der Grundlage deliktischer Ansprüche gemäß Art.444 § 1 plZGB [Heilungskosten (*koszty leczenia*) und andere Wiedergutmachungsansprüche (*roszczenie wyrównawcze*) bei Körper- und Gesundheitsschäden] und gemäß Art.445 plZGB Schmerzensgeld (*zadośćuczynienie*) sowie ähnlicher spezialgesetzlicher Rechtsgrundlagen zur Wiedergutmachung nichtvermögensrechtlicher Personenschäden[766]. *Ratio legis* der Zuweisung der vorer-

---

762 *Skowrońska-Bocian*, a.a.O. (Fn 238), S.66 und Fußnote 38.

763 OG in OSPiKA 1958, Nr.12, Pos.301 für einen Erbnießbrauch, der einem Ehegatten aufgrund von Nachkriegsregelungen, die ehemals deutsches Vermögen betrafen, zugeteilt worden ist, (S.716); kritisch und für eine Zuordnung zum gemeinschaftlichen Vermögen *Szer* in seiner Glosse zu dieser Entscheidung, S.716, 717.

764 Eingehend OSNC 2004, Nr.11, Pos.169 zum Aktienerwerb aufgrund des Gesetzes zur Kommerzialisierung und Privatisierung von Staatsunternehmen; danach dürfen auf der Grundlage dieses Gesetzes erworbene Aktien über einen bestimmten Zeitraum nicht veräußert werden.

765 *Breyer, Gross*, Art.33 FVGB S.172.

766 *Sychowicz* in Piasecki, Art.33 FVGB Anm. 50: Renten- und Schmerzensgeldansprüche können insbesondere auf der Grundlage folgender Gesetze in Betracht kommen: Gesetz über die Sozialversicherung bei Arbeitsunfällen und Arbeitskrankheiten, Dz.U. 2002,

wähnten Schadensersatzansprüche zum persönlichen Vermögen eines Ehegatten ist, dem geschädigten Ehegatten allein und in vollem Umfang den Wiedergutmachungseffekt der Schadensersatz- und Schmerzensgeldleistungen für den Schaden an seiner Person zukommen zu lassen und diesen nicht etwa durch eine Zuordnung zum gemeinschaftlichen Vermögen zu verringern und so die Wiedergutmachungsfunktion zu unterlaufen[767].

Nach dem Wortlaut im zweiten Halbsatz des Art.33 Punkt 6) FVGB werden demgegenüber keine Erwerbsunfähigkeitsrenten (*renta z powodu całkowitej lub częściowej utraty zdolności do pracy zarobkowej*) oder Zahlungen wegen vermehrten Bedarfs (*renta z powodu zwiększenia potrzeb*) oder geminderter Erwerbstätigkeiten (*renta z powodu zmiejszenia widoków powodzenia na przyszłość*) von der Zuordnung deliktischer Ansprüche wegen Verletzung des Körpers oder der Gesundheit erfaßt. Gemeint sind hiermit die Zahlungen aufgrund von Ansprüchen gemäß Art.444 § 2 und § 3 plZGB[768]. Bei diesen Ansprüchen handelt es sich um Surrogate für Lohn- bzw. Erwerbsansprüche, die dem körperlich oder gesundheitlich geschädigten Ehegatten mangels Fortführung der Erwerbstätigkeit verloren gehen. Nach allgemeiner Meinung in der Literatur werden daher auf der Grundlage dieses Rechtsgedankens ebenfalls die Rentenansprüche bei Tod des Geschädigten (*odszkodowanie za śmierć poszkodowanego*) gemäß Art.446 § 2 plZGB sowie die einmalige Entschädigung (*odszkodowanie jednorazowe*) gemäß Art.447 plZGB dem gemeinschaftlichen Vermögen der Ehegatten zugewiesen[769].

Im Gegensatz zum bloßen Lohnanspruch, der gemäß Art.33 Punkt 7) FVGB explizit dem persönlichen Vermögen eines Ehegatten zugeordnet wird, sollen die Surrogate des Lohnanspruches nach einer Meinung in der Literatur auf der Grundlage der allgemeinen Voraussetzungen ebenfalls dem gemeinschaftlichen

Nr.199, Pos.1673; Gesetz über die Leistungen bei Unfällen und Krankheiten im Zusammenhang mit der Ausübung des Wehrdienstes, Dz.U.2003, Nr.83, Pos.760; Gesetz über die Leistungen bei Unfällen und Krankheiten im Zusammenhang mit der Ausübung des Polizeidienstes, Dz.U. 1972, Nr.53, Pos.345 und ähnliche.

767 *Piątowski*, a.a.O. (Fn 30), S.383; *Skowrońska-Bocian*, a.a.O. (Fn 238), S.67.

768 *Wolter*, Majątek wspólny i majątki odrębne małżonków pod rządem wspólności ustawowej (Das gemeinschaftliche Vermögen und die gesonderten Vermögen der Ehegatten in der gesetzlichen Gemeinschaft), NP 1965, Nr.2, S.103, 109; *Skowrońska-Bocian*, a.a.O., S.67; *Piątowski*, a.a.O., S.384.

769 *Sychowicz* in Piasecki, Art.33 FVGB Anm.56; *Wolter*, Majątek wspólny i majątki odrębne małżonków pod rządem wspólności ustawowej (Das gemeinschaftliche Vermögen und die gesonderten Vermögen der Ehegatten in der gesetzlichen Gemeinschaft), NP 1965, Nr.2, S.103, 110; *Pietrzykowski* 1993, Art.33 FVGB S.219.

Vermögen zugerechnet werden[770]. Eine andere Meinung vertritt demgegenüber die Auffassung, dass analog der Zuweisung von Lohnansprüchen zum persönlichen Vermögen erst die tatsächlich ausgezahlte Rente Bestandteil des gemeinschaftlichen Vermögens werde. Der Anspruch selbst sei demgegenüber persönliches Vermögen eines Ehegatten[771]. Als Begründung wird die enge Verbindung des Rentenanspruchs zum Anspruchsberechtigten angeführt[772].

Der Wille des Gesetzgebers dürfte darin begründet liegen, den Bestand des gemeinschaftlichen Vermögens zu sichern. Dieses würde sonst bei Wegfall des Bezugs von Arbeitseinkünften wegen Verletzung des Körpers oder der Gesundheit eines Ehegatten mit der Folge einer Arbeitsunfähigkeit und der Nichtzuordnung entsprechender Ersatzrenten zu dieser Vermögensmasse für die Zukunft erheblich geschmälert und damit die vermögensrechtliche Grundlage der Familie gefährdet[773]. Gegen die Zuweisung des bloßen Rentenanspruchs zum persönlichen Vermögen eines Ehegatten und damit gegen die letztgenannte Auffassung spricht, dass der Lohnanspruch genauso wie der Rentenanspruch eng mit der Person des Anspruchsberechtigten verbunden ist. Trotzdem wird der Lohnanspruch vom Gesetzgeber ausdrücklich dem persönlichen Vermögen zugewiesen. Schließlich folgt Art.33 Punkt 7) FVGB unmittelbar dem Art.33 Punkt 6) FVGB. Hätte der Gesetzgeber die Zuweisung des Rentenanspruchs zum persönlichen Vermögen gewollt, hätte er dies wie in Art.33 Punkt 7) FVGB für den Lohnanspruch explizit geregelt.

g. Lohn- und sonstige Ansprüche aus Erwerbstätigkeiten eines Ehegatten, Art.33 Punkt 7) FVGB

Lohnforderungen (*wierzytelności z tytułu wynagrodzenia za pracę*) und Ansprüche auf Gegenleistung aus sonstigen Erwerbstätigkeiten (*wierzytelności z tytułu innej działalności zarobkowej*) eines Ehegatten werden gemäß Art.33 Punkt 7) FVGB dem persönlichen Vermögen zugeordnet. Auf eine Fälligkeit des Anspruchs kommt es dabei nicht an[774]. Demgegenüber wird das tatsächlich bezo-

---

770 *Skowrońska-Bocian*, a.a.O. (Fn 238), S.67 ohne Begründung; auch *Breyer, Gross*, Art.33 FVGB S.173.

771 *Piątowski*, a.a.O. (Fn 30), S.384; *Sychowicz* in Piasecki, Art.33 FVGB Anm.55; *Pietrzykowski* 1993, Art.33 FVGB S.219.

772 *Piątowski*, a.a.O., S.384.

773 Ähnlich *Wolter*, Majątek wspólny i majątki odrębne małżonków pod rządem wspólności ustawowej (Das gemeinschaftliche Vermögen und die gesonderten Vermögen der Ehegatten in der gesetzlichen Gemeinschaft), NP 1965, Nr.2, S.103, 109; auch *Sychowicz* in Piasecki, Art.33 FVGB Anm.54.

774 *Wolter*, Majątek wspólny i majątki odrębne małżonków pod rządem wspólności ustawowej (Das gemeinschaftliche Vermögen und die gesonderten Vermögen der Ehegatten

gene Entgelt gemäß Art.31 § 2 Punkt 1) FVGB als nach der Eheschließung erworbene Errungenschaft kraft Gesetzes dem gemeinschaftlichen Vermögen zugeführt. Gleiches gilt für vergleichbare Ansprüche aus Erwerbstätigkeiten, die auf einer persönlichen Arbeitsleistung eines Ehegatten beruhen.

Aus der Wechselwirkung zwischen Art.33 Punkt 7) FVGB und dem Regelbeispiel in Art.31 § 2 Punkt 1) FVGB folgt, dass nur die Früchte (*owoce*) der Erwerbstätigkeit dem gemeinschaftlichen Vermögen zu Gute kommen sollen[775]. Damit beseitigte der polnische Gesetzgeber einen grundlegenden Meinungsstreit zum FGB in der Frage, zu welcher Vermögensmasse Lohn- und vergleichbare Ansprüche gehören sollen. Streitig war, ob Ansprüche, die auf einer persönlichen Arbeitsleistung des Ehegatten beruhen, genauso wie Erträge aus Landwirtschaftsbetrieben oder Unternehmensgewinne – diese wurden als *dochód* gemeinschaftliches Vermögen, trotz der persönlichen Eigenleistung eines Ehegatten – dem gemeinschaftlichen Vermögen zugerechnet werden können[776].

Nunmehr wird seit der Kodifizierung des FVGB 1964 zwischen den entstandenen Ansprüchen als solchen und den tatsächlich bezogenen (*pobrane wynagrodzenie*) Einkünften unterschieden. Letztere Einkünfte werden mit der Auszahlung gemeinschaftliches Vermögen der Ehegatten. Somit kann auch der andere Ehegatte im Rahmen des allgemeinen Verwaltungsrechtes über das bezogene Arbeitsentgelt verfügen. Dieses kann dann auch Haftungsmasse nach Maßgabe des Art.41 FVGB sein. Demgegenüber ist der bloße Anspruch eines erwerbstätigen Ehegatten auf seinen Lohn etwaigen Gläubigern des anderen Ehegatten durch seine Zuweisung zum persönlichen Vermögen entzogen und der andere Ehegatte kann auch nicht im Rahmen seines ehelichen Verwaltungsrechts über den Anspruch verfügen[777].

---

in der gesetzlichen Gemeinschaft), NP 1965, Nr.2, S.103, 110; *Breyer, Gross*, Art.33 FVGB S.173.

775 *Wolter* in OSPiKA 1964, Nr.3, Pos.54, (S.119, 125) in einer Glosse zu OSNCP 1964, Nr.1, Pos.1.

776 *Wolter*, Majątek wspólny i majątki odrębne małżonków pod rządem wspólności ustawowej (Das gemeinschaftliche Vermögen und die gesonderten Vermögen der Ehegatten in der gesetzlichen Gemeinschaft), NP 1965, Nr.2, S.103, 110.

777 *Wolter*, Majątek wspólny i majątki odrębne małżonków pod rządem wspólności ustawowej (Das gemeinschaftliche Vermögen und die gesonderten Vermögen der Ehegatten in der gesetzlichen Gemeinschaft), NP 1965, Nr.2, S.103, 111: als problematisches Beispiel der Zuweisung des Lohnanspruches zum gemeinschaftlichen Vermögen wird hier die mögliche Pfändung des Lohnanspruches der zweiten Ehefrau nach der Scheidung von der ersten zur Befriedigung von Unterhaltsansprüchen genannt; diese Gefahr sei durch die Zuweisung des Anspruchs zum persönlichen Vermögen nun gebannt, als „lediglich“ erst die Pfändung des ausgezahlten Arbeitsentgelts möglich sei und nicht des gesamten Lohnanspruchs.

h. Vermögensgegenstände, die von einem Ehegatten als Auszeichnung für persönliche Erfolge erworben worden sind, Art.33 Punkt 8) FVGB

Auszeichnungen (*nagroda*) für persönliche Erfolge eines Ehegatten (*za osobiste osiągnięcia*) sind gemäß Art.33 Punkt 8) FVGB persönliches Vermögen dieses Ehegatten. Dies gilt auch dann, wenn beide Ehegatten für eine gemeinsame Sache besonderes ausgezeichnet worden sind. Jedem Ehegatten wird dann ein hälftiger Anteil zu seinem persönlichen Vermögen zugerechnet[778]. Unter Auszeichnung sind typischerweise Preise und Prämien für besondere Leistungen oder Ehren in einer Kategorie zu verstehen[779]. Nicht erfaßt werden demgegenüber Prämien, die im Zusammenhang mit der Arbeitstätigkeit eines Ehegatten stehen. Dies gilt auch dann nicht, wenn das Arbeitsgesetzbuch (*kodeks pracy*) diese mit dem Begriff (*nagroda*) bezeichnet[780]. Entsprechendes gilt für Vermögenswerte, die aufgrund administrativer Entscheidung einem bedürftigen Ehegatten unentgeltlich zugewiesen werden[781].

i. Urheber- und verwandte Schutzrechte, Rechte des gewerblichen Eigentums sowie andere Erfinderrechte, Art.33 Punkt 9) FVGB

Verwertungs- und Nutzungsrechte aus Urheber- (*prawa autorskie*) und verwandten Schutzrechten (*prawa pokrewewene*) werden gemäß Art.33 Punkt 9) FVGB dem persönlichen Vermögen zugeordnet[782]. Insoweit sind auch die einschlägigen Gesetze zu den gewerblichen Schutzrechten in Betracht zu ziehen[783]. Erträge aus den gewerblichen Schutzrechten werden demgegenüber als Erträge aus dem persönlichen Vermögen auf der Grundlage der Bestimmungen in Art.31 § 2 Punkt 2) FVGB dem gemeinschaftlichen Vermögen zugeführt[784].

---

778 *Sychowicz* in Piasecki, Art.33 FVGB Anm.68 mit Verweis auf *Piątowski*, a.a.O. (Fn 30), S.387.

779 Etwa im künstlerischen oder sportlichen Bereich: *Sychowicz* in Piasecki, Art.33 FVGB Anm.64.

780 OSNCP 1967, Nr.6, Pos.101; *Sychowicz* in Piasecki, Art.33 FVGB Anm.66 und Art.31 FVGB Anm.49, der in diesem Zusammenhang sog. Jubiläumsprämien als Ausnahme nennt; auch *Skowrońska-Bocian*, a.a.O. (Fn 238), S.70 m.w.N.

781 OSNCP 1986, Nr.12, Pos.197: hier ging es um die Zuweisung eines Grundstücks durch die Gemeinde zugunsten der Ehefrau; Voraussetzung einer solchen Zuweisung war neben der Bedürftigkeit auch eine „Eignung" durch besondere Verdienste, so dass die Zuweisung des Grundstücks grundsätzlich auch auszeichnenden Charakter hatte.

782 Auf das Urheberpersönlichkeitsrecht z.B. findet Art.33 Punkt 9) FVGB keine Anwendung, weil es sich nicht um ein Recht vermögensrechtlicher Art handelt.

783 Etwa das Gesetz zum gewerblichen Eigentum in Dz.U. 2003, Nr.119, Pos.1117.

784 *Piątowski*, a.a.O. (Fn 30), S.393, *Sychowicz* in Piasecki, Art.33 FVGB Anm.73.

k. Surrogation, Art.33 Punkt 10) FVGB

Gemäß Art.33 Punkt 10) FVGB werden Vermögensgegenstände, die im Austausch gegen Bestandteile des persönlichen Vermögens erworben werden, ebenfalls dem persönlichen Vermögen zugerechnet. Dies ist nach dem Wortlaut des Art.33 Punkt 10) FVGB nur dann nicht der Fall, wenn sich explizit aus anderen Vorschriften etwas anderes ergibt. Bei der Regelung in Art.33 Punkt 10) FVGB handelt es sich um einen Fall der sogenannten dinglichen Surrogation (*surogacja rzeczowa*), bei der kraft Gesetzes ein durch Eingriff in das persönliche Vermögen (etwa rechtsgeschäftliche Verfügung, Delikt etc.) heraus gelöster Vermögensgegenstand durch ein an seiner Stelle erworbenes Surrogat (etwa Ersatzgegenstand, Ersatzforderung, Ersatzanspruch etc.) in der persönlichen Vermögensmasse ersetzt wird[785]. Durch den Surrogationsgrundsatz in Art.33 Punkt 10) FVGB soll erreicht werden, dass das persönliche Vermögen des einzelnen Ehegatten jedenfalls wertmäßig erhalten bleibt. Vermögenswerte, die im Austausch gegen Bestandteile des persönlichen Vermögens erworben werden, fallen ohne weitere Übertragungsakte kraft Gesetzes in die persönliche Vermögensmasse eines Ehegatten. Erwirbt ein Ehegatte folglich Vermögensgegenstände mit Mitteln seines persönlichen Vermögens, so werden diese Vermögenswerte grundsätzlich auch sein persönliches Vermögen. Etwas anderes gilt nur dann, wenn der Erwerb spezialgesetzlich zum gemeinschaftlichen Vermögen erfolgt[786].

Ein Gesetzgeber sieht eine dingliche Surrogation regelmäßig dann vor, wenn ein Vermögensgegenstand zu einem Sondervermögen gehört. *Ratio legis* der Surrogation ist es, eine Schmälerung oder gar Auflösung dieses Sondervermögens zu verhindern. Vor dem Hintergrund, dass Erträge oder Einkünfte aus Vermögenswerten des persönlichen Vermögens eines Ehegatten grundsätzlich zunächst nach den Grundsätzen in Art.31 § 2 Punkt 2) FVGB als *dochód* gemeinschaftliches Vermögen werden, soll der Surrogationsgrundsatz in Art.33 Punkt 10) FVGB einer Auflösung des persönlichen Vermögens im Laufe der Ehe zugunsten des gemeinschaftlichen Vermögens entgegenwirken[787]. Das persönliche Vermögen eines Ehegatten soll auf diese Weise erhalten bleiben, auch wenn es im Laufe der gesetzlichen Gemeinschaft durch den Austausch in Surrogate eine andere rechtliche und wirtschaftliche Form annimmt[788]. Folglich entfaltet die in

785 *Sychowicz* in Piasecki, Art.33 FVGB Anm.74; *Skowrońska-Bocian*, a.a.O. (Fn 238), S.70; *Piątowski*, a.a.O. (Fn 30), S.375 und Fußnote 161, S.377.

786 Ausführlich zur Surrogation des persönlichen Vermögens *Ohanowicz*, Glosse zu Urteil vom 18. Oktober 1961, 4 CR 957/60, Entscheidung vorangehend abgedruckt auf S.463, PiP 1962, Nr.8-9, S.465, 467; der Autor zieht in der Glosse auch Vergleiche mit dem deutschen und dem französischen Recht.

787 *Piątowski*, a.a.O., S.375/376; *Skowrońska-Bocian*, a.a.O., S.71; *Breyer, Gross*, Art.33 FVGB S.163/164.

788 Vgl. auch zum deutschen Recht Staudinger-*Engelmann* 1926, § 1524 BGB a.F. Anm.1.

Art.33 Punkt 10) FVGB angeordnete Surrogation eine Art Sperrwirkung, die eine Auflösung des persönlichen Vermögens im Geschäftsverkehr der Ehegatten verhindert.

Der Surrogationsgrundsatz in der heute geltenden weiten bzw. nach dem Wortlaut des Gesetzes zunächst nicht begrenzten Fassung des Art. 33 Punkt 10) FVGB galt bereits im Rahmen des FGB, wenn auch nur aufgrund gewohnheitsrechtlicher Anerkennung und ohne eigentliche Stütze im Gesetz[789]. Er wurde indes bei der Neukodifizierung des FVGB 1964 erheblich eingeschränkt[790]. Vor der Juni-Reform 2004 galt der Grundsatz der Surrogation gemäß Art.33 Punkt 3) und Punkt 2) FVGB a.F. nur in Bezug auf Vermögenswerte, die ein Ehegatte im Austausch für bereits vor der Eheschließung besessene oder durch Erbschaft, Vermächtnis oder Schenkung erworbene Vermögenswerte erhalten hat. Vor der Eheschließung erworbene sowie durch Erbschaft, Vermächtnis oder Schenkung erworbene Vermögenswerte galten als klassische Bestandteile des persönlichen Vermögens eines Ehegatten. Diese mußten vor der Verschmelzung mit dem gemeinschaftlichen Vermögen geschützt werden[791].

Die Erweiterung des Surrogationsgrundsatzes erfolgte dann im Zuge der Juni-Reform 2004. Ziel war es, künftig die Surrogation zum persönlichen Vermögen auch auf Vermögenswerte, die im Austausch gegen Mittel aus deliktischen Ersatzansprüchen oder für persönliche Auszeichnungen eines Ehegatten erworben worden sind, auszudehnen und so in der persönlichen Vermögensmasse eines Ehegatten zu erhalten[792]. Die Erweiterung des Umfangs der Surrogation auf sämtliche Vermögenswerte des persönlichen Vermögens sollte weiter mit Blick auf die nun geringere Schmälerung des persönlichen Vermögens zu Lasten des gemeinschaftlichen Vermögens die Rechte der Gläubiger des betreffenden Ehe-

789 *Ohanowicz*, Glosse zu Urteil vom 18. Oktober 1961, 4 CR 957/60, PiP 1962, Nr.8-9, S.463, 465, 466; auch *Breyer, Gross*, Art.33 FVGB S.161/162, die darauf hinweisen, dass der Surrogationsgrundsatz dem polnischen Gesetzgeber im Zusammenhang mit der Gesellschaft des Zivilrechts und der Erbengemeinschaft auch bekannt war; siehe auch *Gross*, Stosunki majątkowe między małżonkami (Die Vermögensverhältnisse zwischen Ehegatten), NP 1966, Nr.11, S.1373, 1376.

790 *Wolter*, Majątek wspólny i majątki odrębne małżonków pod rządem wspólności ustawowej (Das gemeinschaftliche Vermögen und die gesonderten Vermögen der Ehegatten in der gesetzlichen Gemeinschaft), NP 1965, Nr.2, 103, 108; *Breyer, Gross*, Art.33 FVGB S.162.

791 Nahezu wörtlich *Piątowski*, a.a.O. (Fn 30), S.376.

792 Regierungsprojekt, KPP 2003, Nr.3, S.685, 699/700; die Regierungsbegründung zum FVGB-Änderungsgesetz ist in Bezug auf die Änderung der Surrogation bei Piasecki abgedruckt; vgl. hier *Sychowicz* in Piasecki, Art.33 FVGB Anm. 75 (2. Billigkeitserwägungen).

gatten stärken[793]. Diesen werde nach der Regierungsbegründung zum FVGB-Änderungsgesetz vom 17. Juni 2004 durch die erweiterte Surrogation eine faktisch gleich bleibende Haftungsmasse des persönlichen Vermögens zur Verfügung gestellt, weil das persönliche Vermögen gemäß dem unbegrenzten Wortlaut des Gesetzes nun durch die Zuordnung aller seiner Surrogate zum persönlichen Vermögen jedenfalls wertmäßig gleich bleibe[794].

Die Vorschrift des Art.33 Punkt 10) FVGB ist heute somit auch vor dem Hintergrund der Änderung der Haftung des gemeinschaftlichen Vermögens gemäß Art.41 § 1 FVGB zu sehen. Diese erfordert nunmehr seit der FVGB-Reform eine Zustimmung des anderen Ehegatten zu Rechtsgeschäften, die das gemeinschaftliche Vermögen belasten. Erteilt der andere Ehegatte seine Zustimmung zu dem Rechtsgeschäft nicht, so wäre für den Gläubiger nur der Rückgriff auf das persönliche Vermögen des Schuldner-Ehegatten möglich. Würde dieses aber wiederum kontinuierlich unter seinem Abbau durch die Zuweisung der mit Mitteln des persönlichen Vermögens erworbenen Vermögenswerte als Erwerb nach der Eheschließung zum gemeinschaftlichen Vermögen leiden, so würde dem Gläubiger kaum noch Haftungsmasse zur Verfügung stehen. Dies erscheint mit Blick auf die wirtschaftspolitische Anpassung des polnischen Systems nicht geboten.

Die Surrogation der persönlichen Vermögensgegenstände erfolgt kraft Gesetzes und bedarf keiner Willensäußerung durch den Ehegatten im Rahmen eines Erwerbstatbestandes[795]. Für eine Surrogation zum persönlichen Vermögen ist auch nicht erforderlich, dass ein Erwerb zum persönlichen Vermögen bei dem Rechtsgeschäft ausdrücklich oder konkludent zum Ausdruck kommt[796]. Der Surrogation unterliegen dabei nicht nur Vermögenswerte, die unmittelbar (*surogacja bezpośrednia*) im Austausch gegen Vermögensgegenstände aus dem persönlichen Vermögen erworben werden. Auch Vermögenswerte, die mit Mitteln, welche im Austausch gegen Vermögensgegenstände des persönlichen Vermögens erlangt worden sind, werden mittelbare Surrogate des persönlichen Vermögens (*surogacja pośrednia*)[797]. Ein Surrogat ist danach etwa der Gewinn aus der Veräußerung eines zum persönlichen Vermögen gehörenden Miteigentums-, Erb-

793 *Sychowicz* in Piasecki, Art.33 FVGB Anm. 75 mit Verweis auf die Regierungsbegründung (1. Wirtschaftliche Gründe).

794 *Sychowicz* in Piasecki, Art.33 FVGB Anm. 75 mit Verweis auf die Regierungsbegründung.

795 *Sychowicz* in Piasecki, Art.33 FVGB Anm. 80.

796 *Pietrzykowski* 1993, Art.33 FVGB S.213; *Sychowicz* in Piasecki, Art.33 FVGB Anm. 80.

797 *Sychowicz* in Piasecki, Art.33 FVGB Anm. 76, als Beispiel wird der Kauf eines Kraftfahrzeuges mit Mitteln für den Verkauf eines anderen Kraftfahrzeuges aus dem persönlichen Vermögen genannt; vgl. auch *Skowrońska-Bocian*, a.a.O. (Fn 238), S.72.

schafts- oder anderen Anteils sowie der für den Gewinn erlangte Vermögenswert[798].

Obwohl die Surrogation kraft Gesetzes und willensunabhängig eintritt, kann ein Ehegatte diese Rechtsfolge mit einer entsprechend gegenteiligen Willensäußerung ausschließen[799]. Der in Rede stehende Vermögenswert fällt dann statt in das persönliche Vermögen in das gemeinschaftliche Vermögen. Es entsteht dann ein Rückerstattungsanspruch nach Maßgabe des Art.45 FVGB für den Fall der Auseinandersetzung und Teilung des gemeinschaftlichen Vermögens[800]. Der Wille, dass ein Vermögenswert nicht der Surrogation zum persönlichen Vermögen unterliegen soll, muß dabei deutlich während des Rechtsgeschäftes zum Ausdruck kommen. Eine erst nachträgliche Willensäußerung ist unbeachtlich[801].

Der Surrogationsgrundsatz gilt nicht, wenn sich Lohnansprüche eines Ehegatten, die gemäß Art.33 Punkt 7) FVGB seinem persönlichen Vermögen zugeordnet werden, durch Auszahlung des Lohnes realisieren. Dies folgt aus der ausdrücklichen Zuweisung des bezogenen Lohnes (*pobrane wynagrodzenie*) gemäß Art.31 § 2 Nr.1 FVGB zum gemeinschaftlichen Vermögen. Hierbei handelt es sich um eine Ausnahme vom Surrogationsgrundsatz im Sinne des Art.33 Punkt 10) FVGB. Eine Surrogation kommt auch dann nicht in Betracht, wenn die anstelle eines persönlichen Vermögenswertes erlangten Mittel verbraucht werden und deshalb die zu erwerbenden Vermögenswerte statt dessen mit Mitteln des gemeinschaftlichen Vermögens erworben werden müssen[802].

Es existiert zum derzeitigen Zeitpunkt noch keine neue einschlägige höchstrichterliche Rechtsprechung zum neuen Ausmaß des Surrogationsgrundsatzes für das persönliche Vermögen nach Maßgabe des Art.33 Punkt 10) FVGB. Die Bestimmung der Grenze der Surrogation und die damit verbundene Abgrenzungsfrage, ob ein Vermögensgegenstand als Errungenschaft gemeinschaftliches Vermögen oder vielmehr aufgrund des Surrogationsgrundsatzes persönliches Vermögen wird, sind nicht nur rechtlich schwer zu erfassen, sondern auch in den tatsächlichen Umständen eines Einzelfalles insbesondere in beweistechnischer Hinsicht problematisch[803]. So dürfte es in einem Auseinandersetzungs- und Teilungsverfahren schwierig zu beweisen sein, dass ein möglicherweise vor Jahren

798 *Sychowicz* in Piasecki, Art.33 FVGB Anm.86; siehe dort auch weitere Beispiele.

799 *Piątowski*, a.a.O. (Fn 30), S.380; *Sychowicz* in Piasecki, Art.33 FVGB Anm.81 .

800 *Breyer, Gross*, Art.33 FVGB S.167.

801 *Piątowski*, a.a.O., S.380.

802 OSNCP 1962, Nr.4, Pos.144; *Sychowicz* in Piasecki, Art.33 FVGB Anm.87.

803 Vgl. schon die Glosse von *Ohanowicz* zum Urteil des OG vom 18. Oktober 1961, 4 CR 957/60, PiP 1962, Nr.8-9, S.465, in der sich der Verfasser eingehend mit der Problematik vor dem Hintergrund des FGB auseinandersetzt; auch *Piątowski*, a.a.O. (Fn 30), S.380.

erworbener Vermögensgegenstand im Austausch gegen Vermögenswerte des persönlichen Vermögens erworben worden ist. Dies muß nach dem Wortlaut des Gesetzes anders als etwa bei § 1524 a.F. BGB weder objektiv noch subjektiv zum Ausdruck kommen[804]. Auch die Abgrenzung, ob Vermögenswerte im Austausch für persönliche Vermögenswerte eines Ehegatten erworben sind oder ob diese bloß Früchte und damit *dochód* im Sinne des Art.31 § 2 Punkt 2) FVGB eines persönlichen Vermögensgegenstandes darstellen, dürfte in der Praxis sehr schwierig zu ziehen sein. Die Beantwortung dieser Fragen wird ferner dann problematisch, wenn ein Ehegatte die Vermögenswerte teils mit Mitteln des gemeinschaftlichen Vermögens und teils mit Mitteln des persönlichen Vermögens erwirbt[805]. Denn das FVGB hält keine gesetzliche Vermutung bereit, die zunächst von einer Zugehörigkeit zum gemeinschaftlichen Vermögen ausgeht.

Es bleibt abzuwarten, ob sich durch die Erweiterung des Surrogationsgrundsatzes das Ziel des Gesetzgebers, den Gläubiger des Schuldner-Ehegatten vor einem Verlust des persönlichen Vermögens als Haftungsmasse zu schützen, praktisch bewähren wird. Nicht immer dürfte das Surrogat nämlich unter wirtschaftlichen Bewertungsgesichtspunkten tatsächlich dem ursprünglichen Vermögensgegenstand gleichgesetzt werden können. Zu denken wäre etwa an den Erwerb von teuren Aktien, die unmittelbar nach ihrem Erwerb den Wert verlieren. Insofern fehlt es allerdings noch an einschlägiger Rechtsprechung.

4. Die Regelbeispiele in Art.31 § 2 FVGB

Art.31 § 2 FVGB benennt drei Arten von Vermögenswerten, die kraft Gesetzes explizit dem gemeinschaftlichen Vermögen der Ehegatten zugeordnet werden sollen. Es handelt sich um bezogene Lohn- und sonstige Einkünfte aus Erwerbstätigkeiten der Ehegatten (Punkt 1)[806], Einkünfte aus dem gemeinschaftlichen und dem persönlichen Vermögen (Punkt 2)[807] sowie auf offener Rechnung oder in einem Pensionsfond angesammeltes Guthaben (Punkt 3)[808]. Die Formulierung „insbesondere“ (*w szczególności*) in Art.31 § 2 FVGB indiziert, dass es sich bei den Tatbeständen lediglich um Regelbeispiele handelt. Die Auflistung in Art.31 § 2 FVGB ist folglich nicht abschließend.

---

804 Danach unterlagen der Surrogation auch Vermögenswerte, die durch ein Rechtsgeschäft erworben waren, das sich auf das eingebrachte Gut bezog; dies mußte sowohl objektiv als auch subjektiv bei dem Rechtsgeschäft zum Ausdruck kommen: vgl. Staudinger-*Engelmann* 1926, § 1524 BGB Anm.2 c).

805 *Piątowski*, a.a.O. (Fn 30), S.380/381; *Breyer, Gross*, Art.33 FVGB S.167; auch *Skowrońska-Bocian*, a.a.O. (Fn 238), S.71/72.

806 „*...pobrane wynogrodzenie za pracę i dochody z innej działalności zarobkowej...*“.

807 „*...dochody z majątku wspólnego, jak również z majątku osobistego...*“

808 „*...środki zgromadzone na rachunku otwartego lub pracowniczego funduszu emerytalnego...*“.

a. Lohn und andere Einkünfte, Art.31 § 2 Punkt 1) FVGB

Lohn und sonstige Einkünfte, denen eine Erwerbstätigkeit zugrunde liegt, werden gemäß Art.31 § 2 Punkt 1) FVGB gemeinschaftliches Vermögen, wenn sie während der Dauer der gesetzlichen Gemeinschaft von einem Ehegatten erworben worden sind. Art.31 § 2 Punkt 1) FVGB ist im Zuge der Juni-Reform von 2004 lediglich sprachlich angepaßt worden[809]. Rechtsgeschichtlicher Hintergrund der im FVGB von 1964 entwickelten Norm ist ein ursprünglich zum Vorgängerartikel Art.21 FGB geführter Meinungsstreit. Dabei ging es um die Frage, inwiefern Arbeitslohn und andere Einkünfte aus Erwerbstätigkeiten während der Dauer der gesetzlichen Gemeinschaft dem gemeinschaftlichen oder dem persönlichen Vermögen zugeordnet werden sollen[810]. Maßgeblich ist seit dem FVGB von 1964 daher ein tatsächlicher Bezug (*pobranie*) der Einkünfte, das heißt eine konkrete Auszahlung des Einkommens an den Ehegatten[811].

Der bloße Anspruch auf Auszahlung eines Einkommens gegen den Arbeitgeber fällt demgegenüber nicht in das gemeinschaftliche Vermögen. Es handelt sich hierbei vielmehr gemäß Art.33 Punkt 7) FVGB um einen Vermögenswert, der ausdrücklich kraft Gesetzes dem persönlichen Vermögen eines Ehegatten zugerechnet wird.

Der tatsächliche Bezug der Arbeitseinkünfte ist somit insbesondere in zeitlicher Hinsicht maßgeblich für eine Zuordnung des Lohnes zum gemeinschaftlichen Vermögen. So fällt eine während der Dauer der gesetzlichen Gemeinschaft bezogene Einkunft, deren zugrunde liegender Anspruch aber noch vor Entstehung der gesetzlichen Gemeinschaft entstanden ist, nach dem Wortlaut des Art.31 § 2 Punkt 1) FVGB ebenso in das gemeinschaftliche Vermögen wie im Falle einer Anspruchsentstehung nach der Eheschließung[812]. Hierdurch wird dem Ziel der Vergemeinschaftung der bezogenen Einkünfte in einer gemeinschaftlichen Vermögensmasse der Ehegatten Rechnung getragen. Dieses besteht in einer Si-

---

809 Gemäß Art.32 § 2 Punkt 1) FVGB a.F. wurden „Lohn- und andere Einkünfte aus persönlich erbrachten Dienstleistungen durch einen der Ehegatten“ dem gemeinschaftlichen Vermögen zugeordnet. Die modifizierte Fassung in Art.31 § 2 Punkt 2) FVGB spricht von „Lohneinkünften und Einkünften aus anderen Erwerbstätigkeiten jedes Ehegatten“. Dies ist sprachlich im Hinblick auf sonstige erwerbsbedingte Verdienste wesentlich allgemeiner formuliert worden, denn es handelt sich nicht mehr lediglich um „persönlich erbrachte Dienstleistungen“.

810 *Wolter*, Majątek wspólny i majątki odrębne małżonków pod rządem wspólności ustawowej (Das gemeinschaftliche Vermögen und die gesonderten Vermögen der Ehegatten in der gesetzlichen Gemeinschaft), NP 1965, Nr.2, S.103, 105, der den klarstellenden Charakter der Vorschrift betont.

811 *Sychowicz* in Piasecki, Art.31 FVGB Anm.46.

812 *Sychowicz* in Piasecki, Art.31 FVGB Anm.47.

cherung der wirtschaftlichen Grundlage der Familie. Genauso wie Lohn werden entsprechend auch Lohnsurrogate wie etwa Ersatzbezüge aus Invalidenrenten, dauerhaften Stipendien und sozialrechtlichen Stützen wegen fehlender Beschäftigung dem gemeinschaftlichen Vermögen der Ehegatten zugeordnet[813].

Die Zuweisung von Einkünften aus sonstigen wirtschaftlichen Erwerbstätigkeiten (*dochody z innej działalności zarobkowej*) ist wie bereits angedeutet ein sprachliches Novum der Juni-Reform von 2004[814]. Erfaßt werden sollen neben der klassischen Lohntätigkeit auch sonstige selbständig geleistete Tätigkeiten, durch die ein Ehegatte seinen Lebensunterhalt verdient[815]. Die sprachliche Änderung soll dabei den veränderten volkswirtschaftlichen Realitäten Rechnung tragen, in denen neben dem klassischen Lohnerwerb noch zahlreiche andere Formen des Einkommenserwerbs existieren[816]. Gemeint sind insbesondere Einkünfte aus unternehmerischer oder selbständiger Tätigkeit eines Ehegatten, die in Polen nach 1989/1990 enorm zugenommen hat[817].

b. Erträge aus gemeinschaftlichen und persönlichen Vermögenswerten, Art.31 § 2 Punkt 2 FVGB

Sämtliche Erträge (*dochody*) aus dem gemeinschaftlichen und dem persönlichen Vermögen werden gemäß Art.31 § 2 Punkt 2) FVGB dem gemeinschaftlichen Vermögen beider Ehegatten zugeordnet. Der Wortlaut des Art.31 § 2 Punkt 2) FVGB entspricht insoweit dem Art.32 § 2 Punkt 2) FVGB a.F. vor der Juni-Reform 2004. Mit Erträgen sind die Früchte (*owoce*) einer Sache oder eines Rechtes sowie die Vorteile (*pożytki*), die der Gebrauch der Sache oder des Rechtes gewährt, gemeint[818]. Typische Beispiele sind etwa Miet- und Pachterträge oder Zinsen[819]. Bei Erträgen aus dem gemeinschaftlichen Vermögen kommt es nicht darauf an, ob diese Erträge im Rahmen eines tatsächlichen finanziellen Zuwachses erwirtschaftet worden sind, oder ob die Erträge auch wertmäßige Einbußen im gemeinschaftlichen Vermögen zur Folge haben[820]. Anders als bei Lohn müssen diese Erträge auch nicht bezogen werden, um gemeinschaftliches Vermögen zu werden[821]. Auch bloße Ansprüche auf Erträge aus Gemein-

813 *Sychowicz* in Piasecki, Art.31 FVGB Anm.50.

814 Die Wendung in Art.32 § 2 FVGB a.F. lautete persönlich erbrachte Dienstleistungen (*usługi świadczone osobiście*).

815 *Sychowicz* in Piasecki, Art.31 FVGB Anm.51.

816 Regierungsprojekt KPP 2003, Nr.3, S.685, 699.

817 *Sychowicz* in Piasecki, Art.31 FVGB Anm.51.

818 *Sychowicz* in Piasecki, Art.31 FVGB Anm.53.

819 *Breyer, Gross*, Art.32 FVGB S.157; vgl. auch OSNCP 1979, Nr.11, Pos.214.

820 *Sychowicz* in Piasecki, Art.31 FVGB Anm.52; auch *Breyer, Gross*, Art.32 FVGB S.157; *Piątowski*, a.a.O. (Fn 30), S.358; *Pietrzykowski* 2003, Art.32 FVGB Rn 23.

821 *Piątowski*, a.a.O., S.359.

schaftswerten werden bereits als Bestandteil des gemeinschaftlichen Vermögens angesehen[822].

Etwas anderes gilt bei Erträgen aus Vermögensgegenständen, die dem persönlichen Vermögen eines Ehegatten zugeordnet sind. Maßgeblich sind insoweit die Art.53, 54 plZGB[823]. Danach kommen nur Nutzungen (*pożytki*) in Betracht, denen ein ordnungsgemäßer (*według zasad prawidłowej gospodarki*) Ertrag aus den Sachen und Rechte zugrunde liegt, Art.53 § 1, 2.HS plZGB[824]. Gemeinschaftliches Vermögen wird nach überwiegender Meinung dann auch nur der Reinerlös (*czysty dochód*) aus den Erträgen persönlicher Vermögenswerte eines Ehegatten[825]. Unter Reinerlös ist der Nettoertrag eines Vermögensgegenstandes zu verstehen. Dies ist der Ertrag, der nach Abzug der mit der Ertragserzielung verbunden Verbindlichkeiten zum Erhalt der Sache übrig bleibt[826]. Die Zuordnung des reinen Nettoertrags nach Abzug der Verbindlichkeiten eines persönlichen Vermögenswertes zum gemeinschaftlichen Vermögen wird allerdings von Teilen der Literatur abgelehnt[827]. Nach dieser ablehnenden Auffassung spreche gegen eine solche Annahme bereits der Wortlaut der Vorschrift, der nicht ausdrücklich zwischen Erträgen aus dem gemeinschaftlichen und dem persönlichen Vermögen unterscheide[828]. Die Saldierung von Verbindlichkeiten bei der Bewertung des Ertragsbegriffes würde weiterhin die Zugrundelegung eines weiten Vermögensbegriffsverständnisses erfordern, was im FVGB ja gerade nicht der Fall sein solle[829]. Die erstgenannte überwiegende Meinung führt dagegen an, dass die Zuordnung des vollständigen Bruttoerlöses nebst Erhaltungskosten vor

822 *Breyer, Gross*, Art.32 FVGB S.157; *Pietrzykowski* 2003, Art.32 FVGB Rn 25.

823 Art.53 § 1. Natürliche Nutzungen einer Sache sind ihre Früchte und andere von ihr getrennte Bestandteile, sofern sie nach den Grundsätzen einer ordnungsgemäßen Wirtschaft ein normaler Sachertrag sind. § 2. Zivilrechtliche Nutzungen einer Sache sind die Erträge, die die Sache auf Grund eines Rechtsverhältnisses gewährt. Art.54. Nutzungen eines Rechts sind Erträge, die das Recht in Übereinstimmung mit seiner sozioökonomischen Zweckbestimmung gewährt.

824 *Sychowicz* in Piasecki, Art.31 FVGB Anm.53.

825 So schon OG in OSPiKA 1978, Nr.3, Pos.51, (S.126) zu Steuerschulden des persönlichen Vermögens; interessanterweise hat das Gericht hier ausdrücklich festgestellt, dass die gemeinschaftlichen Vermögensmasse sowohl Aktiva als auch Passiva erfasse (S.126); dies würde für die Anwendung eines weiten Vermögensbegriffes sprechen; der Entscheidung zustimmend *Stecki* in anschließender Glosse, S.128; auch *Smyczyński*, Glosse zu OG vom 24. Juli 1997, III CZP 26/97 in OSP 1998, Nr.7-8, Pos.136, (S.380); auch *Ignaczewski*, a.a.O. (Fn 241), S.36.

826 *Stecki*, Glosse zu OG vom 25. Januar 1977, III CRN 324/76 in OSPiKA 1978, Nr.3, Pos.51, (S.128).

827 *Dyoniak*, a.a.O. (Fn 312), S.64; *Piątowski*, a.a.O. (Fn 30), S.359; *Pietrzykowski* 2003, Art.32 FVGB Rn 26

828 *Piątowski*, a.a.O., S.359.

829 *Dyoniak*, a.a.O., S.64.

dem Hintergrund der heutigen volkswirtschaftlichen Wirklichkeit nicht mehr zeitgemäß sei[830].

Rein rechnerisch dürfte es in einer Bilanz zunächst keinen Unterschied machen, ob nur der Reinertrag eines persönlichen Vermögenswerts gemeinschaftliches Vermögen wird oder auch schon die mit dem Vermögensgegenstand in Verbindung stehenden Rechte und Pflichten. Denn die Mindermeinung will konsequenterweise in diesem Fall Rückerstattungsansprüche im Sinne des Art.45 FVGB ausschließen, wenn Verbindlichkeiten im Zusammenhang mit einem Ertrag erzeugenden persönlichen Vermögensgegenstand unter anderem mit Mitteln des gemeinschaftlichen Vermögens getilgt worden sind[831]. Wertmäßig würde sich damit grundsätzlich für die gemeinschaftliche Vermögensmasse zunächst nichts ändern.

Die überwiegende Meinung, die nur den Nettoertrag dem gemeinschaftlichen Vermögen zuleiten will, dürfte indessen unter Schutzgesichtspunkten vorteilhafter sein. Denn danach erfolgt eine stets konsequente Mehrung der gemeinschaftlichen Vermögensmasse ohne Abzüge. Es dürfte nicht immer jeder Ertrag aus einem persönlichen Vermögenswert wert- und zahlenmäßig auch den entsprechenden Aufwand für den Erhalt des Vermögensgegenstandes widerspiegeln und damit auch durch die Zuführung des Bruttoertrages eine tatsächliche Vermögensmehrung zur Folge haben. Insofern ist der überwiegenden Meinung zuzustimmen.

In der heutigen polnischen volkswirtschaftlichen Realität, in der sich eine selbständige unternehmerische Tätigkeit in der Bevölkerung großer Beliebtheit erfreut, erscheint eine Zuordnung des reinen Nettoerlöses ohne Erhaltungspflichten besser geeignet, den Erhalt des gemeinschaftlichen Vermögens zu schützen, als eine Zuordnung des Bruttoertrages mit den damit verbundenen Aktiv- und Passivpflichten, die dann auf dem gemeinschaftlichen Vermögen lasten.

Für die Mindermeinung spricht gleichwohl eindeutig der Wortlaut des Art.31 § 2 Punkt 2) FVGB. Danach wird eben nicht zwischen Erträgen aus dem persönlichen und Erträgen aus dem gemeinschaftlichen Vermögen differenziert. Vor dem Hintergrund des im Zuge der Juni-Reform 2004 eingeführten Zustimmungserfordernisses des anderen Ehegatten bei Verbindlichkeiten, die nur ein Ehegatte eingegangen ist, erscheint es zudem vertretbar, das persönliche Vermögen als zunächst einzige Haftungsgrundlage des Gläubigers, nicht auch noch

---

830 Nur mit dieser Begründung für den Nettoerlös *Sychowicz* in Piasecki, Art.31 FVGB Anm.54; auch *Smyczyński*, Glosse zu OG vom 24. Juli 1997, III CZP 26/97 in OSP 1998, Nr.7-8, Pos.136, (S.380).

831 So jedenfalls *Pietrzykowski* 2003, Art.32 FVGB Rn 26.

durch die Verluste, die der Aufrechterhaltung des Ertrag bringenden Vermögenswertes dienen, zu schwächen und gleichzeitig nur das gemeinschaftliche Vermögen durch die Erträge zu mehren. Da der Ertrag eines persönlichen Vermögensgegenstandes vollständig dem gemeinschaftlichen Vermögen zugute kommen soll, dürfte es folgerichtig auch gerechtfertigt sein, wenn das gemeinschaftliche Vermögen gleichsam die mit dem Ertrag verbundenen Lasten trägt.

Im Falle eines nicht mehr ordnungsgemäßen Aufwands für den Erhalt des persönlichen Vermögenswertes eines Ehegatten, der mit Mitteln des gemeinschaftlichen Vermögens beglichen worden ist, aber außer Verhältnis zu dem gewonnen Ertrag für das gemeinschaftliche Vermögen steht, könnte dann an ein Werterstattungsrecht nach Art.45 FVGB gedacht werden. Dies würde insoweit auch nicht dem neuen Wortlaut des Art.45 § 1 S.1 FVGB widersprechen. Danach unterliegen Aufwendungen aus dem gemeinschaftlichen Vermögen für persönliche Vermögensgegenstände, die Erträge bringen, nicht der Erstattungspflicht. Denn ein Vermögenswert, dessen Aufwand den tatsächlichen Ertrag überschreitet, bringt bei einer bilanziellen Gegenüberstellung zwischen Gewinn und Verlust eben keinen Ertrag. Die Mindermeinung, die auf der Grundlage des Art.31 § 2 Punkt 2) FVGB den Bruttoerlös dem gemeinschaftlichen Vermögen zuführen will, erscheint dem Gleichgewicht zwischen den beiden Vermögensmassen gezielter Rechnung zu tragen und daher vorzugswürdig. Der Meinungsstreit ist ein Indiz dafür, dass es durchaus fraglich ist, ob der enge Vermögensbegriff tatsächlich allen Vorschriften im FVGB konsequent zu Grunde liegt.

Uneinigkeit im Rahmen des Art.31 § 2 Punkt 2) FVGB besteht ferner darüber, ob nur der tatsächlich bezogene Ertrag (*pobrane dochody*) oder ob auch bereits der bloße Anspruch auf einen bestimmten Ertrag, also das Fruchtziehungsrecht, Bestandteil der gemeinsamen Vermögensmasse wird[832]. Die überwiegende Meinung zählt auch die potentiellen Forderungen auf Erträge aus persönlichen Vermögenswerten zum gemeinschaftlichen Vermögen[833]. Für diese Auffassung spricht jedenfalls ein Vergleich des Art.31 § 2 Punkt 2) mit Punkt 1) FVGB sowie mit Art.33 Punkt 7) FVGB. Danach unterscheidet der Gesetzgeber bei Arbeitslohn ausdrücklich zwischen tatsächlich bezogenem Lohn und dem bloßen Lohnanspruch. Letzterer wird eindeutig der persönlichen Vermögensmasse eines Ehegatten zugewiesen. Folglich wäre daraus zu schließen, dass die Erträge im Sinne des Art.31 § 2 Punkt 2) FVGB im Gegensatz zu Lohnerträgen mangels entsprechender Formulierung durch den Gesetzgeber eben nicht tatsächlich bezogen sein müssen und daher bereits der Anspruch auf einen Ertrag aus dem persönlichen Vermögen dem gemeinschaftlichen Vermögen zugeordnet werden

832 *Sychowicz* in Piasecki, Art.31 FVGB Anm.55.

833 OSNCP 1979, Nr.11, Pos.214 (S.26); *Pietrzykowski* 2003, Art.32 FVGB Rn 25; eher befürwortend auch *Sychowicz* in Piasecki, Art.31 FVGB Anm.55.

müsse. Gleichwohl ist ein Ertrag aus einem Vermögenswert auch mit einem Einkommen für geleistete Arbeitskraft zu vergleichen und ein Ertragsanspruch entspricht daher in der Ziel- und Zwecksetzung einem Lohnanspruch. Daher erscheint eine konzeptionelle Unterscheidung dieser beiden Einkommensquellen durch die Zuweisung des bloßen Ertragsanspruches zur gemeinschaftlichen Vermögensmasse als nicht gerechtfertigt, auch wenn der Gesetzgeber dies nur für den Lohnanspruch ausdrücklich normiert hat[834]. Dies gilt insbesondere auch vor dem Hintergrund, dass der andere Ehegatte im Umfang seines Verwaltungsrechtes nach Art.36 FVGB mittelbar über den persönlichen Vermögensgegenstand verfügen könnte, indem er etwa den Anspruch auf den Ertrag verpfändet, sofern dieser Bestandteil des gemeinschaftlichen Vermögens ist. Als Beispiel könnte etwa die Vermietung einer Immobilie genannt werden, die zum persönlichen Vermögen eines Ehegatten gehört, weil dieser die Immobilie bereits vor Eheschließung besessen hat[835]. Der andere Ehegatte könnte gemäß Art.36 § 2 FVGB[836] über den Anspruch auf den Mietzins verfügen und damit gegebenenfalls den Erhalt des persönlichen Vermögenswertes gefährden. Auch dies dürfte vor dem Hintergrund des Gläubigerschutzes und der Tatsache, dass das persönliche Vermögen als primäre Haftungsgrundlage für Verbindlichkeiten eines Ehegatten dienen soll, nicht gewollt sein. Folglich ist die überwiegende Auffassung hier abzulehnen[837].

c. Spar- und andere Guthaben in Pensionsfonds, Art.31 § 2 Punkt 3) FVGB

Art.31 § 2 Punkt 3) FVGB wurde im Zuge der Juni-Reform 2004 eingeführt. Guthaben, das von einem Ehegatten in einem offenen oder in einem Arbeiterpensionsfonds während der Dauer der gesetzlichen Gemeinschaft angesammelt wurde, ist Bestandteil des gemeinschaftlichen Vermögens und unterliegt damit der Auseinandersetzung und der Teilung nach Beendigung der gesetzlichen Gemeinschaft.

Hintergrund dieser Regelung war die Neugestaltung der Pensionsfonds durch ein neues Gesetz über die Organisation und das Funktionieren der Pensionsfonds

---

834 *Piątowski*, a.a.O. (Fn 30), S.359.

835 *Piątowski*, a.a.O., S.359/360.

836 Art.36 § 2. Jeder Ehegatte kann eigenständig das gemeinschaftliche Vermögen verwalten, es sei denn, die nachstehenden Vorschriften bestimmen etwas anderes. Die Ausübung der Verwaltung umfaßt Maßnahmen, die Vermögensgegenstände des gemeinschaftlichen Vermögens betreffen, dabei Maßnahmen, die der Erhaltung dieses Vermögens dienen.

837 Ähnlich *Ignaczewski*, a.a.O. (Fn 241), S.35.

in Polen[838]. Danach gibt es entweder offene oder Arbeiterpensionsfonds. Gemäß Art.83 des Gesetzes über Pensionsfonds ist jedes Fondsmitglied verpflichtet, die vermögensrechtlichen Beziehungen zu seinem Ehegatten darzulegen. Dies gilt auch für sämtliche Änderungen in der vermögensrechtlichen Verbindung. Im Falle der Beendigung der gesetzlichen Gemeinschaft unterliegt das im Pensionsfonds angesammelte Guthaben als Bestandteil des gemeinschaftlichen Vermögens eines oder beider Ehegatten der Auseinandersetzung und der Teilung.

5. Sonstiges gemeinschaftliches Vermögen

Die Aufzählung der Vermögensgegenstände, die gemäß Art.31 § 2 FVGB ausdrücklich der gemeinschaftlichen Vermögensmasse der Ehegatten angehören sollen, ist nicht abschließend. Im Folgenden werden einige Vermögensrechte angesprochen, die typischerweise im ehelichen Alltag eine Rolle spielen und deren richtige Zuordnung zu einer bestimmten Vermögensmasse für eine ordnungsgemäße Auseinandersetzung und Teilung des gemeinschaftlichen Vermögens nach der Scheidung von wirtschaftlich erheblicher Bedeutung für die Ehegatten sein kann. Rechtsgrundlage für die Zugehörigkeit zum gemeinschaftlichen Vermögen ist die allgemeine Zuordnungsregelung in Art.31 § 1 S.1 FVGB. Danach werden Vermögensgegenstände, die ein oder beide Ehegatten gemeinsam während der Dauer der gesetzlichen Gemeinschaft erwerben, gemeinschaftliches Vermögen.

a. Eigentum und andere (beschränkt) dingliche Rechte (*własność i inne prawa rzeczowe*)

Eigentum und andere beschränkt dingliche Rechte – in diesem Zusammenhang insbesondere der Erbnießbrauch (*użytkowanie wieczyste*)[839] – werden regelmäßig gemeinschaftliches Vermögen der Ehegatten, wenn diese während der Dauer der gesetzlichen Gemeinschaft von einem Ehegatten oder von beiden Ehegatten gemeinsam erworben werden. Ohne Bedeutung ist für den Erwerb zum gemeinschaftlichen Vermögen daher auch, ob nur ein oder beide Ehegatten in Bezug auf das dingliche Recht im Grundbuch eingetragen sind[840]. Dies gilt auch für den Eigentumserwerb durch Ersitzung eines Ehegatten in der Nachkriegszeit auf der Grundlage des Art.33 des Dekretes vom 08. März 1946 über verlassenes und

---

838 Gesetz vom 28. August 1997 über die Organisation und das Funktionieren von Pensionsfonds (*ustawa o organizacij i funkcjonowaniu funduszy emerytalnych*) Dz.U. 2004, Nr.159, Pos.1667.

839 Dazu *Skowrońska-Bocian*, a.a.O. (Fn 238), S.54/55: die nunmehr mögliche Umwandlung des Erbnießbrauchs in Eigentum soll nur dann nicht zum gemeinschaftlichen Vermögen erfolgen, wenn der Erbnießbrauch zuvor der persönlichen Vermögensmasse angehörte.

840 *Skowrońska-Bocian*, a.a.O. (Fn 238), S.48.

ehemals deutsches Vermögen[841]. Gleichwohl kann der Ehegatte, der nicht direkt am Erwerb der in Rede stehenden Immobilie beteiligt war, mit der Begründung, dass die materielle und formelle Rechtslage auseinander falle und das Grundbuch insofern unrichtig sei, im Grundbuchverfahren die Eintragung verlangen[842]. Denn weder das Grundbuchamt noch die Beschwerdekammer in Grundbuchsachen prüfen, ob ein dingliches Recht auf der Grundlage der güterrechtlichen Vorschriften gemeinschaftliches Vermögen geworden ist[843]. Statthaft wäre für die Feststellung der Eigentümerstellung auf der Grundlage des Art.31 § 1 S.1 FVGB insoweit eine Feststellungsklage nach Art.189 plZPO[844].

Für die Zuordnung von Eigentum oder anderen dinglichen Rechten ist weiter ohne Bedeutung, ob der betreffende Vermögensgegenstand ausschließlich mit Mitteln des gemeinschaftlichen Vermögens erworben worden ist oder ob auch teilweise Mittel aus der persönlichen Vermögensmasse aufgewendet worden sind[845]. In diesem Zusammenhang ist jedoch gemäß Art.33 Punkt 10) FVGB der Surrogationsgrundsatz für im Austausch für persönliche Vermögenswerte erworbene Gegenstände zu beachten. Im Einzelfall kann die Abgrenzung praktisch schwierig werden. Eine konkrete Herkunft der Mittel wird erst im Rahmen der Werterstattungsansprüche nach Art.45 FVGB zu berücksichtigen sein.

b. Gutgläubige Bebauung eines fremden Grundstücks in Eigenbesitz

Das polnische Zivilrecht enthält in Art.231 § 1 plZGB[846] für den Fall, dass ein gutgläubiger Eigenbesitzer eines fremden Grundstücks – etwa weil der Grundstückskaufvertrag formnichtig ist[847] – das Grundstück bebaut und das errichtete Gebäude den Wert des Grundstücks übersteigt, eine Art Aufwendungsersatzan-

---

841 OSNCP 1974, Nr.11, Pos.191.

842 OSNCP 1985, Nr.9, Pos.134.

843 OSNCP 1985, Nr.9, Pos.134, (S.37/38).

844 *Sychowicz* in Piasecki, Art.31 FVGB Anm.14.

845 *Skowrońska-Bocian*, a.a.O., S.48.

846 Art.231 § 1. Der gutgläubige Eigenbesitzer eines Grundstücks, der auf oder unter der Grundstücksoberfläche ein Gebäude oder eine andere Einrichtung errichtet hat, deren Wert den Wert der Parzelle, die er hierfür in Anspruch genommen hat, bedeutend überschreitet, kann verlangen, dass ihm der Eigentümer das Eigentum an der Parzelle gegen eine angemessene Vergütung überträgt. § 2. Der Eigentümer eines Grundstücks, auf dem ein Gebäude oder eine andere Einrichtung errichtet worden ist, deren Wert den Wert der Parzelle, die hierfür in Anspruch genommen worden ist, bedeutend überschreitet, kann verlangen, dass derjenige, der das Gebäude oder die andere Einrichtung errichtet hat, von ihm das Eigentum der Parzelle gegen eine angemessene Vergütung erwirbt.

847 Dies dürfte eine typische Fallgestaltung sein, die Art.231 plZGB zugrunde liegt: so *Rudnicki*, Art.231 plZGB Anm.6.

spruch[848]. Liegen die Voraussetzungen des Art.231 § 1 plZGB vor, so kann der gutgläubige Eigenbesitzer gegen entsprechenden Wertausgleich von dem Eigentümer die Übertragung dieses Grundstücks zu seinem Eigentum verlangen. Das gleiche Recht steht gemäß Art.231 § 2 plZGB umgekehrt dem Eigentümer des fremd bebauten Grundstücks zu. Er kann gleichfalls von dem gutgläubigen Eigenbesitzer den Erwerb des Grundstücks verlangen. *Ratio legis* des Anspruchs aus Art.231 plZGB ist es, eine klare und rechtmäßige dingliche Rechtslage zu schaffen. Der Eigentümer des fremden Grundstücks und der Eigentümer der darauf befindlichen Bebauung sollen personenidentisch sein. Gleichzeitig soll der gutgläubige Eigenbesitzer für seine den Grundstückswert übersteigende Aufwendungen entsprechend entschädigt werden[849].

Denkbar ist nun, dass auch Ehegatten gemeinsam oder ein Ehegatte allein als gutgläubige Eigenbesitzer ein Grundstück bebauen. Bebauen die Ehegatten oder einer von ihnen als gutgläubige Eigenbesitzer ein fremdes Grundstück, so erfolgt der Erwerb des Anspruchs aus Art.231 plZGB auf Grundstücksübertragung ebenfalls zum gemeinschaftlichen Vermögen[850]. Dies gilt auch dann, wenn der Eigenbesitz an dem Grundstück ursprünglich nur von einem Ehegatten begründet worden ist, das fremde Grundstück aber dann mit Mitteln des gemeinschaftlichen Vermögens und während der Dauer der gesetzlichen Gemeinschaft bebaut wurde[851]. Entscheidend für den Erwerb des Anspruchs aus Art.231 plZGB zum gemeinschaftlichen Vermögen ist insoweit nicht der Zeitpunkt der Begründung des Eigenbesitzes, sondern die tatsächlichen Umstände der Bebauung des Grundstücks[852]. Haben die Ehegatten oder einer von ihnen das Grundstück während der Dauer der gesetzlichen Gemeinschaft bebaut, so werden sie Gesamtgläubiger des Anspruchs aus Art.231 plZGB gegenüber dem Grundstückseigentümer[853]. Der Übertragungsanspruch in Art.231 plZGB muß allerdings nicht zwingend während der Dauer der gesetzlichen Gemeinschaft geltend gemacht werden. Er kann auch Bestandteil der Auseinandersetzung und Teilung des gemeinschaftlichen Vermögens sein[854]. Falls keine Auseinandersetzung und Teilung des gemeinschaftlichen Vermögens nach Beendigung der gesetzlichen Gemeinschaft erfolgt, können die Ehegatten den Anspruch aus Art.231 plZGB trotzdem jeweils gegenüber dem Eigentümer des Grundstücks geltend machen,

848 So ausdrücklich *Piątowski* in Glosse zu OSNCP 1970, Nr.6, Pos.99 in OSPiKA 1970, Nr.9, Pos.189, S.399.

849 *Rudnicki*, Art.231 plZGB Anm.3 mit Verweis auf höchstrichterliche Rechtsprechung zu dieser Thematik.

850 *Sychowicz* in Piasecki, Art.31 FVGB Anm.79/80.

851 OSNCP 1986, Nr.9, Pos.142 (S.44/45).

852 OSNCP 1986, Nr.9, Pos.142 (S.45).

853 *Sychowicz* in Piasecki, Art.31 FVGB Anm.81.

854 OSNCP 1990, Nr.6, Pos.70.

und zwar auch dann, wenn ein Ehegatte dem widerspricht[855]. Die Geltendmachung des Anspruchs wird in diesem Zusammenhang von der Rechtsprechung als die Ausübung des gewöhnlichen Verwaltungsrechtes eines Miteigentümers zum Erhalt der gemeinsamen Sache im Sinne des Art.209 plZGB angesehen[856].

Art.231 plZGB kann gegebenenfalls auch zur Anwendung gelangen, wenn die Ehegatten in gesetzlicher Gemeinschaft ein Grundstück bebauen, das Bestandteil des persönlichen Vermögens eines der beiden Ehegatten ist, weil dieser das Grundstück schon vor Eheschließung und Beginn der gesetzlichen Gemeinschaft erworben hat[857]. Problematisch ist in solchen Fällen, dass im Falle der Beendigung der gesetzlichen Gemeinschaft die Geltendmachung eines Anspruchs aus Art.231 plZGB durch einen Ehegatten mit dem Anwendungsbereich des Art.45 FVGB als spezialgesetzlichem Aufwendungsersatzanspruch für Vermögensverschiebungen während der gesetzlichen Gemeinschaft konkurriert.

c. Genossenschaftliche Wohnrechte (*prawa spółdzielcze*)

Genossenschaftliches Wohnen dürfte wohl die wichtigste Säule der Wohnraumversorgung in Polen sein. Wohngenossenschaften (*spółdzielnie mieszkaniowe*) haben in Polen eine lange Tradition. Bereits vor dem Zweiten Weltkrieg gab es zahlreiche Wohnungsbaugenossenschaften. Im Zuge der gesellschaftlich-politischen Umstrukturierungen nach dem Zweiten Weltkrieg wurde nahezu der gesamte Wohnraum genossenschaftlich organisiert. Träger der Genossenschaften waren regelmäßig staatlich geführte Organisationen. Auch wenn nach 1989/1990 die Tendenzen zum Erwerb nichtgenossenschaftlichen Eigentums gestiegen sind, leben heute noch die meisten Menschen als Mieter oder Eigentümer in Genossenschaftswohnungen. Daher gehört auch die Teilung genossenschaftlicher Wohnrechte (*spółdzielcze prawo do lokalu mieszkalnego*) zu den häufigsten Verfahrensgegenständen in der Teilungsauseinandersetzung unter Ehegatten. Diese stellen in den meisten Fällen neben Hausrat und Auto auch das einzige überhaupt wertmäßig meßbare Vermögen der Eheleute dar[858].

855 OSNCP 1990, Nr.6, Pos.70.

856 OSNCP 1990, Nr.6, Pos.70, (S.10/11).

857 Vgl. dazu insbesondere die Fallkonstellation bei OSNC 2003, Nr.12, Pos.159; in solchen Fällen dürfte regelmäßig die Gutgläubigkeit des besitzenden Ehegatten zweifelhaft sein; hier wurde Art.231 plZGB teleologisch reduziert, so dass es auf die Voraussetzung der Gutgläubigkeit nicht ankam.

858 So auch *Skowrońska-Bocian*, Rozliczenia majątkowe małżonków w stosunkach wzajemnych i wobec osób trzecich (Vermögensrechtliche Auseinandersetzung der Ehegatten untereinander und im Verhältnis zu Dritten), 1. Auflage, Warschau 2000, S.42; ähnlich *Gromek*, Kodeks rodzinny i opiekuńczy (Das Familien- und Vormundschaftsgesetzbuch), Warschau 2004, Art.46 FVGB Anm.10.

Die Grundsätze des Genossenschaftswesens sind in dem Gesetz über Wohnungsgenossenschaften [(*ustawa o spółdzielniach mieszkaniowych*), abgekürzt plGenG (*SpółdzMieszkU*)] geregelt[859]. Jede Genossenschaft hat ihre eigene Satzung (*statut*), in der die Details ihrer Zielsetzung, ihres Förderauftrages, die Rechte und Pflichten der Mitglieder, ihre Organisationsstruktur, Wohnungsvergaberichtlinien, Beitrittsbedingungen und dergleichen geregelt sind. Der Förderauftrag von Wohnungsgenossenschaften besteht grundsätzlich darin, dauerhaft gute und preiswerte Wohnungen zur Verfügung zu stellen[860]. Fast immer steht die Gemeinnützigkeit im Vordergrund. Das polnische Genossenschaftsrecht wurde in den Jahren 2002/2003 grundlegend umgestaltet, um es den veränderten politischen und wirtschaftlichen Verhältnissen nach 1989/1990 anzupassen. Es erfolgt keine staatlich kontrollierte Zuteilung (*przydział lokalu*) von Wohnraum mehr. Jeder kann heute frei den Beitritt zu einer Genossenschaft wählen und durch Zahlung der Einlage sowie Abschluß eines entsprechenden Vertrages mit der Genossenschaft Genossenschaftsmitglied werden.

Das genossenschaftliche Wohnrecht ist grundsätzlich kein Eigentumsrecht. Es ist vielmehr ein lebenslanges Nutzungsrecht, das man als Mitglied der Genossenschaft dauerhaft genießt[861]. Eigentümerin des Wohnhauses ist die Genossenschaft. Das einzelne Mitglied leistet eine (meist kleine) Einlage (*wkład*) und erwirbt bei Eintritt in die Genossenschaft einen Genossenschaftsanteil (*udział spółdzielczy*). Die Summe dieser Anteile zusammen mit Fördermitteln bildet das Eigenkapital einer Genossenschaft und damit die Basis ihrer Geschäfte bei Instandhaltung, Verwaltung und Bau der Wohnhäuser. Seit der Neufassung des Genossenschaftsrechtes in den Jahren 2002/2003 ist es nunmehr nach Maßgabe des Art.17^1 plGenG auch möglich, dass genossenschaftliche Mietwohnrecht in ein genossenschaftliche Eigentumswohnrecht durch entsprechenden Erwerb des Wohnraumes durch das Mitglied selbst umzugestalten[862]. Dies war vorher nur durch eine entsprechende Zuteilung möglich.

Es sind also verschiedene Arten von genossenschaftlichen Wohnrechten zu unterscheiden: das genossenschaftlich gewährte Mietrecht auf die Wohnung (*spółdzielcze prawo lokatorskie do lokalu mieszkalnego*) und das genossenschaftliche Eigentumsrecht an einer Wohnung (*spółdzielcze prawo własnościowe prawo do lokalu mieszkalnego*). Neben diesen beiden genossenschaftlichen Wohnrechten gibt es noch eine ganze Reihe anderer genossenschaftlicher Rech-

---

859 Dz.U. 2003, Nr.119, Pos.1116.

860 Vgl. Art.1 Absatz 1 plGenG.

861 Vgl. aber Art.244 § 1 plZGB: danach ist das genossenschaftliche Raumeigentumsrecht ein beschränkt dingliches Recht.

862 Die Umgestaltung von Miet- in Eigentumsrecht war vorher nur durch entsprechende Zuteilung durch die Genossenschaft möglich, *Pietrzykowski* 2003, Art.32 FVGB Rn 36.

te: etwa das genossenschaftlich gewährte Mietrecht auf das Einfamilienhaus (*spółdzielcze prawo do domu jednorodzinnego*) sowie das genossenschaftlich gewährte Nutzungsrecht an einem Gewerberaum (*spółdzielcze prawo do lokalu użytkowego*). Während ersteres bei der güterrechtlichen Zuordnung weitgehend wie die genossenschaftlichen Rechte an einer Wohnung behandelt wird, erfolgte die Zuordnung genossenschaftlich gewährter Nutzungsrechte an einem Gewerberaum schon immer nach den Bestimmungen des FVGB[863].

Ob ein genossenschaftliches Wohnrecht dem gemeinschaftlichen Vermögen oder dem persönlichen Vermögen eines Ehegatten zuzuordnen ist, bestimmt sich heute nach den allgemeinen Grundsätzen des FVGB. Es kommt mithin entscheidend darauf an, zu welchem Zeitpunkt und/oder mit welchen Mitteln das genossenschaftliche Wohnrecht erworben worden ist[864]. Für genossenschaftlich gewährte Mietrechte, die vor der umfassenden Neugestaltung des Genossenschaftsrechtes durch das plGenG – in Kraft getreten am 24. April 2001 – entstanden sind, bestimmt sich die Zuordnung immer noch nach dem alten und inzwischen aufgehobenen Art.215 polnisches Genossenschaftsgesetz a.F. (*Prawo Spółdzielcze PrSpółdz*) plGenG a.F.[865]. Für genossenschaftlich gewährte Eigentumsrechte gilt dies sogar bis zur vollständigen Streichung des Art.215 plGenG a.F., in Kraft getreten am 15. Januar 2003[866]. Danach ist für die Zugehörigkeit eines genossenschaftlichen Wohnrechtes zum gemeinschaftlichen oder zum persönlichen Vermögen gemäß Art.215 § 2 plGenG a.F. der Zeitpunkt der Zuteilung des Wohnraumes durch die Genossenschaft maßgeblich. Bei Zuteilung während der Dauer der gesetzlichen Gemeinschaft gehört das genossenschaftliche Wohnrecht immer zum gemeinschaftlichen Vermögen[867]. Die Zuteilung des Wohnraumes entspricht insofern auch dem Entstehungszeitpunkt des genossenschaftlichen Wohnrechtes[868]. Die Regelung in der Vorschrift des Art.215 § 2 plGenG a.F. gilt entsprechend auch für das Anwartschaftsrecht auf ein genos-

---

863 *Skowrońska-Bocian*, 1. Auflage, 2000, a.a.O. (Fn 856), S.44; *Lech-Chełmińska/Przybyła*, Art.31 FVGB Anm.17.

864 *Ignaczewski*, a.a.O. (Fn 241), S.41.

865 Gesetz vom 16. September 1982 – Genossenschaftsrecht (*Prawo Spółdzielcze*), plGenG a.F., letzte Fassung ohne Art.215 plGenG a.F. Dz. U. 2003, Nr.188, Pos.1848; mit Art. 215 plGenG a.F. vgl. Dz.U. 1995, Nr.54, Pos.288; *Pietrzykowski* 2003, Art.32 FVGB Rn 37; *derselbe* in Spółdzielnie mieszkaniowe (Wohnungsgenossenschaften), 3. Auflage, Warschau 2006 Art.17[1] plGenG Rn 27; *Lech-Chełmińska/Przybyła*, Art.31 FVGB Anm.16; siehe dazu auch Glosse von *Nazar* zu OG vom 06. Mai 1983, III CZP 15/83 in NP 1985, Nr.3, S.80ff.

866 *Lech-Chełmińska/Przybyła*, Art.31 FVGB Anm.16.

867 *Ignaczewski*, a.a.O., S.41.

868 *Skowrońska-Bocian*, 1. Auflage 2000, a.a.O., S.42; entsprechendes galt für genossenschaftliche Rechte in Bezug auf Einfamilienhäuser und Wohnungen, die mit dem späteren Ziel der Eigentumsübertragung errichtet worden sind.

senschaftliches Wohnrecht (*ekspektatywa na spółdzielcze prawo do lokalu mieszkalnego*) – und zwar auch bei Zuteilung erst nach Beendigung der gesetzlichen Gemeinschaft[869] – sowie für die Umgestaltung des Mietrechtes in ein Eigentumsrecht[870]. Für das Anwartschaftsrecht folgt dies mittelbar aus Art.215 § 4 plGenG a.F. Die Einlage wird danach ebenfalls dem gemeinschaftlichen Vermögen zugeordnet, ungeachtet dessen, aus welcher Vermögensmasse diese tatsächlich erbracht worden ist[871].

Die alte Rechtslage ist insofern wichtig, als zum heutigen Zeitpunkt auch vielfach Genossenschaftsrechte Gegenstand der Auseinandersetzung und Teilung sind, die unter der Geltung des alten Rechts, also vor dem 24. April 2001 bzw. 15. Januar 2003, entstanden sind[872]. Der Erwerb des genossenschaftlichen Wohnrechtes – sowohl des Wohnmietrechtes als auch seltener des Wohneigentumsrechtes – erfolgte danach grundsätzlich immer zum gemeinschaftlichen Vermögen, weil auch die Zuteilung meist während der Dauer der gesetzlichen Gemeinschaft erfolgte[873]. Wohnraum wurde immer nur zur Befriedigung der Wohnbedürfnisse von Familien und fast nie an Einzelpersonen zugeteilt.

Die Zugehörigkeit zum gemeinschaftlichen Vermögen gilt gemäß Art.215 § 2 plGenG ohne Rücksicht auf den Güterstand zwischen den Ehegatten[874]. Weiter ist danach auch ohne Bedeutung, ob die Einlage zur Genossenschaft vor Entstehung der gesetzlichen Gemeinschaft und/oder mit Mitteln des persönlichen Vermögens geleistet worden war[875]. Wurde die Einlage aus dem persönlichen Vermögen geleistet, so kann dies als Aufwendung im Sinne des Art.45 FVGB im Rahmen der Werterstattung bei der Auseinandersetzung und Teilung des ge-

869 OSNCP 1978, Nr.10, Pos.171.

870 *Lech-Chełmińska/Przybyła*, Art.31 FVGB Anm.16.

871 Vgl. auch *Lech-Chełmińska/Przybyła*, Art.31 FVGB Anm.20; siehe dazu auch OSNCP 1978, Nr.10, Pos.171.

872 Umfassend dazu auch *Karnicka-Kawzyńska, Kawczyński*, Podział majątku dorobkowego małżonków (Die Teilung des gemeinschaftlichen Vermögens), MoP 2000, S.423, 424-429.

873 *Skowrońska-Bocian*, 1. Auflage, 2000, a.a.O. (Fn 856), S.42; *Sychowicz* in Piasecki, Art.31 FVGB Anm.63, 65.

874 *Skowrońska-Bocian*, 1. Auflage, 2000, a.a.O., S.42; umfassend auch *Pietrzykowski* 2003, Art.32 FVGB Rn 35.

875 *Sychowicz* in Piasecki, Art.31 FVGB Anm.65; siehe auch These I der Richtlinien des OG bei Teilung genossenschaftlicher Wohnrechte in OSNCP 1975, Nr.3, Pos.37, (S.6-10); die Richtlinien haben weitgehend ihren Niederschlag dann im Genossenschaftsrecht von 1982 erhalten; vgl. auch OSNCP 1976, Nr.5, Pos.101; OSNCP 1976, Nr.3, Pos.48; OSNCP 1986, Nr.1-2, Pos.4; ähnlich OSP 1990, Nr.11-12, Pos.369; auch bei Umwandlung in genossenschaftliches Eigentumsrecht OSNCP 1986, Nr.6, Pos.92.

meinschaftlichen Vermögens berücksichtigt werden[876]. Eine Surrogation zum persönlichen Vermögen wird in dieser Hinsicht vornehmlich aus sozialen Gesichtspunkten verneint. So diene der Wohnraum schließlich nicht dem Ehegatten persönlich, sondern der gesamten Familie[877]. Etwas anderes könne nur gelten, wenn der Ehegatte vor Entstehung der gesetzlichen Gemeinschaft bereits den vollständigen Gegenwert des genossenschaftlichen Wohnrechtes zur Wohnungsbaugenossenschaft einbezahlt habe, die Wohnung aber erst nach Entstehung der gesetzlichen Gemeinschaft gebaut und zugeteilt worden sei[878]. Wird die gesetzliche Gemeinschaft durch Scheidung oder Nichtigerklärung der Ehe beendet, müssen die Ehegatten gemäß Art.216 plGenG a.F. die Genossenschaft von der Beendigung der gesetzlichen Gemeinschaft benachrichtigen und innerhalb eines Jahres die Auseinandersetzung und Teilung des genossenschaftlichen Wohnrechtes durchführen. Wird dieser Termin versäumt, kann die Genossenschaft einen neuen Termin zur Auseinandersetzung und Teilung innerhalb der nächsten sechs Monate bestimmen[879]. Dies gilt auch nach dem heute geltenden Recht gemäß Art. 13 Abs. 1 und 2 plGenG.

Für genossenschaftliche Wohnrechte, die nach dem 15. Januar 2003 entstanden sind, gelten in Ermangelung einer anderweitigen Regelung im Genossenschaftsrecht wie bereits erwähnt die gesetzlichen Bestimmungen des FVGB, gegenwärtig also die Art.31, 33 FVGB[880]. Allerdings behalten viele Grundsätze, die zum alten Genossenschaftsrecht entwickelt worden sind, auch heute ihre Geltung[881]. So soll etwa die Entscheidung des OG weiterhin Bestand haben, wonach die Umgestaltung eines zum persönlichen Vermögen gehörenden genossenschaftlich gewährten Mietrechtes in ein Eigentumsrecht während der Dauer der gesetzlichen Gemeinschaft bei Zahlung der Einlage im Wege der vorweggenommen Erbfolge durch einen Dritten dem gemeinschaftlichen Vermögen zugeordnet wird[882]. Auch viele alte Vorschriften finden sich in den neuen Regelungen wieder – wie erwähnt etwa der Art.13 plGenG[883].

---

876 Richtlinien des OG bei Teilung genossenschaftlicher Wohnrechte in OSNCP 1975, Nr.3, Pos.37, (S.8).

877 Richtlinien des OG bei Teilung genossenschaftlicher Wohnrechte in OSNCP 1975, Nr.3, Pos.37, (S.8/9).

878 Richtlinien des OG bei Teilung genossenschaftlicher Wohnrechte in OSNCP 1975, Nr.3, Pos.37, (S.9/10).

879 *Pietrzykowski* 2003, Art.32 FVGB Rn 35.

880 *Skowrońska-Bocian*, a.a.O. (Fn 238), S.56; *Lech-Chełmińska/Przybyła*, Art.31 FVGB Anm.16.

881 *Pietrzykowski* 2003, Art.32 FVGB Rn 39ff.

882 OSNC 1996, Nr.2, Pos.27=MoP 1996, S.169/170; vgl. *Sychowicz* in Piasecki, Art.31 FVGB Anm. 68; *Lech-Chełmińska/Przybyła*, Art.31 FVGB Anm.16; umfassend auch schon *Ciepła*, Podział majątku dorobkowego małżonków w skład którego wchodzi spółdzielcze prawo do lokalu mieszkalnego bądź ekspektatywa uzyskania takiego prawa

Nach den allgemeinen Grundsätzen des FVGB werden genossenschaftliche Wohnrechte heute dem gemeinschaftlichen Vermögen zugeordnet, wenn sie von einem Ehegatten nach Entstehung der gesetzlichen Gemeinschaft erworben worden oder die Voraussetzungen des Art.33 FVGB nicht erfüllt sind[884]. Dies gilt entsprechend für die Einlage zur Genossenschaft und damit auch für ein durch Einbringen der Einlage entstehendes Anwartschaftsrecht[885]. Maßgeblicher Entstehungs- und damit Zuordnungszeitpunkt dürfte nach den neuen Bestimmungen sowohl für das genossenschaftlich gewährte Miet- als auch für das Eigentumsrecht der Zeitpunkt des Vertragsschlusses zwischen Genossenschaft und Mitglied sein[886]. Entscheidend sind im Übrigen die Umstände des Einzelfalles, die gegebenenfalls eine abweichende Zuordnung rechtfertigen können.

d. Forderungen (*wierzytelności*)

Forderungen und andere einen Anspruch begründende Schuldverhältnisse sind im Gegensatz zu den dinglichen Rechten relative Rechte (*prawa względne*). Diese wirken nicht gegenüber jedermann, sondern gegenüber einem bestimmten Vertragspartner (vertragliche Forderungen) oder etwa einem Schädiger (deliktische Forderungen)[887]. Trotzdem werden Forderungen und andere obligatorische Ansprüche, die während des Bestehens der gesetzlichen Gemeinschaft erworben werden bzw. entstehen, auf der Grundlage des Art.31 §1 FVGB grundsätzlich dem gemeinschaftlichen Vermögen zugeordnet. Nur bestimmte Forderungen werden wegen ihrer Zweckbestimmung dem persönlichen Vermögen zugeordnet. So etwa deliktische Forderungen aus Schmerzensgeldansprüchen, die gemäß Art.33 Punkt 6 FVGB persönliches Vermögen werden.

(Die Teilung des gemeinschaftlich errungenen Vermögens, in dessen Bestand sich ein genossenschaftliches Wohnrecht oder die Anwartschaft auf ein solches Recht befindet), PS 1992, Nr.7-8, S.31, 32 in Bezug auf die Richtlinien des OG von 1974 in OSNCP 1975, Nr.3, Pos.37.

883 Etwa, dass nur eine einzelne Person oder die Ehegatten Inhaber des genossenschaftlichen Wohnrechtes sein können, *Pietrzykowski* 2003, Art.32 FVGB Rn 40; vgl. auch *Pietrzykowski*, Art.13 plGenG Rn 2.

884 *Lech-Chełmińska/Przybyła*, Art.31 FVGB Anm.19.

885 *Lech-Chełmińska/Przybyła*, Art.31 FVGB Anm.20; vgl. auch *Grzybowski*, Glosse zu OG vom 12. Januar 1978, III CZP 86/77 in OSPiKA 1979, Nr.7-8, Pos.135, S.329, 332; vgl. auch dazu auch Glosse von *Stecki* zu OSNCP 1978, Nr.10, Pos.171 in PiP 1979, Nr.6, S.170 zum alten Recht; danach wurde das genossenschaftliche Wohnrecht auch dann dem gemeinschaftlichen Vermögen zugeordnet, wenn das Anwartschaftsrecht erst nach Beendigung der gesetzlichen Gemeinschaft zum Vollrecht erstarkte.

886 Für das genossenschaftlich gewährte Mietrecht vgl. Art.9 IV plGenG, für das Eigentumsrecht Art.17^1 plGenG.

887 *Skowrońska-Bocian*, a.a.O. (Fn 238), S.57.

Für die Zuordnung zum gemeinschaftlichen Vermögen ist unbeachtlich, ob beide Ehegatten oder nur ein Ehegatte Forderungsberechtigte sind[888]. Entscheidend im Hinblick auf die Zugehörigkeit einer Forderung zum gemeinschaftlichen Vermögen ist vielmehr zunächst der Entstehungszeitpunkt der Forderung während der Ehe. Im Übrigen entscheiden die Erwerbsumstände des Einzelfalles. Für die Bewertung der Umstände des Einzelfalles ist insbesondere von Bedeutung, mit welchen Mitteln diese Forderung erworben worden ist. Es gilt dabei insbesondere die Surrogation nach Art.33 Punkt 10 FVGB und die grundsätzliche Zugehörigkeit deliktischer Ansprüche gemäß Art.33 Punkt 6 FVGB oder von nicht bezogenen Lohnansprüchen gemäß Art.33 Punkt 7 FVGB als Zuordnungskriterium zum persönlichen Vermögen zu beachten[889].

e. Mietrechte (*prawa najmu*)

Bei einem Mietrecht handelt es sich um einen schuldrechtlichen Anspruch des Mieters auf Überlassung der Mietsache. Entsteht ein Mietrecht während der Dauer der gesetzlichen Gemeinschaft, so dürfte es nach den allgemeinen Kriterien in Art.31 § 1 FVGB grundsätzlich Bestandteil des gemeinschaftlichen Vermögens werden, es sei denn, die besonderen Umstände des Zustandekommens des Mietrechtes sprechen für eine Zuordnung zum persönlichen Vermögen[890]. Problematisch ist nicht die grundsätzliche Zugehörigkeit des Mietrechtes zum gemeinschaftlichen Vermögen der Ehegatten, sondern vielmehr die Auseinandersetzungsfähigkeit eines Mietrechtes zwischen den Ehegatten im Auseinandersetzungs- und Teilungsverfahren[891]. Das OG hat entschieden, dass Mietrechte Gegenstand der Teilungsauseinandersetzung zwischen den Ehegatten sein können[892]. Die Antragstellerin begehrte die Teilung des Vermögens in Form der ausschließlichen Zuweisung des Mietrechts an der gemeinsamen ehelichen Wohnung an sie. Nach Auffassung des OG umfaßt das gemeinschaftliche Vermögen Eigentum und *andere Vermögensrechte*. Letztere können dabei auch schuldrechtlicher Natur und damit Mietrechte sein. Mietrechte sind damit auseinandersetzungsfähig.

---

888 *Sychowicz* in Piasecki, Art.31 FVGB Anm.94; *Skowrońska-Bocian*, a.a.O. (Fn 238), S.58; *Lech-Chełmińska/Przybyła*, Art.31 FVGB Anm.9.

889 Vgl. zu einem Telefonabonnement OSNCP 1991, Nr.8-9, Pos.100 mit der schlichten Begründung, dass ein Tatbestand des Art.33 FVGB nicht einschlägig sei.

890 *Ignaczewski*, a.a.O. (Fn 241), S.263.

891 *Nazar*, Glosse zu OG vom 09. Oktober 1985, III CZP 53/85 in NP 1988, Nr.7-8, S.136, 138; auch *Sokołowski*, Glosse zu OG vom 09. Oktober 1985, III CZP 53/85 in NP 1988, Nr.10-11, S.225, 228, 229.

892 Vgl. bereits den Leitsatz zu OSNC 1996, Nr.9, Pos.123; auch schon OSNCP 1986, Nr.9, Pos.136.

Bei Mietrechten von Ehegatten ist seit Inkrafttreten des Art.680^1 plZGB[893] am 10. Juli 2001[894] von Besonderheit, dass die Zugehörigkeit des Mietrechtes von Ehegatten an einer Familienwohnung im plZGB ausdrücklich geregelt ist. Gemäß Art.680^1 § 1 S.1 plZGB bilden die Ehegatten zusammen eine Mietgemeinschaft, wenn die Eingehung des Mietverhältnisses während der Ehe zur Befriedigung des Wohnbedürfnisses der gemeinsamen Familie erfolgte. Dies gilt gemäß Art.680^1 § 1 S.2 plZGB selbst dann, wenn zwischen den Ehegatten im Übrigen vermögensrechtlich eine Gütertrennung vereinbart worden ist. In Bezug auf das Wohnraummietrecht finden trotzdem die Vorschriften über den Güterstand der gesetzlichen Gemeinschaft Anwendung. Ohne Berücksichtigung für die Zuordnung des Wohnraummietrechtes zum gemeinschaftlichen Vermögen bleibt auch, ob nur ein Ehegatte oder beide Ehegatten Partei des zugrundeliegenden Mietvertrages sind. *Ratio legis* des Art.680^1 plZGB ist der Schutz des Familienwohnraumes[895].

Gemäß Art.680^1 § 2 plZGB hat eine Beendigung der gesetzlichen Gemeinschaft bei Fortbestand der Ehe grundsätzlich keinen Einfluß auf den Bestand des gemeinschaftlichen Mietrechtes. Dieses besteht ungehindert fort, es sei denn, ein Gericht ordnet nach Maßgabe des Art. 680^1 § 2 S.2 plZGB in entsprechender Anwendung der Vorschriften über die Aufhebung der gesetzlichen Gemeinschaft aus wichtigen Gründen die Aufhebung des gemeinschaftlichen Mietrechtes an. Wollen die Ehegatten somit die Auseinandersetzung und Teilung des gemeinschaftlichen Mietrechtes erreichen, müssen sie dieses im Auseinandersetzungs- und Teilungsverfahren über das sonstige gemeinschaftliche Vermögen gesondert zum Ausdruck bringen[896].

---

893 Art.680^1 § 1. Ehegatten gelten ohne Rücksicht auf die zwischen ihnen bestehenden Vermögensverhältnisse als Raummieter, wenn das Mietverhältnis über den für die Befriedigung der Wohnbedürfnisse der durch sie begründeten Familie bestimmten Raum während der Dauer der Ehe begründet worden ist. Besteht zwischen den Ehegatten Gütertrennung, so finden die Vorschriften über die gesetzliche Gemeinschaft auf die Mietgemeinschaft entsprechende Anwendung. § 2. Die Beendigung der gesetzlichen Gemeinschaft während des Bestehens der Ehe hat nicht die Aufhebung der Raummietgemeinschaft zur Folge. Das Gericht kann jedoch auf Antrag eines der Ehegatten aus wichtigen Gründen die Raummietgemeinschaft unter entsprechender Anwendung der Vorschriften über die Aufhebung der gesetzlichen Gemeinschaft aufheben.

894 Änderungsgesetz zum plZGB vom 21. Juni 2001, Dz.U. 2001 Nr.133, Pos.733.

895 *Ignaczewski*, a.a.O. (Fn 241), S.261/262.

896 *Ignaczewski*, a.a.O. (Fn 241), S.263.

f. Aktien und Gesellschaftsanteile in Kapitalgesellschaften (*akcje i udziały w spółkach kapitałowych*)

Die vermögensrechtlichen Regelungen zum gesetzlichen Güterstand und seiner Teilungsauseinandersetzung wurden in Zeiten geschaffen, in denen eine wirtschaftliche Erwerbstätigkeit der Bevölkerung in Polen außerhalb der Landwirtschaft unter den spezifischen Bedingungen der verstaatlichten Landwirtschaftsbetriebe keine Rolle spielte[897]. Eine besondere und noch nicht abschließend gelöste Problematik kann daher vor dem Hintergrund, dass gesetzlicher Güterstand die gesetzliche Gemeinschaft in Form einer Gesamthand ist und Eheverträge sich noch geringer Beliebtheit erfreuen, die Zugehörigkeit von Aktien und Gesellschaftsanteilen an einer Kapitalgesellschaft zum gemeinschaftlichen und damit auseinandersetzungs- und teilungsfähigen Vermögen darstellen.

Die wohl einhellige Meinung in Rechtsprechung und Literatur nimmt an, dass Anteile an einer GmbH[898] und in Aktien verbriefte Vermögensrechte grundsätzlich dann Bestandteil des gemeinschaftlichen Vermögens werden, wenn diese mit Mitteln des gemeinschaftlichen Vermögens eingebracht oder erworben worden sind[899]. Dies gilt indes nicht für die organschaftlichen Rechte (*prawa korporacyjne*), die aus der Beteiligung an der Gesellschaft resultieren. Diese seien streng mit der Person des Gesellschafters verbunden, in der sie entstehen. Durch die Zuordnung der Beteiligung oder der Aktie zum gemeinschaftlichen Vermögen wird daher derjenige Ehegatte, der nicht gleichzeitig Aktien- oder Anteilsinhaber ist, auch nicht Aktionär oder Gesellschafter[900]. Dafür führt das OG folgende Argumente ins Feld: zunächst könnten ohnehin nur Vermögensrechte Bestandteil des gemeinschaftlichen Vermögens werden. Bei der Mitgliedschaft in einer Gesellschaft handle es sich demgegenüber um körperschaftliche Rechte. Weiter sei bei dem Erwerb von Gesellschaftsanteilen oder Aktien nur durch einen Ehegatten auch nur dieser allein Vertragspartner und damit auch nur dieser Gesellschafter oder Aktionär geworden[901]. Eine automatische Beteiligung durch

---

897 *Dyoniak*, Przynależność do majątków małżonków udziału w spółce z ograniczoną odpowiedzialnością i akcji (Die Zugehörigkeit von Anteilen an einer Gesellschaft mit beschränkter Haftung und von Aktien zum Vermögen der Ehegatten), RPEiS 1991, Nr.3, S.25.

898 *Spółka z ograniczoną odpowiedzialnością*, abgekürzt *spółka z o.o.*

899 OSNC 1999, Nr.12, Pos. 209; allgemeine Meinung der Literatur, siehe etwa *Sychowicz* in Piasecki, Art.31 FVGB Anm.102; *Lech-Chełmińska/Przybyła*, Art.31 FVGB Anm.29; *Skowrońska-Bocian*, a.a.O. (Fn 238), S.59; *Jędrejek/Pogonowski*, a.a.O. (Fn 243), S.121 und Fußnote 10; *Ignaczewski*, a.a.O., S.42.

900 Ausdrücklich Leitsatz zu OSNC 1999, Nr.12, Pos.209 im Hinblick auf eine GmbH; zuletzt auch OG vom 05. Oktober 2005, IV CK 99/05.

901 Siehe auch die entsprechende Fragestellung zu Forderungen im Allgemeinen *Piątowski*, a.a.O. (Fn 30), S.345ff.

den Erwerb von Gesellschaftsanteilen mit Mitteln des gemeinschaftlichen Vermögens des nicht handelnden Ehegatten an der betroffenen Gesellschaft hätte schließlich zur Folge, dass die Zusammensetzung der Beteiligung an der Gesellschaft immer unklar bliebe, wenn verheiratete Gesellschafter ihre Beteiligung mit Mitteln des gemeinschaftlichen Vermögens finanzieren würden. Dies könne vor dem Hintergrund der Handlungsfähigkeit und Transparenz einer Gesellschaft nicht gewollt sein[902].

Die Auffassung des OG und wohl auch überwiegende Meinung in der Literatur[903] ist freilich nicht unangreifbar. Sie führt zu einer Spaltung der Geschäftsanteile in Vermögens- und Nichtvermögensrechte bei dem Erwerb von Gesellschaftsanteilen durch einen Ehegatten, der in dem gesetzlichen Güterstand lebt. Dies läßt sich ohne weiteres weder mit dem Wortlaut des Art.31 § 1 S.1 FVGB noch mit den Bestimmungen des Gesetzbuches über die Handelsgesellschaften (*kodeks spółek handlowych*, im Folgenden HGG) vereinbaren[904]. Rechtsfolge dieser Auffassung ist jedenfalls, dass Gesellschaftsverträge entsprechende Ausschlußklauseln enthalten müssen, soll der Mitehegatte durch Einbringen gemeinschaftlicher Vermögenswerte nicht an den Gesellschaftsanteilen beteiligt werden.

Im Dezember 2003 erfolgte vor diesem Hintergrund daher eine Novelle des HGG, im Zuge derer die Art.183^1[905], Art.332^1[906] HGG eingeführt worden sind. Die danach zulässigen Ausschlußklauseln in Gesellschaftsverträgen bzw. Satzungen sollen Gesellschafter und Gesellschaft davor schützen, dass durch die Bestimmungen des FVGB – namentlich der Zuordnung der Gesellschaftsanteile oder Aktien zum gemeinschaftlichen Vermögen, sofern diese mit Mitteln dieses Vermögens erworben werden – der Ehegatte, der nicht Gesellschafter oder Aktionär ist, an der Gesellschaft beteiligt wird. Denn wird der Anteil oder die Aktie mit Mitteln des gemeinschaftlichen Vermögens erworben, so wird nach dem OG zwar der Ehegatte nicht Mitgesellschafter, aber doch Mitbeteiligter in Ansehung

902 OSNC 1999, Nr.12, Pos.209.

903 *Ignaczewski*, a.a.O. (Fn 241), S.42.

904 Die Auffassung des OG in OSNC 1999, Nr.12, Pos.209 bestätigt OSNC 2006, Nr.7-8, Pos.127.

905 Art.183^1. Der Gesellschaftsvertrag kann den Eintritt von Ehegatten eines Gesellschafters in die Gesellschaft beschränken oder ausschließen, wenn der Anteil oder die Anteile von der ehelichen Vermögensgemeinschaft umfaßt sind; eingefügt durch Gesetz vom 12. Dezember 2003, Dz.U. 2003, Nr.229, Pos.2276, in Kraft getreten am 15. Januar 2004.

906 Art.332^1. Die Satzung der Gesellschaft kann eine Bestimmung enthalten, dass in dem Falle, wenn Namensaktien von der ehelichen Vermögensgemeinschaft umfaßt sind, Aktionär nur einer der Ehegatten sein kann; eingefügt durch Gesetz vom 12. Dezember 2003, Dz.U. 2003, Nr.229, Pos.2276, in Kraft getreten am 15. Januar 2004.

des vermögensrechtlichen Teils des Gesellschaftsanteils. Folglich ist nach Maßgabe der Art.183^1, Art.332^1 HGG erforderlich, entweder im Gesellschaftsvertrag oder in der Satzung den Eintritt des „anderen“ Ehegatten bei dem Erwerb der Aktien oder Gesellschaftsanteile zum gemeinschaftlichen Vermögen durch eine entsprechende Klausel auszuschließen.

Die Art.183^1, Art.332^1 HGG sind nach ihrem Inkrafttreten am 15. Januar 2004 von der Literatur heftig kritisiert worden[907]. Fraglich ist insbesondere, ob aus dem Wortlaut in den Bestimmungen der Art.183^1, 332^1 HGG geschlossen werden kann, dass der nicht unmittelbar beteiligte Ehegatte bei Fehlen einer entsprechenden Klausel im Gesellschaftsvertrag bzw. in der Satzung durch Erwerb der Rechte zum gemeinschaftlichen Vermögen automatisch Mitgesellschafter wird. Dafür spricht jedenfalls ein Vergleich mit Art.183 HGG, der einen gesellschaftsvertraglichen Ausschluß des Eintritts von Erben in die Gesellschaft erlaubt. Fehlt eine solche beschränkende Klausel im Gesellschaftsvertrag, tritt der Erbe kraft Gesetzes voll an die Stelle des Erblasser-Gesellschafters[908]. Vor dem Hintergrund, dass Art.183^1 HGG sowohl systematisch als auch wegen der Vergleichbarkeit der Erbengemeinschaft mit der gesetzlichen Gemeinschaft von Ehegatten eine Ergänzung der Vorschrift in Art.183 HGG zu sein scheint, müßte dies folglich entsprechend für das Fehlen einer beschränkenden Klausel nach Art.183^1 HGG bei Ehegatten gelten. *Ignaczewski* vertritt insoweit allerdings die Auffassung, dass der nicht unmittelbar an der Gesellschaft beteiligte Ehegatte „nur“ eine Mitberechtigung (*współuprawnienie*) nach den Art.184[909] bzw. Art.333 § 2[910] HGG erwerbe[911]. Fehle also eine Beschränkung nach den Art.183^1, Art.332^1 HGG, so erwerbe der Ehegatte die Mitberechtigung an der Gesellschaft in Form eines „Sammelgesellschafters“ (*wspólnik zbiorowy*), ohne vertraglich bzw. satzungsrechtlich Mitgesellschafter zu werden. Die Ehegatten erhalten vielmehr zusammen eine gemeinschaftliche Berechtigung – vgl. insofern den Wortlaut der Art.184, 333 § 2 HGG – in Bezug auf den Anteil oder die

907 Mit entsprechenden Nachweisen *Ignaczewski*, a.a.O. (Fn 241), S.43.

908 *Ignaczewski*, a.a.O., S.43.

909 Art.184 § 1. Die Mitberechtigten an einem Anteil oder an Anteilen nehmen ihre Rechte in der Gesellschaft durch einen gemeinsamen Vertreter wahr; für Leistungen, die mit dem Anteil verbunden sind, haften sie gesamtschuldnerisch. § 2. Haben die Mitberechtigten keinen gemeinsamen Vertreter bestellt, können Erklärungen der Gesellschaft gegenüber jedem von ihnen abgegeben werden.

910 Art.333 § 1. Die Aktien sind unteilbar. Sie könne auch in Sammelabschnitten abgegeben werden. § 2. Die Mitberechtigten an einer Aktie üben ihre Rechte in der Gesellschaft durch einen gemeinsamen Vertreter aus; für die mit der Aktie verbundenen Leistungen haften sie gesamtschuldnerisch. § 3. Haben die Mitberechtigten keinen gemeinsamen Vertreter benannt, können Willenserklärungen der Gesellschaft gegenüber jedem von ihnen wirksam abgegeben werden.

911 A.a.O. (Fn 241), S.45.

Aktie. Um alle Rechte in der Gesellschaft ausüben zu können, ist dann die Bestimmung eines gemeinsamen Vertreters der beiden Ehegatten nach Maßgabe der Art.184, 333 § 2 HGG erforderlich[912].

Die Fragen zu Art.183^{1}, Art.332^{1} HGG veranschaulichen, dass das Handelsrecht und das Güterrecht noch weiterer Abstimmung aufeinander bedürfen. Denn unklar bleibt, ob der zwar nach Art.184, 333 § 2 HGG mitberechtigte, aber nicht direkt mitbeteiligte Ehegatte auch allein zur Ausübung aller organschaftlichen Rechte berechtigt ist. Ferner sollen die gesetzlichen Regelungen des Güterrechts gemäß den Art.183^{1}, Art.332^{1} HGG über Vertragsklauseln im Sinne des Handelsrechts abbedungen werden können, ohne dass der Ehegatte, der nicht Mitgesellschafter werden soll, Einfluß auf den Verlust seiner Mitberechtigung und die damit verbundene Schmälerung des gemeinschaftlichen Vermögens haben soll. Damit wird einseitig die grundsätzliche güterrechtliche Zuordnung von während der Ehe erworbenen Vermögenswerten abbedungen. Schließlich ist aufgrund des Wortlauts des Art. 183^{1} HGG oder des Art.332^{1} HGG, der ausdrücklich von Ehegatten (*współmałżonek*) spricht, unklar, inwiefern entsprechende Klauseln auf der Grundlage dieser Artikel auch über die Beendigung der Ehe hinauswirken, insbesondere im Falle der Auseinandersetzung und Teilung des gemeinschaftlichen Vermögens.

Es bleibt abzuwarten, wie sich diese für die heutige Praxis sehr wichtige Problematik weiter entwickeln wird. Das letzte Urteil des OG[913] hat zwar ausdrücklich die Rechtsprechung von 1999 bestätigt, dass Gesellschaftsanteile, die mit Mitteln des gemeinschaftlichen Vermögens erworben worden sind, *grundsätzlich* auch diesem Vermögen zugeordnet werden. Die Umstände des Einzelfalles können aber auch Ausnahmen zulassen mit der Folge einer Zuordnung des Gesellschaftsanteils zum persönlichen Vermögen[914]. Das OG hat die Sachlage ergebnisorientiert bewertet und den dogmatischen Schwierigkeiten nur wenig Bedeutung beigemessen. Interessanterweise haben beide Vorinstanzen die Auffassung vertreten, dass der Erwerb von Gesellschaftsanteilen zum persönlichen Vermögen erfolge. Stammen die Mittel dafür aus dem gemeinschaftlichen Vermögen, so löse dies einen Werterstattungsanspruch nach Art.45 FVGB für den Fall der Teilungsauseinandersetzung aus. Für die Zukunft erscheint diese Rechtsprechung und im Ansatz auch die des OG eine Tendenz zu indizieren, dass der

912 *Ignaczewski*, a.a.O., S.44/45.

913 OSNC 2006, Nr.7-8, Pos.127.

914 Vgl. die magere Begründung des OG in OSNC 2006, Nr.7-8, Pos.127: der entscheidende Umstand für die Zuordnung zum persönlichen Vermögen war hier nach Auffassung des OG, dass der Ehemann alle „Rechte und Pflichten" im Zusammenhang mit den Gesellschaftsanteilen ausgeübt habe und die Ehegatten keinen Vereinbarung darüber getroffen haben, dass die Anteile Bestandteil des gemeinschaftlichen Vermögens werden sollen.

Gesetzgeber eine Regelung wird gestalten müssen, die – wie es Art.33 Punkt 3) FVGB für die Gesellschaft des Zivilrechts anordnet – die zwingende Zuordnung von Gesellschaftsanteilen zum persönlichen Vermögen vorschreibt. Der an der Gesellschaft nicht beteiligte Ehegatte hätte dann im Innenverhältnis einen Anspruch nach Art.45 FVGB, wenn die für den Gesellschaftsanteil aufgewendeten Mittel aus dem gemeinschaftlichen Vermögen stammen. Eine solche güterrechtliche Lösung hätte jedenfalls den Vorteil, dass im Auseinandersetzungs- und Teilungsverfahren nicht der Gesellschaftsvertrag oder die Satzung geprüft werden müssen.

g. Hausrat

Bestandteil des gemeinschaftlichen Vermögens sind gemäß Art.34 FVGB auch gewöhnliche Hausratsgegenstände (*przedmioty zwykłego urządzenia domowego*), die von beiden Ehegatten genutzt werden. Dies gilt ebenfalls, wenn die betreffenden Gegenstände durch Schenkung oder Erbschaft erworben worden sind, es sei denn, der Erblasser oder Schenker hat etwas anderes bestimmt. Der Verfasserin ist bei Durchsicht der Teilungsbeschlüsse des Amtsgerichts Warschau-Żoliborz aufgefallen, dass der Hausrat zwar im ursprünglichen Teilungsantrag – oftmals auch ohne Wertangabe – aufgeführt wird, letztlich aber selten eine tatsächliche Teilung durch das Gericht erfolgt. Es bleibt also meist bei den Verfahrensbeteiligten, den Hausrat selbst untereinander aufzuteilen.

6. Tatsächliche Vermutung (*domniemanie faktyczne*) des Erwerbs zum gemeinschaftlichen Vermögen während der Dauer der gesetzlichen Gemeinschaft

Die beweisrechtliche Seite der Zuordnung eines Vermögenswertes zum gemeinschaftlichen Vermögen stellt regelmäßig die erste große Hürde in einem Auseinandersetzungs- und Teilungsverfahren nach Beendigung der gesetzlichen Gemeinschaft dar. Eine gesetzliche Vermutung (*domniemanie prawne*), die eine grundsätzliche Zugehörigkeit von Vermögenswerten der Ehegatten zum gemeinschaftlichen Vermögen anordnet, sieht das FVGB nicht vor[915]. Daher ist regelmäßig der Nachweis, dass ein bestimmter Vermögensgegenstand für das gemeinschaftliche Vermögen erworben worden ist, bei längeren Ehen problema-

915 Vgl. *Wolter*, der schon in seinem Aufsatz von 1965 zum damals neuen FVGB die Normierung einer entsprechenden gesetzlichen Vermutung für die Zugehörigkeit zum gemeinschaftlichen Vermögen vorschlug, Majątek wspólny i majątki odrębne małżonków pod rządem wspólności ustawowej (Das gemeinschaftliche Vermögen und die gesonderten Vermögen der Ehegatten in der gesetzlichen Gemeinschaft), NP 1965, Nr.2, S.103, 116.

tisch. Ehegatten bewahren in einer funktionierenden Ehe selten entsprechende Quittungen und andere Dokumente auf. Meist spielt es in ihren Köpfen auch keine Rolle, zu welcher Vermögensmasse der konkrete Vermögenswert erworben wird. Wie oben dargestellt, ist der Erwerb durch beide Ehegatten gemeinschaftlich für die Zuordnung zum gemeinschaftlichen Vermögen auch nicht entscheidend. Die Ausweisung nur eines Ehegatten im Grundbuch etwa spricht nicht gegen die Zugehörigkeit des Vermögenswertes zum gemeinschaftlichen Vermögen. Meist wird ein Vermögensgegenstand zudem teils mit Mitteln des persönlichen Vermögens und teils mit Mittel des gemeinschaftlichen Vermögens erworben. Erschwerend kommt schließlich hinzu, dass eine Auseinandersetzung und Teilung des gemeinschaftlichen Vermögens oftmals erst nach Verstreichen eines langen Zeitraumes erfolgt, da die Ehegatten nicht verpflichtet sind, eine solche durchzuführen.

Ein Zeugenbeweis im Auseinandersetzungs- und Teilungsverfahren ist oft unergiebig. Zeugen begleiten selten den Erwerb von Vermögenswerten durch die Ehegatten, können folglich kaum konkrete Anhaltspunkte über den Erwerb eines bestimmten Vermögensgegenstandes liefern. Meistens sind die Zeugen zudem Verwandte der Parteien, deren Aussagen wegen ihrer Nähe zu einer Partei ohnehin nur geringen Beweiswert haben. Daher bleibt den Richtern meist nur der Rückgriff auf die Parteivernehmung. Diese ist naturgemäß wenig aussagekräftig und liefert selten objektive Ergebnisse[916]. Gleichwohl ist anerkannt, dass während der Dauer der gesetzlichen Gemeinschaft grundsätzlich eine tatsächliche Vermutung im Sinne Art.231 plZPO gilt, dass Ehegatten im gesetzlichen Güterstand regelmäßig mit Mitteln des gemeinschaftlichen Vermögens und für die gemeinschaftliche Vermögensmasse erwerben[917]. Rechtsgeschäfte mit Mitteln des gemeinschaftlichen Vermögens, in denen nur ein Ehegatte in Erscheinung tritt, werden somit zunächst als Rechtsgeschäft zugunsten des gemeinschaftlichen Vermögens der Ehegatten angesehen[918]. Demgegenüber muß die Zugehörigkeit eines Vermögenswertes zum persönlichen Vermögen jeweils anhand der konkreten tatsächlichen Umstände des Rechtsgeschäfts positiv festgestellt werden können, um die tatsächliche Vermutung zu widerlegen.

III. Die Erstellung einer Auseinandersetzungsbilanz

Es gibt für die Aufstellung einer Auseinandersetzungsbilanz in der Teilungsauseinandersetzung zwischen den Ehegatten keine gesetzlichen Regeln. Der Ge-

---

916 Nach Aussage von Richterin Wlekły aus der I. Zivilabteilung für das Amtsgericht Warschau-Żoliborz gibt es aber durchaus Verfahren, bei denen die Ehegatten trotz 20 Jahren Ehe alle Erwerbstatbestände detailliert dokumentieren können.

917 OSP 1986, Nr.9, Pos.195; vgl. auch *Ignaczewski*, a.a.O. (Fn 241), S.46.

918 *Sychowicz* in Piasecki, Art.31 FVGB Anm.32; ähnlich *Piątowski*, a.a.O. (Fn 30), S.366.

setzgeber ordnet lediglich an, dass im Gegensatz zur vertraglichen Auseinandersetzung und Teilung des gemeinschaftlichen Vermögens (Art.1038 § 2 plZGB) gemäß Art.46 FVGB in Verbindung mit Art.1038 § 1 S.1 plZGB im gerichtlichen Auseinandersetzungs- und Teilungsverfahren grundsätzlich das gesamte gemeinschaftliche Vermögen der Ehegatten auseinandergesetzt werden sollte[919]. Nur im Wege einer Ausnahme kann nach Maßgabe des Art.1038 § S.2 plZGB aus wichtigen Gründen lediglich ein Teil des gemeinschaftlichen Vermögens auseinandergesetzt und geteilt werden. Somit hat die Auseinandersetzungsbilanz grundsätzlich alle zu teilenden Vermögensaktiva nebst Wertbestimmung zu enthalten, die bereits dem Verfahrensantrag beigefügt werden sollten[920].

Sind Bestand und Wert des gemeinschaftlichen Vermögens streitig, bestimmt gemäß Art.567 § 3, 684 plZPO[921] das Gericht Bestand und Wert der zu teilenden Vermögensmasse im Auseinandersetzungs- und Teilungsverfahren.

Aus der Verweisung in Art.688 plZPO auf Art.617 plZPO[922] folgt, dass die genaue Bestandserfassung des gemeinschaftlichen Vermögens unter Zugrundelegung der jeweiligen Beweise durchzuführen ist. Dies dürfte eine der praktisch schwierigsten Aufgaben bei der Auseinandersetzung und Teilung des gemeinschaftlichen Vermögens unter Ehegatten sein. Dem Gericht steht zur Bestandserfassung der Vermögensmasse regelmäßig nur die Vernehmung der Verfahrensbeteiligten auf der Grundlage der Art.299[923]ff. plZPO zur Verfügung. Die Einsicht in Akten des Amtsgerichts für Warschau-Żoliborz indiziert wie bereits erwähnt, dass ein Zeugenbeweis im Auseinandersetzungs- und Teilungsverfahren selten aussagekräftig ist. Häufig stehen nur Familienangehörige als Zeugen zur Verfügung. Einzig die Erfassung von Immobilien oder genossenschaftlichen Wohnrechten in der Auseinandersetzungsbilanz, die in der Praxis regelmäßig den Kern der Teilungsauseinandersetzung nach Beendigung einer Ehe darstellen, erscheint unproblematisch. Hierfür stehen grundsätzlich entsprechende Urkunden zur Verfügung, die die Erwerbsmodalitäten – dabei insbesondere den genauen Zeitpunkt des Erwerbs – des Vermögensgegenstandes herausstellen.

---

919 Art.1038 § 1. Die gerichtliche Nachlaßteilung muß den gesamten Nachlaß umfassen. Aus wichtigen Gründen kann sie jedoch auf einen Teil des Nachlasses beschränkt werden. § 2. Die vertragliche Nachlaßteilung kann den ganzen Nachlaß umfassen oder auf einen Teil des Nachlasses beschränkt werden.

920 *Skowrońska-Bocian*, a.a.O. (Fn 199), S.202.

921 Art.684. Zusammensetzung und Wert des zu teilenden Nachlasses bestimmt das Gericht.

922 Art.617. Im Antrag auf Aufhebung des Miteigentums muß die zu teilende Sache genau bezeichnet und die Beweise des Miteigentums beigebracht werden.

923 Art.299. Verbleiben nach der Ausschöpfung aller Beweise Tatsachen streitig, die für die Entscheidung des Verfahrens erforderlich sind oder fehlen Beweise für diese vollständig, ordnet das Gericht die Vernehmung der Parteien als Beweis an.

In Beweisfragen erweist sich zudem die Zuordnung von Mobilien wie dem Wohnungsinventar oder dem Hausrat als schwierig. Dies dürfte ein Grund dafür sein, warum die meisten ein Auseinandersetzungs- und Teilungsverfahren beendenden Beschlüsse lediglich die Teilung eines genossenschaftlichen Wohnungsrechts als Kernstück der Vermögensmasse vorsehen. Auch wenn der das Verfahren einleitende Antrag ursprünglich auch die Teilung von Hausrat oder Mobilien beinhaltete, wird diese in vielen Fällen letztendlich ohne Einfluß des Gerichts unter den Verfahrensbeteiligten selbst ausgemacht,[924]. Das Gericht kann dann gemäß Art.685 plZPO während des Teilungsverfahrens über die Frage, ob ein bestimmter Vermögensgegenstand Bestandteil des gemeinschaftlichen Vermögens ist und damit der Teilung unterliegt, auch einen vorbereitenden Beschluß erlassen.

IV. Die Bewertung der Liquidationsmasse

Die Bewertung des zu liquidierenden Vermögens gehört zu den schwierigsten Aufgaben bei der Teilungsauseinandersetzung[925]. Das FVGB enthält keine Vorschriften, die bei der Bewertung der Vermögensgegenstände im gemeinschaftlichen Vermögen helfen können. Dies gilt insbesondere für die genossenschaftlichen Wohnrechte, deren Aufwertung (*waloryzacja*) sich vor dem Hintergrund der wirtschaftlichen Umstrukturierungen in Polen nach 1989/1990 und damit einhergehender gesetzlicher Neugestaltungen als besonders schwierig erweist[926].

Das Genossenschaftsrecht ist weitgehend umgestaltet worden. Im Rahmen der Teilung müssen aber auch teilweise die alten Regelungen zu den genossenschaftlichen Wohnrechten berücksichtigt werden[927]. Die Bewertung einzelner

---

924 Vgl. zum Beispiel die Beschlüsse der I. Zivilabteilung des Amtsgerichts Warschau-Żoliborz I Ns 165/06; I 146/06; III Ns 53/03; III Ns 13/03; III Ns 842/03.

925 So auch die Auskunft der Richter der I. Zivilabteilung am Amtsgericht Warschau-Żoliborz.

926 Dazu OSNCP 1991, Nr.4, Pos.48 und These VI der Richtlinie des OG bei der Teilung genossenschaftlicher Wohnrechte OSNCP 1975, Nr.3, Pos.37, (S.19/20); vgl. zur Bewertung von Genossenschaftsrechten auch OSNCP 1984, Nr.5, Pos.72; OSNCP 1984, Nr.2-3, Pos.25; vgl. dazu auch den teilweise nicht mehr aktuellen Aufsatz von *Ciepła*, Podział majątku dorobkowego małżonków, w skład którego wchodzi spółdzielcze prawo do lokalu mieszkalnego bądź ekspektatywa uzyskania takiego prawa (Die Teilung des gemeinschaftlich errungenen Vermögens, in dessen Bestand sich ein genossenschaftliches Wohnrecht oder die Anwartschaft auf ein solches Recht befindet), PS 1992, Nr.7-8, S.31, 42-50.

927 Vgl. zu der Valorisierungsproblematik etwa Beschluß der I. Zivilabteilung des Amtsgerichts Warschau-Żoliborz, I Ns 227/06: der Beschluß enthält ein Sachverständigengutachten, dass sich mit der Aufwertung der Einlage zur Wohnungsbaugenossenschaft aus dem Jahre 1992 beschäftigt; die Auseinandersetzung wird in diesem Fall noch dadurch erschwert, dass einer der Ehegatten während des Verfahrens verstirbt und die Erben an

Vermögensgegenstände erfolgt gemäß den geltenden Marktpreisen[928]. Maßgeblicher Stichtag ist dabei der Zeitpunkt der Auseinandersetzung und der Teilung des gemeinschaftlichen Vermögens und nicht etwa der Zeitpunkt der Beendigung der gesetzlichen Gemeinschaft[929]. Die Bewertung erfolgt oft durch die Verfahrensbeteiligten selbst bzw. ihre Verfahrensvertreter. Die Verfahrensbeteiligten können sich dabei auch auf den Wert einer Sache einigen. Die Einigung ist insoweit bindend für das Gericht. Im Übrigen erfolgt bei Uneinigkeit eine Schätzung durch Sachverständige[930]. Dabei werden auch etwaige Belastungen des Vermögensgegenstandes durch Hypotheken, Pfandrechte, Dienstbarkeiten etc. berücksichtigt. Diese können den realen Wert des Vermögensgegenstandes mindern[931]. Genossenschaftliche Wohnrechte werden regelmäßig gemäß den für sie geleisteten Einlagen bewertet[932]. Entsprechendes gilt für die Bewertung des Anwartschaftsrechtes auf ein genossenschaftlich gewährtes Eigentumsrecht[933].

D. Art.43 FVGB: Anteilsbestimmung am gemeinschaftlichen Vermögen (*udziały w majątku wspólnym*)

Eine erste grundlegende und im Rahmen des FVGB normierte Rechtsfolge der Beendigung der gesetzlichen Gemeinschaft ist die Entstehung einer anteilsmäßigen Aufteilung des gemeinschaftlichen Vermögens.

Mit dem Zeitpunkt der Auflösung der gesetzlichen Gemeinschaft und damit auch der Gesamthand entsteht zugunsten jedes Ehegatten ein konkreter Anteil an dem bisher gemeinschaftlichen Vermögen. Diese Folge macht konsequenterwei-

---

seine Stelle treten; der Antrag auf Teilungsauseinandersetzung stammt aus dem Jahre 1997, beendet wird das Verfahren letztlich durch einen Vergleich im Jahre 2006.

928 *Sychowicz* in Piasecki, Art.46 FVGB Anm.85; vgl. im Zusammenhang mit der Problematik der Wertbestimmung genossenschaftlicher Wohnrechte auch Glosse zu OG vom 26. März 1993, III CZP 154/92 von *Sokołowski*, Palestra 1995, Nr.7-8, S.215ff; umfangreiche Aufzählung von richtungsweisenden Entscheidungen zu der Bewertung von genossenschaftlichen Wohnrechten bei *Gudowski* in Ereciński, Art.567 plZPO Anm.15.

929 Vgl. entsprechend für den Nachlaß Richtlinie III des Beschlusses der gesamten Zivilkammer des OG, OSNCP 1970, Nr.3, Pos.39, (S.9); zustimmend *Skowrońska-Bocian*, a.a.O. (Fn 238), S.208.

930 Vgl. etwa Beschluß der I. Zivilabteilung des Amtsgerichts Warschau-Żoliborz, I Ns 146/06: hier kam es letztlich nicht mehr zu dem Einsatz eines Sachverständigen bei der Bewertung eines genossenschaftlichen Wohnrechtes.

931 *Skowrońska-Bocian*, a.a.O. (Fn 238), S.208/209.

932 Für das genossenschaftlich gewährte Mietrecht vgl. OSNC 1998, Nr.3, Pos.48; auch OSNCP 1993, Nr.7-8, Pos.137 (Umgestaltung in Eigentumsrecht); auch MoP 1998, S.150; OSNC 1998, Nr.2, Pos.28; vgl. dazu auch *Sychowicz* in Piasecki, Art.46 FVGB Anm.86; für die Bewertung von Mietrechten siehe OSNC 2002, Nr.12, Pos.150; umfassend auch *Gromek*, Art.46 FVGB Anm.10.

933 *Sychowicz* in Piasecki, Art.46 FVGB Anm.87; dazu auch OSNCP 1986, Nr.11, Pos.172.

se auch eine konkrete Bestimmung der Höhe dieser Anteile der Ehegatten an der ehelichen Errungenschaft erforderlich. Dem sind die Regelungen in Art.43 FVGB gewidmet.

I. Vorbemerkungen

Art.43 FVGB gelangt erst mit Beendigung der gesetzlichen Gemeinschaft zur Anwendung. Denn erst mit Beendigung der gesamthänderischen Bindung des gemeinschaftlichen Vermögens können auch Anteile an der Vermögensmasse entstehen[934]. Gemäß Art.43 § 1 FVGB[935] stehen den Ehegatten grundsätzlich gleich große Anteile an ihrem gemeinschaftlichen Vermögen zu. Aus wichtigen Gründen kann jedoch gemäß Art.43 § 2 S.1 FVGB[936] eine Abweichung von diesem Grundsatz in Art.43 § 1 FVGB erfolgen und es können ungleich große Anteile gemessen an der Beteiligung eines Ehegatten an der Mehrung des gemeinschaftlichen Vermögen festgelegt werden. Dabei findet gemäß Art.43 § 3 FVGB[937] auch Berücksichtigung, wie viel persönliche Arbeitsleistung ein Ehegatte bei der Hausarbeit oder Kindererziehung beigetragen hat. Art.43 FVGB hat im Zuge der Juni-Reform 2004 bis auf die Ergänzung des Wortlauts in Art.43 § 2 S.2 durch die Separation keinerlei Änderungen erfahren. Folglich finden alle bisher in Rechtsprechung und Literatur aufgestellten Grundsätze zur Auslegung und Anwendung des Art.43 FVGB weiter uneingeschränkte Anwendung.

Der Art.43 FVGB hat mit der Streichung des Art.42 FVGB a.F. eine bedeutende systematische Stellung erlangt. Es ist der erste Artikel, der sich mit den Rechtsfolgen der Beendigung der gesetzlichen Gemeinschaft befaßt. Dies kommt im Wortlaut des Art.43 FVGB dadurch zum Ausdruck, dass nunmehr von „Anteilen am gemeinschaftlichen Vermögen“ (*udziały w majątku wspólnym*) die Sprache ist. Zwar ist das gemeinschaftliche Vermögen nach Beendigung der gesetzlichen

934 Leitsatz OSNC 1952, Nr.2, Pos.46; *Skowrońska-Bocian*, a.a.O. (Fn 238), S.157.

935 Art.43 § 1. Die Ehegatten haben gleich große Anteile an dem gemeinschaftlichen Vermögen.

936 Art.43 § 2. Jedoch kann aus wichtigen Gründen jeder Ehegatte verlangen, dass die Bestimmung der Anteile im gemeinschaftlichen Vermögen unter Berücksichtigung des Grades erfolgt, mit dem jeder von ihnen zur Entstehung dieses Vermögens beigetragen hat. Die Erben eines Ehegatten können ein solches Verlangen nur äußern, wenn der Erblasser einen Antrag auf Nichtigerklärung der Ehe oder Scheidung oder Separation gestellt hat.

937 Art.43 § 3. Bei der Beurteilung, mit welchem Grad sich jeder Ehegatten an der Entstehung des gemeinschaftlichen Vermögens beteiligt hat, sind auch die Aufwendungen durch persönliche Arbeit bei der Kindererziehung und im gemeinsamen Haushalt zu berücksichtigen.

Gemeinschaft als wirtschaftliche Einheit noch existent[938]. Die Entstehung der Anteile indiziert jedoch die Umwandlung der Gesamthand in eine Gemeinschaft nach Bruchteilen an dieser Vermögensmasse. Der Wortlaut des Art.43 FVGB allein verdeutlicht nicht hinreichend, dass das gemeinschaftliche Vermögen in seiner ursprünglich gesamthänderisch gebundenen Form mit dem Zeitpunkt der Auflösung der gesetzlichen Gemeinschaft eine Umwandlung erfährt[939]. Erst der Wortlaut des Verweises auf die vorangehenden Vorschriften in Art.46 FVGB[940] schafft dahingehend eindeutig Klarheit, dass sich die Vorschriften in Art.43 FVGB auf den Zeitraum nach Beendigung der gesetzlichen Gemeinschaft und Entstehung einer Gemeinschaft nach Bruchteilen in Bezug auf das gemeinschaftliche Vermögen beziehen. Vor der Juni-Reform 2004 kam dies durch den Wortlaut des Art.42 FVGB a.F. deutlicher zum Ausdruck. Art.42 FVGB a.F. verwies für die Vermögensteilung nach Beendigung der gesetzlichen Gemeinschaft unter Berücksichtigung der nachfolgenden Artikel unmittelbar auf die Vorschriften zum Bruchteilseigentum und somit auch auf Art.43 FVGB.

II. Der Grundsatz der gesetzlichen Halbteilung (*równe udziały*) gemäß Art.43 § 1 FVGB

Gemäß Art.43 § 1 FVGB haben beide Ehegatten gleich große Anteile am gemeinschaftlichen Vermögen[941]. Die mit dem Halbteilungsgrundsatz in Art.43 § 1 FVGB getroffene Regelung kann mit Blick auf die Quotenbestimmung am gemeinschaftlichen Vermögen als eine Art besondere Vorschrift zu der gemäß Art.197 plZGB[942] allgemein geltenden gesetzlichen Vermutung der Gleichheit von Bruchteilen bei Miteigentümern betrachtet werden. Es handelt sich bei Art.197 plZGB um eine widerlegbare gesetzliche Vermutung. Jeder Miteigentümer kann somit grundsätzlich das Bestehen der gleichen Anteilsgröße in jedem Stadium des Teilungsverfahrens mit entsprechenden Beweisen widerlegen. Der Ehegatte hingegen, der das Bestehen unterschiedlicher Beteiligungsquoten am gemeinschaftlichen Vermögen festgestellt haben will, bedarf hierzu einer ausdrücklichen Entscheidung des Gerichts nach Maßgabe des Art.43 § 2 FVGB. Diese Entscheidung muß die Anteile jedes Ehegatten ausdrücklich bezeichnen und die Abweichung vom Halbteilungsgrundsatz begründen[943]. Zwischen den beiden Tatbeständen in Art.43 § 1 und § 2 FVGB besteht somit ein Regel-Ausnahme-Verhältnis[944]. Die Regel ist, dass beide Ehegatten zu gleichen Antei-

938 *Breyer, Gross*, Art.43 FVGB S.220.

939 OSNC 1952, Nr.2, Pos.46.

940 „*...od chwili ustania wspólności ustawowej do majątku...*".

941 „*Oboje małżonkowie mają równe udziały w majątku wspólnym*".

942 Art.197. Es wird vermutet, dass die Anteile der Miteigentümer gleich sind.

943 So ausdrücklich OSNCP 1977, Nr.10, Pos.188; auch schon *Breyer, Gross*, Art.43 FVGB S.221.

944 OSNCP 1977 Nr.10, Pos.188; so auch *Pietrzykowski* 2003, Art.43 FVGB Rn 26.

len am gemeinschaftlichen Vermögen beteiligt sind. Die Ausnahme ist, dass bei besonderen Umständen im Einzelfall eine Abweichung von diesem Grundsatz zu erfolgen hat.

1. Die Rechtsnatur des Art.43 § 1 FVGB

Fraglich ist die Rechtsnatur der Regelung in Art.43 § 1 FVGB. In Literatur[945] und Rechtsprechung[946] wird der Tatbestand des Art.43 § 1 FVGB oftmals wegen des Vermutungstatbestandes in Art.197 plZGB ebenfalls als eine „Vermutung der Gleichheit der Anteile“ (*domniemanie równości udziałów*) bezeichnet. Die richtige Einordnung der Rechtsnatur des Art.43 § 1 FVGB ist für die Anforderungen an die Beweisführung von Bedeutung. Stellt man sich auf den Standpunkt, dass Art.43 § 1 FVGB die Regel und Art.43 § 2 FVGB die Ausnahme beinhaltet, so genügt beweisrechtlich bereits ein Gegenbeweis, um Zweifel des Gerichts an der im Rahmen des Hauptbeweises gewonnenen Überzeugung vom Vorliegen der Tatsachen für die Abweichung vom Halbteilungsgrundsatz zu begründen. Demgegenüber bedarf es zur Widerlegung einer Vermutung eines Beweises des Gegenteils[947]. Der hierbei erforderliche Beweis des Gegenteils ist aber nicht identisch mit dem Gegenbeweis: der Beweis des Gegenteils ist erst geführt, wenn die Unwahrheit der vermuteten Tatsache sicher feststeht. Der Gegner muß nach den allgemeinen Grundsätzen zur vollen Überzeugung des Gerichts beweisen, dass die Tatsache oder das Recht, das auf Grund der gesetzlichen Vermutung unterstellt wird, in Wirklichkeit nicht besteht. Die bloße Erschütterung der Vermutung, die Darlegung anderer Möglichkeiten oder auch der Nachweis, dass die vermutete Tatsache unwahrscheinlich ist, genügt nicht. Bleiben Zweifel am Bestehen der vermuteten Tatsache oder des vermuteten Rechts, so gehen diese zu Lasten des Gegners, die gesetzliche Vermutung bleibt bestehen, bis ihre Unrichtigkeit eindeutig nachgewiesen ist[948].

Gegen einen Vermutungstatbestand in Art.43 § 1 FVGB spricht allerdings bereits der für eine Vermutung untypische Wortlaut. Die Bezeichnung „Vermutung“ (*domniemanie*) als typisches Indiz für einen Vermutungstatbestand wird nicht verwendet. Der Wortlaut enthält auch im Übrigen keinen Hinweis auf das

---

945 *Rudnicki*, Art.197 plZGB Anm.1; auch *Karnicka-Kawczyńska/Kawczyński*, Podział majątku dorobkowego małżonków (Die Teilung des gemeinschaftlichen Vermögens der Ehegatten), MoP 2000, S.423, 424.

946 OSP 1998, Nr.10, Pos.168, (S.478); OSP 2002, Nr.2, Pos.17, (S.74); ausdrücklich erstinstanzlich auch Amtsgericht Warschau-Żoliborz, Beschluß der I. Zivilabteilung vom 18. Dezember 2006, I Ns 202/06; Beschluß der I. Zivilabteilung vom 05. Juni 2007, I Ns 1256/06.

947 *Mądrzak*, a.a.O. (Fn 585), Rn 243, 245.

948 Zöller-*Greger*, § 292 ZPO Rn 2.

Vorliegen einer gesetzlichen Vermutung im Sinne des Art. 234 plZPO[949]. Der Wortlaut des Art.43 § 1 FVGB ist vielmehr feststellend: Beide Ehegatten haben gleich große Anteile an dem gemeinschaftlichen Vermögen[950]. Dies spricht rechtsmethodisch eher für einen gesetzlichen Regelfall denn für eine Vermutung. Ferner kann gegen einen Vermutungstatbestand die verfahrensrechtliche Vorgehensweise bei einem Antrag auf Abweichung vom Halbteilungsgrundsatz nach Art.43 § 2 FVGB ins Feld geführt werden. So ergeht bei einem Antrag nach Art.43 § 2 FVGB auf Abweichung vom Halbteilungsgrundsatz eine rechtsgestaltende, konstitutive Entscheidung – dies ist insoweit einhellige Meinung in Rechtsprechung und Literatur[951]. Die Entscheidung nach Art.43 § 2 FVGB kann das Gericht gemäß Art.567 § 2 plZPO dabei auch in einem gesonderten Beschluß (*postanowienie wstępne*) treffen, der dem das Auseinandersetzungs- und Teilungsverfahren beendenden Beschluß vorangeht[952]. Der Antrag nach Art.43 § 2 FVGB muß auch nicht zwingend im Auseinandersetzungs- und Teilungsverfahren gestellt werden. Er muß nur vor dem rechtskräftigen Teilungsbeschluß erfolgt sein. Ein Antrag gemäß Art.43 § 2 FVGB ist nach durchgeführter Teilungsauseinandersetzung wegen Art.618 § 3 plZPO nicht mehr zulässig[953]. Somit ist grundsätzlich mangels entgegenstehender Regelung ebenfalls ein Urteil auf der Grundlage des Art.43 FVGB im streitigen Verfahren denkbar, ohne dass ein Auseinandersetzungs- und Teilungsverfahren, das wegen der Art.566, 567 plZPO und der Art.680-689 plZPO grundsätzlich im nichtstreitigen Verfahren durchgeführt wird, erforderlich ist[954]. Historisch läßt sich dies auch mit Art.27 FGB von 1950 belegen. Der Antrag auf Feststellung von unterschiedlichen Beteiligungsquoten an der Mehrung des gemeinschaftlichen Vermögens erfolgte gemäß Art.27 FGB im streitigen Verfahren. Die Möglichkeit, den Antrag im nichtstreitigen Verfahren gemäß Art.567 § 1 plZPO zu stellen, wurde erst mit

---

949 Art.234. Vom Gesetz aufgestellte Vermutungen binden das Gericht; sie können jedoch widerlegt werden, sofern das Gesetz dies nicht ausschließt.

950 Ähnlich auch Glosse von *Gniewek* zu OG vom 21. Juni 2001, III CZP 16/01, OSP 2002, Nr.2, Pos.17, (S.75).

951 So explizit zum Beispiel *Skowrońska-Bocian*, a.a.O. (Fn 238), S.158.

952 Insoweit einhellige Meinung OSNCP 1977, Nr.10, Pos.188; OSNCP 1973, Nr.7-8, Pos.124; *Piątowski*, a.a.O. (Fn 30), S.493; *Breyer, Gross*, Art.43 FVGB S.226; *Pietrzykowski* 2003, Art.43 FVGB Rn 27; *Skowrońska-Bocian*, a.a.O. (Fn 238), S.158; *Lech-Chełmińska/Przybyła*, Art.43 FVGB Anm.8; exemplarisch hierzu auch der Beschluß der I. Zivilabteilung des Amtsgerichts Warschau-Żoliborz vom 05. Juni 2007 I Ns 1256/06: hier erging im Rahmen des Auseinandersetzungs- und Teilungsverfahrens ein umfangreicher Teilbeschluß auf der Grundlage des Art.43 FVGB.

953 *Pietrzykowski* 2003, Art.43 FVGB Rn 23.

954 *Pietrzykowski* 2003, Art.43 FVGB Rn 22 mit Verweis auf OSN 1972, Nr.7-8, Pos.129; siehe auch *Piątowski*, a.a.O., S.493; so auch schon *Stecki*, Udziały małżonków w majątku wspólnym (Die Anteile der Ehegatten am gemeinschaftlichen Vermögen), PiP 1968, Nr.8-9, S. 353, 356/357.

der plZPO 1964 eingeführt[955]. Schließlich können gegen einen Vermutungstatbestand in dem familienrechtlichen Zusammenhang des Art.43 § 1 FVGB auch die bei der Widerlegung einer gesetzlichen Vermutung gesteigerten Beweisanforderungen an den Beweis des Gegenteils angeführt werden. Diese würden in der Praxis vor dem familienrechtlichen Hintergrund der Vermögensmehrung nur schwer erfüllt werden können. Der Wortlaut des Art.43 § 1 FVGB sowie die verfahrensrechtliche Vorgehensweise im Rahmen des Art.43 § 2 FVGB als Ausnahmevorschrift sprechen daher insgesamt für die Normierung eines gesetzlichen Regelfalles und gegen einen Vermutungstatbestand wie ihn Art.197 plZGB enthält[956]. Art.43 § 1 FVGB enthält die grundsätzlichen Wertungen des Gesetzgebers, dass Ehegatten in der Regel jeweils zur Hälfte an der Bildung des gemeinschaftlichen Vermögens bis zur Beendigung der gesetzlichen Gemeinschaft beteiligt sind. Eine Abweichung von diesen Wertungen ist nur bei Vorliegen der Voraussetzungen des Art.43 § 2 FVGB gerechtfertigt.

2. Die Zweckrichtung der Halbteilung

Gemäß Art.43 § 1 FVGB gilt zwischen den Ehegatten nach Beendigung der Ehe zunächst der Halbteilungsgrundsatz. Unbeachtlich ist dabei, wieviel Vermögen jeder Ehegatte während der Ehe erworben und inwiefern ein Ehegatte mit dem Erworbenem zur Bildung des gemeinschaftlichen Vermögens beigetragen hat. Dass die Ehegatten je zur Hälfte am gemeinschaftlichen Vermögen beteiligt werden, wird als Ausdruck des Leitgedankens der Gleichberechtigung von Mann und Frau in der Ehe gewertet, der auch bei der Beendigung der gesetzlichen Gemeinschaft zur Geltung kommen soll[957]. Dieser Grundsatz gilt auch zunächst ungeachtet des Beendigungstatbestandes, welcher der Auflösung der gesamthänderischen Bindung zugrunde liegt[958]. Erst auf der nächsten Ebene, nämlich Abweichung vom Halbteilungsgrundsatz nach Maßgabe des Art.43 § 2 FVGB aus wichtigen Gründen, können die den Beendigungstatbestand begleitenden faktischen Umstände, wie etwa das Verschulden der Scheidung durch einen Ehegatten, eine Andersverteilung des gemeinschaftlichen Vermögens rechtfertigen[959].

955 *Breyer, Gross*, Art.43 FVGB S.224.

956 Auch *Breyer, Gross* bezeichnen die gesetzliche Halbteilung als „Grundsatz“ in ihrer Kommentierung, vgl. z.B. Art. 43 FVGB S.221.

957 *Piątowski*, a.a.O. (Fn 30), S.488; *Skowrońska-Bocian*, a.a.O. (Fn 238), S.157; *Pietrzykowski* 2003, Art.43 FVGB Rn 1, *Gajda*, Kodeks rodzinny i opiekuńczy (Das Familien- und Vormundschaftsgesetzbuch), 2. Auflage, Warschau 2000, Art.43 FVGB Rn 1.

958 *Gajda*, Art.43 FVGB Rn 1; *Stecki*, a.a.O. (Fn 317), S.37; OSNC 1952, Nr.2, Pos.46.

959 Das heißt aber nicht, dass derjenige Ehegatte, der die Scheidung auch verschuldet hat, notwendigerweise den kleineren Anteil am gemeinschaftlichen Vermögen erhält, vgl. *Stecki*, a.a.O., S.40; für eine konkrete Berücksichtigung des Verschuldens der Scheidung

III. Abweichung von der Halbteilung gemäß Art.43 § 2 FVGB

Als Ausnahme von der Regel der gesetzlichen Halbteilung ist eine Abweichung von der grundsätzlichen hälftigen Teilung des gemeinschaftlichen Vermögens gemäß § 43 § 2 S.1 FVGB zulässig. Danach kann das Gericht aus wichtigen Gründen nach Beendigung der gesetzlichen Gemeinschaft auf Antrag eines Ehegatten eine vom Halbteilungsgrundsatz abweichende[960] und dem Beteiligungsgrad eines Ehegatten an der Mehrung des gemeinschaftlichen Vermögens entsprechende Quotelung treffen[961]. Das OG hat zudem entschieden, dass es gerechtfertigt sein kann, auf der Grundlage des Art.43 § 2 S.1 FVGB einem Ehegatten den gesamten Anteil am gemeinschaftlichen Vermögen abzuerkennen, indem das Gericht bei einer entsprechend gelagerten Sachverhaltsgestaltung eine Quotelung von 0:1 vornimmt[962]. Die Rechtsprechung begründet die Zulässigkeit eines solchen Vorgehens mit der nach dem alten Art.27 FGB explizit gesetzlich geregelten Möglichkeit, im Rahmen der Abweichung vom Halbteilungsgrundsatz bei Vorliegen entsprechender Voraussetzungen einem Ehegatten einen Anteil am gemeinschaftlichen Vermögen abzusprechen, wenn auch nur als *ultima ratio* in besonders drastisch gelagerten Fällen[963].

Anders als der Vorgänger Art.27 FGB – danach konnte die Abweichung vom Halbteilungsgrundsatz nur im Falle der Scheidung wegen Verschuldens eines oder beider Ehegatten oder der Nichtigkeit der Ehe angeordnet werden – kann Art.43 § 2 FVGB dem Wortlaut nach in sämtlichen Fällen der Auflösung der gesetzlichen Gemeinschaft zur Anwendung kommen. Die Abweichung vom Halbteilungsgrundsatz ist einzig im Falle der Auflösung der gesetzlichen Gemeinschaft durch den Tod dahingehend beschränkt, dass gemäß Art.43 § 2 S.2 FVGB ein solcher Antrag der Erben nur dann zulässig ist, wenn der verstorbene Ehegatte zu Lebzeiten einen Antrag auf Scheidung, Erklärung der Nichtigkeit der Ehe oder Separation gestellt hat[964].

---

im Rahmen des „wichtigen Grundes" aber OG vom 27. Juni 2003, IV CKN 278/01 in MoP 2004, 276, 277.

960 „*Jednakże z ważnych powodów każdy z małżonków może żądać ażeby ustalenie udziałów w majątku wspólnym...*".

961 „*...nastąpiło z uwzględnieniem stopnia, w którym każdy z nich przyczynił się do powstania tego majątku*".

962 Vgl. Leitsatz 2. zu OSNCP 1969, Nr.11, Pos.205; OSNCP 1977, Nr.10, Pos.188, (S.51); auch *Stecki*, a.a.O. (Fn 317), S.109; vgl. z.B. auch die Anträge in dem Beschluß der I. Zivilabteilung des Amtsgerichts Warschau-Żoliborz vom 05. Juni 2007, I Ns 1256/06.

963 OSNCP 1969, Nr.11, Pos.205; OSNCP 1977, Nr.10, Pos.188, (S.51); vgl. auch *Breyer, Gross*, Art.43 FVGB S.222.

964 „*Spadkobiercy małżonka mogą wystąpić z takim żądaniem tylko w wypadku gdy spadkodawca wytoczył powództwo o unieważnienie małżeństwa albo o rozwód lub wystąpił o orzeczenie separacji*".

Ratio legis des Art.43 § 2 FVGB ist, dass bei Vorliegen besonderer Umständen wegen der grundsätzlichen hälftigen Teilung nach Art. 43 § 1 FVGB vermieden werden soll, dass sich die Beendigung der gesetzlichen Vermögensgemeinschaft für den einen Ehegatten als wirtschaftlicher Vorteil und für den anderen Ehegatten gleichzeitig als wirtschaftlicher Nachteil erweist.
Auf Antrag eines Ehegatten wird durch das Gericht gemäß Art. 43 § 2 FVGB der für das konkrete Teilungsverfahren angemessene Verteilungsmaßstab festgelegt. Wird bei einem Ehegatten eine höhere Beteiligung an der Mehrung des gemeinschaftlichen Vermögens im Sinne des Art.43 § 2 S.1 FVGB festgestellt, trifft das Gericht dann anteilsmäßig eine andere Vermögenszuordnung, soweit im Einzelfall die hälftige Beteiligung am gemeinschaftlichen Vermögen für einen der Ehegatten unzumutbar ist und diesen unangemessen benachteiligen würde, also ein wichtiger Grund vorhanden ist. Die Voraussetzungen der Andersverteilung müssen gemäß dem Wortlaut des Art.43 § 2 S.1 kumulativ vorliegen[965]. Eine bloß einseitige Mehrung des gemeinschaftlichen Vermögens genügt demnach für den Antrag nach Art.43 § 2 FVGB nicht, wenn diesen nicht zudem noch wichtige Gründe rechtfertigen[966]. Dies indiziert eine restriktive Anwendung der Ausnahmeregelung in Art.43 § 2 S.1 FVGB.

1. Unterschiedlicher Beteiligungsgrad an der Mehrung des gemeinschaftlichen Vermögens (*stopien w którym każdy z małżonków przyczynił się do powstania majątku wspólnego*)

Neben dem Vorliegen eines wichtigen Grundes erfordert eine Abweichung vom Halbteilungsgrundssatz eine andere, regelmäßig höhere, Beteiligung des antragstellenden Ehegatten an der Schaffung des gemeinschaftlichen Vermögens während der Ehe. Dabei sind die Gesamtumstände, unter denen die Vermögensmehrung erfolgte, in die Betrachtung mit einzubeziehen[967]. Bei der Beurteilung der Umstände der Vermögensbildung stellt daher Art.43 § 3 FVGB klar, dass die Beteiligung an der Haushaltsführung und Kindererziehung mit in die Waagschale zu legen sind[968]. Dies gilt insbesondere dann, wenn ein Ehegatte während der Ehe nicht einer einkommensabhängigen Tätigkeit nachgegangen ist, sondern sich ausschließlich der Haushaltsführung widmete. Kindererziehung und Haushaltsführung stehen insoweit bereits per Gesetz einer einkommensabhängigen Tätigkeit gleichwertig gegenüber.

965 *Ignaczewski*, a.a.O. (Fn 241), S.131.
966 OSNCP 1973, Nr.10, Pos.174; OSNCP 1974, Nr.11, Pos.189 (Leitsatz); siehe auch Leitsatz zu III CKN 1018/2000, Beschluß des OG vom 21. November 2002.
967 OSNCP 1974, Nr.11, Pos.189; *Piątowski*, a.a.O. (Fn 30), S.489; *Sychowicz* in Piasecki, Art.43 FVGB Anm.16.
968 „*...przy ocenie, w jakim stopniu każdy z małżonków przyczynił się do powstania majątku wspólnego, uwzględnia się także nakład osobistej pracy przy wychowaniu dzieci i we wspólnym gospodarstwie domowym...*".

Problematisch kann die Bestimmung einer unterschiedlichen Beteiligungsquote an der Mehrung des gemeinschaftlichen Vermögens vornehmlich in praktischer Hinsicht sein. Wie bereits mehrfach ausgeführt, entstehen zwischen den Ehegatten während der Ehe komplexe Vermögensverflechtungen, die nur schwer zu entwirren sind. Schon aufgrund der gemeinsamen Haushaltsführung finden bewußte und unbewußte Vermögensverschiebungen zwischen dem persönlichen und dem gemeinschaftlichen Vermögen statt, ohne dass nachträglich konkret bestimmbar ist, ob der Vermögenszuwachs nun aus den Mitteln des gemeinsamen oder des persönlichen Vermögens stammte. Unklar bleibt somit meistens, ob der eine oder der andere Ehegatte mehr zu der Wertsteigerung der finanziellen Basis der Familie beigetragen hat. Wegen des regelmäßig zwischen den Ehegatten bestehenden Zerwürfnisses bei Beendigung der Ehe, wird wegen des Nichtvorhandenseins objektiver Zeugen die konkrete Beteiligungsquote an der Mehrung des gemeinschaftlichen Vermögens nur schwer zu beweisen sein[969]. In der Rechtsprechung und Literatur wird daher zu Recht darauf hingewiesen, dass eine Bestimmung der unterschiedlichen Beteiligung an der Mehrung des gemeinschaftlichen Vermögens regelmäßig nur bei eklatant großen und sichtbaren Unterschieden in der Beteiligung der beiden Ehegatten eine Entscheidung nach Art.43 § 2 FVGB zu rechtfertigen vermag[970].

Bei der Bestimmung der individuellen Beteiligungsquote der Ehegatten kann Berücksichtigung finden, ob das gemeinschaftliche Vermögen maßgeblich durch Erbe, Vermächtnis oder Schenkung seitens der Verwandtschaft eines Ehegatten gemehrt worden ist[971]. Der Wortlaut des Art.43 § 2 FVGB erfordert nicht, dass die Vermehrung des gemeinschaftlichen Vermögens ausschließlich auf der persönlichen Arbeitsleistung eines Ehegatten beruht[972]. In die Bewertung des Beteiligungsgrades fällt ferner auch der Umgang mit dem gemeinschaftlichen Vermögen bei seiner Verwaltung ins Gewicht[973]. Die aufgezeigten Wertungsgesichtspunkte sind nur Anhaltspunkte. Sie zeigen, wie schwierig eine konkrete Feststellung des Beteiligungsgrades im Einzelfall sein kann. Erschwerend

969 Vgl. dazu insbesondere die Auseinandersetzung des OG mit der Zeugenaussage der Mutter der Antragsstellerin in OSNCP 1974, Nr.11, Pos.189; der Beschluß der I. Zivilabteilung des Amtsgerichts Warschau-Żoliborz vom 05. Juni 2007 I Ns 1256/06 zeigt ebenfalls die typischen Beweisprobleme im Rahmen des Art.43 FVGB auf; es mußten u.a. etwa sämtliche Steuererklärungen der Verfahrensbeteiligten ausgewertet werden.

970 Leitsatz 2. zu OSNCP 1973, Nr.10, Pos.174; *Piątowski*, a.a.O. (Fn 30), S.490.

971 *Piątowski*, a.a.O. (Fn 30), S.490 und Fußnote 518; so auch *Skowrońska-Bocian*, a.a.O. (Fn 238), S.160; *Sychowicz* in Piasecki, Art.43 FVGB Anm. 17; kritisch *Breyer, Gross*, Art.43 FVGB, S.223.

972 *Breyer, Gross*, Art.43 FVGB, S.223; *Stecki*, a.a.O. (Fn 317), S.110, der darauf hinweist, dass ein erkrankter Ehegatte typischerweise nicht in der Lage ist, das gemeinschaftliche Vermögen zu steigern.

973 *Sychowicz* in Piasecki, Art.43 FVGB Anm.15.

kommt weiter hinzu, dass meist ein längerer Zeitraum zu betrachten ist. Exemplarisch kann in diesem Zusammenhang der Beschluß der I. Zivilabteilung des Amtsgerichts Warschau-Żoliborz vom 05. Juni 2007 I Ns 1256/06 genannt werden: Das Gericht kam am Ende einer umfangreichen Beweisaufnahme zu dem Ergebnis, dass nicht festgestellt werden könne, dass sich beide Ehegatten unterschiedlich an der Mehrung des gemeinschaftlichen Vermögens beteiligt haben. Zur Begründung führte es aus, dass es verschiedene Phasen in der streitgegenständlichen 11-jährigen Ehe gegeben habe. Dabei habe zeitweise die Ehefrau und in anderen Zeiten wiederum der Ehemann mehr zu der Mehrung des gemeinschaftlichen Vermögens beigetragen.

2. Wichtige Gründe (*ważne powody*)

Allein die offensichtliche Nichtbeteiligung an der Mehrung des gemeinschaftlichen Vermögens genügt nicht, um eine Abweichung vom Halbteilungsgrundsatz des Art.43 § 1 FVGB zu rechtfertigen. Und zwar auch dann nicht, wenn die Nichtbeteiligung an der Steigerung des gemeinschaftlichen Vermögens von einem Ehegatten schuldhaft, notorisch oder böswillig unterlassen wird[974]. Kumulativ zur Nichtbeteiligung an der Schaffung der vermögensrechtlichen Grundlage der Ehe und Familie müssen wichtige Gründe (*ważne powody*) aus der Sicht des antragstellenden Ehegatten vorhanden sein, die eine Andersverteilung des gemeinschaftlichen Vermögens nach Beendigung der gesetzlichen Gemeinschaft rechtfertigen[975]. Der Gesetzgeber überläßt die Bestimmung der „wichtigen Gründe" allein dem Rechtsanwender.

Das Erfordernis wichtiger Gründe bei der Abweichung vom Halbteilungsgrundsatz wurde erst durch das FVGB 1964 eingeführt. Das FGB enthielt eine solche Voraussetzung noch nicht[976]. Die Feststellung eines wichtigen Grundes erfordert eine umfassende Würdigung aller Umstände im Einzelfall. Es handelt sich bei der Bezeichnung „wichtige Gründe" um einen unbestimmten Rechtsbegriff, der nicht näher definiert und damit ausfüllungsbedürftig ist. Zur Inhaltsbestimmung ist der Rückgriff auf einschlägige Rechtsprechung erforderlich[977]. Die wichtigen Gründe im Sinne des Art.43 § 2 S.1 FVGB werden unter anderem als „Umstände [bezeichnet], die es mit Blick auf allgemeine Grundsätze des gesellschaftlichen Zusammenlebens gebieten, dem anderen Ehegatten den Vorteil durch die hälftige Teilung des gemeinschaftlichen Vermögens abzuerkennen, als dieser

974 *Ignaczewski*, a.a.O. (Fn 241), S.132.

975 *Gajda*, Art.43 FVGB Rn 3.

976 *Stecki*, a.a.O. (Fn 317), Fußnote 97, S.110.

977 Vgl. auch Art.52 § 1 FVGB (Anordnung der Gütertrennung), der ebenfalls die Bezeichnung „wichtige Gründe" verwendet.

nicht hinreichend zu dessen Entstehung beigetragen hat“[978]. Für das Vorliegen eines wichtigen Grundes ist ein Verschulden bei der Trennung der Ehegatten grundsätzlich nicht erforderlich, wird aber bei der Gesamtabwägung regelmäßig erschwerend ins Gewicht fallen[979].

Zur Bewertung der wichtigen Gründe in Art.43 § 2 S.1 FVGB wird teilweise in der Literatur[980] auf die Kriterien und Maßstäbe zur Bestimmung der wichtigen Gründe in Art.52 § 1 FVGB verwiesen, die eine Aufhebungsklage rechtfertigen[981]. Dagegen wird indes eingewendet, dass der Feststellung einer unterschiedlichen Beteiligungsquote an der Mehrung des gemeinschaftlichen Vermögens aus wichtigen Gründen ein anderer Sachverhalt zugrunde liege als dies bei einer Aufhebungsklage im Sinne von Art.52 FVGB der Fall sei[982]. Eine Entscheidung des Gerichts nach Maßgabe des Art.43 § 2 FVGB bedeute einen grundlegenden Einschnitt in die Rechte des benachteiligten Ehegatten[983]. Bei der Anordnung der Gütertrennung aus wichtigen Gründen hingegen behalten die Ehegatten vollständig ihre Berechtigung an dem gemeinschaftlichen Vermögen. Dies sei bei der Abweichung vom Halbteilungsgrundsatz gerade nicht der Fall. Im Rahmen des Art.43 § 2 FVGB könne es sogar zu einer vollständigen Aberkennung einer Beteiligung an dem gemeinschaftlichen Vermögen kommen. Wichtige Gründe im Sinne des Art.52 FVGB betreffen somit vornehmlich vermögensrechtliche Gesichtspunkte, während die Bewertung der wichtigen Gründe in Art.43 FVGB insbesondere auf ethischen und Billigkeitserwägungen beruhe. Daher sollen die wichtigen Gründe in Art.43 § 2 FVGB im Vergleich zu den wichtigen Gründen im Sinne des Art. 52 FVGB eher restriktiv auszulegen sein[984].

---

978 Der Versuch einer allgemeinen Definition bei *Sychowicz* in Piasecki, Art.43 FVGB Anm.8; auch *Gajda*, Art.43 FVGB Rn 3.

979 *Piątowski*, a.a.O. (Fn 30), S.491; *Sychowicz* in Piasecki, Art.43 FVGB Anm.12.

980 Siehe z.B. *Sychowicz* in Piasecki, Art.43 FVGB Anm.9; ähnlich *Winiarz/Gajda*, Prawo rodzinne (Familienrecht), Warschau 1999, S.119.

981 So auch *Stecki*, Udziały małżonków w majątku wspólnym (Die Anteile der Ehegatten am gemeinschaftlichen Vermögen), PiP 1968, Nr.8-9, S.353, 357; *Grzybowski*, Prawo rodzinne (Familienrecht), Warschau 1980, S.108; *Sychowicz* in Piasecki, Art.43 FVGB Anm.9.

982 *Ignaczewski*, a.a.O. (Fn 241), S.131.

983 *Piątowski*, a.a.O. (Fn 30), S.490.

984 So ausdrücklich *Piątowski*, a.a.O., S.490; dem ausdrücklich folgend Richter *Polakowski* in Beschluß der I. Zivilabteilung des Amtsgerichts Warschau-Żoliborz vom 05. Juni 2007 I Ns 1256/06; zustimmend auch Glosse von *Smyczyński* zu einer Entscheidung des OG zu Art.5 plZGB, OSP 2001, Nr.9, Pos.136, (S.468); den Anwendungsbereich von Art.52 FVGB und Art.43 FVGB ähnlich bewertend auch *Dobrzański* in Glosse zu OG vom 16. Juli 1970, II Cr 541/70, OSPiKA 1972, Nr.3, Pos. 52 (S.133).

Das OG entschied, dass ein wichtiger Grund im Sinne des Art. 43 § 2 S.1 FVGB auch dann gegeben sein könne, wenn der andere Ehegatte sich beharrlich weigere, sich seinen Möglichkeiten entsprechend an der gemeinsamen Schaffung der finanziellen Basis zum Wohle der Familie zu beteiligen[985]. Gleichwohl komme es nicht darauf an, ob der eine Ehegatte einer weitaus lukrativeren Tätigkeit nachgehe als der andere und deshalb tatsächlich allein die finanzielle Verantwortung für das Entstehen des gemeinschaftlichen Vermögens trage. Maßstab sei insoweit Art.27 FVGB. Danach sind beide Ehegatten nach besten Kräften und gemäß ihren individuellen finanziellen Möglichkeiten verpflichtet, die familiären Bedürfnisse zu befriedigen[986]. Nur wenn diesbezüglich ein auffälliges Mißverhältnis zwischen den beiden Ehegatte zu verzeichnen sei, weil ein Ehegatte sich hartnäckig weigere, seinen Pflichten nach Maßgabe des Art.27 FVGB nachzugehen, sei ein wichtiger Grund im Sinne des Art.43 § 2 FVGB gegeben. Der Anteilsgröße komme insofern eine überragende Bedeutung zu. Die Quote der Beteiligung sei entscheidender Maßstab für die schuldrechtlichen Rechte und Pflichten der Ehegatten untereinander und zugleich für die Größe des Anteils Inhalt der Rechtszuständigkeit des Teilhabers im Verhältnis zu Dritten[987].

Die Vorschriften in Art.52 FVGB und Art.43 § 2 FVGB dürften in der Praxis oft in vergleichbaren Sachverhaltskonstellationen in Betracht kommen. So kann zum Beispiel eine *de facto* Separation der Ehegatten bei rechtmäßig bestehender Ehe als wichtiger Grund auch eine Aufhebungsklage rechtfertigen, weil eine gemeinsame Verwaltung des gemeinschaftlichen Vermögens nicht mehr möglich ist. Ein dauerndes Getrenntleben der Ehegatten kann aber genauso wichtiger Grund im Sinne des Art. 43 § 2 FVGB sein, wenn dieses dazu führt, dass die Eheleute sich nicht mehr gemeinsam an der Schöpfung des gemeinschaftlichen Vermögens als finanzielle Basis einer funktionierenden Ehe und Familie beteiligen können[988]. Insofern dürften sich die Sachverhalte, die zu einem Antrag nach Art.52 FVGB oder Art.43 § 2 FVGB führen, in der Praxis teilweise überlagern. Gleichwohl sprechen die unterschiedlichen Regelungsziele der beiden Vorschriften gegen eine uneingeschränkte Gleichsetzung des Begriffes „wichtige Gründe".

Normzweck der Aufhebungsklage nach Art.52 FVGB ist nämlich, die gesetzliche Gemeinschaft unter Aufrechterhaltung der Ehe dann beenden zu können, wenn aufgrund besonderer Umstände die Vermögensrechte eines Ehegatten durch das Weiterbestehen der gesamthänderischen Bindung gefährdet würden. *Ratio legis* des Art.43 § 2 FVGB ist demgegenüber, nach Beendigung der ge-

985 OSNCP 1973, Nr.10, Pos.174.
986 OSNCP 1973, Nr.10, Pos.174 ; OSNC 2004, Nr.9, Pos.146.
987 Staudinger-*Langhein* § 742 BGB Rn 1/2.
988 Vgl. *Stecki*, a.a.O. (Fn 317), S.111.

setzlichen Gemeinschaft und gleichzeitig regelmäßig auch der Ehe unter Berücksichtigung der konkreten Beteiligung jedes Ehegatten einen gerechten Vermögensausgleich zu schaffen, wenn Gerechtigkeitserwägungen im Einzelfall eine Ausnahme von der grundsätzlich hälftigen Teilung des gemeinschaftlichen ehelichen Vermögens rechtfertigen. Deshalb kommt es auch nicht allein auf den Beteiligungsgrad an der Mehrung des gemeinschaftlichen Vermögens an. Vielmehr müssen kumulativ wichtige Gründe gegeben sein, damit eine Abweichung vom Halbteilungsgrundsatz überhaupt gerechtfertigt sein kann. Art.43 FVGB betrifft somit nicht den Ausgleich einer wirtschaftlichen Ungerechtigkeit, sondern den Ausgleich aufgrund von Billigkeitserwägungen.

3. Verfahrensrechtliches

Der Antrag auf Feststellung der unterschiedlichen Beteiligungsquote an der Mehrung des gemeinschaftlichen Vermögens aus wichtigen Gründen ist erst nach Beendigung der gesetzlichen Gemeinschaft zulässig. Während der Dauer der gesetzlichen Gemeinschaft ist die Feststellung eines unterschiedlichen Beteiligungsgrades nach Maßgabe des Art.43 § 2 S.1 FVGB schon deshalb nicht möglich, weil es wegen der gesamthänderischen Bindung noch keine Anteile an dem gemeinschaftlichen Vermögen gibt.

Die Antragstellung erfolgt regelmäßig im Rahmen des gerichtlichen Auseinandersetzungs- und Teilungsverfahrens, Art. 567 § 1 plZPO. Das Gericht entscheidet gemäß Art.568 § 2 plZPO durch Beschluß[989]. Der Antrag auf Andersverteilung der Quoten am ehemals gemeinschaftlichen Vermögen kann aber nach dem Wortlaut des Gesetzes auch losgelöst vom eigentlichen Auseinandersetzungs- und Teilungsverfahren im streitigen Verfahren geltend gemacht werden. Ein entsprechendes Urteil bildet dann die Grundlage für die Bestimmung der Anteile am gemeinschaftlichen Vermögen im (nichtstreitigen) Auseinandersetzungs- und Teilungsverfahren[990].

Die zeitliche Grenze eines Antrags nach Art.43 § 2 FVGB bildet die Rechtskraft des Teilungsbeschlusses[991]. Die Stellung eines Antrags auf Abweichung vom Halbteilungsgrundsatz erst im Berufungsverfahren ist daher unzulässig. Es würde sich hierbei auch gemäß den Art.383 plZPO[992] in Verbindung mit Art. 13 § 2

989 Siehe zum Beispiel OSNCP 1972, Nr.7-8, Pos.129; auch Beschluß der I. Zivilabteilung des Amtsgerichts Warschau-Żoliborz vom 05. Juni 2007, I Ns 1256/06.

990 *Stecki*, a.a.O. (Fn 317), S.108.

991 *Stecki*, a.a.O., S.108.

992 Gemäß Art.383 plZPO sind eine Erweiterung des erstinstanzlichen Klageantrags oder die Geltendmachung neuer Ansprüche im Berufungsverfahren grundsätzlich unzulässig. Etwas anderes gilt nur, wenn neue Tatsachen im Berufungsverfahren bekannt werden.

plZPO um eine prozessual unzulässige Erweiterung des ursprünglichen Antrags handeln[993]. Ein Antrag nach Art.43 § 2 FVGB sollte folglich bis Abschluß der mündlichen Verhandlung im erstinstanzlichen Verfahren gestellt werden[994].

Antragsberechtigt sind nach dem Wortlaut des Art.43 § 2 S.1 FVGB beide Ehegatten. Ein Antrag nach Maßgabe des Art.43 FVGB ist wegen der Art.58 § 3, Art.61' § 1 FVGB in Verbindung mit Art.58 § 3 FVGB auch vor der rechtskräftigen Beendigung der Ehe im Rahmen des Scheidungs- oder Separationsverfahrens zulässig, wenn gleichzeitig die Auseinandersetzung und Teilung des gemeinschaftlichen Vermögens durchgeführt wird. Dies dürfte in der Praxis indes selten der Fall sein. Voraussetzung wäre, dass die Teilungsauseinandersetzung einfach gelagert und eine Verzögerung des Rechtsstreits nicht zu erwarten sind. Dies dürfte in der Regel nur bei sehr kurzen Ehen denkbar sein. Ferner dürfte eine Abweichung vom Halbteilungsgrundsatz selten unstreitig und daher immer mit einer Beweisaufnahme verbunden sein. Rechtsfolge eines konstitutiven Beschlusses auf der Grundlage des Art.43 § 2 S.1 FVGB ist eine vom Halbteilungsgrundsatz abweichende Höhe des Anteils am gemeinschaftlichen Vermögen der Ehegatten, die auch die einzelnen Vermögensgegenstände erfaßt[995]. Die Bestimmung einer unterschiedlichen Größe der Anteile am gemeinschaftlichen Vermögen betrifft indessen grundsätzlich das Vermögen als Ganzes und nicht nur einzelne konkrete Vermögenswerte, die Gegenstände dieses Vermögens sind[996]. Dies folgt aus dem Wortlaut des Art.43 § 2 FVGB – Bestimmung der Anteile am „gemeinschaftlichen Vermögen“[997].

Ob diese Rechtsfolge *ex nunc* oder *ex tunc* eintritt, wird in Rechtsprechung und Literatur unterschiedlich beantwortet. Der überwiegende Teil der Rechtsprechung[998] und Literatur[999] vertritt die Auffassung, dass die Rechtsfolge des Art.43 § 2 FVGB *ex tunc*, also mit Wirkung für die Vergangenheit eintrete, hält die

---

993 OSNC 1998, Nr.12, Pos.221: Der Berufungsklägerin wurde in erster Instanz die gesamte Errungenschaft bestehend aus einem genossenschaftlich gewährten Wohnrecht sowie Hausrat mit der Folge einer hälftigen Ausgleichspflicht gegenüber dem Ehemann zugesprochen, zahlbar in vier Raten; die Berufungsklägerin begehrte neben einem Zahlungsaufschub für die Raten im Berufungsverfahren die Feststellung einer anderen Beteiligungsquote an der Vermögensmehrung während der Ehe.

994 In OSNC 1998, Nr.12, Pos.221 weist das OG auf seinen nicht veröffentlichten Beschluß vom 16. Oktober 1997, II CKN 395/97 hin; danach gelte Entsprechendes bei einem Antrag nach Art.45 FVGB auf Rückerstattung der Aufwendungen für das gemeinschaftliche Vermögen: ein solcher ist nur im erstinstanzlichen Verfahren zulässig.

995 *Sychowicz* in Piasecki, Art.43 FVGB Anm.39.

996 OSNC 2004, Nr.9, Pos.146=MoP 2004, 276, 277; anders *Rzonca*, Glosse zu OG vom 19. Dezember 1973, III CZP 65/73 in OSPiKA 1975, Nr.7-8, Pos.165, (S.310/311).

997 „*...w majątku wspólnym...*“.

998 OSNCP 1977, Nr.10, Pos.188.

999 *Pietrzykowski* 2003, Art.43 FVGB Rn 27; *Skowrońska-Bocian*, a.a.O. (Fn 238), S.160.

Entscheidung nach Art.43 § 2 FVGB jedoch für konstitutiv[1000]. Zur Begründung wird angeführt, dass die Anteile der Ehegatten am gemeinschaftlichen Vermögen gemäß dem Wortlaut des Art.43 FVGB entweder gleich oder unterschiedlich groß sein müßten. Eine Auslegung der Vorschrift dahingehend, dass die Rechtsfolge *ex nunc*, also erst für die Zukunft, eintrete, würde indes zu dem Ergebnis führen, dass die Anteile der Ehegatten bis zur rechtskräftigen Entscheidung nach Maßgabe des Art.43 § 2 FVGB als gleich groß angesehen werden müßten und nach der rechtskräftigen Entscheidung als unterschiedlich groß. Dies würde erhebliche Komplikationen bei den Berechnungen im Rahmen der Teilungsauseinandersetzung verursachen[1001].

Ein anderer Teil der Literatur[1002] und der Rechtsprechung[1003] vertritt demgegenüber die Auffassung, dass eine Entscheidung nach Art.43 § 2 FVGB *ex nunc* wirke und daher rechtsgestaltend für die Zukunft sei. Eine *ex tunc* Wirkung würde nachträglich zu nicht nachvollziehbaren vermögensrechtlichen Verwicklungen führen[1004]. Dies sei aus Gründen der Rechtssicherheit vom Gesetzgeber nicht gewollt und könne tatsächlich angesichts der Schwierigkeit der Rückabwicklung wenig praktikabel sein. *Ex tunc* Entscheidungen hätten insoweit auch eher einen deklaratorischen als einen konstitutiven Charakter[1005]. Die Entscheidung auf der Grundlage des Art.43 § 2 S.1 FVGB sei aber unzweifelhaft konstitutiv. Im unmittelbaren Zusammenhang mit der Entscheidung des dargestellten Meinungsstreites steht auch die Frage, ob bereits unmittelbar auf der Grundlage eines rechtskräftigen Scheidungsurteils das Grundbuch berichtigt werden kann. Denn die Ehegatten sind nach Beendigung der gesetzlichen Gemeinschaft Miteigentümer nach Bruchteilen einer gemeinschaftlichen Immobilie geworden. Fraglich ist, ob es einer Auseinandersetzung und Teilung des gemeinschaftlichen Vermögens zwingend bedarf, um im Grundbuch die hälftige Miteigentümerschaft auszuweisen[1006].

1000 So explizit OSNCP 1977, Nr.10, Pos.188.

1001 OSNC 1977, Nr.10, Pos.188: siehe Leitsatz 2. und Begründung am Ende der Entscheidungsgründe.

1002 *Breyer, Gross*, Art.43 FVGB S.226; *Piątowski*, a.a.O. (Fn 30), S.493; *Stecki*, Udziały małżonków w majątku wspólnym (Die Anteile der Ehegatten am gemeinschaftlichen Vermögen), PiP 1968, Nr.8-9, S.353, 360; *Stecki*, a.a.O. (Fn 317), S.113; kritisch *Rzonca*, Glosse zu OG vom 19. Dezember 1973, III CZP 65/73 in OSPiKA 1975, Nr.7-8, Pos.165, (S.309, 313); *Ignaczewski*, a.a.O. (Fn 241), S.134.

1003 OSNCP 1973, Nr.7-8, Pos.124: In dem Beschluß des OG geht es in erster Linie um die ebenfalls streitige Frage der Verjährung eines Anspruchs nach Art.43 § 2 FVGB.

1004 *Ignaczewski*, a.a.O., S.134.

1005 OSNCP 1973, Nr.7-8, Pos.124.

1006 Ablehnend OSP 1998, Nr.10, Pos.168 mit kritischer Glosse von *Rudnicki* im Anschluß; bejahend OSP 2002, Nr.2, Pos.17 (das OG beruft sich hier auf seine ständige Praxis vor 1998) mit zustimmender Glosse von *Gniewek*.

Der Gesetzgeber geht in Art.43 FVGB zunächst vom Regelfall der Halbteilung des gemeinschaftlichen Vermögens aus. Eine Entscheidung auf Abweichung vom Halbteilungsgrundsatz wird gemäß Art.567 § 1 plZPO erst im Auseinandersetzungs- und Teilungsverfahren getroffen. Erforderlich sind für ein erfolgreiches Verfahren die Darlegung und der Beweis besonderer Umstände, die nach Maßgabe des Art.43 § 2 S.1 FVGB eine ausnahmsweise Abweichung von dem Grundsatz der Halbteilung rechtfertigen. Dies spricht auf den ersten Blick für eine *ex nunc* Folge. Der Antragsgegner-Ehegatte kann sich zunächst auf die Halbteilung des gemeinschaftlichen Vermögens grundsätzlich verlassen. Denn der andere Ehegatte muß erst einmal die eine Andersverteilung rechtfertigenden Umstände darlegen und beweisen. Der Antragsgegner-Ehegatte könnte also bei Annahme einer *ex nunc* Rechtsfolge bis zum rechtskräftigen Abschluß des Auseinandersetzungs- und Teilungsverfahrens über seinen hälftigen Anteil am gemeinschaftlichen Vermögen verfügen, ohne dass dies zunächst Berücksichtigung bei der Teilungsauseinandersetzung finden müßte. Denn ein ausdrückliches Verfügungsverbot bis zum Abschluß des Auseinandersetzungs- und Teilungsverfahrens sieht das FVGB nicht vor. Die Verfügungsbefugnis wird erst nachträglich analog Art.1036 S.2 plZGB eingeschränkt, wenn eine Gefährdung der Rechte des nicht verfügenden Ehegatten für den Fall der Teilungsauseinandersetzung zu erwarten ist. Gleichwohl sprechen gegen eine *ex nunc* und für eine *ex tunc* Wirkung der Entscheidung auf der Grundlage des Art.43 § 2 FVGB Schutzgesichtspunkte. Der Antragsgegner-Ehegatte kann damit rechnen, dass ein Auseinandersetzungs- und Teilungsverfahren wegen seines Verhaltens während der Dauer der gesetzlichen Gemeinschaft eine Andersquotelung des gemeinschaftlichen Vermögens zur Folge haben kann, wenn er während der Dauer der gesetzlichen Gemeinschaft keinen Beitrag zur Mehrung der gemeinschaftlichen Vermögensmasse geleistet hat. Die Ehegatten können faktisch somit nicht zwingend von einer tatsächlich hälftigen Berechtigung ausgehen, bevor nicht die Auseinandersetzung und Teilung des gemeinschaftlichen Vermögens beendet ist. Der Halbteilungsgrundsatz gilt gemäß dem Willen des Gesetzgebers daher nur solange, wie ein Ehegatte nicht die Rechtfertigung für eine Andersverteilung darlegen und beweisen kann. Stellt nun ein Ehegatte einen Antrag nach Art.43 § 2 FVGB auf eine höhere Quote zu seinen Gunsten und wirkt eine Entscheidung auf dieser Grundlage „nur" *ex nunc*, so würde der antragstellende Ehegatte möglicherweise nur auf Bereicherungsansprüche gegen den anderen Ehegatten verwiesen werden müssen. Denn der andere Ehegatte könnte bis Abschluß des Verfahrens grundsätzlich wirksam seinen zunächst hälftigen Anteil am gemeinschaftlichen Vermögen auf einen Dritten übertragen. Dies würde den gesetzgeberischen Zweck der Abweichung vom Halbteilungsgrundsatz, nämlich den Ehegatten zu schützen, der während der Ehe nahezu allein die vermögensrechtliche Grundlage der Ehe und Familie geschaffen hat, teilweise wieder unterlaufen. Dies kann vom Gesetzgeber nicht gewollt sein. Den Vorzug verdient daher die Auffassung, die eine *ex tunc* Rechtsfolge befürwortet. Insoweit ist auch unerheblich, dass die Entscheidung auf der Grundlage des Art.43 § 2 FVGB konstitutiv ist. Denn die Interessenlage bei der Abweichung vom Halbteilungsgrundsatz ist mit der Sachlage bei einer Anfechtungslage vergleichbar. Bei dieser werden die Rechtsbeziehungen gleichsam regelmäßig mit Wirkung für die Vergangenheit rückabgewickelt, weil sich nachträglich Umstände herausstellen, die – wären sie vorher bekannt gewesen – den Vertragsschluß verhindert hätten.

In diesem Zusammenhang erscheint daher auch die überwiegende Meinung[1007], die die Eintragung der hälftigen Miteigentümerschaft schon auf der Grundlage des rechtskräftigen Scheidungsurteils bejaht, problematisch. Denn zu diesem Zeitpunkt ist für die Zukunft noch unklar, ob diese Rechtslage auf Dauer auch güterrechtlich Bestand haben wird. Die hälftige Miteigentümerschaft ist zunächst nur vorläufig und kann durch das Ergebnis der Teilungsauseinandersetzung wieder aufgehoben werden[1008]. Insofern ist die Mindermeinung[1009] überzeugender, die in einem rechtskräftigen Scheidungsurteil keine hinreichende Grundlage für die Umschreibung des Grundbuches sieht. Diese Auffassung schützt zudem den gutgläubigen Erwerber des vermeintlich hälftigen Anteils am gemeinschaftlichen Vermögens, der sich nicht auf die Richtigkeit des Grundbuches berufen kann. Wie bereits oben ausgeführt, ist die Verfügung des Ehegatten nach Beendigung der gesetzlichen Gemeinschaft über den Anteil dann unwirksam, wenn diese geeignet ist, die Rechte des nicht verfügenden Ehegatten in der Teilungsauseinandersetzung zu gefährden. Auf den Inhalt des Grundbuches kommt es nicht an. Der Erwerber des Anteils müßte nach der überwiegenden Auffassung somit mit der Umschreibung des Grundbuchs auf der Grundlage eines Scheidungsurteils das Risiko der Unrichtigkeit des Grundbuches tragen[1010]. Dies erscheint gerade vor dem Hintergrund, dass keine gesetzliche Verpflichtung der Ehegatten zur Auseinandersetzung und Teilung des gemeinschaftlichen Vermögens besteht, nicht gerechtfertigt. Es würde auch der Zweckbestimmung des Grundbuches als Rechtsscheinsträger widersprechen. Gleichwohl ist der überwiegenden Meinung zuzustimmen, als das Grundbuch nach rechtskräftiger Scheidung zumindest insoweit geändert werden müßte, dass zum Ausdruck

---

1007 Vgl. insbesondere OSP 2002, Nr.2, Pos.17 mit zustimmender Glosse von *Gniewek*; das OG meint, dass ein Rechtszustand nie absolut sicher sei (S.74); siehe auch Glosse von *Rudnicki* zu OSP 1998, Nr.10, Pos.168.

1008 Vgl. OSNCP 1972, Nr.7-8, Pos.129, wo das OG aufgrund der entsprechenden Argumentation zu dem Ergebnis gelangt, dass vor der Erbauseinandersetzung die güterrechtliche Auseinandersetzung durchgeführt sein müsse; sonst sei unklar, wie groß der Anteil der Ehegatte am gemeinschaftlichen Vermögen ist; die Gleichheit der Anteile sei zunächst „hypothetisch" (S.28/29); dazu auch Glosse von *Stecki*, OSPiKA 1973, Nr.7-8, Pos.149.

1009 OSP 1998, Nr.10, Pos.168.

1010 So ausdrücklich OSP 2002, Nr.2, Pos.17, (S.74).

kommt, dass die gesetzliche Gemeinschaft zwischen den Ehegatten beendet ist[1011]. Denn es entspricht nach Beendigung der gesetzlichen Gemeinschaft gerade nicht mehr der tatsächlichen Rechtslage.

Die Diskussion veranschaulicht die Nachteile einer fehlenden gesetzlichen Verpflichtung der Ehegatten zur abschließenden Auseinandersetzung und Teilung des gemeinschaftlichen Vermögens nach Beendigung der gesetzlichen Gemeinschaft. Der Rechtszustand des gemeinschaftlichen Vermögens verbleibt für einen unbestimmbaren Zeitraum unklar. In diesem Zeitraum können zahlreiche Verfügungen über die einzelnen Vermögenswerte stattfinden, die eine spätere Entflechtung der Vermögensverhältnisse nachhaltig erschweren. Problematisch ist dabei vor allem das Fehlen eines ausdrücklichen Verfügungsverbotes bis zum rechtskräftigen Abschluß des Auseinandersetzungs- und Teilungsverfahrens. Dadurch sind weder der Schutz des nicht verfügenden Ehegatten noch der Schutz eines Erwerbers von Vermögensgegenständen des gemeinschaftlichen Vermögens hinreichend gewährleistet.

4. Antrag durch die Erben, Art.43 § 2 S.2 FVGB

Wird die Ehe und damit auch die gesetzliche Gemeinschaft durch den Tod eines Ehegatten aufgelöst, sind neben den Ehegatten die (gesetzlichen und testamentarischen) Erben gemäß Art.43 § 2 S.2 FVGB antragsberechtigt. Voraussetzung ist allerdings, dass der Erblasser zu Lebzeiten bereits Nichtigkeits-, Scheidungs- oder Separationsklage eingereicht hat. Ein rechtskräftiges Scheidungs- oder Separationsurteil ist hingegen nicht erforderlich[1012]. Der Klageantrag des Erblassers darf allerdings nicht aufgrund formaler Mängel abgewiesen worden sein[1013]. Das Antragsrecht der Erben ist ausgeschlossen, wenn die Nichtigkeit der Ehe seitens der Staatsanwaltschaft oder einer anderen neben den Ehegatten antragsberechtigten Person beantragt worden ist (Art.13 § 2, Art.14 § 2, Art.22 FVGB). Dies gilt auch dann, wenn die Klage begründet ist[1014]. Im Falle einer Erbengemeinschaft sind die Erben nur gemeinsam antragsberechtigt (*łączna legytimacja procesowa*)[1015]. Erben mit einer Anteilsberechtigung, die mehr als die Hälfte des Erbes beträgt, können gemäß Art.199 plZGB in Verbindung mit Art.1035 plZGB verlangen, dass das Gericht entscheidet, wenn Uneinigkeit über die Antragstellung besteht[1016]. Der überlebende Ehegatte kann gegen die Erben Klage

---

1011 *Gniewek*, Glosse zu OG vom 21. Juni 2001, III CZP 16/01 in OSP 2002, Nr.2, Pos.17, (S.75); genauso *Rudnicki*, Glosse zu OG vom 14. Januar 1998, II CKN 177/97 in OSP 1998, Nr.10, Pos.168, (S.479).

1012 *Sychowicz* in Piasecki, Art.43 FVGB Anm.22.

1013 *Sychowicz* in Piasecki, Art.43 FVGB Anm.23.

1014 *Sychowicz* in Piasecki, Art.43 FVGB Anm.22.

1015 *Sychowicz* in Piasecki, Art.43 FVGB Anm.24.

1016 *Sychowicz* in Piasecki, Art.43 FVGB Anm.24.

auf Feststellung der unterschiedlichen Beteiligung am gemeinschaftlichen Vermögen erheben, ohne dass der Erblasser vorher Nichtigkeits-, Scheidungs- oder Separationsklage erhoben hat[1017].

5. Keine Verjährung (*przedawnienie*)

Fraglich ist, ob der Anspruch auf Abweichung vom Halbteilungsgrundsatz nach Maßgabe des Art.43 § 2 FVGB der Verjährung unterliegt. Dies wäre dann der Fall, wenn es sich dabei um einen vermögensrechtlichen Anspruch (*roszczenie majątkowe*) im Sinne des Art.117 plZGB[1018] handeln würde. Mangels anderweitiger Regelung würde die Verjährungsfrist dann gemäß Art.118 plZGB[1019] 10 Jahre betragen[1020]. Die absolut herrschende Meinung verneint einen rein vermögensrechtlichen Charakter des Anspruchs in Art.43 § 2 FVGB. Die Abweichung vom Halbteilungsgrundsatz erfolge durch konstitutives Urteil und sei damit in erster Linie rechtsgestaltend[1021]. Dafür spreche, dass die Aufhebung der Miteigentümergemeinschaft gemäß Art.220 plZGB[1022] und damit folglich wegen des Verweises in Art.46 FVGB in Verbindung mit Art.1035 plZGB auch die Auseinandersetzung und Teilung des gemeinschaftlichen Vermögens nicht der Verjährung unterliege[1023]. Schließlich erfolge die Entscheidung über den Anspruch nach Art.43 § 2 FVGB gemäß Art.567 § 1 plZPO auch regelmäßig im Teilungsverfahren. Der Anspruch auf Auseinandersetzung und Teilung des gemeinschaftlichen Vermögens sei aber gerade nicht durch einen Zeitablauf begrenzt.

Der herrschenden Meinung ist im Ergebnis zuzustimmen. Die Auseinandersetzung und Teilung des gemeinschaftlichen Vermögens ist ein Sonderfall der Aufhebung einer Bruchteilsgemeinschaft. Wie die Vermutung in Art.197 plZGB ist das Recht in Art.43 § 2 FVGB auf Abweichung vom Halbteilungsgrundsatz

1017 *Sychowicz* in Piasecki, Art.43 FVGB Anm.25.

1018 Art.117 § 1 plZGB bestimmt, dass außer in den gesetzlich explizit bestimmten Fällen, nur vermögensrechtliche Ansprüche der Verjährung unterliegen. Vergleich für das deutsche Recht die entsprechende Regelung in § 194 Abs.1 BGB.

1019 Art.118. Soweit eine besondere Vorschrift nichts anderes bestimmt, beträgt die Verjährungsfrist zehn Jahre, für Ansprüche auf wiederkehrende Leistungen oder Ansprüche im Zusammenhang mit der Führung einer wirtschaftlichen Tätigkeit drei Jahre.

1020 So ohne nähere Begründung OSNCP 1972, Nr.7-8, Pos.129, (S.28); kritisch *Stecki*, Glosse zu OG vom 02. März 1972, III CZP 100/71 in OSPiKA 1973, Nr.7-8, Pos.149, (S.315); zustimmend *Breyer, Gross*, Art.43 FVGB S.225; dies aufgreifend auch noch mal *Breyer* in Glosse zu diesem Urteil, OSPiKA 1974, Nr.2, Pos.25.

1021 OSNCP 1973, Nr.7-8, Pos.124, (S.24); *Sychowicz* in Piasecki, Art.43 FVGB Anm.38; *Stecki,* Glosse zu OG vom 02. März 1972, III CZP 100/71 in OSPiKA 1973, Nr.7-8, Pos.149, (S.315); *Piątowski*, a.a.O. (Fn 30), S.492; *Ignaczewski*, a.a.O. (Fn 241), S.133.

1022 Art.220. Der Anspruch auf Aufhebung des Miteigentums unterliegt nicht der Verjährung.

1023 *Ignaczewski*, a.a.O. (Fn 241), S.133.

ein Bestandteil dieses Auseinandersetzungs- und Teilungsverfahrens. Vor dem Hintergrund, dass die Auseinandersetzung und Teilung des gemeinschaftlichen Vermögens als solche nicht der Verjährung unterliegt, ließe sich daher auch nicht begründen, dass der Anspruch auf Abweichung vom Halbteilungsgrundsatz innerhalb des Auseinandersetzungs- und Teilungsverfahrens verjährt. Dies würde faktisch auch zu einer zeitlichen Begrenzung der Teilungsauseinandersetzung führen. Angesichts der Verweisungstechnik auf die Vorschriften zum Bruchteilseigentum und damit auch auf Art.220 plZGB ist dies vom Gesetzgeber nicht gewollt. Die Argumentation der herrschenden Meinung ist gleichwohl nicht ohne Lücken. So hätte der Gesetzgeber nach dem Grundsatz in Art.117 plZGB, wonach Ausnahmen von der grundsätzlichen Verjährbarkeit der vermögensrechtlichen Ansprüche gesetzlich bestimmt sein sollen, dies auch im Rahmen des Anspruchs nach Art.43 § 2 FVGB regeln müssen. Denn der vermögensrechtliche Charakter des Anspruchs kann nicht ohne weiteres – wie es die herrschende Auffassung befürwortet – verharmlost werden. So wird bei einer Abweichung vom Halbteilungsgrundsatz nicht nur das Rechtsverhältnis zwischen den Ehegatten in Bezug auf das gemeinschaftliche Vermögen inhaltlich bestimmt bzw. der gesetzliche Grundsatz der Halbteilung abgeändert, sondern auch eindeutig eine vermögensrechtliche Zuordnung im Hinblick auf das gemeinschaftliche Vermögen getroffen. Es handelt sich nicht um rein familienrechtliche Ansprüche, die auf Herstellung einer bestimmten familienrechtlichen Rechtslage für die Zukunft gerichtet sind. Ob der Anspruch in Art.43 § 2 FVGB als eine Art Gestaltungsrecht jedenfalls der Verwirkung (*prekluzja*) unterliegt, wird in der Literatur zwar angedacht, aber wegen Fehlens einer entsprechenden Regelung verneint[1024].

E. Art.45 FVGB: Die Rückerstattung der Ausgaben und Aufwendungen (*zwrot wydatków i nakładów*)

Zwischen den beiden Vermögensmassen kann es während der Ehe zu zahlreichen Vermögensverschiebungen kommen. Ehegatten begleichen etwa die Schulden des anderen Ehegatten, vermehren durch Rechtsgeschäfte das gemeinschaftliche und/oder das persönliche Vermögen. Während einer funktionierenden Ehe ist für die Ehegatten regelmäßig unerheblich, welche konkrete Vermögensmasse durch die Rechtsgeschäfte des täglichen Lebens in diesem Augenblick tatsächlich wirtschaftlich gefördert wird. Wird die Ehe und damit auch die gesetzliche Gemeinschaft dann durch eine Scheidung beendet, fällt der Rechtsgrund für dieses vermögensrechtliche Verhältnis zwischen den Ehegatten und die damit verbundenen Aufwendungen weg. Für die meisten Ehegatten stellt sich dann die Frage, ob sie ihre Investitionen in die gemeinsame Wirtschaftsba-

1024 *Piątowski*, a.a.O. (Fn 30), S.492; *Ignaczewski*, a.a.O. (Fn 241), S.133.

sis der Ehe oder gar in die persönlichen Vermögenswerte des anderen Ehegatten zurückerlangen können.

Für den gesetzlichen Güterstand regelt Art.45 FVGB[1025], unter welchen Voraussetzungen die Ehegatten untereinander Ersatzansprüche für Ausgaben und Aufwendungen, die zu Gunsten oder zu Lasten der beiden Vermögensmassen während der Dauer der gesetzlichen Gemeinschaft getätigt worden sind, geltend machen können. Mit den Erstattungsansprüchen in Art.45 § 1, 3 FVGB soll verhindert werden, dass die ehe- und güterrechtlich bedingte Mehrung des gemeinschaftlichen Vermögens durch einen Ehepartner aus seinen persönlichen Mitteln durch den anderen Ehegatten nach Beendigung der gesetzlichen Gemeinschaft faktisch erheiratet werden kann[1026]. Auf der Grundlage der Vorschriften in Art.45 FVGB erfolgt daher bei der Auseinandersetzung und Teilung des gemeinschaftlichen Vermögens eine Form der Bilanzabrechnung im Innenverhältnis der Ehegatten zueinander. Diese Abrechnung soll die Vermögensverschiebungen zwischen dem gemeinschaftlichen und dem persönlichen Vermögen während der Dauer der gesetzlichen Gemeinschaft ausgleichen. Dementsprechend hat Art.45 FVGB in einigen Kommentaren und Gesetzestextausgaben auch die nichtamtliche Überschrift „Abrechnung" (*rozliczenie*)[1027]. Inhaltlich handelt es sich bei den Ansprüchen in Art.45 FVGB um Werterstattungsansprüche[1028].

1025 § 45 § 1. Jeder Ehegatte soll zu Gunsten seines persönlichen Vermögens erbrachte Ausgaben und Aufwendungen aus dem gemeinschaftlichen Vermögen, mit Ausnahme der notwendigen Ausgaben und Aufwendungen für Vermögensgegenstände, die Einkünfte erbringen, zurück erstatten. Der Ehegatte kann Ausgaben und Aufwendungen aus seinem persönlichen Vermögen, die er zu Gunsten des gemeinschaftlichen Vermögens getätigt hat, zurück verlangen. Die Rückforderung von Ausgaben und Aufwendungen ist ausgeschlossen, wenn diese zur Befriedigung der Familienbedürfnisse erfolgten, es sei denn, die Ausgaben und Aufwendungen haben den Wert des gemeinschaftlichen Vermögens im Zeitpunkt der Beendigung der Gemeinschaft erhöht. § 2. Der Ausgleich erfolgt bei der Teilung des gemeinschaftlichen Vermögens, das Gericht kann jedoch einen vorzeitigen Ausgleich anordnen, wenn dies mit Rücksicht auf das Wohl der Familie geboten ist. § 3. Die vorstehenden Vorschriften finden entsprechende Anwendung, wenn die Verbindlichkeit eines Ehegatten aus dem gemeinschaftlichen Vermögen befriedigt worden ist.

1026 Im deutschen Recht zum ähnlichen § 1478 BGB *Mayer* in Bamberger/Roth, Rn 1: es soll vermieden werden, dass sich durch die hälftige Teilung des Gesamtgutes die Ehescheidung für denjenigen Ehegatten, der weniger einbrachte, als „Geschäft" erweist; ähnlich *Klüber* in Schröder/Bergschneider, Familienvermögensrecht, a.a.O. (Fn 91), Rn 4.709.

1027 So z.B *Pietrzykowski*, Art.45 FVGB.

1028 So ausdrücklich OSNCP 1991, Nr.4, Pos.48 *„roszczenie o zwrot nakładu jest roszczeniem o zwrot jego wartości"*, S.49.

Die bilanziellen Auswirkungen der Werterstattung auf der Grundlage des Art.45 FVGB auf das nach der Scheidung zwischen den Ehegatten zu teilende Vermögen können erheblich sein. Es kann vorkommen, dass die Ersatzansprüche so hoch sind, dass am Ende kein teilbarer Überschuß mehr bleibt. Im Ergebnis bewirkt der Ausgleich der Vermögensverschiebungen zwischen den Vermögensmassen nach Maßgabe des Art.45 FVGB, dass letztlich nur die Steigerung des gemeinschaftlichen Vermögens während der gesetzlichen Gemeinschaft geteilt werden kann, welche den Wert der gegenseitigen Erstattungsansprüche übersteigt. Demnach dienen die Werterstattungsansprüche in Art.45 § 1, § 3 FVGB ähnlich wie die Ausnahme der Abweichung vom Halbteilungsgrundsatz in Art.43 § 1 S.1 dem Zwecke, eine gerechte Vermögensverteilung des ehelichen Vermögens zwischen den Ehegatten nach Auflösung der gesamthänderischen Bindung des gemeinschaftlichen Vermögens zu erreichen. Dabei ist ohne Bedeutung, ob sich der einzelne Vermögensgegenstand, für welchen die erstattungsfähigen Ausgaben oder Aufwendungen der Ehegatten getätigt worden sind, noch im Vermögen der Ehegatten befindet[1029].

I. Die Anspruchsgrundlagen in Art.45 FVGB

Art.45 FVGB beinhaltet drei Anspruchsgrundlagen: Gemäß Art.45 § 1 S.1 FVGB haben die Ehegatten die Ausgaben und die Aufwendungen aus dem gemeinschaftlichen Vermögen zu Gunsten ihres persönlichen Vermögens zu erstatten[1030]. Diese Erstattungspflicht gilt nicht für Ausgaben und Aufwendungen, die für Vermögensgegenstände erforderlich sind, welche ein Einkommen erzielen[1031]. Auf der Grundlage von Art. 45 § 1 S.2 FVGB können die Ehegatten Erstattung für Ausgaben und Aufwendungen aus dem persönlichen Vermögen zu Gunsten des gemeinschaftlichen Vermögens verlangen[1032]. Die Erstattung der Ausgaben und Aufwendungen ist gemäß Art.45 § 1 S.3 FVGB insgesamt ausgeschlossen, wenn diese mit dem Ziel der Befriedigung der Familienbedürfnisse erfolgten[1033], es sei denn, die Ausgaben und Aufwendungen erhöhten das Vermögen im Zeitpunkt der Beendigung der Gemeinschaft[1034]. Art.45 § 2 FVGB stellt klar, dass die Erstattung der Ausgaben und Aufwendungen grundsätzlich

1029 *Skowrońska-Bocian*, a.a.O. (Fn 238), S.168.

1030 *„Każdy z małżonków powinien zwrócić wydatki i nakłady poczynione z majątku wspólnego na jego majątek osobisty...".*

1031 *„...z wyjątkiem wydatków i nakładów koniecznych na przedmioty majątkowe przynoszące dochód."*

1032 *„... może żądać zwrotu wydatków i nakładów które poczynił ze swojego majątku osobistego na majątek wspólny".*

1033 *„Nie można żądać zwrotu wydatków i nakładów zużytych w celu zaspokojenia potrzeb rodziny...".*

1034 *„...chyba że zwiększyły wartość majątku w chwili ustania wspólności."*

während der Teilung des gemeinschaftlichen Vermögens erfolgt[1035]. Wenn das Wohl der Familie es erfordert, kann das Gericht aber auch eine frühere Erstattung anordnen[1036]. Die Regelungen in Art.45 § 1 FVGB und Art.45 § 2 FVGB gelten schließlich gemäß Art.45 § 3 FVGB entsprechend, wenn die Verbindlichkeit eines Ehegatten mit Mitteln des gemeinschaftlichen Vermögens getilgt worden ist[1037].

Während also Art.45 § 1 S.1 FVGB eine Soll-Vorschrift (*powinien zwrócić*) in Bezug auf die Erstattung von Ausgaben und Aufwendungen zu Lasten des gemeinschaftlichen Vermögens enthält, steht die Rückforderung von Ausgaben und Aufwendungen aus dem persönlichen Vermögen auf das gemeinschaftliche Vermögen gemäß Art.45 § 1 S.2 FVGB im Ermessen (*może żądać*) eines Ehegatten. Die Erstattungspflicht des Art.45 § 1 S.1 FVGB gilt entsprechend, wenn die Verbindlichkeit eines Ehegatten aus dem gemeinschaftlichen Vermögen getilgt worden ist. Zur Geltendmachung der Werterstattungsrechte muß die gesetzliche Gemeinschaft zwischen den Ehegatten grundsätzlich beendet sein. Denn gemäß Art.45 § 2 FVGB können die Erstattungsansprüche grundsätzlich nur im Rahmen der Auseinandersetzung und Teilung des gemeinschaftlichen Vermögens geltend gemacht werden. Nur wenn das Wohl der Familie es erfordert, kann ein Gericht eine vorzeitige Erstattung anordnen.

1. Die Rechtsnatur der Ansprüche in Art.45 FVGB

Die Beteiligung der Ehegatten an dem über Art.45 FVGB berichtigten gemeinschaftlichen Vermögen kann sehr unterschiedlich ausfallen. Maßgeblich ist, wie viel der einzelne Ehegatte in das gemeinschaftliche Vermögen eingebracht oder diesem Vermögen entnommen hat. Bei den Rechten aus Art.45 § 1 S.1 und S.2 FVGB sowie Art.45 § 3 FVGB handelt es sich um Ersatzansprüche, mit denen Wertersatz für das während der gesetzlichen Gemeinschaft in eine Vermögensmasse Eingebrachte von den Ehegatten erreicht werden kann, wenn die Grundlage für die Einbringung in Form der Gesamthand nicht mehr besteht[1038]. In der Literatur werden die Werterstattungsrechte des Art.45 FVGB dabei dogmatisch weder klar den schuldrechtlichen noch eindeutig den dinglichen Ansprüchen zugeordnet[1039]. Teilweise wird zwar angeführt, dass die Termini „Ausgaben" (*wydatki*) und „Aufwendungen" (*nakłady*) an sachenrechtliche Aufwendungser-

1035 „*...zwrotu dokonuje się przy podziale majątku wspólnego*".
1036 „*...jednakże sąd może nakazać wcześnieszy zwrot, jeżeli wymaga tego dobro rodziny*".
1037 „*Przepisy powyższe stosuje się odpowiednio w wypadku gdy dług jednego z małżonków został zaspokojony z majątku wspólnego.*"
1038 *Skowrońska-Bocian*, a.a.O. (Fn 238), S.166.
1039 *Stecki*, a.a.O. (Fn 241), S.119.

satzansprüche in Vorschriften des plZGB erinnern[1040]. In diesem Zusammenhang wird etwa Art.226 plZGB genannt. Art.226 plZGB enthält den Aufwendungsersatz des gutgläubigen Eigenbesitzers. In dem Anspruch wird ebenfalls der Begriff „*nakłady*" für Aufwendungen benutzt. Dem kann jedoch entgegengehalten werden, dass ebenso das Bereicherungsrecht in Art.408 § 1 plZGB den Begriff „*nakłady*" zur Bezeichnung von Aufwendungen verwendet. Bei den bereicherungsrechtlichen Ansprüchen handelt es sich indes um schuldrechtliche Ansprüche[1041]. Das plZGB kennt insgesamt eine ganze Reihe von sachenrechtlichen und schuldrechtlichen Aufwendungsersatzansprüchen, die allesamt dieselben Begrifflichkeiten verwenden: etwa Art.226, 753 § 2, 754, 408 § 1 plZGB. Die Verwendung bestimmter Begrifflichkeiten allein kann somit nicht die dogmatische Einordnung der Ansprüche in Art.45 FVGB indizieren.

Für eine Verwandtschaft der Werterstattungsansprüche in Art.45 FVGB zum Bereicherungsrecht können gleichwohl teleologische Aspekte angeführt werden. Wie beim Bereicherungsrecht zielen die Regelungen in Art.45 FVGB darauf ab, Vermögenszuwendungen auf Kosten einer Vermögensmasse in der gesetzlichen Gemeinschaft, die letztlich unter Wertungsgesichtspunkten nicht (mehr) gerechtfertigt sind, auszugleichen[1042]. Die Rechtsgrundlage der Zuordnung zu den beiden Vermögensmassen ist mit Beendigung der gesetzlichen Gemeinschaft weggefallen. Wie bei klassischen bereicherungsrechtlichen Ansprüchen kommt es auf die Art und Weise der konkreten Vermögensverschiebung nicht an. Erforderlich ist nur, dass durch die Ehegatten während der gesetzlichen Gemeinschaft überhaupt Ausgaben oder Aufwendungen erbracht worden sind[1043]. Folglich liegt den Regelungen in Art.45 FVGB genauso wie den Bestimmungen im Bereicherungsrecht eine eher wirtschaftliche als eine rechtsformale Betrachtungsweise zugrunde. Aus Billigkeitserwägungen ist ein Vermögensvorteil herauszugeben, wenn ein Rechtsgrund für diese Vermögensvorteile – hier die gesamthänderische Bindung der Ehegatten aufgrund des gesetzlichen Güterstandes – nicht oder nicht mehr gegeben ist[1044]. Folglich dürften die Ansprüche in Art.45

1040 *Stecki*, a.a.O., S.119; derselbe auch in „Zwrot wydatków i nakładów na tle stosunków małżeńskich majątkowych" (Die Erstattung der Ausgaben und Aufwendungen vor dem Hintergrund der ehelichen vermögensrechtlichen Beziehungen), NP 1967, Nr.12, S.1621.

1041 Die Einordnung der Ansprüche in die Kategorie des Bereicherungsrechtes ist in der älteren polnischen Literatur tatsächlich vertreten worden: vgl. die Fußnote bei *Skowrońska-Bocian*, a.a.O. auf S.168 und den Verweis auf *Górecki*, Unieważniene małżeństwa (Die Ungültigerklärung der Ehe), Krakau 1958, S.134ff.

1042 So *Grudziński/Ignatowicz* zu Art.26 FGB S.109.

1043 *Piątowski* in einer Glosse zu OSNCP 1970, Nr.6, Pos.99 in OSPiKA 1970, Nr.9, Pos.189 (S.400).

1044 Ähnlich *Stecki* in „Zwrot wydatków i nakładów na tle stosunków małżeńskich majątkowych" (Die Erstattung der Ausgaben und Aufwendungen vor dem Hintergrund der

FVGB daher eher mit bereicherungsrechtlichen denn mit sachenrechtlichen Erstattungsansprüchen zu vergleichen sein. Gleichwohl verbietet sich eine endgültige kategorische Einordnung. Denn bei der Werterstattung nach Maßgabe des Art.45 FVGB kommt es nicht darauf an, ob tatsächlich eine der Vermögensmassen durch Ausgaben oder Aufwendungen eines Ehegatten bereichert worden ist[1045]. Einigkeit besteht daher darüber, dass es sich bei den Aufwendungsersatzansprüchen in Art.45 § 1, 3 FVGB um familienrechtsspezifische Ansprüche *sui generis* handelt und die Maßstäbe des plZGB bei Aufwendungen von Ehegatten im Zusammenhang mit dem gemeinschaftlichen oder dem persönlichen Vermögen nur subsidiär zur Anwendung gelangen sollen[1046]. Daher gehen die Ansprüche in Art.45 FVGB den allgemeinen Aufwendungsersatzansprüchen im Falle der Konkurrenz grundsätzlich vor.

2. Ausnahmen von der grundsätzlichen Spezialität des Art.45 FVGB

Die grundsätzliche Spezialität der Ansprüche in Art.45 FVGB gegenüber Aufwendungsersatzansprüchen des plZGB wird im Falle einer Anspruchskonkurrenz des Art.45 FVGB mit Art.231 plZGB von der Rechtsprechung jedoch nicht konsequent angewendet. Art.231 plZGB beinhaltet einen Aufwendungsersatzanspruch für den Fall, dass ein gutgläubiger Eigenbesitzer ein fremdes Grundstück bebaut. Der gutgläubige Eigenbesitzer hat dann einen Anspruch auf Übertragung des Grundstückes auf ihn, wenn die Bebauung den Wert des Grundstückes als solches übersteigt. Nach der Rechtsprechung des OG kann Art.231 plZGB bei Vorliegen der erforderlichen Voraussetzungen auch zur Anwendung gelangen, wenn die Ehegatten ein Grundstück bebauen und das Grundstück Bestandteil des persönlichen Vermögens eines Ehegatten ist[1047]. Zur Begründung beruft sich die Rechtsprechung in erster Linie auf die Zulässigkeit eines solchen Aufwendungsersatzanspruches in einem vergleichbaren Fall bei der nachlaßrechtlichen Teilungsauseinandersetzung, deren Grundsätze wegen der Verweisung in Art.46 FVGB auch auf die Teilungsauseinandersetzung von Ehegatten Anwendung fin-

---

ehelichen vermögensrechtlichen Beziehungen), NP 1967, Nr.12, S.1621, 1622; auch *Dyoniak*, a.a.O. (Fn 312), S.131.

1045 *Piątowski* in einer Glosse zu OSNCP 1970, Nr.6, Pos.99 in OSPiKA 1970, Nr.9, Pos.189 (S.400).

1046 *Stecki*, a.a.O. (Fn 317), S.119; ähnlich *Skowrońska-Bocian*, a.a.O. (Fn 238), S.168, die Art.45 FVGB explizit als „*lex specialis* zu den Vorschriften des Zivilgesetzbuches" bezeichnet; so auch schon *Piątowski* in einer Glosse zu OSNCP 1970, Nr.6, Pos.99 in OSPiKA 1970, Nr.9, Pos.189 (S.400); auch OSNC 2003, Nr.12, Pos.159 (S.23); ebenso *Dyoniak*, a.a.O., S.128.

1047 Ausdrücklich anders noch OSNCP 1970, Nr.6, Pos.99 mit zustimmender Glosse von *Piątowski* in OSPiKA 1970, Nr.9, Pos.189; andere Auffassung jetzt OSNCP 1985, Nr.11, Pos.170; zustimmend OSNCP 1987, Nr.5-6, Pos.73; zustimmend auch *Sychowicz* in Piasecki, Art.31 FVGB Anm.85.

den[1048]. Danach habe der Ehegatte ein Wahlrecht, in welcher Form er den Aufwendungsersatz im Falle der Bebauung eines Grundstücks, das Bestandteil des persönlichen Vermögens des anderen Ehegatten ist, geltend mache[1049]. Er könne also neben einer reinen Werterstattung nach Maßgabe des Art.45 § 1 S.1 FVGB auch die Übertragung des Grundstücks in Höhe seines Anteils am gemeinschaftlichen Vermögen auf der Grundlage des Art.231 § 1 plZGB verlangen. Für die Zulässigkeit eines solchen Aufwendungsersatzanspruches neben den Ansprüchen aus Art.45 FVGB sprechen nach der Auffassung des OG insbesondere sozialethische Gesichtspunkte, die die schwierigen wirtschaftlichen Umstände berücksichtigten[1050].

Gegen diese Rechtsprechung des OG ist einzuwenden, dass hier eine Analogie zu einem vergleichbaren Fall in der Nachlaßauseinandersetzung nicht ohne weiteres möglich ist. Das Nachlaßrecht kennt bei der Auseinandersetzung der Erbengemeinschaft eine mit den Anspruchsgrundlagen des Art.45 FVGB vergleichbare Anspruchsgrundlage nicht. Ein Aufwendungsersatz erfolgt nach den einschlägigen Vorschriften des plZGB. Ferner indiziert die Begründung des OG, dass die Zulässigkeit einer Anwendung des Art.231 plZGB neben dem Art.45 FVGB vornehmlich aus Billigkeitsgesichtpunkten erfolgte. Dies war in Zeiten, in denen in Polen akute Wohnungsknappheit herrschte, auch geboten. Fraglich ist indes, ob diese Rechtsprechung gegenwärtig auch Bestand haben wird, denn sie ist dogmatisch nicht begründet[1051]. Systematisch sind die Ansprüche des Art.45 FVGB aufgrund ihrer Stellung im FVGB bei der Werterstattung für Vermögensverschiebungen zwischen den Vermögensmassen als grundsätzlich vorrangig gegenüber anderen Aufwendungsersatzansprüchen des plZGB anzusehen.

Dennoch können die Werterstattungsansprüche des Art.45 FVGB wegen der begrenzten Reichweite in ihrer Eigenschaft als *lex specialis* nicht immer und

---

1048 OSNCP 1985, Nr.11, Pos.170 mit Verweis auf OSNCP 1970, Nr.3, Pos.39, (S.38).

1049 So ausdrücklich OSNCP 1985, Nr.11, Pos.170 (S.39); zustimmend *Sychowicz* in Piasecki, Art.45 FVGB Anm.30.

1050 OSNCP 1985, Nr.11, Pos.170 (S.39); zustimmend mit ähnlicher Argumentation auch OSNC 2003, Nr.12, Pos.159: danach könne Art.231 plZGB auch schon vor Beendigung der gesetzlichen Gemeinschaft geltend gemacht werden, wenn der Anspruch dem persönlichen Vermögen eines Ehegatten zuzuordnen ist und die Vermögensverschiebung jeweils das persönliche Vermögen der Ehegatten betrifft; wegen der gesamthänderischen Bindung und dem Fehlen konkreter Anteile sei dies im Hinblick auf das gemeinschaftliche Vermögen vor Beendigung der gesetzlichen Gemeinschaft nicht möglich (S.22/23).

1051 Siehe auch *Dyoniak*, der 1985 schon ein Nebeneinander der Art.231 plZGB und Art.45 FVGB ablehnte, weil der Anwendungsbereich des Art.45 FVGB sonst vollständig ausgehebelt würde, a.a.O. (Fn 312), S.128.

nicht in allen Fällen als erschöpfender Wertersatz angesehen werden. Es sind auch Fallkonstellationen denkbar, in denen ein Wertersatz aufgrund deliktischer Ansprüche in Betracht kommt. Dies kann etwa dann der Fall sein, wenn ein Ehegatte schuldhaft das gemeinschaftlichen Vermögens schädigt, indem der Ehegatte gemeinsame Vermögenswerte sinnlos verpraßt. Art.45 FVGB hat keinen entschädigenden Charakter. Folglich muß das Deliktsrecht für sonstige Fälle der schuldhaften Verminderung des gemeinschaftlichen Vermögens anwendbar bleiben, um potentielle Regelungslücken zu schließen[1052]. Ferner wird der Ersatz für entgangene Nutzungen des beeinträchtigten Vermögensgegenstandes von den Erstattungsansprüchen in Art.45 FVGB nicht erfaßt[1053]. Die entgangenen Nutzungen, die ebenfalls Bestandteil einer der Vermögensmassen geworden wären, wenn sie gezogen hätten werden können, können auf der Grundlage des Art.415 plZGB[1054] geltend gemacht werden[1055]. Zu denken ist schließlich an Ersatz für Schäden am gemeinschaftlichen Vermögen durch widerrechtliches Verhalten eines Ehegatten[1056].

3. Der Anwendungsbereich der Werterstattung gemäß Art.45 FVGB

Die konkrete Reichweite der Werterstattung gemäß Art.45 FVGB ist weder in Rechtsprechung noch in der Literatur endgültig geklärt. Eine eindeutige und klare Grenzziehung im Hinblick auf den Anwendungsbereich der Regelungen in Art.45 FVGB ist daher nicht möglich. Einigkeit besteht lediglich darüber, dass die gesamten Vermögensverhältnisse der Ehegatten einer bilanziellen Abrechnung vor der Teilung bedürfen[1057]. Das bedeutet, dass die Ehegatten bei der Teilungsauseinandersetzung grundsätzlich alle gegenseitigen Ersatzansprüche geltend machen müssen. Dies gilt somit auch für diejenigen Ansprüche, die nicht ausdrücklich vom Wortlaut des Art.45 FVGB erfaßt sind. Art.45 FVGB betrifft dabei nach allgemeiner Meinung jedoch keine Vermögensverschiebungen, die auf der Grundlage ehevertraglicher Absprachen zwischen den Ehegatten erfolgten[1058]. Im Folgenden werden einige Aspekte der Werterstattung dargestellt, die eine grobe Eingrenzung des Anwendungsbereiches des Art.45 FVGB ermöglichen.

1052 *Piątowski*, a.a.O. (Fn 30), S.501; vgl. dazu auch OSNCP 1990, Nr.4-5, Pos.60 (Anspruch gemäß Art.415 plZGB).

1053 *Skowrońska-Bocian*, a.a.O. (Fn 238), S.168.

1054 Art.415. Wer einem anderen schuldhaft einen Schaden zugefügt hat, ist zum Schadensersatze verpflichtet.

1055 So schon *Piątowski*, a.a.O. (Fn 30), S.501; auch *Pietrzykowski* 2003, Art.45 FVGB Rn 25.

1056 *Skowrońska-Bocian*, a.a.O. (Fn 238), S.173.

1057 So ausdrücklich OSNCP 1990, Nr.4-5, Pos.60 (S.34).

1058 *Skowrońska-Bocian*, a.a.O., S.175.

a. Keine Geltung bei Vermögensverschiebungen nach Beendigung der gesetzlichen Gemeinschaft

Die Anspruchsgrundlagen in Art.45 FVGB beziehen sich ausschließlich auf die Ausgaben und Aufwendungen, die die Ehegatten *bis* zur Beendigung der gesetzlichen Gemeinschaft für eine der Vermögensmassen getätigt haben. Dies folgt zunächst aus dem Wortlaut in Art.45 § 2 FVGB. Danach erfolgt die Werterstattung für Ausgaben und Aufwendungen grundsätzlich im Zuge der Auseinandersetzung und Teilung des gemeinschaftlichen Vermögens. Ferner gelangt Art.45 FVGB erst nach Beendigung der gesetzlichen Gemeinschaft zur Anwendung. Folglich können die Ehegatten keine Werterstattung auf der Grundlage des Art.45 FVGB für Ausgaben und Aufwendungen verlangen, die zwischen Beendigung der gesetzlichen Gemeinschaft und der Teilung des gemeinschaftlichen Vermögens auf das zu teilende gemeinschaftliche oder das persönliche Vermögen des jeweiligen Ehegatten erbracht werden[1059]. Hierfür sind die allgemeinen Aufwendungsersatzvorschriften maßgeblich[1060]. Als Erstattungsansprüche für Aufwendungen innerhalb einer Bruchteilsgemeinschaft kommt dabei insbesondere Art.207 plZGB[1061] in Betracht. Danach tragen die Miteigentümer für die im gemeinsamen Eigentum stehende Sache auch gemeinsam die Ausgaben und Aufwendungen für die Sache. Weiterhin können Ansprüche aus ungerechtfertigter Bereicherung gemäß Art.405ff. plZGB und unerlaubter Handlung nach Maßgabe der Art.415ff. plZGB in Betracht zu ziehen sein. Wegen der Präklusionswirkung gemäß Art.567 § 1, 618 § 1, 3, 686 plZPO müssen jedenfalls sämtliche Ersatzansprüche bis zum rechtskräftigen Abschluß des Auseinandersetzungs- und Teilungsverfahrens geltend gemacht werden[1062]. Wenn ein Auseinandersetzungs- und Teilungsverfahren noch nicht eingeleitet worden ist, müssen diese Aufwendungsersatzansprüche im Wege des streitigen Verfahrens geltend gemacht werden[1063].

1059 *Sychowicz* in Piasecki, Art.45 FVGB Anm.3; *Pietrzykowski* 2003, Art.45 FVGB Rn 1.

1060 *Piątowski*, a.a.O. (Fn 30), S.502; vgl. dazu auch die Glossen von *Kitłowski*, Glosse zu OG vom 08. Januar 1969, I CZ 138/68 in PiP 1970, Nr.6, S.1053, 1055 und *Stecki*, Glosse zu OG vom 08. Januar 1969, I CZ 138/68 in OSPiKA 1970, Nr.3, Pos.61.

1061 Art.207. Nutzungen und andere Einkünfte aus der gemeinschaftlichen Sache fallen den Miteigentümern entsprechend der Höhe ihrer Anteile zu; Ausgaben und Lasten, die mit der gemeinschaftlichen Sache verbunden sind, tragen die Miteigentümer im gleichen Verhältnis.

1062 *Zieliński*, a.a.O. (Fn 312), S.32/33; OSPiKA 1977, Nr.9, Pos.157; OSNCP 1978, Nr.5-6, Pos.90.

1063 *Piątowski*, a.a.O. (Fn 30), S.502/503.

b. Keine Geltung bei Verschiebungen des Vermögens zwischen den persönlichen Vermögensmassen

Nach dem Wortlaut des Art.45 § 1 S.1 und des S.2 FVGB finden die Werterstattungsrechte keine Anwendung, wenn Ausgaben oder Aufwendungen aus dem persönlichen Vermögen des einen Ehegatten auf das persönliche Vermögen des anderen Ehegatten getätigt worden sind[1064]. Der Wortlaut des Art.45 § 1 S.1 und S.2 FVGB ist insoweit eindeutig. Er bezieht sich ausschließlich auf Vermögensverschiebungen zwischen dem persönlichen und dem gemeinschaftlichen Vermögen der Ehegatten. Für Vermögensverschiebungen zwischen den persönlichen Vermögensmassen der Ehegatten gelten grundsätzlich die allgemeinen Vorschriften des plZGB. Dies sind insbesondere die Vorschriften über die ungerechtfertigte Bereicherung in Art.405ff. plZGB. Die allgemeinen Aufwendungsersatzansprüche des plZGB wegen Verschiebungen zwischen den persönlichen Vermögensmassen der Ehegatten sind wegen des Wortlauts in Art.45 FVGB und des Wortlauts von Art.567 § 1 plZPO grundsätzlich in einem von dem Auseinandersetzungs- und Teilungsverfahren getrennten streitigen Verfahren geltend zu machen. Die vom nachehelichen Teilungs- und Auseinandersetzungsverfahren losgelöste Geltendmachung der allgemeinen Aufwendungsersatzansprüche für Aufwendungen aus dem persönlichen Vermögen eines Ehegatten auf das persönliche Vermögen eines anderen Ehegatten kann allerdings bei komplexen Teilungsauseinandersetzungen problematisch werden.

Eine Literaturansicht vertritt daher die Auffassung, dass das OG die analoge Anwendung der Werterstattungspflicht gemäß Art.45 § 1 S.1 FVGB bei komplexen Auseinandersetzungskonstellationen auch für Vermögensverschiebungen zwischen den persönlichen Vermögensmassen anerkannt habe[1065]. Der Entscheidung des OG lag folgender Sachverhalt zugrunde: Die Ehegatten errichteten während ihrer Ehe gemeinsam ein Haus. Das Haus ist teils mit Mitteln des gemeinschaftlichen Vermögens und teils mit Mitteln aus Schenkungen von Verwandten sowie geerbten Mitteln, finanziert worden. Letztere Mittel sind wegen Art.33 Punkt 2) FVGB dem persönlichen Vermögen eines Ehegatten zuzurechnen. Auch das Grundstück war Bestandteil des persönlichen Vermögens eines Ehegatten. Die Ehe wurde geschieden. Nun galt es, die jeweiligen Ausgaben und Aufwendungen der Ehegatten für dieses gemeinsame Bauprojekt zu trennen und unter Zuordnung zu den jeweiligen Vermögensmassen auseinanderzusetzen. Vor

---

1064 OSNCP 1987, Nr.7, Pos.91; *Piątowski*, a.a.O. (Fn 30), S.398; *Pietrzykowski* 2003, Art.45 FVGB Rn 2, 3; *Skowrońska-Bocian*, a.a.O. (Fn 238), S.166.

1065 So zu verstehen *Skowrońska-Bocian*, a.a.O., S.166 mit Verweis auf die Entscheidung des OG in OSNCP 1981, Nr.11, Pos.206; vgl. S.173 zu anderen Fallgruppen, in denen Art.45 FVGB analog anwendbar sein soll.

dem Hintergrund der zahlreichen Vermögensverschiebungen zwischen den einzelnen Vermögensmassen gestaltete sich dies mitunter schwierig. Während ihrer Ausgaben und Aufwendungen für den gemeinsamen Hausbau haben die Ehegatten nicht näher dokumentiert, aus welcher Vermögensmasse und in welcher Höhe die Mittel für den gemeinsamen Hausbau aufgewendet worden sind. Das OG stellte daher im zweiten Leitsatz seiner Entscheidung fest, dass in diesem komplexen Falle auch die Aufwendungen aus den beiden persönlichen Vermögen auf das jeweilige persönliche Vermögen des anderen Ehegatten der Erstattungspflicht im Auseinandersetzungs- und Teilungsverfahrens unterliegen. Es sei geboten, die Abrechnung eines derart umfangreichen Gesamtprojektes in einem Verfahren zu erledigen. Denn die Vermögensverschiebungen zwischen den einzelnen Vermögensmassen könnten nicht mehr genau bezeichnet werden. Eine solche Tendenz wiesen schließlich auch die Regelungen in Art.567 plZPO und in Art.618 plZPO auf[1066].

Der Literaturansicht[1067], die aus der knappen Begründung des OG bereits eine analoge Anwendung des Art.45 § 1 FVGB für Vermögensverschiebungen zwischen den persönlichen Vermögensmassen herleitet, ist nicht zu folgen. Die Begründung des OG indiziert nicht die analoge Anwendung des Art.45 FVGB für Vermögensverschiebungen zwischen den persönlichen Vermögen der Ehegatten. Vielmehr erscheint die Begründung des OG prozeßökonomischer Natur zu sein. Die Geltendmachung der Ansprüche wegen Vermögensverschiebungen zwischen den persönlichen Vermögensmassen der Ehegatten erfolgt grundsätzlich im streitigen Verfahren und nicht im nichtstreitigen Verfahren, wie dies bei der Auseinandersetzung und Teilung des gemeinschaftlichen Vermögens der Fall ist[1068]. Gemäß Art.567 § 1 plZPO entscheidet das Gericht nach Beendigung der gesetzlichen Gemeinschaft während des Teilungsverfahrens über das Begehren auf Abweichung vom Halbteilungsgrundsatz[1069] sowie darüber, welche Ausgaben, Aufwendungen und sonstige Leistungen aus dem gemeinschaftlichen Vermögen für das persönliche Vermögen oder umgekehrt der Rückerstattung bedürfen[1070]. Art.567 § 1 plZPO bezieht sich somit ausdrücklich nur auf Vermögensverschiebungen zwischen dem gemeinschaftlichem und dem persönlichem Vermögen. Aus Gründen der Prozeßökonomie erscheint dennoch eine vollständige Auseinandersetzung der Ausgaben und Aufwendungen, bei der auch die Vermögensverschiebungen der Ehegatten zwischen ihren persönlichen Vermö-

1066 OSNCP 1981, Nr.11, Pos.206, letzter Abschnitt der Entscheidungsgründe.

1067 So *Skowrońska-Bocian*, a.a.O. (Fn 238), S.166.

1068 *Sychowicz* in Piasecki, Art.45 FVGB Anm.2 und Anm.38.

1069 „*W postępowaniu o podział majątku wspólnego po ustaniu wspólności majątkowej między małżonkami sąd rozstrzyga także o żądaniu ustalenia nierównych udziałów małżonków majątku wspólnym...*".

1070 „*...oraz o tym jakie wydatki, nakłady i inne świadczenia z majątku wspólnego na rzecz majątku osobistego lub odwrotnie podlegają zwrotowi*".

gensmassen berücksichtigt werden, in einem Verfahren geboten[1071]. Bei dem vorliegenden Sachverhalt der gemeinschaftlichen Errichtung des Familienheims handelt es sich um ein komplexes Hausbauprojekt während der Ehe. Eine getrennte verfahrensrechtliche Behandlung der Ausgaben und Aufwendungen für die beiden Vermögensmassen ist nachteilig. Regelmäßig läßt sich der Weg der eingesetzten Finanzmittel nicht mehr eindeutig zurückverfolgen. Weiter würde ein einheitlicher Sachverhalt auseinandergerissen und in zwei getrennten Verfahren behandelt werden. In der Praxis dürfte entgegen des Wortlauts des Art.567 plZPO in derart gelagerten Fällen die Prozeßökonomie dafür sprechen, alle gegenseitigen Aufwendungsersatzansprüche der Ehegatten in einem Auseinandersetzungs- und Teilungsverfahren zu behandeln. Ferner entscheidet das Gericht gemäß Art.618 § 1 S. 1 plZPO im Miteigentums-aufhebungsverfahren unter anderem auch über gegenseitige Ansprüche der Miteigentümer im Zusammenhang mit dem Besitz der gemeinsamen Sache[1072]. Art.618 § 2 S.1 plZPO ordnet weiter an, dass mit Einleitung des Miteigentumsaufhebungsverfahrens die in Art.618 § 1 S.1 plZPO genannten Ansprüche nicht mehr getrennt in einem anderen Verfahren geltend gemacht werden können[1073]. Somit greift Art.618 § 2 S.1 plZPO ausdrücklich den Rechtsgedanken eines einheitlichen Verfahrens auf. Einer analogen Anwendung des Art.45 FVGB bedarf es dann aber nicht, wenn die Auseinandersetzung sämtlicher Vermögensverschiebungen während der gesetzlichen Gemeinschaft in einem einheitlichen Verfahren geltend gemacht werden kann.

Der Rechtsgedanke eines einheitlichen Verfahrens wurde schließlich auch vom OG in einer neueren Entscheidung leitsätzlich festgehalten[1074]. Wenn in der Ehe gleichzeitig sowohl Aufwendungen aus dem persönlichen als auch aus dem gemeinschaftlichen Vermögen der Ehegatten auf das persönliche des anderen Ehegatten getätigt worden sind, können diese Aufwendungen bei der Auseinandersetzung und Teilung des gemeinschaftlichen Vermögens geltend gemacht werden. Dies sei wegen Art.618 § 3 plZPO geboten. Danach kann über die in Art.618 § 1 S.1 plZPO genannten Ansprüche nach rechtskräftiger Entscheidung im Miteigentumsaufhebungsverfahren nicht mehr entschieden werden. Dies gilt auch, wenn die Ansprüche im Miteigentumsaufhebungs-verfahren nicht geltend

1071 Vgl. auch *Dyoniak*, a.a.O. (Fn 312), S.128/129.

1072 „*W postępowaniu o zniesienie współwłasności sąd rozstrzyga także spory o prawo żądania zniesienia współwłasności i o prawo własności, jak również wzajemne roszczenia współwłaścicieli z tytułu posiadania rzeczy*".

1073 „*Z chwilą wszczęcia postępowania o zniesienie współwłasności odrębne postępowanie w sprawach wymienionych w paragrafie poprzedzającym jest niedopuszczalne*".

1074 OSNC 2003, Nr.9, Pos.123.

gemacht worden sind[1075]. Das OG erachtet mit Blick auf die Präklusionswirkung des Art.618 § 3 plZPO eine Geltendmachung der Ausgaben und Aufwendungen aus dem persönlichen Vermögen eines Ehegatten für das persönliche Vermögen des anderen Ehegatten somit gerade dann für zwingend, wenn gleichzeitig für den in Rede stehenden persönlichen Vermögensgegenstand auch Ausgaben und Aufwendungen aus dem gemeinschaftlichen Vermögen und aus dem persönlichen Vermögen erfolgt sind, es sich mithin um einen einheitlichen Komplex von Vermögensverschiebungen während der Dauer der gesetzlichen Gemeinschaft handelt[1076]. Für die Aufwendungen zwischen den persönlichen Vermögensmassen gelten materiellrechtlich jedoch trotzdem die allgemeinen Aufwendungsersatzansprüche des plZGB und eben nicht Art.45 FVGB analog.

c. Fälle des Art.45 FVGB analog

Neben den drei ausdrücklichen Fällen des Art.45 § 1, § 3 FVGB sind noch eine ganze Reihe anderer Verbindlichkeiten denkbar, die zwischen den Ehegatten wegen widerrechtlichen Eingriffs in das gemeinschaftliche oder das persönliche Vermögen während der Dauer der gesetzlichen Gemeinschaft entstehen können, jedoch weder direkt vom Wortlaut der Anspruchsgrundlagen des Art.45 FVGB noch bzw. nur unzureichend von den allgemeinen Aufwendungsersatzansprüchen des plZGB erfaßt werden. Auch diese Aufwendungen bzw. Vermögensopfer müssen grundsätzlich im Rahmen der Wertberichtigung des zu teilenden Vermögens wegen Präklusionsgefahr berücksichtigt werden. Es stellt sich daher die Frage, inwieweit die Anspruchsgrundlagen des Art.45 FVGB für diese sonstigen Ausgleichspflichten entsprechende Anwendung haben können, wenn der Wortlaut des Art.45 FVGB eine direkte Anwendung nicht zuläßt. Die analoge Anwendung der Werterstattungsansprüche des Art.45 FVGB wurde für einige Einzelfälle zugelassen, die nachfolgend kurz dargestellt werden sollen.

Anerkannt ist die analoge Anwendung des Art.45 § 1 FVGB etwa, wenn ein Ehegatte während der gesetzlichen Gemeinschaft einen gemeinschaftlichen Vermögensgegenstand ohne Zustimmung des anderen Ehegatten veräußert hat[1077].

Analog Art.45 § 1 FVGB sollen auch durch einen Ehegatten aus persönlichen Vermögenswerten schuldhaft nicht gezogene Einkünfte (Art.31 § 2 Punkt 2 FVGB) bei der Ermittlung des zu teilenden Vermögens berücksichtigt werden

---

1075 *„Po zapadnięciu prawomocnego postanowienia o zniesieniu współwłasności uczestnik nie może dochodzić roszczeń przewidzianych w paragrafie pierwszym, chociażby nie były one zgłoszone w postępowaniu o zniesienie współwłasności*".

1076 Vgl. zum Leitsatz auch Begründung bei OSNC 2003, Nr.9, Pos.123 (S.65/66).

1077 *Skowrońska-Bocian*, a.a.O. (Fn 238), S.173; *Pietrzykowski* 2003, Art.45 FVGB Rn 25.

können[1078]. Dies gilt allerdings nicht bei lediglich fahrlässigen Eingriffen in das gemeinschaftliche Vermögen[1079]. Fahrlässige oder leichtfertige Eingriffe eines Ehegatten in das gemeinschaftliche Vermögen werden bei der Wertbestimmung in der Teilungsauseinandersetzung der Ehegatten nicht berücksichtigt. Diese werden vielmehr dem allgemeinen Lebensrisiko bei einer gesamthänderischen Bindung von Vermögenswerten zugerechnet. Ihre Geltendmachung sei aus gesellschaftlich-familiären Gründen nicht gerechtfertigt[1080]. Dennoch sei dem beeinträchtigten Ehegatten zum Ausgleich bei der Auseinandersetzung gegebenenfalls Vorrang bei der Zuweisung konkreter Vermögensgegenstände zu gewähren[1081].

Gemäß Art.686 plZPO[1082] entscheidet das Nachlaßgericht neben dem Bestehen von Vermächtnissen an Nachlaßgegenständen[1083] auch über gegenseitige Ansprüche unter den Miterben wegen Besitzes, gezogenen Nutzungen und anderen Einkünften, Aufwendungen und getilgten Nachlaßverbindlichkeiten in Bezug auf bestimmte Nachlaßgegenstände[1084]. Fraglich ist in diesem Zusammenhang, ob die Ehegatten im Rahmen der Werterstattung bei der Teilungsauseinandersetzung genauso wie bei der Nachlaßauseinandersetzung Wertersatzansprüche nach den Grundsätzen des Art.45 § 1 FVGB wegen Alleinbesitzes eines gemeinschaftlichen Vermögensgegenstandes und einer damit einhergehenden ausschließlichen Nutzungsziehung nur durch den besitzenden Ehegatten während der Dauer der gesetzlichen Gemeinschaft geltend machen können. Von einem Teil der Rechtsprechung[1085] und Literatur[1086] wird ein solcher Aufwendungser-

---

1078 *Skowrońska-Bocian*, a.a.O., S.173; auch *Pietrzykowski* 2003, Art.45 FVGB Rn 24/25, wonach die richtige Rechtsgrundlage allerdings Art.415 plZGB sein soll.

1079 OSNCP 1990, Nr.4-5, Pos.60; hier hatte der Ehemann fahrlässig ein Feuer in der gemeinsamen Wohnung verursacht.

1080 OSNCP 1990, Nr.4-5, Pos.60 (S.35).

1081 OSNCP 1990, Nr.4-5, Pos.60 (S.35).

1082 Art.686. Im Teilungsverfahren entscheidet das Gericht auch über das Bestehen von Vermächtnissen, deren Gegenstand Sachen oder Rechte des Nachlasses sind, sowie auch über gegenseitige Ansprüche unter den Miterben wegen Besitzes bestimmter Gegenstände aus dem Nachlasse, gezogenen Nutzungen und andere Einkünften, auf den Nachlaß zugewendeten Aufwendungen sowie berichtgten Nachlaßschulden.

1083 „*W postępowaniu działowym sąd rozstrzyga także o istnieniu zapisów, których przedmiotem są rzeczy lub prawa należące do spadku...*".

1084 „*...jak również o wzajemnych roszczeniach pomiędzy współspadkobiercami z tytułu posiadania poszczególnych przedmiotów spadkowych, pobranych pożytków i innych przychodów, poczynionych na spadek nakładów i spłaconych długów spadkowych*".

1085 Entscheidung des Wojewodschaftsgerichts Warschau (*Sąd Wojewódzki*, heute *Sąd Okręgowy*) vom 16. Juli 1970, II CR 541/70 in OSPiKA 1972, Nr.3, Pos.52 mit anschließender Glosse von *Dobrzański*: die Ehegatten lebten getrennt und einer der Ehegatten nutzte das gemeinsame Fahrzeug ausschließlich alleine; hierfür verlangte der ansatzanspruch jedoch abgelehnt. Derartige Ersatzansprüche könnten schon nicht entstehen, wenn die Vermögensgegenstände während der gesetzlichen Gemeinschaft gesamthänderisch gebunden sind[1087]. Dem stehe auch nicht entgegen, dass für die Teilungsauseinandersetzung unter Ehegatten die Grundsätze über die Nachlaßteilung Anwendung finden. Denn es müsse insofern der spezifischen Natur des gemeinschaftlichen Vermögens Rechnung getragen werden. Der andere Ehegatte sei zudem durch den Anspruch auf Abweichung vom Halbteilungsgrundsatz hinreichend geschützt[1088]. Diese Auffassung ist auf Kritik gestoßen. Eingewendet wird gegen sie, dass die einseitige Fruchtziehung aus einem gemeinschaftlichen Vermögensgegenstand durch einen Ehegatten allein bei der Bestimmung des zu teilenden Vermögens aus Billigkeitserwägungen berücksichtigt werden müsse, insbesondere bei dauerhaftem Getrenntleben der Ehegatten. Dies gelte genauso bei der alleinigen Fruchtziehung aus einem gemeinschaftlichen Unternehmen wie bei der alleinigen Nutzung des gemeinschaftlichen Fahrzeugs[1089].

Der Kritik an der zuerst genannten Auffassung ist zuzustimmen. Auch wenn die Ehegatten in der gesetzlichen Gemeinschaft als Gesamthänder anders als Miteigentümer keinen rechtlich selbständigen Anteil an den einzelnen Gegenständen des gemeinschaftlichen Vermögens haben, erscheint dennoch ein Ersatzanspruch gerechtfertigt, wenn ein Ehegatte die Früchte eines gemeinsamen Vermögensgegenstandes ausschließlich alleine zieht und dem anderen Ehegatten gleichzeitig den Besitz an der gemeinsamen Sache widerrechtlich vorenthält. Hierdurch werden nicht nur gegenseitige Treuepflichten bei der Verwaltung des gemeinschaftlichen Vermögens verletzt. Es handelt sich auch um einen schuldhaften Eingriff in das gemeinschaftliche Vermögen, der aus Gründen der Billigkeit einen entsprechenden Wiedergutmachungsanspruch auslösen muß[1090]. Denn die Gebrauchsvorteile eines gemeinschaftlichen Vermögensgegenstandes sind genauso Bestandteil des gemeinschaftlichen Vermögens wie der betreffende

---

dere Ehegatte Nutzungsersatz bei der Auseinandersetzung und Teilung des gemeinschaftlichen Vermögens.

1086 *Dyoniak*, a.a.O. (Fn 312), S.129.

1087 Entscheidung des Wojewodschaftsgerichts Warschau vom 16. Juli 1970, II CR 541/70 in OSPiKA 1972, Nr.3, Pos.52 (Leitsatz).

1088 Entscheidung des Wojewodschaftgerichts Warschau vom 16. Juli 1970, II CR 541/70 in OSPiKA 1972, Nr.3, Pos.52, (S.129).

1089 *Pietrzykowski* 2003, Art.45 FVGB Rn 27; so auch *Dobrzański*, Glosse zu Wojewodschaftsgericht Warschau vom 16. Juli 1970, II CR 541/70 in OSPiKA 1972, Nr.3, Pos.52, der zwar dem Grunde nach der Rechtsprechung zustimmt, aber dennoch Ausnahmen zulassen will, S.130; *Dobrzański* diskutiert auch ausdrücklich eine analoge Anwendung des Art.45 FVGB, S.132.

1090 So auch *Piątowski*, a.a.O. (Fn 30), S.501.

Vermögensgegenstand selbst. Insofern erscheint auch ein Werterstattungsanspruch für den Fall der Teilungsauseinandersetzung sachgerechter als die von der erstgenannten Ansicht als ausreichend zum Schutz des anderen Ehegatten angeführten Rechte auf Abweichung vom Halbteilungsgrundsatz gemäß Art.43 § 2 S.1 FVGB oder Aufhebung der gesetzlichen Gemeinschaft aus wichtigen Gründen gemäß Art.52 § 1 FVGB[1091]. Denn zum einen erfordert die Abweichung vom Halbteilungsgrundsatz neben dem Vorliegen eines wichtigen Grundes insgesamt einen unterschiedlichen Beteiligungsgrad der beiden Ehegatten an der Mehrung des gemeinschaftlichen Vermögens für die Dauer der gesetzlichen Gemeinschaft. Zum anderen kann die bloße Anordnung der Gütertrennung allein als Schutzinstrument für die Zukunft nicht den Wert des zu teilenden gemeinschaftlichen Vermögens für den Fall der Teilungsauseinandersetzung gerecht bereinigen. Eine Regelungslücke ergibt sich insoweit, als die alleinige Fruchtziehung aus einem gemeinschaftlichen Vermögenswert nicht den Tatbestand einer Aufwendung erfüllt. Folglich erscheint wegen der vergleichbaren Interessenlage einer Werterstattung bei der Auseinandersetzung und Teilung des gemeinschaftlichen Vermögens nach Beendigung der gesetzlichen Gemeinschaft eine analoge Anwendung des Art.45 § 1 FVGB gerechtfertigt.

Zuletzt hat das OG die Anwendung des Art.45 FVGB analog für den Fall bejaht, dass ein Ehegatte die Einlage für eine Gesellschaft des Zivilrechts mit Mitteln des gemeinschaftlichen Vermögens erbringt[1092]. Die analoge Anwendung des Art.45 FVGB sei nach Auffassung des OG geboten, weil die Aufwendung aus dem gemeinschaftlichen Vermögen nicht direkt dem persönlichen Vermögen des anderen Ehegatten zugeordnet werden könne, sondern vielmehr dem ebenfalls gesamthänderisch gebundenen Vermögen der Gesellschaft. Vermögensrechte könnten indes nicht gleichzeitig dem gemeinschaftlichen Vermögen der Ehegatten und dem gemeinschaftlichen Vermögen der Gesellschafter einer Gesellschaft des Zivilrechts angehören[1093]. Der Ehegatte erwerbe durch Einbringen der Einlage für sein persönliches Vermögen allenfalls körperschaftliche Rechte an der Gesellschaft, nicht jedoch vermögensrechtliche[1094]. Es sei daher keine Vermögensverschiebung zwischen dem gemeinschaftlichen und dem persönlichen Vermögen gegeben, die ausgeglichen werden müsse. Gleichwohl erfolgten durch das Leisten der Einlage in die Gesellschaft eine Vermögensmehrung zugunsten des persönlichen Vermögens und gleichzeitig eine Vermögensminde-

1091 So *Dyoniak*, a.a.O. (Fn 312), S.129; auch *Dobrzański*, Glosse zu Wojewodschaftsgericht Warschau vom 16. Juli 1970, II CR 541/70 in OSPiKA 1972, Nr.3, Pos.52, (S.132/133).

1092 OSNC 2005, Nr.9, Pos.152.

1093 OSNC 2005, Nr.9, Pos.152, (S.35).

1094 OSNC 2005, Nr.9, Pos.152, (S.40).

rung zu Lasten des gemeinschaftlichen Vermögens[1095]. Da somit weder die mitgliedschaftlichen noch die Vermögensrechte an der Gesellschaft Bestandteil des gemeinschaftlichen Vermögens geworden seien, müßten die Mittel, die aus der gemeinschaftliche Vermögensmasse für die Erbringung der Einlage entnommen worden sind, in der Teilungsauseinandersetzung nach Maßgabe des Art.45 § 1 FVGB analog berücksichtigt und ausgeglichen werden[1096]. Eine analoge Anwendung des Art.45 § 1 FVGB sei geboten, weil die Einlage nicht direkt zugunsten des persönlichen Vermögens, sondern zugunsten des Vermögens der Gesellschaft geleistet werde. Insoweit bestehe eine Regelungslücke[1097].

II. Die Voraussetzungen des Art.45 FVGB

Art.45 FVGB hat durch die Juni-Reform 2004 folgende Neuerungen erhalten: Aus zwei Paragraphen wurden drei Paragraphen. Die entsprechende Anwendung der ersten beiden Paragraphen bei der Tilgung von Verbindlichkeiten eines Ehegatten aus dem gemeinschaftlichen Vermögen befand sich vorher in Art.45 § 2 FVGB a.F. und ist ohne inhaltliche Änderung in Art.45 § 3 FVGB verlegt worden. Art.45 § 1 S.1 FVGB wurde ergänzt. Eine Erstattung für Ausgaben und Aufwendungen ist dann nicht mehr zulässig, wenn diese für einen Vermögensgegenstand getätigt worden sind, der Erträge erzeugt und diese Erträge zudem zum Erhalt des Vermögensgegenstandes notwendig waren[1098]. Damit beseitigte der Gesetzgeber eine grundlegende Unbestimmtheit in dieser Hinsicht. In der Literatur war bislang umstritten, ob auch notwendige Ausgaben oder Aufwendungen für Erträge erzeugende Vermögensgegenstände aus dem persönlichen Vermögen erstattungsfähig sind[1099]. Die absolut herrschende Meinung vertrat die Auffassung, dass die Ausgaben oder Aufwendungen zur Erhaltung des persönlichen Gegenstandes bereits durch den Ertrag, der Eingang ins gemeinschaftliche Vermögen findet, abgegolten seien[1100]. Diese Auffassung hat der Gesetzgeber der Juni-Reform 2004 explizit in den Wortlaut des Art.45 § 1 S.1 FVGB aufgenommen.

Art.45 § 1 FVGB wurde im Zuge der Juni-Reform 2004 weiter durch Satz 3 ergänzt. Der Ersatz von Ausgaben und Aufwendungen ist nunmehr ausgeschlos-

1095 OSNC 2005, Nr.9, Pos.152, (S.40) „*...przysporzenie majątkowe w majątku osobistym z uszczerbkiem dla majątku wspólnego...*".

1096 OSNC 2005, Nr.9, Pos.152, (S.41).

1097 OSNC 2005, Nr.9, Pos.152, (S.40).

1098 „*...z wyjątkiem wydatków i nakładów koniecznych na przedmioty majątkowe przynoszące dochód...*".

1099 Vgl. dazu etwa mit entsprechenden Nachweisen die Diskussion bei *Piątowski* in Glosse zu OSNCP 1970, Nr.6, Pos.99 in OSPiKA 1970, Nr.9, Pos.189 (S.399).

1100 Vgl. Regierungsprojekt KPP 2003, Nr.3, S.685, 703.

sen, wenn diese zur Befriedigung familiärer Bedürfnisse erfolgt sind[1101]. Etwas anderes gilt nur dann, wenn durch die Ausgaben und Aufwendungen eine Wertsteigerung des gemeinschaftlichen Vermögens im Zeitpunkt der Auseinandersetzung und Teilung des gemeinschaftlichen Vermögens erfolgte[1102]. Durch diese Regelung soll die gegenseitige Verpflichtung der Ehegatten zu Hilfe, Treue und Förderung der Ehe und Familie, die gemäß Art.23 FVGB und Art.27 FVGB gesetzlich normiert ist, zum Ausdruck kommen. Eine Erstattungspflicht von Ausgaben und Aufwendungen, die solchen Zwecken zu dienen bestimmt sind, würde diesen übergeordneten Prinzipen zuwiderlaufen[1103]. In diesem Sinne wird auch die Erstattung von Aufwendungen, die für gewöhnliche Bedürfnisse des Alltagslebens eines jeden Ehegatten erforderlich sind, abgelehnt[1104]. Im Übrigen ist Art.45 FVGB unverändert geblieben, so dass bestehende Rechtsprechung als auch Literatur größtenteils ihre Gültigkeit behalten[1105].

1. Die Begriffe Ausgaben (*wydatki*) und Aufwendungen (*nakłady*) in Art.45 § 1 FVGB

Die vom Gesetzgeber in Art.45 § 1 FVGB verwendeten Begriffe für die erstattungsfähigen Vermögenszuwendungen Ausgaben (*wydatki*) und Aufwendungen (*nakłady*) werden weder im FVGB noch im plZGB definiert oder anderweitig näher bestimmt. Gegenstand des Werterstattungsanspruchs können zunächst grundsätzlich Vermögenswerte aller Art sein. Der Gesetzgeber verwendet in Art.45 § 1 FVGB zwei unterschiedliche Begriffe für die Bezeichnung der Vermögenszuwendungen. Dies indiziert, dass es sich um zwei verschiedene Arten von vermögensrechtlichen Zuwendungen handelt[1106]. Als Ausgaben werden insbesondere finanziellen Kosten, die zum Erwerb oder Erhalt eines Vermögensgegenstandes gebraucht werden, bezeichnet[1107]. Regelmäßig handelt es sich um eine wertmäßig konkret bestimmbare Geldsumme[1108]. Ein Beispiel könnten etwa die Anschaffungskosten einer Sache sein. Demgegenüber seien Aufwendungen eher Vermögensopfer in Gestalt von persönlichen oder auch finanziellen Leistungen eines Ehegatten, die zum Zwecke der Instandsetzung, Modernisierung,

1101 „*Nie można żądać zwrotu wydatków i nakładów zużytych w celu zaspokojenia potrzeb rodziny...*".

1102 „*...chyba że zwiększyły wartość majątku w chwili ustania wspólności*"; vgl. dazu *Skowrońska-Bocian*, a.a.O. (Fn 238), S.165, 170.

1103 Regierungsprojekt KPP 2003, Nr.3, 685, 703; siehe auch *Ignaczewski*, a.a.O. (Fn 241), S.141.

1104 OSNCP 1963, Nr.11, Pos.249 (zu Art.26 FGB); *Dyoniak*, a.a.O. (Fn 312), S.132; *Skowrońska-Bocian*, a.a.O., S.176.

1105 *Skowrońska-Bocian*, a.a.O., S.165.

1106 *Dyoniak*, a.a.O. (Fn 312), S.129.

1107 *Dyoniak*, a.a.O., S.130; ähnlich *Skowrońska-Bocian*, a.a.O. (238), S.170.

1108 *Dyoniak*, a.a.O., S.130.

Erhaltung, Nutzung oder Verbesserung eines bereits im Vermögen der Ehegatten befindlichen Vermögensgegenstandes aufgebracht werden[1109]. Meistens seien Aufwendungen auch mit einer substantiellen Veränderung des betreffenden Vermögensgegenstandes verbunden[1110]. Die Grenzen zwischen den Begriffen Ausgaben und Aufwendungen sind fließend. Es handelt sich bei Ausgaben und Aufwendungen im Sinne des Art.45 FVGB insgesamt um Vermögensopfer, die die Ehegatten während der Ehe in der gesetzlichen Gemeinschaft zugunsten von Vermögensgegenständen der jeweiligen Vermögensmassen erbringen. Weder die Rechtsprechung noch die Literatur ziehen eine klare Linie zwischen den beiden Begrifflichkeiten. Beide sind gleich erstattungsfähige Vermögensopfer, so dass eine eindeutige Differenzierung auch nicht erforderlich ist[1111].

Bei der Bestimmung, ob ein konkretes Vermögensopfer eine erstattungsfähige Ausgabe oder Aufwendung im Sinne des Art.45 § 1 FVGB ist, sind die spezifischen Besonderheiten des Ehe- und Familienrechtes zu beachten. Insbesondere verbietet sich eine uneingeschränkte Übernahme der Grundsätze, die im Zivilrecht zur Ausfüllung der Begriffe Ausgaben und Aufwendungen entwickelt worden sind, denn die Ansprüche in Art.45 FVGB sind weder eindeutig schuldrechtlicher noch eindeutig sachenrechtlicher Natur[1112]. Gleichwohl haben die Grundsätze aus dem Zivilrecht für die Zuordnung zu einem der Begriffe jedenfalls einen richtungsweisenden Charakter[1113]. So wird in der Literatur etwa vorgeschlagen, zur Auslegung der Begriffe „notwendige Ausgaben oder Aufwendungen“ (*wydatki albo nakłady konieczne*) auf die Grundsätze zur Auslegung der gleich lautenden Begriffe in Art.226 plZGB zurückzugreifen: danach sind notwendige Aufwendungen solche Aufwendungen, deren Ausführung unerläßlich für den Erhalt der Sache ist[1114]. Es bleibt abzuwarten, wie die familienrechtliche Rechtsprechung den Begriff der Notwendigkeit im familienrechtlichen Zu-

---

1109 *Sychowicz* in Piasecki, Art.45 FVGB Anm.6; *Pietrzykowski* 2003, Art.45 FVGB Rn 19; ähnlich auch *Dyoniak*, a.a.O., S.130; in der Rechtsprechung vgl. OSNCP 1991, Nr.4, Pos.48 (Einlage zur Wohngenossenschaft als Aufwendung); ähnlich OSNCP 1986, Nr.12, Pos.196; OSNCP 1977, Nr.4, Pos.73 (persönliche Arbeitsleistung eines Ehegatten als Aufwendung); vgl. auch Beispiele von *Skowrońska-Bocian* bei wirtschaftlicher Betätigung eines oder beider Ehegatten, a.a.O. (Fn 238), S.171.

1110 *Dyoniak*, a.a.O., S.130.

1111 *Ignaczewski*, a.a.O. (Fn 241), S.141.

1112 *Stecki*, Zwrot wydatków i nakładów na tle stosunków małżeńskich majątkowych (Die Rückerstattung von Ausgaben und Aufwendungen vor dem Hintergrund der vermögensrechtlichen Verhältnisse von Ehegatten), NP 1967, Nr.12, S.1621; dem zustimmend *Oleszko*, Glosse zu OG vom 10. Juli 1976, III CRN 126/76 in OSPiKA 1978, Nr.4, Pos.74 (S.178).

1113 *Stecki*, Zwrot wydatków i nakładów na tle stosunków małżeńskich majątkowych (Die Rückerstattung von Ausgaben und Aufwendungen vor dem Hintergrund der vermögensrechtlichen Verhältnisse von Ehegatten), NP 1967, Nr.12, S.1621.

1114 *Skowrońska-Bocian*, a.a.O. (Fn 238), S.164/165.

sammenhang konkret ausfüllen und definieren wird. Fraglich ist insbesondere, inwiefern das Merkmal der Freiwilligkeit erfüllt sein muß, ob also auch unfreiwillige Vermögenseinbußen die Vorraussetzung einer erstattungsfähigen Aufwendung erfüllen. Gegenwärtig werden als notwendige Aufwendung auch solche Vermögensopfer verstanden, zu denen der Betreffende rechtlich verpflichtet ist, die also auch unfreiwillig erbracht werden wie etwa steuerliche Belastungen[1115].

In Rechtsprechung[1116] und Literatur[1117] ist die Frage näher beleuchtet worden, inwiefern die persönliche Arbeitsleistung (*osobiste świadczenie*) eines Ehegatten eine Aufwendung im Sinne des Art.45 § 1 FVGB darstellen kann und damit erstattungsfähig ist.

Mit dieser Frage beschäftigte sich das OG vertiefter in einer Entscheidung aus dem Jahre 1977[1118]. Bei dem der Entscheidung zugrundeliegenden Sachverhalt ging es um die Rückabwicklung von Aufwendungen aus dem gemeinschaftlichen Vermögen während der Ehe, welche größtenteils im Rahmen der Renovierung eines Wohn- und Landwirtschaftsgebäudes von den Ehegatten aufgebracht worden waren. Das Gebäude war Teil des persönlichen Vermögens des Ehemannes, der auch das Auseinandersetzungs- und Teilungsverfahren betrieb. Das erstinstanzliche Gericht hat im Teilungsbeschluß der Antragsgegnerin auf der Grundlage des Art.45 § 1 FVGB einen Geldbetrag für die Kosten in Verbindung mit der Renovierung des Wohngebäudes gegen den Ehemann zugesprochen. Grundlage für die Festlegung der Teilungsquote war unter anderem die seitens der Ehefrau persönlich geleistete Arbeit bei der Renovierung des Hauses. Das Berufungsgericht hielt den Teilungsbeschluß mit den erstinstanzlich festgelegten Quoten weitgehend aufrecht. Dagegen wurde außerordentliche Revision wegen der Verletzung von Art.45 FVGB zum OG eingelegt. Fraglich war, inwiefern die von der Ehefrau persönlich geleistete Arbeit bei der Bestimmung der Quoten Berücksichtigung finden kann und vor allem wie diese wertmäßig in Ansatz zu bringen ist. Das OG stimmte den unteren Instanzen zu, dass neben den tatsächlichen Aufwendungen auch die persönlichen Arbeitsleistungen bei der Bestimmung der erbrachten Aufwendungen aus dem gemeinschaftlichen Vermögen Berücksichtigung finden müssen. Denn durch die persönliche Arbeitsleistung sei das persönliche Vermögen wertmäßig durch eine Zuwendung bereichert worden[1119]. Der Begriff Errungenschaft müsse insoweit weit ausgelegt werden[1120].

1115 *Skowrońska-Bocian*, a.a.O., S.164/165; ähnlich *Pietrzykowski* 2003, Art.45 FVGB Rn 5.
1116 OSNCP 1977, Nr.4, Pos.73.
1117 *Skowrońska-Bocian*, a.a.O., S. 171/172.
1118 OSNCP 1977, Nr.4, Pos.73.
1119 OSNCP 1977, Nr.4, Pos.73 (S.49).
1120 OSNCP 1977, Nr.4, Pos.73 (S.49).

Die persönliche Arbeitsleistung entspreche einer fiktiv ersparten Summe aus dem persönlichen Vermögen[1121].

Diese Entscheidung des OG ist nicht ohne Kritik in der Literatur[1122] geblieben. Problematisch sei zunächst, dass es bei der persönlichen Arbeitsleistung eines Ehegatten an einer Zuwendung aus einem Vermögen zugunsten der anderen Vermögensmasse („...*z majątku*") fehle[1123]. Der zivilrechtliche Aufwendungsbegriff, der von vermögensrechtlich erfaßbaren Zuwendungen ausgeht, würde die persönliche Arbeitsleistung ebenfalls nicht erfassen. Es fehle an einer Einbuße im Vermögen[1124]. Einige Vertreter der Literatur schlagen daher vor, Art.45 § 1 FVGB einen „erweiterten" Aufwendungsbegriff zugrunde zu legen als dies im Zivilgesetzbuch der Fall sei. Es solle den besonderen familiären Bindungen Rechnung getragen werden, um auch die persönliche Arbeitsleistung eines Ehegatten bei der Werterstattung zu berücksichtigen[1125].

Rein dogmatisch sprechen die besseren Argumente gegen das Vorliegen eines Vermögensopfers in Form von einer Aufwendung aus der persönlichen Vermögensmasse im Sinne des Art.45 § 1 FVGB[1126]. Denn es handelt sich bei dem persönlichen Arbeitseinsatz eben nicht unmittelbar um eine vermögensrechtliche Aufwendung. Der Wortlaut des Art.45 § 1 FVGB ist insoweit eindeutig: erstattungsfähig sollen lediglich Zuwendungen aus dem einen Vermögen auf das andere Vermögen sein. Die persönliche Arbeitsleistung als finanzielle Ersparnis aus dem persönlichen Vermögen anzusehen, die statt der persönlichen Arbeitsleistung durch Inanspruchnahme fremder Hilfe hätte aufgewendet werden müs-

---

1121 *Ignaczewski*, a.a.O. (Fn 241), S.142.

1122 *Piątowski,* Przegląd orzecznictwa sądu najwyższego w zakresie kodeksu rodzinnego i opiekuńczego (Überblick über die Entscheidungen des Obersten Gerichts im Bereich des Familien- und Vormundschaftsrechts), NP 1978, Nr.11-12, S.1690; *Oleszko*, Glosse zu OG vom 10. Juli 1976, III CRN 126/76 in OSPiKA 1978, Nr.4, Pos.74; *Dyoniak*, a.a.O. (Fn 312), S. 130-132; *Pietrzykowski* 2003, Art.45 FVGB Rn 19; *Skowrońska-Bocian*, a.a.O. (Fn 238), S.172.

1123 *Oleszko*, Glosse zu OG vom 10. Juli 1976, III CRN 126/76 in OSPiKA 1978, Nr.4, Pos.74 (S.176); dem zustimmend *Dyoniak*, a.a.O., S.131.

1124 *Oleszko*, Glosse zu OG vom 10. Juli 1976, III CRN 126/76 in OSPiKA 1978, Nr.4, Pos.74 (S.177).

1125 *Oleszko*, Glosse zu OG vom 10. Juli 1976, III CRN 126/76 in OSPiKA 1978, Nr.4, Pos.74 (S.178); ähnlich *Pietrzykowski* 2003, Art.45 FVGB Rn 19; ablehnend *Dyoniak*, a.a.O. (Fn 312), S.132; auch *Piątowski,* Przegląd orzecznictwa sądu najwyższego w zakresie kodeksu rodzinnego i opiekuńczego (Überblick über die Entscheidungen des Obersten Gerichts im Bereich des Familien- und Vormundschaftsrechts), NP 1978, Nr.11-12, S.1690, 1696, der in diesem Fall die persönliche Arbeitsleistung durch Art.23 FVGB gerechtfertigt sieht.

1126 *Dyoniak*, a.a.O., S.132.

sen, erscheint konstruiert[1127]. Denn es bleibt unklar, ob entsprechende Mittel tatsächlich aus der persönlichen Vermögensmasse eines Ehegatten aufgewendet worden wären. Dennoch muß der persönliche Arbeitseinsatz eines Ehegatten während der Ehe bei der Auseinandersetzung und Teilung des gemeinschaftlichen Vermögens berücksichtigt werden. Art.43 FVGB könnte ein Anknüpfungspunkt sein, um bei der Teilungsauseinandersetzung den bei der Bewertung des persönlichen Einsatzes eines Ehegatten maßgeblichen Billigkeitserwägungen Rechnung zu tragen. Ein deutlicher Überschuß an persönlicher Arbeitsleistung eines Ehegatten während der gesetzlichen Gemeinschaft könnte gegebenenfalls über die Abweichung vom Halbteilungsgrundsatz gemäß Art.43 § 2 FVGB in der Teilungsauseinandersetzung berücksichtigt werden. Art.43 § 3 FVGB greift diesen Gesichtspunkt auch ausdrücklich auf[1128]. Problematisch ist allerdings, dass die gesteigerten Anforderungen an das Vorliegen eines wichtigen Grundes oft nicht erfüllt sein dürften. Die Subsumtion der persönlichen Arbeitsleistung unter den Aufwendungsbegriff des Art.45 § 1 FVGB durch das OG dürfte daher ihre Ursache auch darin gehabt haben, dass die Voraussetzungen des Art.43 § 2 FVGB nicht vollumfänglich erfüllt waren, aus Billigkeitsgründen aber klar war, dass auch die persönliche Arbeitsleistung eines Ehegatten wegen der Vergleichbarkeit der Interessenlage bei vermögensrechtlichen Aufwendungen erstattungsfähig sein muß. Insofern erscheint bei der Erfassung von persönlicher Arbeitsleistung eines Ehegatten während der Dauer der gesetzlichen Gemeinschaft bei der Auseinandersetzung und Teilung des gemeinschaftlichen Vermögens eine analoge Anwendung des Erstattungsanspruches in Art.45 § 1 FVGB gerechtfertigt. Denn im Hinblick auf die Bewertung der persönlichen Arbeitsleistung eines Ehegatten im Zusammenhang mit der Förderung der Vermögensmassen besteht eine Regelungslücke.

2. Die Schuldentilgung (*zaspokojenie długu*) gemäß Art.45 § 3 FVGB

Gemäß Art.45 § 3 FVGB finden die Vorschriften des Art.45 § 1 und § 2 FVGB entsprechende Anwendung, wenn die Verbindlichkeit eines Ehegatten aus dem gemeinschaftlichen Vermögen getilgt worden ist.

Gemeint sind hiermit ausdrücklich nur Verbindlichkeiten des Schuldner-Ehegatten, die aufgrund der Regelung in Art.41 §§ 2, 3 FVGB das gemeinschaftliche Vermögen belasten[1129].

Folglich werden Verbindlichkeiten, die beide Ehegatten als Gesamtschuldner belasten, ebenso wenig von Art.45 § 3 FVGB erfaßt, wie Verbindlichkeiten, die

1127 So *Ignaczewski*, a.a.O. (Fn 241), S.141/142.
1128 Siehe auch *Dyoniak*, a.a.O., S.132; *Ignaczewski*, a.a.O., S.142.
1129 *Dyoniak*, a.a.O. (Fn 312), S.139; *Skowrońska-Bocian*, a.a.O. (Fn 238), S.172.

das gemeinschaftliche Vermögen betreffen, aber mit Mitteln des persönlichen Vermögens eines Ehegatten getilgt worden sind[1130]. Im letzteren Fall ist Art.45 § 1 S.2 FVGB einschlägig[1131].

3. Entstehung, Fälligkeit und Aktivlegitimation bei den Ersatzansprüchen des Art.45 FVGB

Die Werterstattungsrechte in Art.45 FVGB entstehen im Zeitpunkt der Zuwendung der Ausgaben oder Aufwendungen zugunsten einer der Vermögensmassen[1132]. Ein Anspruch auf Werterstattung ist dabei nicht davon abhängig, ob der Vermögensgegenstand, für den die Ausgaben oder Aufwendungen zugewendet worden sind, tatsächlich noch Bestandteil des gemeinschaftlichen Vermögens ist[1133]. Insofern gilt wie im deutschen Recht das sogenannte Stichtagsprinzip. Danach bleiben alle zwischenzeitlich eingetretenen Entwicklungen im gemeinschaftlichen Vermögen unberücksichtigt[1134]. Im Gegensatz zu dem vergleichbaren Werterstattungsanspruch im deutschen Recht gemäß § 1478 BGB[1135] sind die Werterstattungsrechte des Art.45 FVGB grundsätzlich auch vom Rechtsgrund der Beendigung der gesetzlichen Gemeinschaft unabhängig.

Fällig sind die Werterstattungsansprüche gemäß Art.45 § 2 FVGB grundsätzlich im Auseinandersetzungs- und Teilungsverfahren (*przy podziale majątku wspólnego*), es sei denn, ein Gericht hat die Erstattung zum Wohle der Familie eher angeordnet (*wcześniejszy zwrot, jeżeli wymaga tego dobro rodziny*). Diese Ausnahme war nach dem Wortlaut des Art.26 FGB noch nicht gegeben: danach sollte die Werterstattung für Ausgaben und Aufwendungen auf das gemeinschaftliche Vermögen „bei der Teilung des Vermögens, welches von der Gemeinschaft umfaßt ist", erfolgen[1136]. Unklar ist nach dem Wortlaut indessen, welcher Zeitpunkt in einem solchen Falle für die Fälligkeitsbestimmung maß-

1130 *Piątowski*, a.a.O. (Fn 30), S.501; *Pietrzykowski* 2003, Art.45 FVGB Rn 29.

1131 OSNCP 1979, Nr.11, Pos.207 (Leitsatz 3).

1132 OSNCP 1981, Nr.11, Pos.220 (S.53); *Skowrońska-Bocian*, a.a.O., S.167; *Piątowski*, a.a.O., S.401.

1133 *Stecki*, Zwrot wydatków i nakładów na tle stosunków małżeńskich majątkowych (Die Rückerstattung von Ausgaben und Aufwendungen vor dem Hintergrund der vermögensrechtlichen Verhältnisse von Ehegatten), NP 1967, Nr.12, S.1621, 1630.

1134 Vgl. im deutschen Recht bei der Gütergemeinschaft *Klüber* in Schröder/Bergschneider, Familienvermögensrecht, a.a.O. (Fn 91), Rn 4.711.

1135 Dieser entsteht nur im Falle der Scheidung.

1136 *Breyer, Gross* in Grudziński/Ignatowicz, Art.26 FGB Anm.4; vgl. aber *Ohanowicz* in einer Glosse zu der Entscheidung des OG vom 18. Oktober 1961, 4 CR 957/60 in PiP 1962, Nr.8-9, S.465, 471 der dafür plädiert, Art.26 FGB dahingehend auszulegen, dass eine Rückabwicklung der Ausgaben und Aufwendungen auch schon vor dem Teilungsverfahren zulässig sein soll.

geblich ist. Mangels anderweitiger Anhaltspunkte dürfte spätestens die Rechtskraft eines entsprechenden Urteils maßgeblich sein[1137].

Anspruchsberechtigt sind gemäß dem Wortlaut des Art.45 § 1 S.1 FVGB ausdrücklich nur die Ehegatten (*każdy z małżonków*). Fraglich ist allerdings, ob die Werterstattungsrechte nur in Person der Ehegatten entstehen oder ob diese auch von den Rechtsnachfolgern, also insbesondere den Erben der Ehegatten oder bei grundsätzlicher Übertragbarkeit gar von Dritten geltend gemacht werden können[1138]. Die Wortwahl des Gesetzgebers spricht dabei weder ausdrücklich für noch ausdrücklich gegen eine Übertragbarkeit der Rechte aus Art.45 FVGB. Der Art.45 FVGB vorangehende Art.43 § 2 S.2 FVGB ordnet für die Abweichung vom Halbteilungsgrundsatz an, dass ein solcher Antrag durch die Erben eines Ehegatten nur zulässig ist, wenn der berechtigte Ehegatte vor seinem Ableben bereits einen Antrag auf Nichtigerklärung oder Scheidung der Ehe gestellt hat. Die Tatsache, dass Art.45 FVGB dem Art.43 FVGB unmittelbar nachfolgt, spricht dafür, dass der Gesetzgeber eine solche Regelung im Rahmen des Art.45 FVGB bewußt unterlassen hat, wenn er sie in Art.43 § 2 S.2 FVGB bewußt aufgenommen hat. Dies ließe sich auch historisch untermauern. Der Gesetzgeber des Güterrechtsdekretes von 1946 sah ausdrücklich in Art.48 Dekret 1946 ein Verfügungsverbot in Bezug auf den Werterstattungsanspruch vor. Das Werterstattungsrecht sollte für den Fall der Beendigung des Güterstandes durch den Tod gerade nicht auf die Erben übergehen. Die Problematik war dem Gesetzgeber des FVGB von 1964 folglich bekannt, so dass bei ausdrücklicher Nichtregelung ein Übergang der Ansprüche aus Art.45 FVGB auf die Erben eines Ehegatten und eine grundsätzliche Übertragbarkeit eher zu verneinen wären. Auch teleologisch läßt sich eine Übertragbarkeit der Ansprüche des Art.45 FVGB nicht begründen. Zwar könnte jedenfalls für die Übertragbarkeit auf die Erben der Rechtsgedanke in Art.43 § 2 S.2 FVGB angeführt werden, wenn die gesetzliche Gemeinschaft durch den Tod eines Ehegatten beendet wird. Die Rechte in Art.43 FVGB und Art.45 FVGB dienen insoweit gleichsam dem Zweck, einen gerechten Vermögensausgleich nach der Beendigung der gesetzlichen Gemeinschaft bei der anschließenden Auseinandersetzung und Teilung des gemeinschaftlichen Vermögens zu gewährleisten. Gleichwohl ist der Lebenssachver-

1137 Ähnlich *Skowrońska-Bocian*, a.a.O. (Fn 238), S.168.

1138 Für eine vollständige Rechtsnachfolge der Erben ohne dass ein Antrag auf Scheidung oder Nichtigerklärung der Ehe durch den anspruchsberechtigten Ehegatten zu Lebzeiten gestellt worden ist *Stecki* in „Zwrot wydatków i nakładów na tle stosunków małżeńskich majątkowych“ (Die Rückerstattung von Ausgaben und Aufwendungen vor dem Hintergrund der vermögensrechtlichen Verhältnisse von Ehegatten), NP 1967, Nr.12, S.1621, 1622, 1623; *ders.* in „Ustanie ustawowej wspólności majątkowej“ (Die Beendigung der gesetzlichen Vermögensgemeinschaft), a.a.O. (Fn 317), S.116/117; für die Vererbbarkeit der Rechte gemäß Art.45 FVGB *Skowrońska-Bocian*, a.a.O. (Fn 238), S.168.

halt, der Art.43 § 2 FVGB zugrunde liegt, ein anderer als der Lebenssachverhalt bei den Werterstattungsrechten des Art.45 FVGB. Während Art.43 § 2 FVGB den Fall erfassen will, dass ein Ehegatte sich während der Ehe kaum oder gar nicht an der Mehrung des gemeinschaftlichen Vermögens beteiligt und sich zudem in einer Verhaltenweise gegenüber dem anderen Ehegatten schuldig gemacht hat, die es aus Billigkeitserwägungen erforderlich macht, ihm insgesamt einen hälftigen Anteil an dem gemeinschaftlichen Vermögen abzuerkennen, bezweckt Art.45 FVGB die Rückabwicklung konkreter Zuwendungen der Ehegatten, die im Vertrauen auf den Bestand der Ehe und der besonderen vermögensrechtlichen Bindung des gemeinschaftlichen Vermögens getätigt worden sind. Folglich ist die Zielrichtung der Ansprüche eine andere. Eine Rechtsnachfolge der Erben in die Rechte in Art.45 FVGB analog Art.43 § 2 S.2 FVGB ist daher auch aus teleologischer Sicht zu verneinen. Dies spricht dann auch erst recht gegen eine grundsätzliche Übertragbarkeit der Ansprüche in Art.45 FVGB auf Dritte[1139].

III. Verfahrensrechtliches

Spezifisch für die Ansprüche in Art.45 § 1, § 3 FVGB ist, dass sich in einer Person zugleich eine Gläubiger- und eine Schuldnerstellung vereinigt. So ist der Schuldner des Anspruches aus Art.45 § 1 S.1 FVGB auch gleichzeitig Gläubiger dieses Anspruches. Diesem steht nach dem Halbteilungsgrundsatz in Art.43 FVGB grundsätzlich ebenfalls die Hälfte des gemeinschaftlichen Vermögens zu[1140]. Gleichwohl erfolgt im Vorfeld des Auseinandersetzungs- und Teilungsverfahrens deswegen keine automatische Aufrechnung bzw. Minderung des Anteils des Art.45 FVGB-Schuldners an dem gemeinschaftlichen Vermögen, auch wenn es rechnerisch *de facto* darauf hinaus läuft. Es ist vielmehr immer eine vermögensrechtliche Auseinandersetzung auf der Grundlage des Art.45 FVGB vorzunehmen[1141].

Die Erfüllung der Werterstattungsansprüche nach Maßgabe des Art.45 FVGB erfolgt dann in der Regel nicht durch Geldleistung, sondern wie im deutschen Recht durch Anrechnung[1142]. Der zur Werterstattung verpflichtete Ehegatte muß

1139 Gegen eine generelle Übertragbarkeit auf Dritte auch *Skowrońska-Bocian*, a.a.O. (Fn 238), S.168; andere Auffassung *Stecki*, Zwrot wydatków i nakładów na tle stosunków małżeńskich majątkowych (Die Rückerstattung von Ausgaben und Aufwendungen vor dem Hintergrund der vermögensrechtlichen Verhältnisse von Ehegatten), NP 1967, Nr.12, S.1621, 1623, 1624; *ders.* in „Ustanie ustawowej wspólności majątkowej" (Die Beendigung der gesetzlichen Vermögensgemeinschaft), a.a.O. (Fn 317), S.117.

1140 *Skowrońska-Bocian*, a.a.O., S.166/167.

1141 *Sychowicz* in Piasecki, Art.45 FVGB Anm.4.

1142 *Skowrońska-Bocian*, a.a.O. (Fn 238), S.167; für das deutsche Recht vgl. *Klüber* in Schröder/Bergschneider, Familienvermögensrecht, a.a.O. (Fn 91), Rn 4.687.

sich den Ersatzanspruch also auf sein Auseinandersetzungsguthaben anrechnen lassen[1143]. Dies ergibt sich rechtsgedanklich auch aus Art.1042 plZGB, der für die Teilungsauseinandersetzung des gemeinschaftlichen Vermögens über den Verweis in Art.46 FVGB zur Anwendung gelangt[1144]. Anders als im deutschen Recht[1145] hat die Werterstattung gemäß Art.45 FVGB indes keinen Nachrang gegenüber Verbindlichkeiten bei Dritten, die aus dem gemeinschaftlichen Vermögen beglichen werden müssen. Nach dem polnischen Güterrecht haben die Ehegatten keine vorrangige Verpflichtung, die das gemeinschaftlichen Vermögen belastenden Schulden im Zuge des Auseinandersetzungs- und Teilungsverfahrens zu tilgen. Grundsätzlich bleiben Schulden, die beide Ehegatten gemeinsam oder ein Ehegatte allein während der Dauer der gesetzlichen Gemeinschaft gegen das gemeinschaftliche Vermögen gemacht haben, bestehen. Etwas anderes gilt nur dann, wenn ein Ehegatte bis zum Auseinandersetzungs- und Teilungsverfahren die Schulden aus seiner persönlichen Vermögensmasse begleicht und damit ein Werterstattungsanspruch gemäß Art.45 § 1 S.2 FVGB entsteht oder eine Verbindlichkeit nach Maßgabe des Art.45 § 3 eines Ehegatten mit Mitteln des gemeinschaftlichen Vermögens beglichen wird[1146].

1. Zeitpunkt der Geltendmachung der Werterstattungsansprüche

Die Werterstattungsrechte aus Art.45 FVGB unterliegen keinem Zeitablauf durch Verjährung. Dies folgt daraus, dass der Anspruch auf die Auseinandersetzung und die Teilung des gemeinschaftlichen Vermögens nach Beendigung der gesetzlichen Gemeinschaft auch nicht verjährt[1147]. Somit ist die Geltendmachung der Ansprüche aus Art.45 FVGB nur durch die Vornahme der Vermögensteilung begrenzt. Nur wenn die Auseinandersetzung und Teilung des ge-

1143 OSNCP 1981, Nr.11, Pos.220; *Stecki*, Zwrot wydatków i nakładów na tle stosunków małżeńskich majątkowych (Die Rückerstattung von Ausgaben und Aufwendungen vor dem Hintergrund der vermögensrechtlichen Verhältnisse von Ehegatten), NP 1967, Nr.12, S.1621, 1631; *Piątowski*, a.a.O. (Fn 30), S.401; *Pietrzykowski* 2003, Art.45 FVGB Rn 22; *Skowrońska-Bocian*, a.a.O., S.167.

1144 Art.1042 § 1. Die Anrechnung auf den Erbteil erfolgt in der Weise, dass der Wert der der Anrechnung unterliegenden Schenkungen dem Nachlaß oder dem Nachlaßteil, der der Teilung zwischen den untereinander zur Anrechnung verpflichteten Erben unterliegt, hinzugezählt, dann der Erbteil jedes Erben berechnet und schließlich jedem von ihnen der Wert der der Anrechnung unterliegenden Schenkung von seinem Erbteil abgezogen wird. § 2. Der Wert des Schenkungsgegenstandes ist nach seinem Zustand im Zeitpunkt der Vornahme der Schenkung und nach seinem Preis im Zeitpunkt der Nachlaßteilung zu berechnen. § 3. Bei der Anrechnung auf den Erbteil sind Nutzungen des Schenkungsgegenstandes nicht zu berücksichtigen.

1145 *Klüber* in Schröder/Bergschneider, Familienvermögensrecht, a.a.O., Rn 4.687.

1146 OSNCP 1979, Nr.11, Pos.207 (S.7).

1147 *Sychowicz* in Piasecki, Art.45 FVGB Anm.5; *Pietrzykowski* 2003, Art.45 FVGB Rn 9.

meinschaftlichen Vermögens der Ehegatten rechtskräftig abgeschlossen sind, kommt eine Werterstattung gemäß Art.45 FVGB nicht mehr in Betracht[1148].

Die Werterstattung für Ausgaben und Aufwendungen nach Maßgabe des Art.45 FVGB ist gemäß Art.567 § 1 plZPO grundsätzlich während des Auseinandersetzungs- und Teilungsverfahrens über das gemeinschaftlichen Vermögen der Ehegatten geltend zu machen[1149]. Prozessual gelten für die Werterstattung folglich die Regeln des nicht-streitigen Verfahrens. Dies sind die Art.567, 680ff., 618ff. plZPO. Die Werterstattungsansprüche können nach rechtskräftigem Teilungsbeschluß nicht mehr verfolgt werden[1150]. Der Präklusionsgedanke des Art.618 § 3 plZPO gilt wegen der Verweisungen in Art.567 § 3, 688 plZPO entsprechend.

2. Auf Antrag eines Ehegatten

Im Hinblick auf die verfahrensrechtliche Prozedur stellt sich bei grammatikalischem Vergleich des Art.45 § 1 S.1 mit S.2 FVGB die Frage, ob das Gericht über die einzelnen Ansprüche von Amts wegen oder erst auf Antrag eines oder beider Ehegatten entscheidet. Der Wortlaut des Art.45 § 1 S.1 FVGB, wonach jeder Ehegatte die Ausgaben und Aufwendungen aus dem gemeinschaftlichen Vermögen auf sein persönliches Vermögen zurück erstatten „sollte" (*powinien zwrócić*), könnte diesbezüglich für ein Tätigwerden des Teilungsgerichts von Amts wegen sprechen. Der Wortlaut des Art.45 § 1 S.2 FVGB, wonach jeder Ehegatte die Werterstattung der Ausgaben und Aufwendungen aus seinem persönlichen Vermögen auf das gemeinschaftliche Vermögen verlangen kann (*może żądać*), indiziert demgegenüber, dass eine Werterstattung solcher Aufwendungen nur auf entsprechenden Antrag eines Ehegatten erfolgen kann. Fraglich ist dann weiter, ob das Gericht alle Ausgaben und Aufwendungen während der gesetzlichen Gemeinschaft berücksichtigen muß oder nur diejenigen Zuwendungen, die die Ehegatten geltend machen[1151]. Gemäß der überwiegenden Literatur erfolgt die Werterstattung der Ausgaben und Aufwendungen entgegen des Wortlauts des Art.45 § 1 S.1 FVGB ausschließlich nur auf Antrag eines Ehegatten[1152]. Dies entspricht auch der ständigen Rechtsprechung der Teilungsgerichte. Das Gericht dürfte gleichwohl regelmäßig auf die Möglichkeit eines

---

1148 *Pietrzykowski* 2003, Art.45 FVGB Rn 9.

1149 Nach einem Verweis bei *Skowrońska-Bocian*, a.a.O. (Fn 238), S.179, Fußnote 41, auf eine nicht veröffentlichte Entscheidung des OG vom 12. April 2000, IV CKN 27/00 sei das streitige Verfahren statthaft, wenn kein teilbares Vermögen vorhanden ist.

1150 Vgl. auch *Skowrońska-Bocian*, a.a.O., S.183.

1151 *Skowrońska-Bocian*, a.a.O. (238), S.180.

1152 Ohne nähere Begründung *Piątowski*, a.a.O. (Fn 30), S.500; *Sychowicz* in Piasecki, Art.45 FVGB Anm.37 mit dem Hinweis, ein Tätigwerden des Gerichts von Amts wegen finde keine Stütze in den Prozeßvorschriften, ohne diese zu bezeichnen; zustimmend *Skowrońska-Bocian*, a.a.O., S.179/180.

Antrags nach Art.45 FVGB hinweisen, insbesondere dann, wenn die Parteien nicht anwaltlich vertreten sind[1153].

3. Wertbestimmung bei den Ausgaben und Aufwendungen

Im Auseinandersetzungs- und Teilungsverfahren ist regelmäßig die wertmäßige Bestimmung der Höhe einer Ausgabe oder einer Aufwendung besonders schwierig. Insbesondere dann, wenn die Ausgaben und Aufwendungen längere Zeit – etwa vor den politischen Umstrukturierungen 1989/1990 – zurückliegen, läßt sich ein authentischer Gegenwert am Stichtag nur schwer bestimmen[1154]. Zur Bewertung einer Ausgabe oder Aufwendung im Sinne des Art.45 § 1 FVGB kommen grundsätzlich drei Möglichkeiten in Betracht[1155]. Zu denken ist zunächst an den Nominalwert im Zeitpunkt der Zuwendung der Ausgabe oder Aufwendung. Zweitens könnten analog Art.1042 plZGB der Preis im Zeitpunkt der Auseinandersetzung und Teilung des gemeinschaftlichen Vermögens und der Zustand im Zeitpunkt der Vornahme der Ausgabe oder Aufwendung maßgeblich sein. Eine dritte Möglichkeit bietet die Wertbestimmung auf der Grundlage des Rechtsgedankens des Art.363 § 2 plZGB[1156].

Vor dem Hintergrund, dass regelmäßig sämtliche Ausgaben und Aufwendungen von den Parteien im Auseinandersetzungs- und Teilungsverfahren ausgeglichen werden wollen, erscheint die Zugrundelegung des Nominalwertes für den Zeitpunkt der Zuwendung kein geeigneter Ansatzpunkt zu sein. Die Verschiebungen zwischen den Vermögensmassen finden meistens über den gesamten Zeitraum der Ehe statt, so dass einige Zuwendungen lange Zeit zurückliegen können. Die Zugrundelegung des Nominalwerts würde nicht einmal die regelmäßige Geldentwertung durch Inflation oder einen Kaufkraftverlust berücksichtigen. Der zur Werterstattung verpflichtete Ehegatte würde ein „Schnäppchen" machen, müßte

1153 Vgl. zum Beispiel den Beschluß des Amtsgerichts für Warschau-Żoliborz, I. Zivilabteilung, I Ns 202/06 (Streitpunkt war, dass die Ehefrau das gemeinsame Fahrzeug während der Ehe und nach der räumlichen Trennung ausschließlich allein genutzt hat; als problematisch erwies sich, dass der Ehemann blind war und das Fahrzeug somit auch gar nicht hätte nutzen können; ein schiedsrichterliches Teilungsverfahren war bereits gescheitert; das Gericht betonte, dass die Werterstattung auf der Grundlage des Art.45 FVGB nur auf entsprechenden Antrag erfolge; dies gelte im Übrigen auch für die Rechte in Art.43 FVGB); für Hinweispflicht des Gerichts auch *Piątowski*, a.a.O., S.500.

1154 Vgl. auch die Entscheidung des OG in OSNCP 1991, Nr.4, Pos.48 (Bewertung einer Einlage zur Genossenschaft 1984).

1155 *Skowrońska-Bocian*, a.a.O. (Fn 238), S.180.

1156 Art. 363 § 2. Hat die Schadensersatzleistung in Geld zu erfolgen, so bestimmt sich die Höhe der Entschädigung nach den Preisen bei ihrer Festlegung, es sei denn, dass wegen besonderer Umstände zu einem anderen Zeitpunkt geltende Preise zugrunde zu legen sind; für die analoge Anwendung des Art.363 § 2 plZGB insbesondere *Dyoniak*, a.a.O. (Fn 312), S.136f.

er nur den Nominalwert erstatten[1157]. Gegen die Bewertung der Ausgaben oder Aufwendungen gemäß Art.1042 § 2 plZGB analog spricht wiederum, dass der Fall der Werterstattung auf der Grundlage von Art.45 FVGB ein anderer ist. Bei der Schenkung ist der Nachlaß von vornherein um diesen Wert geschmälert und nur das Vermögen des Beschenkten entsprechend bereichert. Dies ist aber im Falle der Bereicherung des gemeinschaftlichen Vermögens durch Aufwendungen aus dem persönlichen Vermögen eines Ehegatten anders. Der andere Ehegatte wird zwar mit Blick auf die Vermehrung des gemeinschaftlichen Vermögens bereichert, aber nicht ausschließlich auf Kosten des zuwendenden Ehegatten. Der Wert der gemeinschaftlichen Vermögensmasse wird von beiden Ehegatten geschaffen und damit bestimmt. Umgekehrt als bei der Zugrundelegung des Nominalwertes würde nun bei einer Bewertung analog Art.1042 plZGB der zuwendende Ehegatte bevorzugt, dessen Aufwendung aus dem persönlichen Vermögen auch ihn durch die Beteiligung am gemeinschaftlichen Vermögen mittelbar bereichert[1158]. Vorzugswürdig erscheint daher die letztgenannte Möglichkeit. Die Bewertung entsprechend des allgemeinen Rechtsgedankens in Art.363 § 2 plZGB[1159] bedeutet im Ergebnis, dass für die Bestimmung des Wertes der Ausgaben und Aufwendungen der Marktwert im Zeitpunkt der Teilungsauseinandersetzung maßgeblich ist[1160]. Eine solche flexibel anpassungsfähige Regelung ist auch geeignet, den marktwirtschaftlichen Veränderungen in Polen bei der objektiven Bewertung einer Ausgabe oder Aufwendung Ausdruck zu verleihen.

Die Wertbestimmung bei dem Werterstattungsanspruch gemäß Art.45 § 3 FVGB im Falle der Tilgung einer persönlichen Verbindlichkeit aus dem gemeinschaftlichen Vermögen erfolgt indessen auf der Grundlage des Nominalwerts. Hier finden die Bestimmungen in Art.358¹ plZGB[1161] für Geldschulden Anwendung. Danach ist zur Bestimmung einer Geldschuld der Nominalbetrag maßgeblich. Etwas anderes kann aber gemäß Art.358¹ § 3 plZGB[1162] dann gelten, wenn sich die Kaufkraft wesentlich verändert.

1157 So auch OSNCP 1991, Nr.4, Pos.48 (S.49, 50); *Dyoniak*, a.a.O., S.135.

1158 *Dyoniak*, a.a.O. (Fn 312), S.137.

1159 Vgl. hierzu die Argumentation von *Dyoniak*, a.a.O., S.138.

1160 *Dyoniak*, a.a.O., S.138/139; im Ergebnis zustimmend *Skowrońska-Bocian*, a.a.O. (Fn 238), S.180, 181, 182.

1161 Art.358¹ § 1. Wenn der Gegenstand des Schuldverhältnisses von Anfang an in einer Geldleistung besteht, erfolgt die Erfüllung der Leistung durch Zahlung des Nominalbetrages, es sei denn, dass besondere Vorschriften etwas anderes bestimmen.

1162 Art.358¹ § 3. Wenn sich die Kaufkraft des Geldes nach Entstehung des Schuldverhältnisses wesentlich verändert, kann das Gericht nach Erwägung der Interessen der Parteien und in Übereinstimmung mit den Grundsätzen des gesellschaftlichen Zusammenlebens die Höhe und die Art der Erfüllung der Geldleistung verändern, auch wenn sie in einem Urteil oder Vertrag festgelegt sind.

F. Die Teilung des gemeinschaftlichen Vermögens

Die Beendigung der Teilungsauseinandersetzung unter den Ehegatten stellt die endgültige Teilung der gemeinschaftlichen Vermögenswerte dar. Es gilt, eine Art Teilungsplan zu erstellen. Dieser legt fest, wie das zuvor ermittelte gemeinschaftliche Vermögen zwischen den Ehegatten endgültig aufgeteilt werden kann[1163]. Dabei dürften in der Praxis die mediatorischen Fähigkeiten der Anwälte besonders gefragt sein, denn das Gericht ist an den Antrag und die darin niedergelegten Teilungswünsche der Ehegatten zunächst gebunden, Art.687 plZPO[1164]. Das Gericht trifft allerdings insofern gemäß Art.622 § 1 plZPO[1165] eine Mitwirkungspflicht, als es auf die einvernehmliche Teilung durch die Verfahrensbeteiligten hinwirken muß. Das gemeinschaftliche Vermögen unterliegt gemäß Art.46 FVGB in Verbindung mit Art.1038 plZGB grundsätzlich vollständig der Teilung[1166]. Aus der Verweisung in Art.46 FVGB auf die Vorschriften zur Nachlaßteilung und dann weiter in Art.1035 plZGB auf die Vorschriften zum Miteigentum ergibt sich, dass die Verteilung des gemeinschaftlichen Vermögens nach den Regeln für das Miteigentum erfolgt, folglich also nach den Art.211ff plZGB.

I. Teilung in Natur, Art.211 plZGB

Gemäß Art.211 plZGB[1167] gewährt das Gesetz der Teilung in Natur den grundsätzlichen Vorrang[1168]. Dies spiegelt sich verfahrensrechtlich auch in Art.623

1163 *Gudowski* in Ereciński, Art.567 plZPO Anm.4.

1164 Art.687. Fehlen die Voraussetzungen für einen Teilungsbeschluß aufgrund eines einvernehmlichen Antrags der Beteiligten, erfolgt die Nachlaßteilung gemäß den nachfolgenden Vorschriften.

1165 Art. 622 § 1. Im Laufe des Verfahrens zur Aufhebung des Miteigentums soll das Gericht die Miteigentümer dazu bewegen, die Teilung einvernehmlich durchzuführen, wobei es die Arten, die dies bewerkstelligen, benennt. § 2. § 2. Stellen alle Miteigentümer einen einvernehmlichen Antrag über die Art der Aufhebung des Miteigentums, erläßt das Gericht einen dem Antrag entsprechenden Beschluß, sofern die Voraussetzungen der beiden vorangehenden Vorschriften erfüllt sind, die Teilungsart nicht den Grundsätzen des gesellschaftlichen Zusammenlebens widerspricht oder in einem krassen Mißverhältnis zu den Interessen der Mitberechtigten steht.

1166 Vgl. dazu OSNCP 1978, Nr.4, Pos.65; OSNCP 1987, Nr.8, Pos.114; OSNC 2000, Nr.7, Pos.132.

1167 Art.211. Jeder Miteigentümer kann verlangen, dass die Aufhebung des Miteigentums durch Teilung der gemeinschaftlichen Sache erfolgt, es sei denn, dass die Teilung den Vorschriften des Gesetzes oder der sozioökonomischen Zweckbestimmung der Sache widersprechen würde oder dass die Teilung eine wesentliche Veränderung der Sache oder eine bedeutende Verminderung ihres Werts nach sich ziehen würde.

1168 So auch *Skowrońska-Bocian* in Ciepła u.a., Kodeks cywilny (Zivilgesetzbuch), Warschau 2005, Art.212 plZGB Rn 5.

plZPO[1169] wider. Danach soll das Gericht der Teilung in Natur den Vorzug geben, wenn keine einvernehmliche Teilung zwischen den Parteien herbeigeführt werden kann. Die Voraussetzungen der physischen Teilung einer Sache in Natur sind für die Teilung des gemeinschaftlichen Vermögens indes nur begrenzt übertragbar. So handelt es sich bei der Teilung des gemeinschaftlichen Vermögens regelmäßig nicht nur um die Teilung einer einzelnen Sache, sondern um die Teilung einer Gesamtheit von Sachen und Rechten vermögensrechtlicher Art[1170]. Gleichwohl wird die Teilung in Natur als günstigste Teilungsart angesehen, weil grundsätzlich nicht mit einem finanziellen Ausgleich zu Lasten eines Ehegatten verbunden[1171].

Immobilien können grundsätzlich in Natur geteilt werden[1172]. Die Teilung von unbeweglichen Sachen in Natur ist schon lange gewohnheitsrechtlich anerkannt[1173]. Voraussetzung ist allerdings, dass die Immobilie in zwei (gleichartige) gesonderte Teile teilbar ist[1174]. Es müßten durch die Teilung dementsprechend zwei selbständige Räumlichkeiten entstehen können. Die Bedingungen, die diese Räumlichkeiten dann erfüllen müssen, um wohnungsrechtlich die erforderliche Teilbarkeit aufzuweisen, enthält das 2000 eingeführte Gesetz über Eigentum an Raumlokalen[1175]. Nach Maßgabe des Art.211 plZGB darf durch die Teilung zudem auch keine wesentliche Wertminderung oder Veränderung der Immobilie erfolgen. Eine Teilung in Natur darf auch der sozioökonomischen Zweckbestimmung des Gegenstandes nicht widersprechen. An diesen Voraussetzungen dürfte regelmäßig die Teilung von Unternehmen in Natur scheitern. Diese lassen sich als organisierte Gesamtheit von immateriellen und materiellen Bestandteilen ohne wesentliche Substanzveränderung oder gar Verlust der Eignung zur Ausübung einer Wirtschaftstätigkeit nur selten in Natur teilen[1176].

Handelt es sich um die Teilung einer Genossenschaftswohnung, so ist für die Teilung in Natur zudem die Einwilligung der Genossenschaft erforderlich[1177].

1169 Art.623. Sind die Voraussetzungen eines Beschlusses nach Maßgabe des vorangehenden Artikels nicht gegeben und liegen die Bedingungen zur Durchführung einer Teilung in Natur vor, so führt das Gericht eine solche Teilung entsprechend dem Wert der Anteilshöhe unter Berücksichtigung jeglicher sozioökonomischer Interessen durch. Wertunterschiede werden durch finanzielle Nachzahlungen ausgeglichen.

1170 *Skowrońska-Bocian*, a.a.O. (Fn 238), S.210; *Rudnicki*, Art.211 plZGB Anm.1.

1171 *Rudnicki*, Art.211 plZGB Anm.1.

1172 Umfassend dazu *Rudnicki*, Art.211 plZGB Anm.2-4.

1173 *Skowrońska-Bocian*, a.a.O., S.210.

1174 *Rudnicki*, Art.211 plZGB Anm.2; zu den technischen Voraussetzungen auch *Skowrońska-Bocian* in Ciepła u.a., Art.211 plZGB Rn 12/13.

1175 *Ustawa o własności lokali*, Dz. U. 2000, Nr.80, Pos.903.

1176 Vgl. auch *Skowrońska-Bocian*, a.a.O., S.211/212.

1177 *Sychowicz* in Piasecki, Art.46 FVGB Anm.88; dazu auch OSNC 2004, Nr.6, Pos.89.

Genossenschaftswohnräume sind allerdings in der Praxis räumlich oft zu klein, um zwei selbständige Wohneinheiten durch Teilung zu schaffen. Ein Surrogat der Teilung in Natur[1178] ist daher die Zuweisung von jeweils kleineren Wohneinheiten an die Ehegatten an die Stelle des ursprünglichen Wohnraumes[1179]. Nach Auffassung des OG ist hierfür auch kein Einvernehmen der Ehegatten erforderlich. Voraussetzung ist indes, dass die Genossenschaft über zwei kleinere Wohnungen verfügt und über diese auch ohne weiteres verfügen kann[1180].

Besondere Voraussetzungen gelten für die Teilung von landwirtschaftlichen Betrieben. Diese sind in den Artikeln 213 plZGB bis 218 plZGB geregelt. Die umfassende Regelung der Teilung von landwirtschaftlichen Betrieben dürfte darauf zurückzuführen sein, dass vor den politischen Umstrukturierungen in den Jahren 1989/1990 landwirtschaftliche Betriebe in ihrer damaligen Form den wesentlichsten Teil der wirtschaftlichen Betätigung darstellten. Auch heute ist ein großer Teil Polens von der Landwirtschaft geprägt. Die umfangreichen Regelungen in den Art.213-218 plZGB sollen vor diesem Hintergrund der Problematik Rechnung tragen, dass nicht nur der Hof im Sinne einer Immobilie zu teilen ist, sondern eine komplexe Gesamtheit von Vermögensgegenstände und Rechten, die typischerweise einen landwirtschaftlichen Betrieb ausmachen[1181]. Hier kommt die Teilung in Natur gemäß Art.213 plZGB[1182] nur dann in Betracht, wenn sie mit den Grundsätzen eines ordentlichen landwirtschaftlichen Betriebes vereinbar ist und sich die Ehegatten auf die Zuweisung des Betriebes an einen von ihnen einigen können.

Das OG hat schließlich auch die Teilung einer Forderung in Natur gemäß dem Anteil am gemeinschaftlichen Vermögen für den Fall bejaht, dass keiner der Ehegatten die Forderung zugesprochen haben wollte[1183]. In dem konkreten Fall handelte es sich um einen Werterstattungsanspruch, welchen das OG als grundsätzlich teilbaren Geldanspruch angesehen hat[1184]. Eine Zuweisung der Forderung an einen der Ehegatten kam wegen des Wortlauts in Art.212 § 2 plZGB nicht in Betracht. Danach ist die Unteilbarkeit einer Sache Voraussetzung. Das

---

1178 So *Sychowicz* in Piasecki, Art.46 FVGB Anm.89.

1179 OSNCP 1984, Nr.8, Pos.144 unter Berufung auf den Richtlinienbeschluß des OG in OSNCP 1975, Nr.3, Pos.37.

1180 OSNCP 1984, Nr.8, Pos.144.

1181 *Rudnicki*, Art.213 plZGB Anm. 1.

1182 Art.213. Wenn die Aufhebung des Miteigentums durch Aufteilung unter die Miteigentümer mit den Grundsätzen eines ordentlichen landwirtschaftlichen Betriebs unvereinbar wäre, spricht das Gericht diesen landwirtschaftlichen Betrieb demjenigen Miteigentümer zu, auf den sich alle übrigen Miteigentümer einigen.

1183 OSNCP 1974, Nr.10, Pos.164, Leitsatz 1.

1184 OSNCP 1974, Nr.10, Pos.164, (S.12); zustimmend *Stecki*, Glosse zu dieser Entscheidung in PiP 1976, Nr.1-2, S.253, 254.

OG hat daher die Forderung in zwei gleiche Teile geteilt und den Ehegatten jeweils einen Bruchteil der Forderung zugewiesen[1185].

Hat die Teilung eines Vermögensgegenstandes in Natur zur Folge, dass einem Ehegatten wertmäßig ein größerer Anteil an dem Vermögensgegenstand zufällt als diesem entsprechend der Anteilsgröße am gemeinschaftlichen Vermögen zusteht, so beziffert das Teilungsgericht eine entsprechende Ausgleichszahlung nach Maßgabe des Art.212 § 1, § 3 plZGB[1186]. Im Rahmen der Teilung von Immobilien können diese entsprechend durch das Gericht mit Sicherheiten belegt werden.

II. Teilung durch Zuweisung des Vermögensgegenstandes an einen Ehegatten gegen Ausgleichspflicht gegenüber dem anderen Ehegatten

Die Zuweisung des gemeinschaftlichen Vermögens an nur einen Ehegatten dürfte in der Praxis[1187] die wohl häufigste Teilungsart sein. Die Häufigkeit dieser Teilungsart ist darauf zurückzuführen, dass Gegenstand des gemeinschaftlichen Vermögens meistens genossenschaftliche Wohnrechte sind. Diese lassen sich wie bereits dargestellt selten in Natur teilen, so dass alternativ nur die Zuweisung des Wohnraumes an einen Ehegatten bleibt. Aber auch für Gesellschaftsanteile oder Unternehmen dürfte diese Teilungsart angebracht sein. Die Teilbarkeit dieser Vermögenswerte in Natur dürfte häufig zur Zerschlagung dieser Vermögenswerte führen[1188].

Praktisch wird die Teilung durch Zuweisung eines gemeinschaftlichen Vermögensgegenstandes an nur einen Ehegatten dergestalt vollzogen, dass den Ehegatten jeweils einzelne Vermögensgegenstände unter Berücksichtigung ihrer Antei-

1185 OSNCP 1974, Nr.10, Pos.164.

1186 Art.212 § 1. Erfolgt die Aufhebung des Miteigentums aufgrund einer gerichtlichen Entscheidung, kann der Wert der einzelnen Anteile durch die Zuzahlung von Geld ausgeglichen werden. Bei der Teilung eines Grundstückes kann das Gericht einzelne Teile mit den erforderlichen Grunddienstbarkeiten belasten. § 3. Sind Zuzahlungen oder Ausgleichszahlungen festgelegt worden, so bestimmt das Gericht die Frist und die Art und Weise ihrer Entrichtung, die Höhe und die Frist der Zinsenzahlung und erforderlichenfalls auch die Art und Weise ihrer Sicherung. Im Falle der Festlegung von Ratenzahlungen für die Zu- und Ausgleichszahlungen dürfen die Zahlungsfristen insgesamt nicht mehr als zehn Jahre betragen. In Fällen, die der besonderen Berücksichtigung bedürfen, kann das Gericht auf Antrag des Schuldners für die Zahlungsfristen der schon fälligen Rate eine Stundung gewähren; zu der Problematik bei Ausgleichszahlungen gemäß Art.216 plZGB bei der Teilung landwirtschaftlicher Betriebe vgl. *Gromek*, Art.43 FVGB Anm.3.

1187 Beispielhaft etwa Teilungsbeschluß der I. Zivilabteilung des Amtsgerichtes Warschau-Żoliborz III Ns 1260/03; vgl. auch OSNC 1994, Nr.1, Pos.18.

1188 *Jędrejek/Pogonowski*, a.a.O. (Fn 243), S.123/124.

le am gemeinschaftlichen Vermögen eines Ehegatten und dem Wert des Vermögensgegenstandes zugewiesen werden[1189]. Die Teilung durch Zuweisung ist gemäß Art.212 § 2 plZGB[1190] an eine Pflicht zur entsprechenden Ausgleichszahlung an den anderen Ehegatten gekoppelt. Bei der Auswahl desjenigen Ehegatten, an den die Zuweisung des Vermögenswertes erfolgt, sind die Umstände und Interessen beider Ehegatten im Einzelfalle abzuwägen[1191]. Meistens wird das Familienwohnheim – gleichgültig, auf welcher Rechtsgrundlage dieses erworben worden ist – demjenigen Ehegatten zugesprochen, der die elterliche Sorge für die gemeinsamen Kinder trägt[1192].

Für die Zuweisung des genossenschaftlichen Wohnrechtes an einen Ehegatten ist schließlich auch die Mitgliedschaft in der Genossenschaft nicht erforderlich und auch nicht maßgeblich[1193].

Auf der Grundlage des Art.212 § 2 plZGB kann auch die Zuweisung einer gemeinschaftlichen Forderung an einen der Ehegatten erfolgen[1194]. Die Zuweisung des Vermögensgegenstandes erfordert dabei nicht zwingend, dass der Vermögensgegenstand grundsätzlich in Natur nicht teilbar ist. So können auch sonstige Gründe, die in den Personen der Ehegatten begründet sind, eine Teilung in Natur ausschließen[1195].

Auch die Teilung landwirtschaftlicher Betriebe durch Zuweisung an einen Ehegatten erfolgt regelmäßig dergestalt, dass demjenigen Ehegatten nach Maßgabe

---

1189 Ähnlich *Skowrońska-Bocian*, a.a.O. (Fn 238), S.211; beispielhaft auch Teilungsbeschluß der I. Zivilabteilung des Amtsgerichts Warschau-Żoliborz III Ns 53/03; siehe aber auch OSNCP 1978, Nr.3, Pos.43: hier wurde die Einlage zur Wohnungsbaugenossenschaft und das damit verbundene Anwartschaftsrecht auf ein Einfamilienhaus in zwei Hälften geteilt.

1190 Art.212 § 2. Eine Sache, die sich nicht teilen läßt, kann, wenn es die Umstände erlauben, einem Miteigentümer mit der Verpflichtung zugesprochen werden, den übrigen Miteigentümer Ausgleichszahlungen zu leisten oder die Sache nach den Vorschriften der Zivilprozeßordnung zu verkaufen.

1191 *Rudnicki*, Art.212 plZGB Anm.5; *Pietrzykowski*, Kodeks cywilny (Zivilgesetzbuch), 4. Auflage, Warschau 2005, Art.212 plZGB Anm.12.

1192 Thesen III und VII des Richtlinienbeschlusses des OG in OSNCP 1975, Nr.3, Pos.37; OSNCP 1979, Nr.2, Pos.33; vgl. *Skowrońska-Bocian*, a.a.O., S.212; vgl. dazu auch den Richtlinienbeschluß des OG zu der Behandlung der Familienwohnung nach der Scheidung in OSNCP 1978, Nr.3, Pos.39; siehe dazu auch OSNCP 1978, Nr.1, Pos.3.

1193 Thesen III und VII des Richtlinienbeschlusses des OG in OSNCP 1975, Nr.3, Pos.37; vgl. dazu auch *Dziczek*, Art.13 plGenG, Anm.5; OSNCP 1986, Nr.9, Pos.139.

1194 *Sychowicz* in Piasecki, Art. 46 FVGB Anm. 100.

1195 *Rudnicki*, Art. 212 plZGB Anm.4.

des Art.214 § 1 plZGB[1196] der Betrieb zugewiesen wird, der den Betrieb führt oder ständig in ihm tätig ist[1197]. Erfüllen beide Ehegatten diese Bedingung oder keiner von ihnen, so teilt das Gericht gemäß Art.214 § 2 plZGB[1198] den landwirtschaftlichen Betrieb demjenigen zu, der die beste Gewähr für dessen sachgemäße Führung bietet. Die Umstände des Einzelfalles entscheiden über die Führungseignung eines Ehegatten[1199]. Der andere Ehegatte kann gemäß Art. 218 plZGB[1200] allerdings ein Wohnrecht für höchstens fünf Jahre geltend machen, wenn dieser zum Zeitpunkt der Teilung in dem landwirtschaftlichen Betrieb wohnte.

Die Nachteile der Teilung durch Zuweisung der Vermögenswerte an einen Ehegatten sind die damit stets verbundenen Ausgleichszahlungen für den durch die Zuweisung des Vermögensgegenstandes zunächst begünstigten Ehegatten. So können Ausgleichzahlungen den begünstigten Ehegatten schnell erheblich finanziell schädigen, gerade wenn dieser Ehegatte auch die elterliche Sorge für die gemeinsamen Kinder trägt. Hier kommt dann Art.212 § 3 plZGB zum Tragen. Dieser eröffnet dem Gericht die Möglichkeit der Anordnung einer Ratenzahlung und einer weiteren Stundungsmöglichkeit für die schon fällige Rate. Die Unmöglichkeit der Ausgleichszahlung im Zusammenhang mit der Teilung des Familienheims kann regelmäßig auch dazu führen, dass die Ehegatten von vornherein von der Möglichkeit in Art.1044 plZGB[1201] analog Gebrauch machen

1196 Art.214 § 1. Bei Uneinigkeit aller Miteigentümer teilt das Gericht den landwirtschaftlichen Betrieb demjenigen zu, der ihn führt oder ständig in ihm tätig ist, es sei denn, dass das sozioökonomische Interesse für die Auswahl eines anderen Miteigentümers spricht.

1197 So auch bei Zuweisung von Unternehmen an einen Ehegatten, *Jędrejek/Pogonowski*, a.a.O. (Fn 243), S.124.

1198 Art.214 § 2. Wenn die im vorstehenden Paragraphen bezeichneten Bedingungen von mehreren Miteigentümern erfüllt werden oder keiner der Miteigentümer sie erfüllt, teilt das Gericht den landwirtschaftlichen Betrieb demjenigen zu, der die beste Gewähr für dessen sachgemäße Führung bietet.

1199 *Rudnicki*, Art.214 plZGB Anm.3.

1200 Art.218 § 1. Diejenigen Miteigentümer, die keinen landwirtschaftlichen Betrieb oder einen Teil eines solchen erhalten haben, aber die im Zeitpunkt der Aufhebung des Miteigentums dort wohnten, behalten das Wohnrecht, jedoch nicht länger als für die Dauer von fünf Jahren, und wenn sie im Zeitpunkt der Aufhebung des Miteigentums minderjährig waren, nicht länger als fünf Jahre seit der Erreichung ihrer Volljährigkeit. Die zeitliche Begrenzung betrifft nicht die dauernd arbeitsunfähigen Miteigentümer. § 2. Auf die sich aus dem vorstehenden Paragraphen ergebenden Rechte finden die Vorschriften über Wohnungsdienstbarkeiten entsprechende Anwendung.

1201 Art.1044. Auf Verlangen von zwei oder mehreren Erben kann das Gericht ihnen die Erbteile ganz oder teilweise in der Weise zuteilen, dass es ihnen einen oder mehrere zum Nachlaß gehörende bestimmte Gegenstände zu Miteigentum zu bestimmten Bruchteilen zuweist.

und verlangen, weiter Bruchteilseigentümer zu bleiben[1202]. Für landwirtschaftliche Betriebe gelten für die Ausgleichs- und Abfindungszahlungen Art.216, 217 plZGB.

Im Zusammenhang mit den vorerwähnten Ausgleichszahlungen ist höchstrichterlich die Frage aufgeworfen worden, ob diese durch das Teilungsgericht auch herabgesetzt werden können, wenn dies die besonderen Umstände des Einzelfalles gebieten[1203]. Der Entscheidung lag der Fall zugrunde, dass das einzige Vermögen der Ehegatten in Gestalt eines genossenschaftlichen Wohnrechtes der Ehefrau zugewiesen worden war. Dieser fehlten allerdings die Mittel zur Erfüllung des Ausgleichsanspruches des Ehemannes. Dieser hatte die Ehefrau während der Ehe durch sein Verhalten mittellos werden lassen. Fraglich war dann, ob eine Herabsetzung der Ausgleichszahlung auf der Grundlage des Art.5 plZGB und dem entsprechenden Rechtsgedanken in Art.216 § 2 plZGB[1204] für landwirtschaftliche Betriebe möglich sei. Das OG gelangte zu der Auffassung, dass eine solche Herabsetzung der Ausgleichszahlungsverbindlichkeit auf der Grundlage des Art.5 plZGB einer Enteignung gleichkomme. Der Rechtsgedanke des Art.216 § 2 plZGB könne bei der Teilung des genossenschaftlichen Wohnrechtes wegen des eindeutigen Wortlautes in § 4[1205] nicht in Betracht kommen. Es hielt ferner Art.216 § 2 plZGB für verfassungsrechtlich bedenklich und verwies auf die Rechte in Art.43 § 2 FVGB als einschlägige Grundlage[1206]. Dieser Entscheidung ist zuzustimmen. Denn die Herabsetzung der Ausgleichszahlungsverbindlichkeit auf der Grundlage einer des Art.5 plZGB würde voraussetzen,

1202 So geschehen im Teilungsbeschluß der I. Zivilabteilung des Amtsgerichtes Warschau-Żoliborz III Ns 842/03 (Bruchteilseigentum an einem Mietrecht wurde aufrechterhalten); für die (dogmatisch zweifelhafte) Teilbarkeit eines Mietrechts OSNC 1996, Nr.9, Pos.123; anders noch OG in OSNCP 1975, Nr.4, Pos.51, das eine Teilbarkeit wegen der „Natur“ des Mietrechtes verneinte; es würde sonst dem Vermieter ein Mieter aufgedrängt, der gegebenenfalls nicht Partei des Mietvertrages ist; dem noch folgend OSNCP 1986, Nr.9, Pos.136.

1203 OSNC 2000, Nr.7-8, Pos.133.

1204 Art.216 § 2. In Ermangelung einer [gütlichen] Vereinbarung können die den Eigentümern zustehenden Abfindungen verringert werden. Bei der Feststellung des Maßes der Verringerung ist folgendes zu berücksichtigen: 1) der Typ, die Größe und der Zustand des landwirtschaftlichen Betriebs, der Gegenstand der Aufhebung des Miteigentums ist; 2) die persönliche und vermögensrechtliche Situation des zur Leistung der Abfindung verpflichteten Miteigentümers und desjenigen, der sie zu empfangen berechtigt ist.

1205 Art.216 § 4. Die Bestimmungen der §§ 2 und 3 finden keine Anwendung auf Abfindungen zugunsten des Ehegatten im Falle der Aufhebung des Miteigentums an einem landwirtschaftlichen Betrieb, der aufgrund der Bestimmungen des Familien- und Vormundschaftsgesetzbuches zum gemeinschaftlichen Vermögen der Ehegatten gehört.

1206 OSNC 2000, Nr.7-8, Pos.133; zustimmend *Smyczyński*, Glosse zu dieser Entscheidung, OSP 2001, Nr.9, Pos.136, S.467; andere Auffassung *Niedospiał* in einer Glosse zu dieser Entscheidung in PiP 2001, Nr.2, S.110.

dass der Ausgleichszahlungsanspruch des Ehemannes den Grundsätzen des gesellschaftlichen Zusammenlebens widersprechen müßte. Hierfür ist aber kein Raum, denn diesen Fall soll gerade das Recht auf Abweichung vom Halbteilungsgrundsatz in Art.43 § 2 FVGB erfassen[1207]. Es bedarf also keiner Lückenschleißung auf der Grundlage allgemeiner Rechtsgrundsätze, auch wenn Billigkeitserwägungen im Einzelfall ein solches Ergebnis für geboten erscheinen lassen[1208].

III. Teilung durch Verkauf

Eine dritte Möglichkeit der Teilung stellt gemäß Art.212 § 2, 2.Alt. plZGB in Verbindung mit Art. 625 plZPO[1209] der Verkauf des gemeinschaftlichen Vermögens dar. Erforderlich ist wegen Art.622 § 2[1210] plZPO grundsätzlich ein gemeinsamer Antrag auf Teilungsverkauf[1211]. Für landwirtschaftliche Betriebe gilt Art.214 § 3, § 4 plZGB[1212]. Ein solcher Teilungsverkauf dürfte insbesondere bei der Teilung von gemeinschaftlichen Unternehmen in Betracht zu ziehen sein, wenn eine Zuweisung an einen Ehegatten nicht in Betracht kommt[1213]. Nur so können diese vor einer Liquidation bewahrt werden[1214]. Es erfolgt dann eine Teilungsversteigerung nach den Art.1064́ bis Art.1064́ plZPO[1215]. Für die Teilungsversteigerung von Immobilien gelten die Art.1066ff plZPO. Für den Verkauf von beweglichen Sachen gelten die Art.864 plZPO bis Art. 879 plZPO. Der Er-

---

1207 *Smyczyński*, Glosse zu OSNC 2000, Nr.7-8, Pos.133 in OSP 2001, Nr.9, Pos.136, S.467, 468.

1208 In diese Richtung geht die Argumentation von *Niedospiał*, Glosse zu OSNC 2000, Nr.7-8, Pos.133 in PiP 2001, Nr.2, S.110, 111, 112.

1209 Art.625. Im Teilungsbeschluß, der den Verkauf der gemeinsamen Sache anordnet, entscheidet das Gericht über die gegenseitigen Ansprüche der Miteigentümer, es kann auch nur den Verkauf anordnen und die Entscheidung über die gegenseitigen Ansprüche sowie über die Teilung des Verkaufserlöses bis zum Zeitpunkt der Durchführung des Verkaufs aufschieben.

1210 Art.622 § 2. Stellen alle Miteigentümer einen einvernehmlichen Antrag über die Art der Aufhebung des Miteigentums, erläßt das Gericht einen dem Antrag entsprechenden Beschluß, sofern die Voraussetzungen der beiden vorangehenden Vorschriften erfüllt sind, die Teilungsart nicht den Grundsätzen des gesellschaftlichen Zusammenlebens widerspricht oder in einem krassen Mißverhältnis zu den Interessen der Mitberechtigten steht.

1211 *Pietrzykowski*, Art.212 plZGB Anm.13.

1212 Art.214 § 3. Auf Antrag aller Miteigentümer ordnet das Gericht einen Verkauf des landwirtschaftlichen Betriebes nach den Bestimmungen des Zivilverfahrensgesetzbuches an. § 4. Ein Verkauf des landwirtschaftlichen Betriebes wird vom Gericht auch angeordnet, wenn keiner der Miteigentümer damit einverstanden ist, dass ihm der landwirtschaftliche Betrieb zugeteilt wird.

1213 *Jędrejek/Pogonowski*, a.a.O. (Fn 243), S.124.

1214 In diese Richtung *Cisek* in Gniewek, Art.211 plZGB Rn 4.

1215 *Sychowicz* in Piasecki, Art.46 FVGB Anm.96.

lös wird dann entsprechend der Anteile zwischen den Ehegatten aufgeteilt und gegebenenfalls nach Maßgabe des Art.625 plZPO über gegenseitige Ansprüche in diesem Zusammenhang entschieden.

Schlußbemerkungen

Das polnische Güterrecht hat nach dem Zweiten Weltkrieg seit den Vereinheitlichungsdekreten von 1946 einige grundlegende Änderungen erfahren. Während ursprünglich eine der Zugewinngemeinschaft verwandte Form der Gütertrennung gesetzlicher Güterstand war, werden seit der Einführung des FGB 1950 die vermögensrechtlichen Wirkungen der Ehe durch die gesetzliche Gemeinschaft bestimmt. Hierbei handelt es sich um eine Eigentums- und Vermögensgemeinschaft der Ehegatten in der Form einer Errungenschaftsgemeinschaft. Die gesetzliche Gemeinschaft zwischen den Ehegatten beginnt mit der Eheschließung. Sie ist durch drei Vermögensmassen geprägt: das gemeinschaftliche Vermögen der Ehegatten als finanzwirtschaftliche Grundlage der ehelichen und familiären Gemeinschaft und das jeweils persönliche Vermögen eines Ehegatten. Während das gemeinschaftliche Vermögen in erster Linie durch während der Ehe erworbene Arbeitseinkünfte und durch andere wiederkehrende Leistungen erworbenes Vermögen eines oder beider Ehegatten entsteht, bilden vorehelich erworbene Vermögenswerte, Schenkungen, Nachlaß und andere auf den persönlichen Bedarf zugeschnittene Vermögensgegenstände das persönliche Vermögen eines Ehegatten. Damit hat sich der polnische Gesetzgeber für einen Güterstand entschieden, bei dem die güterrechtliche Vermögenszuordnung der während der Ehe erarbeiteten Vermögenswerte zum gemeinschaftlichen Vermögen dem Interesse der Ehegatten an einer wirtschaftlichen Teilhabe an den Früchten der Zusammenarbeit Rechnung trägt.

Wird die gesetzliche Gemeinschaft zwischen den Ehegatten durch eine Scheidung beendet, wird nur das bis zur Beendigung der gesetzlichen Gemeinschaft anteilslose und gesamthänderisch gebundene gemeinschaftliche Vermögen geteilt. Die Teilung und Auseinandersetzung des gemeinschaftlichen Vermögens erfolgen gleichwohl nicht automatisch, sondern nur bei Einigung der Ehegatten oder aufgrund eines gerichtlichen Beschlusses. Die Auseinandersetzung und Teilung des gemeinschaftlichen Vermögens (*podział majątku*) nach Beendigung der gesetzlichen Gemeinschaft durch die Ehegatten ist im polnischen Güterrecht sowohl materiell als auch prozessual nur fragmentarisch geregelt. Gemäß Art.43 § 1 FVGB haben die Ehegatten gleich große Anteile an dem gemeinschaftlichen Vermögen. Nach Maßgabe des Art.45 § 1 FVGB sind die Vermögensverschiebungen zwischen den Vermögensmassen gemeinschaftliches Vermögen und persönliches Vermögen auszugleichen. In darüber hinaus nicht geregelten Fragen der Auseinandersetzung und der Teilung des gemeinschaftlichen Vermögens bedient sich der Gesetzgeber einer Verweisungskette auf die Vorschriften zur Nachlaßauseinandersetzung und Nachlaßteilung sowie auf das Miteigentum und seine Aufhebung, Art.46 FVGB in Verbindung mit Art.1035ff. plZGB, Art.195ff. plZGB. Entsprechendes gilt im Verfahrensrecht. Dort werden neben der örtlichen Zuständigkeit der Amtsgerichte in Art.566 plZPO in Art.567 plZPO auch nur die Abweichung vom Halbteilungsgrundsatz gemäß Art.43 § 2 FVGB und die Werterstattungsansprüche in Art.45 FVGB verfahrensrechtlich behandelt. In Bezug auf die Teilung des gemeinschaftlichen Vermögens verweist Art.567 § 3 plZPO verfahrensrechtlich ebenfalls auf die Vorschriften zur Nachlaßteilung in Art.680ff. plZPO und auf die Vorschriften zur Aufhebung des Bruchteilseigentums in Art.617ff. plZPO.

Die gewählte Verweisungsmethodik indiziert, dass der polnische Gesetzgeber den ehebedingten Besonderheiten bei der Auseinandersetzung und Teilung des gemeinschaftlichen Vermögens nur sehr eingeschränkt eigenständige Bedeutung beimißt[1216]. In Teilbereichen der Auseinandersetzung und Teilung des gemeinschaftlichen Vermögens führt diese zweistufige Verweisungsmethodik zu Regelungslücken. Insbesondere lassen sich auch die zur Nachlaßauseinandersetzung und zum Bruchteilseigentum vom Gesetzgeber aufgestellten Rechtsgrundsätze nicht vollständig auf die gesetzliche Gemeinschaft übertragen. Denn sowohl der Nachlaßgemeinschaft als auch der Bruchteilsgemeinschaft liegen jeweils in Teilbereichen unterschiedliche Lebenssachverhalte als der gesetzlichen Gemeinschaft unter Ehegatten zugrunde. Die Schließung der durch die Verweisungsmethodik entstehenden Regelungslücken erfolgt vornehmlich durch einzelfallbedingte Entscheidungen der Rechtsprechung. Problematisch ist dabei, dass sich auch die durch die Rechtsprechung im Einzelfall aufgestellten Grundsätze nicht immer auf andere ähnlich gelagerte Fallkonstellationen vollständig übertragen lassen. Auch dies kann in einem Auseinandersetzungs- und Teilungsverfahren zu unbefriedigenden Ergebnissen führen. Der polnische Gesetzgeber hat durch die Juni-Reform 2004 erste wichtige Schritte zur Anpassung des güterrechtlichen Regelungssystems an die in Polen seit 1989/1990 geänderten sozialwirtschaftlichen Realitäten getätigt, wenn auch die Regelungen zur Auseinandersetzung und Teilung des gemeinschaftlichen Vermögens dabei nur eine untergeordnete Rolle spielten.

Durch die Streichung des Art.42 FVGB a.F., der eine unmittelbare Verweisung auf die Vorschriften zum Miteigentum enthielt, hat der polnische Gesetzgeber im Zuge der Juni-Reform 2004 eine seit Inkrafttreten des FGB 1950 bestehende

---

1216 Ähnlich *Stecki*, Podział majątku wspólnego (Die Teilung des gemeinschaftlichen Vermögens), NP 1967, Nr.10, S.1293; auch *Piątowski*, a.a.O. (Fn 30), S.494.

Unklarheit in Bezug auf die Verfügungsbefugnis der Ehegatten nach Beendigung der gesetzlichen Gemeinschaft jedenefalls in Bezug auf Gegenstände des gemeinschaftlichen Vermögens beseitigt. Bis zur Juni-Reform 2004 war streitig, inwiefern die Ehegatten nach Auflösung der gesamthänderischen Bindung nunmehr über Gegenstände, die zum gemeinschaftlichen Vermögen gehören, verfügen können. Dies ist wegen der fehlenden Verpflichtung der Ehegatten zur Auseinandersetzung und Teilung des gemeinschaftlichen Vermögens nach Beendigung der gesetzlichen Gemeinschaft besonders problematisch. Denn die Ehegatten nehmen über einen regelmäßig langen Zeitraum mit dem ehemals gesamthänderisch gebundenen Vermögen am Rechts- und Wirtschaftsverkehr teil. Durch die Beseitigung des Direktverweises in Art.42 FVGB a.F. auf Art.198 plZGB dürfte eine uneingeschränkte Verfügungsbefugnis über einzelne zum gemeinschaftlichen Vermögen gehörende Gegenstände heute nicht mehr vertretbar sein. Der unmittelbare Verweis in Art.46 FVGB erfolgt zunächst nur auf die Vorschriften zum Nachlaß und zur Nachlaßteilung. Gemäß der *lex specialis* in Art.1036 S.1 plZGB ist eine Verfügung der Ehegatten über ihren Anteil an Bestandteilen des gemeinschaftlichen Vermögens entsprechend dann unwirksam, wenn hierdurch die Rechte des anderen Ehegatten im Auseinandersetzungs- und Teilungsverfahren gefährdet werden. Erst auf der nächsten Stufe finden die Vorschriften über das Miteigentum Anwendung. Damit ist die gesetzliche Gemeinschaft aus der Sicht des Reformgesetzgebers zunächst eher mit einer Erbengemeinschaft zu vergleichen, als mit einer Bruchteilsgemeinschaft. Kritikwürdig erscheint in diesem Zusammenhang allerdings, dass trotz der umfangreichen Juni-Reform von 2004 weiterhin unklar bleibt, inwiefern die Einschränkung der Verfügungsbefugnis entsprechend auch für Verfügungen über den Anteil eines Ehegatten als Ganzes an dem gemeinschaftlichen Vermögen gelten muß. Der Wortlaut des Art.1036 S.1 plZGB ist eindeutig und betrifft nur Verfügungen über einzelne Vermögensgegenstände. Folglich bleibt es für Verfügungen über den Anteil am gemeinschaftlichen Vermögen bei den allgemeinen Vorschriften und damit bei einem unbeschränkten Verfügungsrecht wegen Art.46 FVGB in Verbindung mit Art.1035, 198 plZGB. Ein unbeschränktes Verfügungsrecht über den Anteil eines Ehegatten am gemeinschaftlichen kann allerdings zu einer Gefährdung der Rechte des anderen Ehegatten in der Teilungsauseinandersetzung führen, insbesondere auch dann, wenn dieser die Auseinandersetzung mit einem Dritten betreiben muß. Es erscheint daher mit Blick auf die Interessenlage der Ehegatten bei der vermögensrechtlichen Auseinandersetzung geboten, auch das Verfügungsrecht eines Ehegatten an dem Anteil als Solchem entsprechend Art.1036 S.1 FVGB einzuschränken.

Demgegenüber hat es der Juni-Reformgesetzgeber 2004 versäumt, auch die Haftung des gemeinschaftlichen Vermögens nach Beendigung der gesetzlichen Gemeinschaft besser den heutigen volkswirtschaftlichen Realitäten anzupassen. So wird der Ehegatte, der nicht gleichzeitig persönlicher Schuldner ist, von der Haftung mit seinem Anteil am gemeinschaftlichen Vermögen befreit, wenn die gesetzliche Gemeinschaft aufgelöst wird. Der Gläubiger, der bei Eingehung der Verbindlichkeit noch auf das gesamte gemeinschaftliche Vermögen zugreifen konnte, kann nach Beendigung der gesetzlichen Gemeinschaft seit der Streichung des Art.44 FVGB a.F. 1975 nur noch auf den Anteil seines persönlichen Schuldners am gemeinschaftlichen Vermögen und dessen persönliches Vermögen zugreifen. Dies ist mit Blick auf die vorerwähnte nur eingeschränkte Verfügungsbefugnis der Ehegatten problematisch, wenn die Ehegatten das gemeinschaftliche Vermögen noch nicht auseinandergesetzt und geteilt haben. Der Gläubiger, der selten Kenntnis von der Beendigung der Ehe hat, ist durch die Befreiung von der Haftung des gesamten gemeinschaftlichen Vermögens deutlich schlechter gestellt. Dieses macht regelmäßig den Hauptbestandteil der Vermögenswerte in einer Ehe aus. Selbst wenn der Gläubiger einen titulierten Anspruch gegen das gemeinschaftliche Vermögen der Ehegatten hat, kann er nicht mehr auf der Grundlage des Art.787 plZPO in das gemeinschaftliche Vermögen vollstrecken, wenn die Ehegatten in der Zwischenzeit geschieden werden. Es fehlt an den Voraussetzungen gemeinschaftliches Vermögen (*majątek wspólny*) und Ehe (*związek małżeński*) im Sinne von Art.787 plZPO[1217]. Vor dem Hintergrund des im Rahmen der Juni-Reform 2004 eingeführten Zustimmungserfordernisses des anderen Ehegatten für Verbindlichkeiten des gemeinschaftlichen Vermögens in Art.41 § 1 FVGB und der Möglichkeit einer Aufhebung der gesetzlichen Gemeinschaft für die Vergangenheit gemäß Art.52 FVGB, die gerade in der Praxis vielfach mißbräuchlich zur Verhinderung des Zugriffs des Gläubigers auf das vollständige gemeinschaftliche Vermögen rückwirkend geltend gemacht wird, erscheint die vollumfängliche Haftungsfreistellung des nicht persönlich haftenden Ehegatten und seines Anteils am gemeinschaftlichen Vermögen nicht mehr gerechtfertigt. Dem Gläubigerschutz vermag auch die in diesem Zusammenhang im Zuge der Juni-Reform 2004 eingeführte Erweiterung des Surrogationsgrundsatzes in Art.33 Punkt 10) FVGB nicht hinreichend Rechnung zu tragen. Danach erfaßt der Surrogationsgrundsatz nunmehr sämtliche Vermögensgegenstände des persönlichen Vermögens, um wertmäßig einen gleichbleibenden Bestand des persönlichen Vermögens zu erhalten. Gleichwohl kann die alleinige Erweiterung des Surrogationsgrundsatzes nicht als ausreichendes Instrumentarium für den Gläubigerschutz angesehen werden. Denn oftmals haben Ehegatten kaum meßbare persönliche Vermögenswerte. Ehegatten erwirtschaften vielmehr meistens erst während der Ehe gemeinsam Vermögen. Das persönliche Vermögen ist im Einzelfall oft nur eine schwache Haftungsgrundlage für einen Gläubiger. Bei der fehlenden Regelung der Haftung des gemeinschaftlichen Vermögens nach Auflösung der gesetzlichen Gemeinschaft dürfte es sich mit Blick auf die wachsende Teilnahme der Ehegatten am Wirtschaftsverkehr

---

1217 *Ignaczewski*, a.a.O. (Fn 241), S.137.

um ein Kernproblem bei der Auseinandersetzung und Teilung des gemeinschaftlichen Vermögens handeln. Das Fehlen einer eigenständigen und auf die Besonderheiten der Auseinandersetzungs- und Teilungssituation der Ehegatten nach Beendigung der Ehe zugeschnittenen Haftungsbestimmung dürfte heute nicht mehr vertretbar sein.

Ein weiterer, den Gläubiger benachteiligender Aspekt der Ausgestaltung des Regelungssystems zur Auseinandersetzung und Teilung des gemeinschaftlichen Vermögens nach Beendigung der gesetzlichen Gemeinschaft kann in dem Fehlen einer Vorschrift vergleichbar mit Art.875 § 2, § 3 plZGB für die Gesellschaft des Zivilrechts gesehen werden. Danach werden erst nach Berichtigung der Verbindlichkeiten die Einlagen zurückerstattet und dann der Überschuß geteilt. Demgegenüber werden bei der Auseinandersetzung und Teilung des gemeinschaftlichen Vermögens die Verbindlichkeiten, die auf dem gemeinschaftlichen Vermögen lasten, nicht berücksichtigt. In der Auseinandersetzungsbilanz werden nur die Aktiva berücksichtigt. Passiva unterliegen nicht der Teilungsauseinandersetzung. Zwar bleiben die Verbindlichkeiten gegenüber Dritten von der Beendigung der gesetzlichen Gemeinschaft unberührt. Dies gilt insbesondere für Sachenrechte. Allerdings führt dies dazu, dass in der Auseinandersetzungsbilanz die Verbindlichkeiten möglicherweise nicht hinreichend erfaßt und für die Bereinigung dieser Passiva keine ausreichenden Rückstellungen gebildet werden. Problematisch kann es dann werden, wenn ein Vermögensgegenstand im Wege der Teilung einem Ehegatten allein zugewiesen wird und dieser Vermögensgegenstand mit einem Sicherungsrecht, etwa einer Hypothek, belastet ist. Insofern fehlt es ebenfalls an richtungsweisenden Bestimmungen im Regelsystem zur Auseinandersetzung und Teilung des gemeinschaftlichen Vermögens. Auch wenn die gesetzliche Gemeinschaft als Güterstand anders als eine Gesellschaft des Zivilrechts keine rein erwerbswirtschaftlich bezogene Zweckrichtung verfolgt, so erscheint dennoch eine Pflicht zur Berücksichtigung der Verbindlichkeiten in der Auseinandersetzungsbilanz aus Gründen des Gläubigerschutzes erforderlich. Denn auch die gesamthänderische Bindung des gemeinschaftlichen Vermögens in der gesetzlichen Gemeinschaft dient einem wirtschaftlichen Zweck, wenn auch in einem familienrechtlichen Zusammenhang.

Mit der Einführung der Art.183^1, 332^1 HGG im Jahre 2004 hat der Gesetzgeber der Problematik der Zugehörigkeit von Aktien und Gesellschaftsanteilen zum gemeinschaftlichen Vermögen Rechnung getragen. Werden danach Aktien oder Gesellschaftsanteile von der gesetzlichen Gemeinschaft erfaßt, so können die Satzung bzw. der Gesellschaftsvertrag eine Bestimmung vorsehen, die ausschließt, dass der Ehegatte, der nicht Inhaber der Aktien oder Gesellschaftsanteile ist, durch die Zugehörigkeit der Aktien oder Gesellschaftsanteile zum gemeinschaftlichen Vermögen gleichzeitig auch Aktionär bzw. Gesellschafter wird. Dies war zwar vor Inkrafttreten der Art.183^1, 332^1 HGG bereits höchstrichterlich anerkannt. Danach erwerbe der Ehegatte, der nicht Aktionär oder Gesellschafter ist, durch die Zugehörigkeit der Aktie bzw. des Gesellschaftsanteils zum gemeinschaftlichen Vermögen nicht gleichzeitig die mit diesen Vermögenswerten verbundenen organschaftlichen Rechte. Trotzdem entschied sich der Gesetzgeber für eine Klarstellung im HGG. Die vorerwähnte Rechtsprechung ist wegen der Spaltung des Geschäftsanteils bzw. der Aktie in Vermögens- und Nichtvermögensrechte kritisiert worden. Gleichwohl ist heute aufgrund des Wortlauts in Art.183^1, 332^1 HGG noch unklar, ob bei Fehlen einer entsprechenden Ausschlußbestimmung im Gesellschaftsvertrag bzw. in der Satzung der andere Ehegatte automatisch auch Gesellschafter bzw. Aktionär wird. Der Umkehrschluß würde dafür sprechen. Die vor Einführung der Art. 183^1, 332^1 HGG geltende höchstrichterliche Rechtsprechung spricht dagegen. Abzuwarten bleibt, wie sich die Rechtsprechung und Literatur zu dieser bislang ungeklärten Frage im Zusammenhang mit den Art.183^1, 332^1 HGG entwickeln wird.

Auch die durch die Juni-Reform 2004 eingeführte Zuordnung von Vermögenswerten zum persönlichen Vermögen eines Ehegatten gemäß Art.33 Punkt 3) FVGB, die infolge der Mitgliedschaft in einer Gesamthandsgemeinschaft entstehen, zeigt, dass sich der Gesetzgeber dem volkswirtschaftlichen Wandel in der polnischen Gesellschaft bewußt ist. Danach werden Vermögensrechte, die im Zusammenhang mit der Beteiligung an einer Gesellschaft des Zivilrechts entstehen, dem persönlichen Vermögen eines Ehegatten zugeordnet. Damit sollen die Schwierigkeiten beseitigt werden, die entstehen, wenn sich die Vermögen zweier Gesamthandsgemeinschaften überlagern. Ferner soll verhindert werden, dass der nicht an der Gesellschaft beteiligte Ehegatte durch die Zugehörigkeit des Gesellschaftsanteils zum gemeinschaftlichen Vermögen eine Quasi-Gesellschafterstellung erlangt. Aufgrund des „lakonischen“[1218] Wortlauts ist zwar unklar, wie sich die Bestimmung in Art.33 Punkt 3) FVGB im Einzelfall auf die verschiedenen Arten der Beteiligung an einer Gesellschaft des Zivilrechts auswirkt, insbesondere dann, wenn diese zwischen den Ehegatten besteht. Gleichwohl ist es ein entscheidender Schritt, um das polnische Güterrecht den wirtschaftlichen Realitäten seit 1989/1990 anzupassen. Es bleibt auch hier abzuwarten, wie die Rechtsprechung des OG diese Vorschrift interpretieren wird.

Das im polnischen Güterrecht geltende Normgefüge zur Regelung der vermögensrechtlichen Wirkungen der Ehe im Allgemeinen und zur Auseinandersetzung und Teilung des gemeinschaftlichen Vermögens im Besonderen wirkt in Teilbereichen lediglich rudimentär. Gleichwohl ist auch zu berücksichtigen, dass sich die vermögensrechtlichen Beziehungen zwischen Ehegatten wegen ihrer Komplexität in der gelebten Wirklichkeit nur schwer durch generalisierende

1218 So *Ignaczewski*, a.a.O. (Fn 241), S.62.

Rechtsgrundsätze steuern lassen. Dies kommt auch durch die Verwendung von unbestimmten Rechtsbegriffen wie etwa wichtige Gründe (*ważne powody*) zum Ausdruck. Der polnische Gesetzgeber hat mit der Juni-Reform 2004 bereits einige wichtige Akzente gesetzt, um das polnische Güterrecht wirtschaftspolitisch den Güterrechtssystemen in der Europäischen Gemeinschaft anzugleichen. Zielsetzung sollte bei der weiteren Entwicklung des Güterrechts ein auf die Besonderheiten der Auseinandersetzung und Teilung des gemeinschaftlichen Vermögens unter Ehegatten zugeschnittenes selbstständiges Regelsystem sein.

FSC
www.fsc.org
MIX
Papier | Fördert gute Waldnutzung
FSC® C083411

Kolibri 360 GmbH
Ferdinand-Jühlke-Straße 7
99095 Erfurt, Deutschland
produktsicherheit@kolibri360.de